Indianer
Legende und Wirklichkeit von A – Z

H. J. Stammel

Indianer

LEGENDE UND WIRKLICHKEIT VON A-Z

Leben – Kampf – Untergang

Bertelsmann Lexikon-Verlag

Redaktion: Dr. Wilhelm Trappl
Layout: Georg Stiller
Titelbild: Three Lions New York
Zeichnungen: H. J. Stammel, HTG Werbung Bielefeld
Kartenentwürfe »Besiedlung und alte Kulturen« und »Indianerstämme, ihre Verwandtschaft und ihre Verbreitung«:
Dr. Wilhelm Trappl, Ausführung: HTG Werbung Bielefeld

INHALT

VORWORT

Dieses Buch ist weder eine Enzyklopädie noch ein umfassendes Fachbuch — eher das Gegenteil: eine geraffte, individuell pointierte Darstellung, von der ich — ebenso objektiv wie subjektiv — glaube, daß sie geeignet sein könnte, einem großen Kreis Interessierter einen ersten Gesamteindruck über die nordamerikanischen Indianer zu verschaffen. Die Fülle des historischen Materials und der begrenzte Rahmen eines Buchs zwingen zu Straffung und Kürze.

Zu meinem ersten Versuch, ein Thema der amerikanischen Pioniergeschichte (Der Cowboy — Legende und Wirklichkeit von A—Z, 1972) lexikalisch übersichtlich zu erfassen (auf 416 Druckseiten), haben im Lauf von zwei Jahren allein die deutschsprachigen Cowboy-Freunde »dringend notwendige« Ergänzungswünsche geäußert, die — würde man sie berücksichtigen — einen Umfang von mindestens 22 000 Druckseiten ausmachten.

Indianer-Fans aber sind noch erheblich zahlreicher. Sie betreiben ihr Hobby mit Akribie. Ihren Ansprüchen gerecht zu werden, würde bedeuten, daß man eine umfangreiche Enzyklopädie herausgeben müßte. Da aber die erklärte Aufgabe der Indianer-Experten auch darin besteht, dem Gegenstand ihres Hobbys verstärktes Allgemeininteresse zu verschaffen, mag die manchmal straffe Behandlung eines Themas und die Nichtbeachtung des einen oder anderen Details sie nicht verstimmen.

Es wurde wenig Wert auf Jahreszahlen gelegt, die wenig dazu beitragen, das Verständnis für historische Entwicklungsabläufe zu fördern. Das Hauptaugenmerk ist auf die Endphase des Zusammenpralls zwischen Weißen und Indianern gerichtet. In diesem Zeitraum zwischen 1850 und 1900 setzte eine unvermeidbar-endgültige Entwicklung ein, die in Gegenwart und Zukunft fortwirkt.

Da sich innerhalb der vollkommen individualisierten indianischen Rasse nahezu alles jenem Begriff »Standard« entzieht, wie wir ihn kennen, auf die Darstellung einer ungewöhnlich hohen, individuellen Vielfalt im Detail aber verzichtet werden muß, erweckten Erklärungen und Betonungen bestimmter Häufigkeiten oft Standardvorstellungen im Leser, so, als ob das Beschriebene allein und einzig dem jeweiligen Stichwort und seiner Bedeutung zugeordnet werden könnte. Das ist aber nicht der Fall. Was zum Beispiel an einem »Sioux-Bogen« als typisch gegenüber einem »Crow«- oder »Apachen«-Bogen dargestellt ist, bedeutet ganz und gar nicht, daß nicht die Crows oder Sioux auch »Apachen-typische« Techniken angewandt hätten. Hierbei ist lediglich, um der Übersichtlichkeit und Verständlichkeit willen, Häufigeres als unausgesprochen Typisches erwähnt.

Die innerhalb unseres Begriffsvermögens gebräuchlichen Standardvorstellungen von zum Beispiel »Besitz und Eigentum«, »Blutsverwandtschaft«, »Ehe«, »Familie«, »Gut und Böse«, »Clan«, »Volksstamm«, »Volk« und »Sprachverwandtschaft«, die unwillkürlich auf ganz klar und fest umrissene, gesetzliche und gewohnheitsrechtlich typische, soziale, rechtliche, kulturelle und andere Normen zurückgehen, werden zwar auch in bezug auf den Indianer in Anspruch genommen, haben aber in nahezu keinem einzigen Fall die Bedeutung für die Indianer, die sie für unsere Gesellschaft besitzen.

Auch wenn von »Häuptlingen« die Rede ist, gibt es innerhalb unserer Sprache nicht einen einzigen Begriff, der der Bedeutung dieses Worts und dieser Aufgabe auch nur annähernd gerecht wurde: »Führer«, »Anführer«, »Volksvertreter«, »Feldherr«. Im Sinn alleiniger, souveräner Ausübung von Befehls- und Entscheidungsgewalt hat der Indianer solche Anführernaturen nicht gekannt. Die Verantwortung eines Einzelnen für Viele war unbekannt. Elementare Entscheidungen wurden — aber auch das von Indianergruppe zu Indianergruppe verschieden — in der Mehrzahl vom Rat der Ältesten getroffen. Im Bereich des »Lagers« herrschte — wiederum von Fall zu Fall verschieden — überwiegend das Mutterrecht.

Das Verhältnis zum Tod war ein beinahe entgegengesetztes wie das des Weißen Mannes. Gebrechliche Alte, die irgendwann bei Wanderungen allein zurückblieben, taten dies nicht deshalb, weil sich die Gesellschaft ihrer als unnütz entledigte, sondern weil sie selbst es wollten und über den Zeitpunkt ihres Todes frei entschieden. Im allgemeinen wählte ein alter Mensch diesen Zeitpunkt nach der klaren Erkenntnis seines geistigen und körperlichen Verfalls. Der Tod sollte mit hellwachem Geist erlebt werden. Diese Geisteshaltung verhinderte zum Beispiel, daß arteriosklerotische Ausfallserscheinungen allmählich die »Würde des Menschen« beeinträchtigen konnten. Auf der anderen Seite begegneten Indianer aber körperlichen und geistigen Mißbildungen mit einer Toleranz, ja sogar mit Achtung, die den Weißen, die solche unschuldig Benachteiligte nicht selten mit Verachtung abqualifizieren, innerlich zum Teil fremd ist. Geistig Behinderte galten auch während akuter Kriegshandlungen für nicht verletzbar; Homosexuelle und Transvestiten genossen Ansehen und Respekt, weil man ihre Andersartigkeit als ein seltenes Geschenk der Natur ansah (und nichts in der Natur war ohne tiefen Sinn). Blinde wurden bewundert, weil sich ihre anderen Sinne zur Vollkommenheit schärften, was sehr häufig für die Allgemeinheit von lebenswichtiger Bedeutung war. Körperlich Verkrüppelte wurden bewundert, weil sie Ausgleichsfähigkeiten erwarben, die ein normaler Mensch nicht besaß.

Wenn auch der Indianer dem Kampf ganz besonders verpflichtet war, wurden ausgesprochene Pazifisten nicht verachtet, sondern hoch geehrt. Ihr Rat in Fragen des Krieges wie des Friedens war gleichermaßen erwünscht, weil er die Probleme um einen Gesichtspunkt erweiterte, den die Mehrheit nicht kannte. Im Verhältnis zueinander wogen Verletzungen mit Worten gleich schwer als solche, die mit Waffen ausgeführt wurden. Einem Menschen seine Freiheit zu rauben, war für den, der es tat, schimpflicher, als für den, der es erdulden mußte. Prügel fügte man nur einem verachteten Feind zu, um ihn zu demütigen. Aus diesem Grund war den Indianern die Sitte der Weißen, ihre Kinder durch Prügel zu erziehen, vollkommen unverständlich.

Der Indianer Nordamerikas hat das, was die Weißen als Besitz und Eigentum an Land, Gewässer und Bodenschätzen bezeichneten, niemals auch nur annähernd verstehen können. Solche Rechtsbegriffe waren ihm vollkommen fremd. Besitz beschränkte sich auf unmittelbar Lebensnotwendiges wie Pferde, Tipi, Werkzeuge, Waffen und Kleidung. Weiße haben den Versuch unternommen, Indianern zu erklären, daß »Eigentumsanspruch an einem anderen

Geschöpf« (zum Beispiel an einem Pferd) vergleichbar ist mit »Eigentumsanspruch an einem Stück Land«, denn die geleistete Arbeit an einer Kulturlandschaft ist ebensoviel wert wie die Arbeit der Zähmung eines Pferdes. Aber die Indianer haben dies deshalb nie verstanden, weil ihre Wertvorstellungen von der Natur völlig entgegengesetzte waren: Der Weiße betrachtet die natürliche Landschaft als eine dem Menschen feindliche Wildnis, der man hilflos ausgeliefert ist und von der man bedroht wird. Der Mensch ist in ihr ein Fremdkörper. Erst eine von ihm kultivierte, in ihrem Nutzen kalkulierbare, aller beeinträchtigenden Unwägbarkeiten entblößte Natur, die sich dem menschlichen Willen unterordnet und ihre Schätze widerstandslos hergibt, bedeutet ihm eine freundliche Natur. Für den Indianer aber ist die Natur im Urzustand gut. Er empfindet sich als Bestandteil dieser Natur, und dieses Wechselverhältnis ist ihm heiliger als alles andere sonst.

Solche unterschiedlichen Anschauungsweisen waren nicht miteinander zu vereinen. Deshalb ist es falsch für die Beurteilung des »Phänomens Indianer« irgendwelche Moralbegriffe der einen oder anderen Seite heranzuziehen. Es besteht kein Anlaß zur Bewunderung oder Verurteilung irgendeiner Seite. Die Indianer waren ihren naturhaften Traditionen ebenso unlösbar verhaftet wie die Weißen den Traditionen ihrer Kultur- und Zivilisationsvorstellungen. Im Zusammenprall solcher gegensätzlicher Geisteshaltungen vollzog sich der Untergang des Einen mit unvermeidlicher Konsequenz. Es erübrigt sich, in diesem Zusammenhang von »Schuld« oder »Verantwortung« zu reden. Der Mensch des technischen Zeitalters, der sogenannten »Vernunft« als dem einzigen Ziel menschlichen Strebens fanatisch ergeben, hat die Indianer niemals anders behandelt als die eigenen Außenseiter seiner Gesellschaft, die in Gefängnisse, Konzentrationslager, Ghettos, Slums und Heilanstalten verbannt wurden. Im Leben der Indianer Nordamerikas eine Art »Verlorenes Paradies« sehen zu wollen, mag eine ebenso hübsche wie befriedigende Freizeitbeschäftigung sein — sie sollte es aber tunlichst auch bleiben.

Die Welt der Indianer ist erloschen. Was James Fenimore Coopers Lederstrumpf-Erzählungen und Karl Mays Winnetou hinterlassen haben, vereint sich mit den Stich- und Schieß-Stories der Filmindustrie zu einem undefinierbaren Comics-Brei, der mit der Wirklichkeit nicht einmal mehr die Fassade gemeinsam hat.

Die heutigen Indianer haben als Kriegsgefangene in der fünften Generation ihre Identität verloren, vegetieren im Vakuum der inneren Beziehungslosigkeit zur vitalen Welt der Vorfahren und zum »American Way of Life«. Die Red-Power-Bewegungen leisten wenig für eine neue Bewußtseinsbildung der Indianer, sie erschöpfen sich in den Darlegungen mehr oder weniger utopischer Lebensmöglichkeiten in der Gegenwart. Ihre Sprecher und Anführer fordern materielle Entschädigungen, ihre Argumente sind »amerikanisch« und kreisen um nichts anderes, als um Wahlstimmenpotentiale, Dollar und Cent. Man ist deshalb mit dem Anliegen, die Welt von Gestern einigermaßen zutreffend beurteilen zu wollen, auf Zeugnisse dieses Gestern angewiesen. Außer einer Unmasse musealer Reliquien, die archiviert und bewahrt sind, ist man wegen des Umstands, daß Indianer nur eine mündliche Überlieferung kannten, auf die schriftliche Hinterlassenschaft amerikanischer Chronisten angewiesen — und hier beginnen die Diskrepanzen bereits bei simplen Übersetzungen und bei Eindrücken, die zwangsläufig vom Anbeginn an durch die Mentalität einer anderen Rasse gefiltert wurden. Allein schon an dem Versuch, das historische indianische Verständnis für »Gewalt«, ihre

Rechtfertigung und ihren Mißbrauch, an christliche Vorstellungen zu knüpfen, muß jede Deutung scheitern. Gewiß waren Indianer, soweit überhaupt ihre geschichtliche Entwicklung zurückzuverfolgen ist, im christlich-abendländischen Sinn »Gewaltmenschen«: Sie haben ununterbrochen Kriege gegeneinander geführt und in großen Völkerwanderungen Stämme und Völker verdrängt. Aber diese Gewalt ist dennoch nicht vergleichbar mit den Eroberungskriegen und Völkerwanderungen in anderen Teilen der Welt, sondern sie blieb stets fugenloser Bestandteil der Naturharmonie, die auf Gleichgewicht basiert. Sie entzieht sich vollkommen uns geläufigen Agressionsdefinitionen.

Erst der Eingriff der weißen Rasse mit dem »Geschenk« des Pferdes, eiserner Werkzeuge und Waffen und ein fanatisiertes Christentum brachte einen jahrtausendealten Rhythmus durcheinander. Solange die Konfrontation dauerte, solange waren auch die Definitionen von Gewalt, ihre Rechtfertigung und ihr Mißbrauch, auf beiden Seiten grundverschieden. Indianer empfanden vor der Gewalttätigkeit der Weißen abgrundtiefe Abscheu. Sie standen ihr geradezu fassungslos gegenüber. Umgekehrt war es nicht anders. Und dennoch sind Beispiele, daß Indianer und Weiße in Harmonie und Frieden und gegenseitiger Achtung voreinander zusammenlebten, überraschend zahlreich. Daß sich hieraus keinerlei weiterreichende positive Konsequenzen für die Existenzfähigkeit der Indianer ergab, liegt daran, daß jede kleine Indianergruppe ihre alleinverantwortliche »Politik« machte, die unmittelbar wirksam wurde, daß aber kein einziger Amerikaner die Politik seines Staats und aller jener anonymen Mächte, deren Folgen er selbst einigermaßen hilflos ausgeliefert war, unmittelbar beeinflussen konnte. Jenem — dem Indianer unentwirrbar erscheinenden, gigantischen Knäuel von unmenschlichen und »überirdischen« Mächten, die sich Presse, Gesetze, Gerichte, Legislative, Exekutive, Banken, Konzerne, etc. nannten, standen die Indianer ebenso hilflos gegenüber, wie jenem gewalttätigen und intoleranten Religionsfanatismus.

Die aus Angst vor dem Tod, vor Schmerzen, Krankheit und Siechtum, vor Mühsal und Beschwernissen, vor Unsicherheit und materiellem Verlust geborenen Agressionshandlungen der Weißen — sowohl beim Einzelnen, wie bei der Masse — erschienen den Indianern, die Angst nur vor einem Verlust an Würde empfinden konnten, als Symptome schwerer, seelischer Erkrankungen. Ihre Toleranz seelischen Abnormitäten gegenüber aber mag ein Grund dafür gewesen sein, daß sie unverständliches Unrecht und unverständliche Gewalt solange und beinahe mit der Geduld von »Heiligen« (in unserem Sinn) hinnahmen, ehe sie sich widersetzten. Aber selbst angesichts ihrer Vernichtung gibt es nur wenig Beispiele dafür, daß Indianer ihre persönlich-freundschaftlichen oder gut-nachbarlichen Beziehungen zu einzelnen Weißen im Zorn oder aus Verzweiflung vergaßen. Umgekehrt aber sind auch die Beispiele, wo sich Amerikaner für die Indianer einsetzten, beeindruckend.

Wie immer man zum Problem der Angst-Aggressionen stehen mag — es wäre wirklich eine Frage nach der Wurzel allen Übels, darüber nachzudenken, welche Ursachen dazu geführt haben, daß die Angst immer mehr wächst.

Aus der Schilderung der Lebensweise der nordamerikanischen Indianer und ihrem Untergang sind ganz sicherlich keine auch nur annähernd brauchbare Nutzanwendungen für unsere Gegenwart zu entnehmen; — aber sie sollte Anlaß bieten, die allgemeine Vorstellung, daß naturbezogene Lebensweise zwangsläufig auch eine primitive Geistesverfassung voraussetzt, zu revidieren.

Besiedlung und historische Entwicklung

Wie in Europa gab es auch auf dem amerikanischen Kontinent vier Eiszeiten, unterbrochen von den Zwischeneiszeiten (Interglaziale). Man hat festgestellt, daß sich durch die letzte Eiszeit der Meeresspiegel um etwa 155 Meter senkte. Sibirien und Alaska mußten an ihrer Berührungsstelle durch eine schmale Festlandbrücke verbunden gewesen sein. Ob die um diese Zeit in Amerika lebenden Riesenfaultiere, Riesengürteltiere, Riesenhirsche, Riesenbiber, Elche, Berglöwen, Säbelzahntiger, Bären, Bisons, Mammuts, Rhinozerosarten, Kamele, Pferde und Elche, aus Asien kommend, die Landbrücke der Beringstraße (ca. 90 km lang) überquert hatten, kann die Wissenschaft noch nicht beantworten. Es steht fest, daß in der letzten Zwischeneiszeit mehr als die Hälfte von Alaska mit saftigem Gras bedeckt war und ein großer Wildreichtum herrschte (Yukon- und Mackenzie-Tal).

Die mittlerweile populärste und wissenschaftlich abgesicherte Theorie besagt, daß vor etwa 50 000 Jahren Menschen in zunächst kleinen Jagdgruppen das nördliche Asien gegen die aufgehende Sonne zu verlassen begannen. Möglicherweise wanderten sie im Gefolge von Großwildrudeln, die allmählich ihre Jagdgründe aufgaben. Vor etwa 40 000 Jahren müßten demnach die ersten proto-mongoloiden Großwildjäger die Beringstraße überquert und Alaska betreten haben. Nach ihren körperlichen Merkmalen bezeichnet man sie anthropologisch als Indianide — ein Zweig der Mongoliden mit alteuropidem Einschlag, gelblich-bräunlicher Haut, straffem, dunklem Haar, oft mit Mongolenfalte und Mongolenfleck. In geographisch und klimatisch verschiedenen Gebieten variieren diese mehr oder weniger mongoloiden Merkmale.

Vor etwa 30 000 bis 35 000 Jahren erreichten wahrscheinlich Gruppen dieser steinzeitlichen Jäger Kalifornien. In Santa Rosa, einer der kalifornischen Küste vorgelagerten Insel im Pazifik, fand man bearbeitete Mammutknochen und eine alte Feuerstelle. Radiokarbonmessungen (C^{14}) ergaben ein Alter dieser Knochenwerkzeuge von 29 650 Jahren. Andere Funde von bearbeiteten Knochen und Steinwerkzeugen, die in Nevada gemacht wurden, haben ein Alter von 23 850 Jahren. Speerspitzen mit einem Alter von 20 000 Jahren fand man in Texas und Alabama, New Mexico und Nevada.

Das erste Skelett eines Vorzeitmenschen wurde in Minnesota am ehemaligen Ufer eines vorzeitlichen Sees gefunden. Es stammt von einem 15jährigen Mädchen. Das Skelett dieses frühen Homo sapiens ist etwa 12 000 Jahre alt. In Midland, Texas, fand man das Skelett einer Frau mit Grabbeigaben. Ihr schmaler, langer Schädel hatte keine Ähnlichkeit mit der runden, mongoloiden Schädelform.

Schließlich wurden auch in Mittel- und Südamerika Zeugnisse und Skelette prähistorischer Menschen gefunden. Die Radiokarbonmethode ergab ein Alter von 7 000—10 000 Jahren. Blutgruppenuntersuchungen des amerikanischen Wissenschaftlers Boyd aus der letzten Zeit erweckten Zweifel an der Besiedlungstheorie. Er stellte fest, daß der überwiegende Teil der südamerikanischen Indianer die Blutgruppe 0 haben, Blutgruppen A und B aber vollkommen fehlen. Indianer des amerikanischen Südwestens haben ebenfalls überwiegend Blutgruppe 0, etwa 2,8% haben Blutgruppe A, während B vollkommen fehlt. Die Blackfeet-Indianer des amerikanischen Nordwestens hatten überwiegend Blutgruppe 0 und A, nur 3,2% haben die Gruppe B. Nur die Eskimos, als letzte asiatische Gruppe nach Amerika gekommen, haben zu 29% Blutgruppe B. B ist aber die absolut vorherrschende Gruppe unter mongolischen Asiaten, bei denen die Gruppe 0 nahezu fehlt und A sehr selten ist. Die Anhänger der Theorie von der asiatischen Abstammung der nordamerikanischen Indianer haben für dieses Phänomen keine Erklärung.

Mit dem Ende der letzten Eiszeit müssen Elefanten, Säbelzahntiger, Kamele und Urpferde ausgestorben sein. Es gibt keinen Hinweis, daß Kamele und Pferde dem vorzeitlichen Menschen als Last- oder Reittiere gedient haben. Zahllose Indizien deuten darauf hin, daß sich aus dem vorzeitlichen Wolf, durch Mutationen und verschiedenartige Umweltbedingungen, eine Art Wolfshund (mehr Hund als Wolf) entwickelte, der den Vorfahren der Indianer — wie diesen selbst — während einiger Jahrtausende als Last- und Schlepptier diente. Die Menschenknochenfunde, die etwa 6 000 Jahre alt sind, zeigen, daß wohl die große Mehrzahl der Jäger-Gesellschaften dem mongoloiden Typ entsprach.

Manche Historiker halten es für möglich, daß proto-negroide und proto-kaukasische Menschenrassen, die in Asien 10 000 bis 15 000 Jahre vor dem angenommenen Exodus der proto-mongoloiden Menschen in Amerika lebten, teilweise diese Wanderungen mitmachten. Mischlinge dieser Rassen könnten durch erbbiologische Mutationen vereinzelt wieder ihre Stammrassenmerkmale hervorgebracht haben.

Es war keine einzelne Rasse und kein einzelnes Volk, das die urzeitliche Völkerwanderung von Asien nach Amerika durchführte, sondern im Lauf der Jahrtausende kamen zahlreiche Gruppen verschiedenster Rassen und Kulturstufen aus Asien nach Amerika, die nicht nur physisch verschieden aussahen, sondern die sich auch in ihren handwerklichen Erfahrungen und Fähigkeiten, in Kriegsführung und im sozialen und politischen Ordnungsgefüge unterschieden. Die Entwicklungen dieser zahllosen Gruppen ging völlig unabhängig voneinander vor sich.

Die ersten asiatischen Einwanderer brachten ihre steinzeitlich-primitive Kultur und die Fähigkeit mit, das Feuer zu gebrauchen. Im Lauf der Jahrtausende lernten manche den Umgang mit Metall, andere verwendeten immer nur Geräte und Waffen aus Stein. Die Kunst des Korbmachens und der Töpferei verfeinerte sich mit der Zeit. Die Waffen wurden verbessert, Pflanzen und Tiere kultiviert. Kleine Gruppen von Menschen fanden sich zuerst in losen Gemeinschaften, dann in größeren sozialen Gesellschaften zusammen, die den Zweck hatten, das Leben des Einzelnen zu erleichtern und sich besser in der Wildnis zu behaupten.

In den Dschungeln Südamerikas und Zentralamerikas entstanden aus solchen Gemeinschaften große Zivilisationen, vergleichbar den antiken Mittelmeer-Kulturen.

Der nordamerikanische Westen und der südliche Gürtel Kanadas hat solche Hochkulturen nie gekannt. Die nordamerikanischen Indianer, eng an Klima, Geographie und Fruchtbarkeit des Bodens gebunden, waren hauptsächlich Jäger in den Waldregionen des Ostens, in den Flußtälern der großen Ströme und in den Ebenen um die Großen Seen, sowie Ackerbauern im Südwesten. Ihre kulturelle Entwicklung ging viel langsamer vor sich. Die allgemeine Härte der Lebensbedingungen brachte über die Jahrtausende hinweg nur einen geringen Anstieg der Geburtenraten, so daß schließlich im Jahre 1492 in Zentral- und Südamerika etwa 15 Millionen Indianer lebten, in Nordamerika dagegen nur etwa eine Million. So mannigfaltig wie die Sprachen der nordamerikanischen Indianer, so unterschiedlich und gegensätzlich

»*Ein verbündeter Späher gibt der Haupt-
truppe ein Zeichen*«. *Illustration von Frederick Remington. Dieser Scout reitet
einen Kavallerie-McClellan-Sattel und
ein Pferd mit US-Trense und Zügel.
Ohne die zahllosen Indianerspäher, die
zum Teil sogar US-Uniformen trugen,
hätte sich die US-Armee wesentlich
schwerer getan*

waren ihre Veranlagungen, die sich in allen Schattierungen von den friedlichen Pimas in
Arizona bis zu den kriegerischen Irokesen in New York zeigten. Ein Teil war seßhaft, baute
Städte und künstliche Bewässerungssysteme für ihre Ackerwirtschaft wie die Pueblos, andere,
wie die Apachen, streiften als steinzeitliche Wüstenräuber durch aride Regionen, in denen
selbst Klapperschlangen und Wölfe Mühe hatten zu überleben, viele waren nomadische
Jäger wie die Sioux, wenige halbnomadische Hirten wie die Navahos, eine Anzahl lebte
als seßhafte Jäger-Sammler in den östlichen Wäldern, und es gab steinzeitliche Sammler,
wie die Diggers in Kalifornien. Stämme wie die Kwakiutl des Nordwestens hatten ein ausgeprägtes Wirtschaftssystem, und die Gruppen der Cherokees, Chocktaws, Chickasaws, Creeks
und Seminolen bildeten regelrechte städtische Gemeinwesen mit demokratischen Strukturen.
Aber selbst, wenn sie nahe beisammen wohnten, wie etwa die Hopis und Navahos, besaßen
sie dennoch völlig verschiedene Sprachen, Sitten und Glaubenslehren. Sehr häufig wiesen
sie starke rassische Unterschiede auf. Die Gemeinsamkeiten beschränkten sich auf wesentliche
Mängel: Sie besaßen keine Pferde, kannten das Rad nicht, waren also — was Transportmittel
betrifft — auf Hunde als Lastenschlepper und auf die eigene Körperkraft angewiesen. Ihr
Entfernungsspielraum beschränkte sich auf eine Tagesreise zu Fuß. Sie waren an die Wasservorkommen gebunden. Ihre Waffen und Werkzeuge bestanden in der überwiegenden Mehr-

zahl aus Stein. Der größte Mangel aber war die Unfähigkeit zu politischer Organisation und damit zur Errichtung eines funktionierenden Gemeinwesens. Einem gut organisierten Eindringling waren sie beinahe hilflos ausgeliefert. Die wenigen Versuche von Einzelpersonen eine Ordnung und ein gemeinsames Handeln durchzusetzen, sind stets kläglich gescheitert.

Die Seefahrer-Entdecker

Auch wenn die Entdeckung Amerikas durch Kolumbus, der den Seeweg nach Indien suchte, ein historischer Irrtum war, so folgte diesem Irrtum immerhin die Erschließung des Kontinents auf dem Fuß, und vom gleichen Zeitpunkt an datiert eine ausführliche Berichterstattung über die Indianer.

Demgegenüber sind frühere Entdeckungen, zum Beispiel durch die Wikinger (um 900—1000 v. Chr.) und durch polynesische Seefahrer (um 1300 v. Chr.), was Informationen über die Indianer betrifft, unergiebig. Die Wikinger haben nichts als zwei Sagas hinterlassen, die von den Abenteuern Leif Eriksons berichten, der — auf der Suche nach Schwerterruhm in dem neuen Land — nichts als wilde Weintrauben fand und dem Land enttäuscht den Namen »Vinland« gab. Die Ureinwohner werden lediglich als »Skrellings« erwähnt. Die zweite Wikinger-Saga kündet von Thorfinn Karlsefni, einem wikingischen Tauschhändler, der sich — beflügelt von Leif Eriksons Berichten — mit drei Schiffen und 160 Männern auf den Weg machte, um ein Handelsimperium zu begründen. Aber statt der freundlichen Küste von »Vinland« fand er nur »Helluland«, eine ungastliche Mondlandschaft aus nacktem Felsengestein (wahrscheinlich Labrador) und überaus unfreundliche »Skrellings«, die den wikingischen Händlern das Fürchten lernten. Das sich die wesentlichen Aussagen dieser Wikinger-Sagas in jüngster Zeit durch geologische Funde bestätigten, ändert nichts daran, daß es sich bei diesen Entdeckungen um historische Zufälle ohne Nachwirkungen handelte.

Ähnlich historisch irrelevant erwiesen sich die Landungen polynesischer Seefahrer aus dem südlichen Pazifik, die die Küste Südamerikas erreichten und sich dort niederließen, und bereits nach wenigen Generationen der Vermischung mit den Eingeborenen nichts anderes als Statuen und Mythen hinterließen. Die Mythologien der polynesischen Inseln geben keine Kunde von diesem Ereignis, so daß man annehmen muß, daß nur eine kleine Gruppe durch ein Unwetter auf See nach Südamerika verschlagen wurde und keinerlei Anstrengungen mehr unternahm, zu den heimatlichen Inseln zurückzufinden.

Die Entwicklung der Indianer blieb durch diese Besuche unbeeinflußt.

DIE INDIANER NORDAMERIKAS

Der Lebensraum

»Die Schöpfungsgeschichte der Cheyennes berichtet von einem Wesen, das umgeben von Wasservögeln — Schwänen, Gänsen, Enten, Möwen und anderen — auf dem Wasser trieb. Das Wesen forderte die Vögel auf, ihm vom Grunde des Wassers Erde zu bringen. Sie waren einverstanden, zu tauchen und zu versuchen, Erde auf dem Grunde zu finden. Die großen Vögel bemühten sich vergeblich, sie konnten den Grund nicht erreichen und brachten nichts nach oben. Aber schließlich tauchte eine kleine Ente auf, mit ein paar Bröckchen Erde im Schnabel. Sie schwamm zu dem Wesen, legte den Schlamm in seine Hand, das Wesen bearbeitete ihn mit den Fingern bis er trocken war und legte die Erde in kleinen Häufchen auf das Wasser. Und jedes Häufchen wuchs und wuchs und dehnte sich aus, bis überall, soweit man sehen konnte, festes Land geworden war. So wurde die Erde erschaffen, auf der wir leben.«
G. B. Grinnell in By Cheyenne Campfires, »Creation Tale«, S. 242.

Little Bear, Häuptling der nördlichen Cheyennes. 1870 war er, neben Sioux-Häuptlingen unter Führung von Red Cloud, beim Empfang im Weißen Haus dabei. Die südlichen Cheyennes waren 1869 fast ausgerottet, von den nördlichen Cheyennes blieben nach den Kämpfen mit der US-Armee (1879) nur zwei Dutzend übrig

Das Land

Der nordamerikanische Kontinent, in seiner überwiegenden Masse ein im Westen und Osten von Gebirgsketten gegen die Ozeane abgeriegeltes Flachland, öffnet sich nach Norden in ganzer Breite zum Polarmeer und nach Süden zum Golf von Mexiko. Von den vier geographischen Großformen sind zwei Gebirgsformationen die markantesten: Parallel zur pazifischen Westküste verläuft das tertiäre Faltengebirge der Kordilleren mit den beiden Hauptketten Coast Range und Rocky Mountains, in einem etwa 320 Kilometer breiten, von Mexiko bis weit nach Kanada reichenden Gürtel, der aus hohen Bergen (höchster Berg in Kanada der 6 000 Meter hohe Mount Whitney) und tiefen Tälern besteht. Parallel zur atlantischen Ostküste sind es die in die atlantische Ebene übergehenden Appalachen (ein waldreiches, paläozoisches Faltenrumpfgebirge), die sich von Georgia im Süden bis nach Labrador im Norden erstrecken (2 600 km lang, bis 600 km breit, höchster Berg Mount Mitchell, 2 037 Meter).

Der »Kanadische Schild« (Laurentia, Laurentische Masse), ein Urkontinent, der schon zu Beginn des Präkambriums bestand, umfaßte Ostkanada und Grönland als eine Einheit. Es ist eine flachwellige Felshöcker- und Moränenlandschaft mit vielen Seen.

Das Tafelland des Präriegürtels zwischen dem Felsengebirge im Westen und dem Mississippital im Osten, das in mehreren großen Terrassenschichten zum Felsengebirge hin ansteigt, bildet die vierte geographische Großform des Kontinents. Zwischen Kordilleren im Westen und den Felsengebirgskämmen am westlichen Rand des Präriegürtels befindet sich ein wüstenartiges, zerklüftetes Hochplateau.

Der ungefähr in der Mitte des Präriegürtels von Norden nach Süden verlaufende 98. Längengrad ist die klimatische Grenzlinie der sogenannten »Amerikanischen Wüste«, deren Kerngebiet etwa die heutigen Staatsgebiete von Montana, Idaho, Wyoming, Nevada, Utah, Colorado, Arizona und New Mexico umfaßt, während die Wüstenrandgebiete westlich davon mehr als die Hälfte der Staaten Nord- und Süd-Dakota, Nebraska, Kansas, Oklahoma und Texas umfassen.

Das Klima

Die klimatischen Verhältnisse zeigen Charakteristika der äquatorialen Tropenzone und der Polarregion in vielen Variationen. Sechs Temperatur-Zonen sind erkennbar: Die arktische Zone erfaßt nur den extrem nördlichen Teil von Kanada, die boreale Nordwindzone Gesamtkanada und reicht mit Ausläufern über das Felsengebirgshochplateau bis tief in den Südwesten; die Übergangs-Zone bestimmt halbmondförmig die kalifornische Küste, das Felsengebirgshochplateau im Westen, ein Randgebiet zwischen Kanada und den USA und den nördlichen Teil der atlantischen Hügelebenen mit Ausläufern bis nach Tennessee im Süden. Die obere südliche Temperatur-Zone erstreckt sich über den Präriegürtel, mit weit nach Mexiko hineinragenden Ausläufern, und über die östlich vom Mississippital liegenden Hügelebenen des mittleren Westens. Die subtropische, untere südliche Temperaturzone erfaßt den südlichen Teil der Atlantikküste und der großen offenen Ebene zum mexikanischen

Golf mit Ausläufern in den Südwesten der USA. Tropisches Klima gibt es nur im Süden Floridas und in einem kleinen Teil von Arizona.

Während die atlantischen und pazifischen Küstenstreifen konstant sich ablösende klimatische Bedingungen haben, ist das Klima innerhalb der Küstengebirgsschranken im Westen und im Osten, und besonders im Felsengebirgshochland, von extremen Schwankungen geprägt, die sich im schroffen Wechsel von warm und kalt und in heftigen Naturkatastrophen (Dürre, Wolkenbrüche, Wirbelstürme, Schneestürme, Gewitter, Sand-Tornados, Hurrikane, Zyklone etc.) bemerkbar machen. Durch das Fehlen einer Klimaschranke können die kalten Luftmassen des Nordens und die heißen Strömungen des Südens ungehindert tief ins Binnenland einströmen. Dies verhindert einen konstanten Niederschlag. So führen Flüsse oft nur während der Schneeschmelze Wasser und trocknen im Sommer und Herbst aus (besonders westlich des Mississippi—Missouri und auf dem Rocky Mountains Plateau).

In subtropischen Zonen übertrifft die durchschnittliche Sommertemperatur (48 °C) häufig die der Tropenzone, während die Wintertemperaturen (-44 °C) die der arktischen Zone oft überschreiten. So geschieht es, daß zum Beispiel in Nord-Dakota Sommertemperaturen um $+45$ °C und Wintertemperaturen um -45 °C gemessen werden, also insgesamt eine Temperaturschwankung von 90 Grad Celsius — für den Menschen geradezu mörderische Schwankungen.

Die großen Plateaus im Westen werden regelmäßig im Winter von warm-trockenen »Chinook«-Windströmungen heimgesucht, die ähnlich wie die europäischen Föhnwinde — so hygroskopisch (wasseranziehend) sind, daß sie dicke Schneedecken innerhalb von wenigen Stunden, ohne Abgabe nennenswerten Schmelzwassers an den Boden, auflösen.

Die Flora

Repräsentativ für die nordamerikanische Flora ist der Baumbestand. Die Vielfalt vorherrschender Baumarten ist abhängig von Temperatur, regelmäßigem Regenfall und dauernder Luftfeuchtigkeit. In günstigen klimatischen Regionen, im Osten das Appalachengebiet, im Westen das südliche Kalifornien, weisen die Waldregionen eine große Vielfalt von Laubbaumarten auf. Nach Norden zu geht der Laubwald allmählich in Nadelwald über, während nach dem Süden tropische Wald-Dschungelformen zunehmen (Mangrovensümpfe Floridas). Zwischen beiden Bergbarrieren dehnen sich im Osten bis zum Mississippital Waldregionen aus, die allmählich in Buschregionen übergehen. In den Gebieten der Prärien und High Plains verschwindet der Baumbestand fast völlig. Die Prärien sind baum- und buschlose Grassteppen mit extrem niedriger Luftfeuchtigkeit und geringem Niederschlag. Nach Süden hin weichen die Grasarten allmählich lichten, starren Strauchgebüschen und Kakteenfeldern, deren wüstenhafter Charakter immer mehr zunimmt.

Zwischen dem Felsengebirgsgürtel und der kalifornischen Sierra Madre und der Sierra Nevada treten Waldregionen nur am Fuß der Berge auf, wo sich das Schmelzwasser längere Zeit im Boden konservieren kann. Große Hochlandgebiete sind mit Sandwüsten, Mineralwüsten und humuslosen Felswüsten bedeckt, die nur anspruchslosen Kakteenarten Lebensmöglichkeiten bieten. In den nördlichen Küstenregionen der Pazifikküste befinden sich die größten

Kanu-Bau der Indianer Virginias. Sie fällten Bäume, indem sie nahe den Wurzeln ein Feuer entzündeten. Dann brannten sie Wipfel und Zweige ab. Da sie keine Eisenwerkzeuge hatten, höhlten sie die Baumstämme mit Feuer aus. Durch Kratzen mit Muscheln gaben sie den Booten die endgültige Form

Nadelwaldbestände der Welt. Die Redwood-Bäume zum Beispiel erreichen eine Höhe von mehr als hundert Metern und haben einen durchschnittlichen Stammdurchmesser von drei Metern.

Die Fauna

Der amerikanische Bison, man unterscheidet den »Wald-Bison« und den »Prärie-Bison«, ist das wohl bekannteste Säugetier aus der Umwelt der Indianer. Mehr als 30 Millionen Exemplare kamen vor der großen Ausrottungsaktion durch die Amerikaner in nahezu dem ganzen Gebiet zwischen den Appalachen und den westlichen Bergketten vor.

Das nächstgrößte Tier ist der sogenannte »Moose«, eine dem skandinavischen Elch nahekommende Spezies, die hauptsächlich im Nordosten und Nordwesten der USA und in Kanada vorkommt. Eine weit verbreitete Rotwildart ist der »amerikanische Elch«, auch Wapiti genannt. Ein halbes Dutzend weiterer Reharten (Deer) findet sich häufig in den Waldregionen und Prärierandgebieten.

Antilopenarten, darunter die »Pronghorn« (Gabel)-Antilope, kommen zahlreich in den Prärie-

und High Plains vor, während in den Bergregionen zwischen Alaska und Mexiko das »Bighorn«-Bergschaf und der Steinbock (Mountain Goat) beheimatet sind.

Von den Raubtieren sind Bären (Braunbär, Grizzly, Schwarzbär), Jaguare, Berglöwen (Puma), Wölfe, Wolferins, Coyoten, Luchse und die Wildkatzen am bekanntesten. Fast alle sind Waldbewohner, leben aber auch in den Busch- und Wüstenrandzonen.

Von den Nagetierarten ist vor allem der Biber zu nennen. Allein die Hudson Bay-Pelzhandelsgesellschaft hat von 1752 an in London mehr als 7 Millionen Biberfelle verkauft. Vor der Pelzhandels-Ära waren aber auch andere Edelpelzträger, wie Zobel, Hermelin, Nerz, Bisamratte, Otter, Marder und Fuchs sowie Skunk und andere sehr zahlreich.

Für den Indianer nützliche Vögel waren Wildgänse, Wildenten, Truthähne, Fasanen, Rebhühner und Birkhühner. Raubvögel wie Adler, Bussarde, Falken, Habichte u. a. waren zahlreich.

Die frühen Indianerkulturen

»Bevor Kolumbus 1492 Amerika entdeckte, hatte der nordamerikanische Indianer bereits eine zehntausendjährige Entwicklung hinter sich. Aber wir wissen wenig über diese Epoche, denn die nordamerikanischen Indianer kannten keine Geschichtsschreibung. Was sich aus Urzeiten an mündlicher Überlieferung in das Bewußtsein der Nachkommenden fortpflanzte, versank allmählich in mythischer Verklärung oder wurde ganz vergessen. Wir sind auf Ausgrabungen und vorzeitliche Funde angewiesen, die immer nur einen geradezu winzigen Bruchteil der Wirklichkeit darstellen können. Dies wird von 1492 an vollkommen anders: Von dem Augenblick, an dem die europäischen Entdecker, Eroberer und Kolonisten den Kontinent betraten, verfügt man über eine Unzahl exakter historischer Informationen.«
Aus Clark Wissler: Indians of the USA, S. 63.

Die Sandia-Kultur

Östlich von Albuquerque (New Mexico) fand man 1940 in einer 139 m langen und im Durchschnitt 3,20 m breiten Höhle eine große Anzahl von Steingeräten und Steinwerkzeugen, zusammen mit Knochen von Mammuts, Mastodonten, Kamelen und Pferden. Diese sogenannte »Sandia-Höhle« (engl.: Sandia Cave) befindet sich unter dem oberen Rand einer fast senkrechten Steinwand in 2 250 m Höhe. Bezeichnend an den großen, primitiven Steinwerkzeugen waren die Speerspitzen. Es sind die frühesten bekannten Formen menschlicher Jagdspitzen überhaupt, sogenannte »gekerbte Blattspitzen« (engl.: unfluted points). Untersuchungen ergaben, daß diese Spitzen etwa vor 25 000 Jahren angefertigt wurden. Da die Säugetierknochen in den gleichen Zeitraum gehören, ist erwiesen, daß diese Steinzeitmenschen bereits Großwild jagten.

Die Folsom-Kultur

1924 wurden bei Fort Collins, Colorado, auf einem Jagdlagerplatz früher Jäger zahlreiche Steinmesserklingen, Speerspitzen, Schaber und Kratzer neben Überresten des Bisons taylori, einer ausgestorbenen Bisonart, gefunden. Von 1926 bis 1928 legte der Archäologe Figgins bei Folsom, New Mexico, weitere Skelette dieser frühen Bisonart und zahlreiche Steinwerkzeuge frei. Zuerst wiesen nur fehlende Schwanzknochen darauf hin, daß die Tiere offenbar gejagt, erlegt und mitsamt dem Schwanzteil abgehäutet worden waren, dann fand man Knochen zusammen mit kunstvoll geschlagenen Pfeilspitzen. Diese besaßen Längsrillen (engl.: fluted points) und einen Schaftstiel. Der Einfluß der südasiatischen Klingenkultur war nur zu deutlich, doch ließen die »Folsom-Spitzen« noch keine gültige Altersbestimmungen zu. Erst neue Funde solcher typischen »Folsom-Spitzen« (1934—1938) bei Lubbock, Texas, zusammen mit Knochenwerkzeugen, ergaben mit der Radiokarbonmethode ein Alter von 9 883 Jahren (plus-minus 350 Jahre).

Einige Jahre nach dem Folsomfund (1930) wurden bei Clovis, New Mexico, ebenfalls Knochen und Steinwerkzeugfunde gemacht, wobei sich Folsomspitzen mit langen Flutungen fanden. Sie steckten zwischen den Wirbelknochen von Bisons taylori und zwischen Beinknochen. Diese gefluteten Rillenspitzen waren größer und weniger kunstvoll beschaffen. Das Alter wurde mit 11 500 bis 12 000 Jahren festgestellt.

Etwa zur gleichen Zeit fand man bei Yuma, Arizona, Speerspitzen in Blattform mit leicht eingebogenem Ende, zum Teil in Dreiecksform und mit einer Andeutung von Schaftzungen. Diese »Yuma-Spitzen« — rund 8 000 Jahre alt — werden in der schlanken Ausführung »Eden-Spitzen«, in der größeren und gröberen Ausführung »Scottsbluff-Spitzen« genannt.

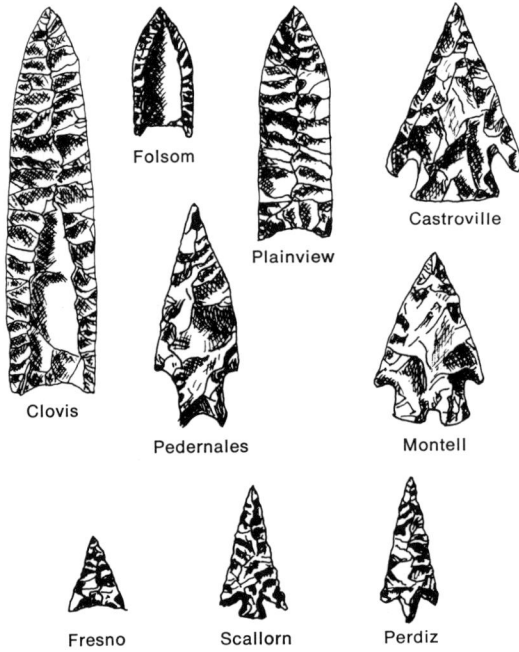

Prähistorische Pfeilspitzen

Besiedlung und alte Kulturen

25000–15000 v. Chr.

Die Bering-Straße war eine 1500 km breite Landzone

Eskimos 1000 v. Chr.

23000–18000 v. Chr.

Dorset-Kultur 700 v.-1300 n. Chr.

Eskimos 600 v. Chr.

Eskimos um Chr. Geb.

18000–7000 v. Chr. Eisbarriere 3000 m hoch

Eisgrenze des Inlandeises ab 13000 v. Chr.

Küsten-Kultur um 1000 v. Chr.

Plateau-Kultur

Dorset-Kultur 700 v.-1300 n. Chr.

Athabasken-Kultur Ende 500 v. Chr.

Wüsten-Kultur

Algonkin Sioux

Hopewell-Kultur 2000

Hopewell-Kultur

Athabasken

FOLSOM-KULTUR um 10000 v. Chr.

Prärie-Dorf-Periode um 1000–1500 n. Chr.

Fremont-Kultur 850–1200 n. Chr.

Sevier-Kultur

Anasazi

Sandia-Kultur

Dismal-River-Kultur 3000 v. Chr.

Mississippi-Kultur 1500–400 n. Chr.

400 n.

Adena-Kultur 800 v.-900 n. Chr.

Sinagua-Kultur bis 1066

Hohokam

Pueblos-Kultur

Mogollon-Kultur bis 700 n. Chr.

Apachen

Natchez-Kultur um 700 n. Chr.

Tempel-Mound-Kultur bis 1500 n. Chr.

Yuma-Kultur

Cochise-Kultur 600–1400

Die Steinkocher

Hatten die steinzeitlichen Jäger der prähistorischen Frühkulturen das Fleisch roh verzehrt, so bediente man sich gegen Ende der »Rohfleischesser«-Zeit des Feuers, um Steine zu erhitzen und sie in hölzerne Gefäße zu werfen und dadurch Wasser zum Sieden zu bringen. Kochendes Wasser in einem Gefäß, in dem man nun Fleisch und pflanzliche Produkte kochen konnte, war ein gewaltiger Entwicklungsfortschritt. Gekochte Nahrung ermöglichte es, Säuglinge und Kleinkinder besser zu ernähren, und damit die große Kindersterblichkeit erheblich zu vermindern. Aber auch die Alten profitierten davon, die, wenn sie ihre Zähne verloren hatten, an schweren Verdauungskrankheiten zugrunde gehen mußten. Die sich von Alaska bis nach Südkalifornien erstreckende »Steinkocher-Kultur« kannte noch nicht die Kunst der Töpferei. Man verwendete ausgehöhlte Holzgefäße, Gefäße aus Rinde oder Haut und erste geflochtene Behälter. Damit begann eine Entwicklung, die sich über Tausende von Jahren erstreckte und die über die Pflanzensammler der »Cochise-Kultur« des amerikanischen Südwestens zu den Korbflechter-Kulturen führte. Die »Steinkocher« waren schließlich in der Lage, wasserdichte Kochtöpfe zu flechten, in denen sie ohne Flüssigkeitsverlust ihre gesamte Nahrung kochen konnten. Funde in Kalifornien bestätigen dies. Man grub eine Mulde in den feinen Sand, setzte den geflochtenen Topf hinein, füllte ihn mit Wasser und brachte dieses mit heißen Steinen zum Kochen. Kutenai-Indianer von British Columbia haben erklärt, daß ihre Vorfahren bis ins späte 19. Jahrhundert flüssige Nahrung mit heißen Steinen zum Kochen brachten. Noch heute pflegen Indianer des östlichen Kanadas auf Jagdzügen keine eisernen Kochkessel mitzunehmen, sondern sie lösen die Rinde der Canoebirke so ab, daß sie daraus wasserdichte Kessel formen können. In diesen Birkenrindentöpfen kochen sie — allerdings nicht mit heißen Steinen, sondern über dem Feuer — ihre Nahrung. Die heißen Steine gaben im kochenden Wasser geringe Teile mineralischer Substanzen ab, was dem Gekochten einen würzigen Geschmack verlieh.

Wahrscheinlich setzte sich die Nahrung der Steinkocher hauptsächlich aus Salm (= Lachs) und Eicheln zusammen. (Eicheln in Kalifornien und Oregon, Salm in Washington, British Columbia und Südalaska.) Da man Eicheln nur einmal im Jahr — in unbegrenzten Mengen — ernten konnte, war Vorratshaltung notwendig. Nach dem Trocknen der Samenfrüchte entfernte man die Schalen. Die Eichelkerne wurden in Körben tief in Erdvorratskammern versenkt. Die benötigten Mengen wurden hervorgeholt, und die Frauen zerstampften sie zu hellgelbem, feinem Mehl. Da die Eicheln einen hohen Anteil an bitterer Gerbsäure enthalten, die — in Mengen genossen — tödlich sein kann, fanden sie einen Weg, diese schädlichen Stoffe aus dem Eichelmehl zu entfernen, indem sie mit kaltem Wasser einen Brei formten, diesen säuern ließen und von Zeit zu Zeit Wasser darüber gossen. Das Frischwasser durchfloß den durch Gärung porös gewordenen Teig und spülte einen großen Teil der bitteren Gerbstoffe weg, so daß schließlich ein schmackhafter Teig entstand. Daraus fertigte man Brot, das über offenem Feuer gebacken wurde und äußerst haltbar war, aber auch eine Art Mehlsuppe, indem man Teigstücke in Wasser auflöste, das Ganze mit heißen Steinen zum Kochen brachte und aromatische Pflanzenblätter — wie Pfefferminze etc. — beifügte.

Im Nordwesten fingen die Salmfischer in der Jahreszeit, wo die Fische aus dem Meer zum Laichen die Flüsse hinaufwanderten, diese in großen Mengen, indem sie sie einfach mit

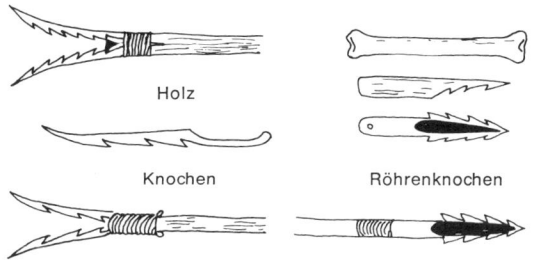

Holz

Knochen   Röhrenknochen

Fisch-Speere

Ein Nez Percé-Indianer speert am Columbia River den Salm (Lachs)

spitzen, langen Speeren aus dem Wasser holen. Die Fische wurden von den Frauen zerteilt, entgrätet und getrocknet. Das trockene, harte Fleisch zerstampften sie mit Steinen zu weißem Pulver, vermischten es mit getrocknetem Pulver aus Beeren und Wurzeln und versenkten es in großen Vorratskörben in tiefe Erdlöcher. Dieser »Fisch-Pemmican« war nahezu unbegrenzt haltbar, und der Speisezettel dieser Indianer mag manche schmackhafte Variation dieser nahrhaften und gesunden Kost enthalten haben. Der halbindianische Arzt Dr. John Silver Leaf, aus Seattle, Washington, hat von 1962 bis 1967 schwer an Arteriosklerose leidende Patienten, die bereits mehrere Herzinfarkte überstanden hatten, mit eben solchem prähistorischen »Fisch-Pemmican« seiner steinzeitlichen Vorfahren ein ganzes Jahr lang ernährt. Nach diesem Jahr war nicht ein Patient gestorben und alle hatten einen niedrigen Cholesteringehalt. Interessant ist aber in diesem Zusammenhang, daß Dr. Silver Leaf diese sensationellen Erfolge nicht mit gekochtem, sondern mit rohem Fisch-Pemmican erzielte!
Noch bis ins 20. Jahrhundert schlugen Prärieindianer einen erlegten Büffel aus der Haut, gruben eine Vertiefung in die Erde, spannten die Büffelhaut hinein, füllten sie mit Wasser, Blut, Fleischstücken, Pflanzen und Gewürzen und brachten das Ganze mit heißen Steinen zum Kochen. Zuerst waren es primitiv geflochtene Töpfe und Behälter aus Bast, die die Steinkocher fest und dicht zusammenflochten, um darin Wasser zum Kochen zu bringen. Im Laufe der Jahrhunderte und Jahrtausende entwickelte sich die Korbflechterei weiter. Geflochtene Körbe dienten nicht mehr allein zum Kochen, sondern auch zur Anlegung von Vorräten. Da das Flechtwerk nicht wasserdicht sein mußte, wurden die Maschen allmählich — je nach Gebrauchsart — gröber, das Material mannigfaltiger. Die Korbflechterkunst war vor allem im Südwesten der USA weit verbreitet und führte zu einer neuen Kulturepoche.

Die Anasazi-Kultur

Den Jägern folgten, über große Zeiträume hinweg, die Sammler, hauptsächlich Pflanzenesser. Die sich allmählich entwickelnde Korbflechterkunst machte das Verbleiben in einer Region oder an einem Ort möglich. Die Navahos haben für diese vorgeschichtlichen Bewohner der südwestlichen Hochebene, der Steppe und der Berge in New Mexico, Utah und Nevada das Wort »Anasazi« (die »Uralten«) geprägt, und die Archäologie verwendet den Begriff für diesen Kulturabschnitt der amerikanischer Indianer. »Anasazi« ist die zusammenfassende Bezeichnung für die Korbflechter-Kultur und die Pueblo-Kulturen.

Die Korbflechter waren halbnomadische Pflanzensammler ohne feste Siedlungen. Gelegentlich wurde mit Fallen und Schlingen gejagt. Die Töpferei war unbekannt, Körbe und geflochtene Textilien zeugen von Kunstfertigkeit und Formempfinden.

Zahlreiche Funde erlauben ein ziemlich vollständiges Bild über diese Kulturen der Korbmacher. Das wüstentrockene Klima hat nicht nur Geräte, Kleidung, Schmuck und Speisereste in hervorragendem Zustand erhalten, sondern auch die Toten selbst, die Mumien, zeigen große Ähnlichkeit mit den heutigen Indianern des Südwestens. Sie waren von brauner Hautfarbe, hatten schwarzes Haar (die Männer trugen es lang und in Zöpfen, die Frauen kurzgeschnitten) und waren mit einer Durchschnittsgröße von 170 cm verhältnismäßig hochgewachsen und etwas größer als die heutigen Indianer. Ihre Kleidung und die doppelsohligen Sandalen stellten sie hauptsächlich aus Yuccafasern her. Olivelle- und Abalone-Schmuckmuscheln, die nur an der pazifischen Küste vorkommen, zeugen von regem Handel mit diesen Küstenstämmen Kaliforniens. Der Kopfschmuck bestand aus Perlen und Federbändern. Ihre Gebrauchsgegenstände sind aus Menschen- und Tierhaaren, Pflanzenfasern, Häuten, Rinden, Baststreifen, Steinen, Knochen und Holz gefertigt. Für ihre Körbe verwendeten sie im allgemeinen die Spiralwulst-Technik, die Verzierungen bestanden aus Muscheln und Pflanzenfarben. Taschen aus Kleintierfellen, Mäntel aus Fellstreifen, fein geflochtene, leichte Hemden und Schurze bildeten die Kleidung. Als Waffen kannten sie den Speer, Schwerter aus Hartholz, Wurfhölzer und steinerne Messer. Sie fertigten kunstvolle Seile, die sehr wetterfest und reißfest waren.

Den Glauben an ein Fortleben nach dem Tod dokumentieren die reichen Grabbeigaben wie Sandalen, Kleidung, Nahrung, Behälter und Waffen.

Eine Vielzahl von Funden hat die Völkerkundler veranlaßt, die Anasazi-Kultur in folgende Abschnitte einzuteilen:

Die Korbflechter-Kultur: Frühe Korbflechter I. Phase
                                     Frühe Korbflechter II. Phase
                                     Jüngere Korbflechter

Die Pueblo-Kulturen: Pueblo   I. Phase
                                       Pueblo II. Phase
                                        Pueblo III. Phase
                                        Pueblo IV. Phase
                                      Pueblo V. Phase

Typischer Navaho-»Hogan«: eine aus Steinen, Adobe und Strohgeflecht erbaute Rundhütte mit Kuppeldach

Navaho-Teppichweberin. Den letzten Schliff erhalten die Teppiche, indem sie — auf weichem Sandboden liegend — mit einem polierten Stein stundenlang »walzend gewalkt« werden, was ihnen den unnachahmlichen, seidenweichen Schimmer verleiht

CONJURING BACK THE BUFFALO

Frederick Remington: »Conjuring back the Buffalo«, erstmals erschienen im August 1892 im »Century Magazine« in W. J. Stillman's Artikel: »The Great Plains of Canada«. Die »Rückbeschwörung des Bisons« wurde, nachdem Indianer und weiße Büffeljäger gemeinsam die Bisonherden nahezu ausgerottet hatten, immer mehr zum Zentralpunkt der Beschwörungen der Plainsindianer. Sie glaubten, daß mit der Rückkehr des Bisons auch der Einbruch der Amerikaner in ihr Land rückgängig gemacht werden könne (oben)

Charles M. Russell: »Ridden Down« (»Abgetrieben«), 1805. Die Indianer holten aus ihren Pferden unglaubliche Leistungen heraus. Siehe Lexikon-Stichwort »Pferderennen« (rechts)

Dick West: »The Little People«, mythische Beschwörungsszene der Cheyennes. In der Mitte steht der Medizinmann.
überlebensgroß im Kreis sitzend der Häuptling

Die Korbflechter-Kultur

In der ersten Phase der Korbflechter-Kultur gibt es noch keinen Pflanzenanbau, sondern die Menschen waren Sammler von Wildpflanzen und -früchten.

Wertvolle Erntepflanzen schützten sie zunächst nur vor behinderndem Pflanzenwuchs. Allmählich mögen sich auch die Erfahrungen mit der Pflege wilder Erntepflanzen soweit eingeprägt haben, daß man schließlich in der II. Phase begann, die Natur zu manipulieren, indem man den Samen guter, ergiebiger Erntepflanzen selbst in den gelockerten Boden brachte. Aber erst in der jüngeren, dritten Entwicklungsphase wurde regelrecht Ackerbau betrieben, zunächst mit Wildpflanzen (Bohnen, Zwiebeln, Sonnenblumen und Beeren). Später wurde auch Mais angebaut, die wichtigste Errungenschaft der »Uralten« überhaupt. Er wurde das Grundnahrungsmittel des ganzen Kontinents.

»Als vor langer Zeit die ersten Indianer erschaffen wurden, lebte einer von ihnen allein, weit, weit entfernt von anderen. Er kannte das Feuer noch nicht und lebte von Wurzeln, Rinden und Nüssen. Dieser Indianer fühlte sich sehr einsam und sehnte sich nach Gesellschaft. Er wurde des Grabens nach Wurzeln müde, verlor seinen Appetit und lag einige Tage lang träumend in der Sonne. Als er erwachte, sah er etwas in seiner Nähe stehen, vor dem er zunächst große Furcht empfand. Als es aber zu ihm sprach, wurde sein Herz froh, denn es war eine schöne Frau mit langem, hellem Haar, einem Indianer sehr unähnlich. Er bat sie zu ihm zu kommen, aber sie wollte nicht, und als er sich ihr näherte, schien sie sich von ihm gleichermaßen zu entfernen. Er sang zu ihr von seiner Einsamkeit und beschwörte sie, ihn nicht zu verlassen. Endlich sagte sie zu ihm, daß sie immer bei ihm sein würde, wenn er tat, wie sie ihm gebiete. Und er versprach es. Sie führte ihn an einen Platz, wo es sehr trockenes Gras gab und gebot ihm, zwei sehr trockene Stengel ins Gras zu halten und sie sehr schnell aneinander zu reiben. Bald sprang ein Funke auf, entzündete das Gras und bald stand alles Gras in Flammen. Dann sagte sie: ,Wenn die Sonne untergeht, nimm mich am Haar und schleife mich über die verbrannte Erde.' Dies gefiel ihm nicht, aber sie sagte, daß überall dort, wo er sie über die Erde schleifen würde, Gras wachsen würde, und er werde sehen, daß sehr bald zwischen den Blättern ihr Haar hervorwachse und dies das Zeichen wäre, daß die Samenkörner reif wären. Er tat, wie ihm bedeutet wurde, und bis auf den heutigen Tag wissen die Indianer, wenn sie das Seidenhaar an den Maiskolben sehen, daß die ,Schöne Frau' sie nicht vergessen hat«.
Indianische Maislegende aus Tales of the North American Indians, Mass. von Stith Thompson, S. 51—52.

Neueste Forschungen haben ergeben, daß Mais wahrscheinlich zum erstenmal um 5000 v. Chr. im südlichen Puebla, Mexiko, angebaut wurde. Aber erst 1 500 Jahre später haben ihn vermutlich die Korbflechter von Arizona und New Mexico im Südwesten und Indianer in Texas als Ackerpflanze und domestizierte Feldfrucht angebaut. Erst wenige Jahrhunderte vor Christi Geburt scheint der Mais auf dem ganzen nordamerikanischen Kontinent verbreitet gewesen zu sein. Sehr bald hatte er die gesamte Nahrung der Ackerbau treibenden Indianer elementar verändert. Die Palette der verschiedenen Sorten hatte im 18. Jahrhundert die Zahl 500 weit überschritten. Nicht weniger mannigfaltig waren die verschiedenartigsten Zubereitungsmöglichkeiten, von denen unter den heutigen Indianern nur einige Dutzend praktiziert werden. Dennoch genügen die Kenntnisse über diese Zubereitungsarten, um von einer regelrechten »Maisküche« sprechen zu können. Wie wichtig »Mutter Corn« (engl.: Corn = Mais) den Indianern war, bezeugt die Tatsache, daß zahlreiche mythologisch-religiöse Zeremonien dieser »Quelle allen Lebens« gewidmet sind.

Charakteristisch für die jüngere Entwicklungsphase der Korbflechter sind die ohne Drehscheibe und Brennofen hergestellten Keramiken: Ton und Lehm fand sich an den Flußufern. Er wurde zu langen, strickartigen Streifen geformt und topf- oder vasenförmig aneinandergefügt. Nach dem Glätten der Innen- und Außenseite wurde das Geformte mit Ornamenten versehen. Meilerartig stapelte man Holz darum herum. Der Brennvorgang dauerte tagelang. So wurden Töpfe, Vasen, Schalen, primitive Tonfiguren, Füllhörner und Gesichtsmasken hergestellt.

Zum erstenmal scheinen die jüngeren Korbflechter den Halbedelstein Türkis (engl.: Turquois) als Schmuckstein entdeckt zu haben. Die Töpferei entwickelte sich etwa zur gleichen Zeit mit dem Maisanbau, und beides — Ackerbau und Töpferkunst — bedeutete für die Entwicklung der Indianer einen großen Fortschritt. Zunächst erlaubten gebrannte Tongeräte nicht nur eine bessere Aufbewahrung der geernteten Maiskörner, des Maismehls und halbfertiger Speisepulver, sondern auch vor allem eine bessere Kochzubereitung. Die Speisekarte erweiterte sich um zahllose Grundnahrungsmittel, vor allem für Kleinkinder und Alte, Kranke und Genesende. Mit der Töpferkunst ist in Mexiko eine beginnende Alkoholgetränkegewinnung nachzuweisen, die wohl in erster Zeit den Medizinmännern vorbehalten gewesen sein mag. Die Tatsache, daß Ton durch Hitze steinhart gemacht werden konnte, bedeutete gleichzeitig aber auch, daß dem Menschen nun die Möglichkeit gegeben war, Bausteine zu fabrizieren, was natürlich — wegen des permanenten Ackerbaues — den ganz besonderen Vorteil hatte, daß man nun primitive Behausungen, um des eigenen Schutzes willen, nicht mehr, weit von den Feldern entfernt, in Felsenhöhlen, anzulegen brauchte, sondern sie an Ort und Stelle, in unmittelbarer Nähe der Felder, errichten konnte. Noch beherrschten die jüngeren Korbflechter nicht die Kunst der Mörtelherstellung und der Fertigung von sonnengetrockneten Adobe-(Lehm)-Ziegeln und des Adobe-Mörtels, aber die nächsten Indianergenerationen wurden durch Töpferei und Maisanbau zwangsläufig zu Städtebauern.

Die Pueblo-Kulturen

Die jüngeren Korbflechter mögen, so haben jüngste Ausgrabungen ergeben, etwa auf folgende Art zur Töpferei gelangt sein: Im Zuni Pueblo war es üblich, Maiskörner in großen Körben über offenem Feuer zu rösten. Immer wieder muß es hierbei passiert sein, daß die kostbaren Körbe versengt wurden oder sogar Feuer fingen und immer wieder repariert werden mußten, bis ein solcher, in vielen Arbeitsstunden hergestellter Korb schließlich völlig unbrauchbar wurde. Irgendwann hat man feuchten Ton von außen auf das Geflecht gestrichen, um es feuerfester zu machen. Es ergab sich, daß der Ton in der Hitze hart und immer härter wurde, bis schließlich ein harter, gebrannter Topf entstanden war. Es mag noch eine gewisse Zeit gedauert haben, bis der erste Indianer einen solchen, um ein Korbgeflecht geformten Tonkrug mit Wasser füllte, ihn übers Feuer hing und feststellte, daß er erheblich besser zum Kochen geeignet war als ein noch so dicht geflochtener Steinkocherkorb.

Mit der Erkenntnis, daß im Feuer getrockneter und gebrannter Ton steinhartes Material ergab, mag man zunächst auch die geflochtenen Yuccabastwände der Behausungen mit nassem Ton verschmiert haben, der dann in der Sonnenhitze langsam trocknete und hart wurde. Später hat man Sand und Lehm hinzugefügt.

Die Entwicklung der Töpferei jedenfalls führte nahezu zwangsläufig zu der Weiterentwicklung, ein Ton-Sand-Lehm-Gemisch als Ziegel für den Hausbau zu verwenden. Damit begann die sogenannte »Appartementhaus-Kultur« des Südwestens, die zweite und jüngere Stufe der Anasazi-Kultur.

Das Wort Pueblo ist spanischen Ursprungs und bezeichnet die mehrstöckigen, ineinander verschachtelten Siedlungsbauten der »Städtebauer«. Die Spanier benutzten diese Bezeichnung aber auch für die Bewohner selbst und nannten sie die »Pueblo-Leute« oder das »Pueblo-Volk«. Folgende Pueblokultur-Untergruppen lassen sich feststellen:

Pueblo I (700 bis 900 n. Chr.): Die Wohnhäuser liegen ebenerdig und haben eine rechteckige Form. Die Töpfereien sind hellgrau mit schwarzen Mustern im Flechtwerkstil.

Pueblo II (900 bis 1000 n. Chr.): Diese Periode zeigt die erste Appartement-Mehrfamilien-Wohnhausform, rechtwinklig gebogen, mit Zeremonialkivas, in denen man das unterirdische, runde Erdgrubenhaus der Korbflechter wiederfindet. Die Töpfereien sind aus hellgrauem Ton, aber bunter bemalt, ihr Reichtum an Formen und Malereiausstattung ist mannigfaltiger. Kunstkeramiken zeigen stilisierte Tier- und Menschendarstellungen.

Pueblo III (1000 bis 1300 n. Chr.): In diese Epoche fällt der Bau der großen, etagenförmigen Terrassenbauten, die mit inneren und äußeren, transportablen Leitern miteinander verbunden sind. Auch die Steilwand-Wohnsiedlungen (engl.: Cliff Dwellings) in schwindelerregend hohen Canyonwänden fallen in diese Zeit (Mesa Verde Pueblo). Die Töpfereien werden komplizierter, die Formen reicher, die Farben bunter. Wurfkeulen und Schleudern werden im Kampf und bei der Jagd verwendet.

Pueblo IV (1300 bis 1700 n. Chr.): Die terrassenförmigen Etagenbauten werden halbkreisförmig erweitert und zu stadtähnlichen Wohn-Festungen ausgebaut (zum Beispiel Pueblo Bonito, New Mexico). Der offene Halbkreis ist mit einer hohen Mauer verschlossen. Die Hauptverteidigungswaffen sind Pfeil und Bogen, Wurfkeulen und kochendes Wasser. Neben der seit Jahrtausenden üblichen Spiralwulst-Flechttechnik kommt das Rutengeflecht in Gebrauch. Die häufig schwarzgrundigen Keramiken zeugen von großer Kunstfertigkeit. Sie haben eine feingeschliffene, glänzende Oberfläche.

Pueblo V (nach 1700 n. Chr.): Sie gilt als die sogenannte »neuzeitliche Stufe mit dem Übergang in die Gegenwart«.

Die ersten beiden Pueblo-Kulturformen (700—1000 n. Chr.), die noch keine Terrassenbauten kannten, werden als Übergangsformen von der Korbflechterkultur zur Pueblo-Städtebaukultur betrachtet, die ihren Mittelpunkt offenbar im Colorado Canyon hatte, bis die anhaltende Dürre allen Pflanzenwuchs in der Umgebung verdorren ließ, und die Bewohner gezwungen waren, vor nomadischen Wüstenstämmen auf die Mesas zu flüchten. Gegen Ende dieser

Bewegung lernten die »Pueblo-Indianer« die Zähmung von wilden Truthähnen, die sie von nun an in Herden hielten. Im Gegensatz zu den langschädeligen halbnomadischen Korbflechtern hatten die Pueblos »Kurzköpfe«. Lange Zeit glaubten daher die Archäologen, daß es sich um zwei ganz verschiedene Rassen gehandelt haben mußte. Es stellte sich aber heraus, daß die Pueblos ihre Säuglinge mit dem Hinterkopf so fest an Bretter anschnallten, daß sich beim Wachstum stark abgeflachte Köpfe ergaben. Der Grund für diese künstlich herbeigeführte Deformation ist nicht bekannt.

In diese Zeit fiel auch die Entdeckung der Baumwolle als Spinnfadenmaterial und die Baumwollweberei, die den Pueblos neue Möglichkeiten der Tuchherstellung eröffnete.

Einziges Transporttier war — bis in prähistorische Zeiten — stets nur der Hund gewesen, den man entweder mit Packen belud oder den man ein Stangengestell (Travois) schleppen ließ. Gleichzeitig dienten zahme Haushunde als Festbraten, neben dem Fleisch von Antilopen, Bären, Bisons, Rehen und Hasen.

Einen vorläufigen Höhepunkt architektonischer Entwicklung erreichten die Pueblos aber erst mit der Errichtung der großartigen »Mesa Verde«-Bauten im Walnut-Canyon. Hier verwendeten sie bereits sonnengetrocknete Adobe-(Lehm)-Ziegel, die bis auf den heutigen Tag im ganzen Südwesten immer noch für den Hausbau als billigstes Material verwendet werden. In der ständigen Hitze und Trockenheit dieser Landschaft werden diese Ziegel immer härter, ihre Temperaturdämmung immer besser. Zunächst erbaute man die »Appartement«-Siedlungen in der sogenannten »Klippen-Hausform« auf plateauförmigen Stellen in Steinwänden, die nahezu vollkommen Schutz vor feindlichen Angriffen boten, weil sie nur über Strickleitern erreichbar waren. Der »Klippen-Palast« (engl.: Cliff palace), das »Rottannen-Haus« (engl.: Spruce Tree House) und das »Eckturm Haus« (engl.: Square Tower House), die drei größten Siedlungen in Mesa Verde, zählen zu den hervorragendsten baulichen Zeugnissen dieser Epoche. Das »Pueblo Bonito« in New Mexico, das der nächsten und letzten großen Periode zugerechnet wird, ist wohl das gewaltigste Bauwerk dieser Zeit. Dieses Gebäude enthielt 800 Räume für fast 300 Familien. Der Grundriß stellt ungefähr ein »D« dar. Diese Festung hatte keinen einzigen Eingang — sie war nur über Leitern zu betreten. An der Basis gab es fünf Räume, und jedes weitere Stockwerk enthielt eine Raumreihe weniger, so daß Terrassen entstanden, über die jede Wohnung erreichbar war, ohne daß man eine andere Familie hätte stören müssen. Da die Räume nur teilweise kleine Fenster besaßen (die außen- und innenliegenden), vollzog sich die Hausarbeit der Frauen hauptsächlich auf den jeder Wohnung vorgelagerten Terrassen. Untersuchungen haben ergeben, daß diese großen Pueblobauten über lange Zeiträume hinweg erbaut wurden. So zum Beispiel Mesa Verde von 1019 bis 1274 n. Chr., Pueblo Bonito von 900 bis 1130. Eine Dürreperiode, die von 1276 bis 1299 andauerte, scheint die Bewohner von Pueblo Bonito gezwungen zu haben, ihre Appartementburg schließlich zu verlassen. Das Hopidorf Old Oraibi enthält Holzbalken, die im Jahre 1370 geschnitten und bearbeitet wurden, so daß Oraibi wohl in dieser Zeit entstanden ist. Im weiten Gebiet des amerikanischen Südwestens fanden die Pueblos fruchtbarere Bedingungen vor. Sie zersplitterten sich, setzten aber ihre kulturellen Traditionen auch als Einzelgruppen fort. Auf den Hopi-Mesas und im Zuni-Gebiet Arizonas, in New Mexico, am Rio Grande del Norte, ließen sie sich nieder und erbauten neue Städte.

In der vierten Pueblo-Kulturperiode sahen sich die ackerbauenden Pueblos einem andauernden Druck der Navahos und Apachen gegenüber, die ihnen zwischen 1300 und 1700 derart hohe Verluste zufügten, daß sie gezwungen waren, ihre Siedlungen aufzugeben und sich, geschwächt und zersplittert, in südlicher liegende Wohngebiete zurückzuziehen, wo sie dann einem weiteren, unerwarteten und viel gefährlicheren Feind begegneten: den Spaniern, die auf der Suche nach Ruhm und Gold ihrer Freiheit ein Ende setzten.

Die Hohokam-Kultur

Wahrscheinlich ist die Hohokam-Kultur aus der prähistorischen Cochise-Kultur hervorgegangen, denn sie entfaltete sich im gleichen Gebiet, in dem auch die Cochise-Kultur beheimatet war. Das Pimawort »Hohokam« bedeutet »die Verschwundenen«. Man hat die Hinterlassenschaft der Hohokam-Kultur lange mit der Pueblokultur identifiziert, erkannte aber schließlich, daß es sich um zwei voneinander sehr verschiedene Kulturen gehandelt hat. Wie die Pueblos, so lebten auch die Hohokams in Gemeinschaftswohnsiedlungen, wie diese waren sie Ackerbauern und bewässerten ihre Felder. Die Hohokams hatten ihr Bewässerungssystem viel besser ausgebaut als die Pueblos. Durch ihre künstliche Bewässerung mit großen Wasserkanälen gelang es ihnen, Wüstenland in fruchtbare Äcker zu verwandeln und höchste Erträge zu erzielen. Ihre Maissorte war bereits höher kultiviert, mit größeren Kolben und mit geringerem Ausschuß als der Mais der Pueblos. Die Formgebungen der Keramiken zeigten große Kunstfertigkeit. Die Tier- und Menschendarstellungen sind realistischer. Auch Waffen, Werkzeuge und Hausgeräte verraten einen höheren Entwicklungsstand. Im Gegensatz zu den meisten Indianerstämmen bestatteten sie ihre Toten nicht, sondern verbrannten sie und verstreuten die Asche in alle Winde. Deshalb ist über ihr Aussehen so gut wie nichts bekannt. Die ältesten Zeugnisse der Hohokam-Kultur werden in das 6. Jahrhundert n. Chr. datiert. Den kulturellen Höhepunkt scheinen die Hohokams um 1300 erlebt zu haben, während das folgende Jahrhundert bereits den Niedergang und gleichzeitigen Übergang in die Pima- und Papago-Kultur anzeigt, beide bedeutend niedrigere Kulturstufen. Als die Spanier die Provinz »Ariconac« ihrem amerikanischen Kolonialreich einverleibten, setzten die Pimas und Papagos ihnen nur geringen Widerstand entgegen.

Die Mogollon-Kultur

Drei weitere vorgeschichtliche Kulturen fanden sich schließlich noch im Mogollon-Gebiet New Mexicos (Mogollon-Kultur), im nördlichen Arizona (Sinagua-Kultur) und am unteren Colorado River (Yuma-Kultur). Nach den Funden in New Mexico muß sie im 3. Jahrhundert n. Chr. bestanden haben. Die Gelehrten sind sich nicht einig, ob sie die Mogollon-Kultur als primitiven Ableger der Anasazi-Kultur oder der Hohokams oder gar als eine selb- und eigenständige Kultur zwischen der Cochise- und der Hohokam-Kultur ansehen sollen. Gewiß ist jedenfalls, daß es sich bei diesem verhältnismäßig kleinen Volk um Jäger und Sammler gehandelt hat, die nur nebenbei etwas Ackerbau betrieben und sich hauptsächlich auf die Pflege von Wildpflanzen beschränkten. Ihre Werkzeuge und Waffen bestanden aus Hartholz.

Ihre Töpfereien sind in der verbreiteten Spiralwulsttechnik gefertigt, sie haben eine braune Grundfarbe und ein rotes Muster. Vereinzelt fand man auch weißgrundige Töpfe mit roter Bemalung.

Die Mogollons wohnten in Erdgrubenhäusern mit einem langen, schlauchartigen Eingang. Später bauten sie Häuser über dem Erdbodenniveau, die dann von puebloartigen Gemeinschaftswohnhäusern ersetzt wurden. Insgesamt fünf Wohnstätten sind bis jetzt gefunden worden, die verschiedene Entwicklungsphasen zeigen: 1. Pine Lawn-Etappe, 2. Georgetown-Etappe, 3. San Francisco-Etappe, 4. Three-Circle-Etappe, 5. Mimbers-Etappe.

Die Sinagua-Kultur

Montezuma Castle und die imponierenden Ruinen von Tutigoot in Arizona sind eindrucksvolle Zeugen der Blütezeit eines Volkes, dessen Herkunft bisher noch im Dunkeln liegt, das aber weit in die Zeit vor der Zeitrechnung zurückreichen mag. Die Sinaguas lebten, wie die Mogollons, zunächst in Grubenhäusern, später in Erdhäusern und schließlich, auf ihrem höchsten Entwicklungsstand, in Steinhausburgen, die sie auf Steilwandplateaus bauten, nachdem sie wahrscheinlich der Ausbruch des heute erloschenen Sonnenuntergangs-Vulkans (1066 n. Chr.) bei Flagstaff vertrieben hatte. Eine Gruppe scheint weiter südwärts gewandert und zu den Hohokam-Indianern geflüchtet zu sein, eine andere vermischte sich mit den Vorfahren der Hopis.

Von der Yuma-Kultur am unteren Colorado hat man bisher die geringsten Kenntnisse. Nicht mehr, als daß sie, die nach dem Walapai-Wort »Patayan« (= »Das alte Volk«) genannt wurden, in Erdgruben wohnten, Keramiken herstellten, später Ziegelhütten aus Adobe erbauten, und ihre Toten verbrannten und die Asche nicht beisetzten.

Die Kulturen des Südwestens haben sich nicht über Arizona, New Mexico, Nevada, Utah und Colorado hinaus ausgebreitet, denn diese Region war von unkultivierbaren Bergen und Wüsten umgeben, die als natürliche Barrieren wirkten. So blieben diese Kulturen isoliert und dem von Zeit zu Zeit einsetzenden und wieder abebbenden Ansturm nomadischer Jägervölker ausgesetzt, die diese natürlichen Barrieren überwanden und denen nichts anderes übrig blieb, als entweder die »paradiesischen« Reichtümer der Kulturvölker kämpfend zu erobern oder aber sich wieder über Wüsten und Berge zurückzuziehen.

Die sich über nahezu zwei Drittel des »Fernen Westens« erstreckende »Große Amerikanische Wüste« mit ihren ausgedehnten baum- und wasserlosen Prärie-Regionen, den menschenfeindlichen High Plains, den Sand-, Fels- und Mineralwüsten und den vegetationslosen Bergen, blieb von der steinzeitlichen Völkerwanderung nahezu vollkommen unberührt, weil diese Menschen, die alle Fußwanderer waren und als Lasttiere nur Hunde kannten, die Entfernungen zwischen den Wasserquellen nicht überwinden konnten.

Erst die von den spanischen Eroberern entlaufenen Reitpferde, die sich in den Prärien, High Plains und Bergen rasch zu großen Herden vermehrten, ermöglichten es den Jägergruppen und Ackerbau treibenden Stämmen an den Großen Seen und in den kanadischen Wäldern die Entfernungen in der »Großen Amerikanischen Wüste« zu überwinden, so daß sich allmählich große Reiterstämme und Prärievölker bildeten.

Indianer-Scout mit einem verlorengegangenen Armee-Pferd. Illustration von Frederick Remington

Die Mound-Builder-Kulturen des Ostens

Die Kulturen der vorzeitlichen Waldmenschen im Osten der USA (Woodland Culture) sind in tiefes Dunkel gehüllt. Das feuchte und aggressive Klima dieser Region mit den großen Temperaturunterschieden war der Erhaltung von Funden nicht förderlich.

Sogenannte »Paläo-Indianer«, reine nomadische Großwildjäger, bevölkerten vor 10 000 Jahren in kleinen, unzusammenhängenden Gruppen die unermeßlichen Wälder der Ostküstengebirge und des Mississippitals. Ihnen folgten die teilweise schon seßhaften halbnomadischen Jäger-Sammler-Indianer der Archaischen Periode bis 1000 v. Chr.

Erst von 1000 v. Chr. an kann von einer regelrechten Kultur gesprochen werden, die eine kontinuierliche Entwicklung bis etwa 1700 n. Chr. erkennen läßt, und deren letzte Phase von den europäischen Kolonialisten noch beobachtet werden konnte. Man geht hierbei davon aus, daß dann von einer »Kultur« die Rede sein kann, wenn unter Menschen eine übergeordnete, allgemeine Lebensweise innerhalb mehr oder weniger geschlossener, sozialer Gruppen beobachtet werden kann, die eigenständige, kulturelle Ausdrucksformen besitzt, die sich fort- und weiterentwickeln.

Es ist sehr wahrscheinlich, daß sich die »Mound«-Erbauer-Kulturen von Süden nach Norden hin entwickelt haben, exakter: vom Golf von Mexiko bis zu den großen Seen Kanadas. Das englische Wort »Mound« bedeutet (laut Langenscheidts Enzyklopädischem Wörterbuch): 1. Erdwall, -hügel — 2. Damm — 3a) Tumulus, Grabhügel — b) altindischer Grabhügel — 4. Schanzhügel, Wall — 5. natürl. Hügel, Erhebung — 6. Haufen, Berg — 7. erhöhte Stelle — 8. techn. Maßhügel, -kegel — 9. mit einem Erdwall umgeben od. versehen — 10. zu einem Erdwall od. -hügel formen, einen Erdwall, -hügel, auf-, zusammenhäufen — 11. sich anhäufen, einen Wall od. Hügel bilden.

Alle diese Bedeutungen treffen auf die nordamerikanischen Mounds der östlichen USA zu, gehen aber auch noch weit darüber hinaus, so daß das Wort »Mound« eigentlich nur eine Andeutung der äußeren Form sein kann und der Bedeutung dieser Gebilde nicht ganz gerecht wird.

Vom Golf von Mexiko bis etwa in die Höhe von St. Louis sind die zahllosen »Mounds« quadratisch oder rechteckig angelegte 15 bis 35 Meter hohe Hügel, zu deren abgeflachter, plattformartiger Spitze einst hochstufige Treppen aus behauenen Holzstämmen führten. Dies ist heute noch deutlich zu erkennen. Die Ähnlichkeit mit den steinernen Pyramidenbauten der südamerikanischen Indianer-Kulturen ist deutlich. Wahrscheinlich stand auf der oberen Plattform ein Tempelgebäude, weshalb man diese »Mounds« auch »Tempel-Mounds« nennt. Weiter nördlich werden die »Mounds« niedriger und rund oder elliptisch. Sie sind selten höher als zehn Meter, manchmal nur knappe zwei Meter hoch. Fast alle sind »Burial Mounds«, Grabstätten, Bestattungsgrüfte, Grabhügel. In Wisconsin und Ohio schließlich nehmen die »Mounds« die Formen von auf dem Boden ausgebreiteten Tieren (Schildkröten, Adler, Bären, Füchse, Bisons, Elche etc.) und Menschen an, teilweise in geradezu gewaltigen, vom Boden aus unübersichtlichen Dimensionen. Diese sogenannten »Effigy Mounds« geben der Archäologie Rätsel auf.

Häufig sind Gruppen von dicht beisammenstehenden »Mounds« durch umwallte, breite Straßen miteinander verbunden und von runden oder elliptischen Wallstraßen umgeben. So umfaßt zum Beispiel der »Great Circle« (Großkreis einer Wallkonstruktion bei Newark, Ohio) ein Areal von 365 Metern Durchmesser, darin befindet sich ein großer »Adler-Mound«. Über mehr als sechseinhalb Quadratkilometer erstrecken sich hier die wallumsäumten, breiten »Boulevards« einer Siedlung, die man wohl als »Großstadt« der Vorzeit ansprechen kann. Die Bewohner pflegten einen Totenkult, der ihr ganzes Leben beherrschte. Sie wohnten in Blockhäusern mit mehreren Stockwerken. Der Mittelpunkt ihrer Stadtkultur dürften Grab- und Tempelmounds gewesen sein.

Als E. G. Squier vor mehr als hundert Jahren über dieses vom Urwald bedeckte Gelände ging, schrieb er: »...man kann sich eines Gefühls von Ehrfurcht nicht erwehren, wie man es empfinden mag, wenn man einen ägyptischen Tempel betritt...«

Im Adams County, Ohio, verläuft der sogenannte »Serpent Mound« (Schlangenmound) in der ganzen Länge einer Biegung des Bush Creek. 405 Meter lang und durchschnittlich einen Meter hoch ist diese »Grabhügel-Schlange«, deren mythische Bedeutung nicht geklärt ist.

Aus der Vielzahl der Mounds ragt der »Cahokia-Mound« (auch »Monk-Mound« = Mönch-Erdtempel) in Illinois als der wohl größte hervor: er ist 330 Meter lang, 216 Meter breit und 30 Meter hoch. Verglichen mit der Grundfläche der größten ägyptischen Pyramide (Cheopspyramide bei Gizeh) ist dieser Cahokia-Mound um 18 000 Quadratmeter größer! Um den Cahokia-Mound als Mittelpunkt sind unmittelbar mehr als 100 kleinere Mounds gruppiert, in etwas weiterem Abstand mehr als 300 weitere Mounds. Insgesamt umfaßt die vorzeitliche Bauanlage einen Kreis von 22 Kilometern Durchmesser, das ist ein Areal von 380 Quadratkilometern.

1928 untersuchte der Archäologe Henry Clyde Shetrone den »Seip-Mound« im Ross County, Ohio (76 m lang, 46 m breit, 9 m hoch). Er fand 99 Skelette und ein aus Holzstämmen und -balken errichtetes Grabkammergewölbe, in dem vier Erwachsene ausgestreckt auf dem Rücken und zwei Kleinkinder quer über ihren Köpfen lagen. Den Bestatteten waren Unmassen von Flußperlen (heutiger Wert etwa 3—4 Millionen Dollar), feinste polierte Keramiken, Werkzeuge (darunter eine 28pfündige Kupferaxt) und Schmuck aus Kupfer, Silber, Glimmer und Schildpatt beigegeben.

Der »Emerald Mound« in Mississippi, 12 Meter hoch, hat auf seiner oberen Plattform weitere sechs kleine Mounds. Die Mounds geben uns erschöpfende Auskunft über die Kulturstufen ihrer Erbauer. Bemerkenswert ist in diesem Zusammenhang, daß die Indianer bereits das »Tempern« von Metall (Kupfer und Silber) perfekt beherrschten. Ihre Kunstfertigkeit stand auf einem Höhepunkt, der später nie wieder erreicht wurde. Steinerne, polierte Pfeifen bezeugen in ihrer Kleinheit ein Niveau, das beispielsweise in Europa erst viele Jahrhunderte später erreicht wurde. Die Epoche der »Mound-Kultur« erstreckt sich über einen langen Zeitraum, den man in vier Abschnitte gliedert:

Burial Mound Periode I: 100—300 v. Chr.
Burial Mound Periode II: 300 v. Chr.—700 n. Chr.
Tempel Mound Periode I: 700 v. Chr.—1200 n. Chr.
Tempel Mound Periode II: 1200 n. Chr.—1700 n. Chr.

Die verschiedenen Völker haben diese Moundsiedlungen unter den verschiedensten mythischen Vorstellungen errichtet. Sie hatten alle ihre Blütezeiten, beschäftigten sich mit Ackerbau, Viehzucht, Handwerk und Kunst und unterlagen irgendwann den primitiveren Jäger- und Fischerstämmen der großen Flußniederungen, die mit den kunstvollen Bauten nichts anzufangen wußten und die entvölkerten Siedlungen dem Urwald überließen.

Erst seit kurzer Zeit unterscheidet man zwei dominierende Kulturen, die Adena- und die Hopewell-Kultur, wobei letztere wohl die bedeutendere ist. Einen ersten Höhepunkt erlebte die Mound-Builder-Ära in der Adena-Kultur.

Die Adena-Kultur

Heute sind mehr als 320 Adena-Bauten bekannt, die zwischen 800 v. Chr. und 900 n. Chr. hauptsächlich im Ohio-Tal erbaut worden sind. Ihren Höhepunkt erreichte die Adena-Kultur von 500—900 n. Chr. Im 10. Jahrhundert erfolgte der rasche Niedergang und das Ende. Die bisher identifizierten Adena-Mounds konzentrieren sich

a) an der Mündung des Miami Rivers in den Ohio River mit einer großen Siedlung, heute Cincinnati;
b) am Ohio River, heute Portsmouth;
c) an einem Zufluß zum Ohio River, heute Charleston, West Virginia;
d) am nördlichen Ohio, heute Moundsville;
e) bei Newark, Ohio;
f) bei Chillicothe, Ohio;
g) bei Fort Hill;
h) bei Miamisburg.

Die »Adena«-Indianer waren von mittelgroßer, untersetzter Statur, besaßen Rundschädel, eine hellbraune Haut und seidiges, schwarzes Haar. Woher sie kamen, bevor sie um 800 vor Christi Geburt ihre permanenten Siedlungen, Äcker und Viehweiden errichteten, ist nicht bekannt. Der frühe Maisanbau, die Herstellung von Keramiken, die Metallbearbeitung und eine organisierte Gemeinschaftsarbeit, sowie der ausgeprägte Totenkult (Bestattungs-Mounds) deuten darauf hin, daß sie — entgegen der Pueblokultur, die niemals despotische Herrscher hervorbrachte, sondern nach einer vollkommen demokratischen Gesellschaftsordnung lebte — eine führende Adelskaste (Herrscher, Könige o. ä.) als gesellschaftliche Hierarchie kannten; denn es sind ganz offensichtlich »Vornehme« die bestattet, Adelige, die mit Pomp beigesetzt, und es sind »Gemeine«, die meist verbrannt wurden. Die Leichen der Vornehmen wurden eine Zeitlang der Verwesung ausgesetzt, bis man die Knochen freilegen konnte. Diese färbte man mit Ocker ein und gab ihnen, je nach ihrer gesellschaftlichen Stellung, reichhaltige, kostbare Grabbeigaben mit. Bemerkenswert ist die große Kunstfertigkeit der »Adena«-Indianer in der Herstellung von Schmuck aus Kupfer, vereinzelt auch aus getriebenem Silber, aus Hartstein, Harthölzern, Muscheln und Perlen. Noch bemerkenswerter aber sind einen Zentimeter dicke Stein- oder gebrannte Tontafeln, in die phantasiereiche Ornamentmuster mit stilisierten Tieren in vollendeter Exaktheit eingearbeitet sind. Offensichtlich handelt es sich um Druckplatten, mit denen sie ihre Pflanzenfaserntextilien bedruckten. Die »Adena«-Indianer Nordamerikas hatten bereits einen hohen kulturellen Stand, wie er in Europa erst Jahrhunderte später erreicht wurde.

Die Hopewell-Kultur

Im 9. Jahrhundert n. Chr. vollzog sich der Niedergang der Adena-Kultur ohne Zeugnisse kriegerischer Niederlagen oder verheerender Naturkatastrophen. Die Adena-Indianer verschwanden aus dem Ohio-Tal, ihre Siedlungen und Grabstätten-Mounds wurden von der Wildnisvegetation überwuchert. Man weiß nicht, woher die Indianer kamen und wohin sie gingen, noch wo sie blieben.
Im gleichen 9. Jahrhundert breitete sich im Gebiet der Adena-Indianer die Hopewell-Kultur aus. Diese »Hopewell«-Indianer gingen nicht aus der Adenagruppe hervor. Sie waren schlanker und größer, hatten Langschädel und eine dunklere Hautfarbe. Den Namen erhielten diese Indianer von Captain Hopewell, auf dessen Farm sich mehr als 30 Mounds befanden,

aus denen Warren K. Moorehead 1893 sensationelle historische Funde zutage förderte. Die Kunstfertigkeit der Adenas entwickelten die Hopewell-Indianer zu künstlerischer Perfektion. So stellten sie zum Beispiel Kupfer her, indem sie metallisches Kupfererz durch ihre Handelsbeziehungen vom Oberen See bezogen, und hieraus durch Tempern Kupfermetall gewannen. (Tempern: Mehrtägiges Glühen des Erzes ließ das metallische Kupfer ausfließen.) Den eigentlichen Gußvorgang kannten sie nicht, aber sie fingen das aussickernde Kupfer in plattenähnlichen Formen auf. Die so gewonnenen Kupferplatten wurden mit gehärteten Kupferhämmern zu harnischartigen Brust- und Rückenpanzern und Helmen verarbeitet, die man phantasievoll mit reliefartigen Tiermotiven, mit Glimmerplättchen, Perlen und polierten Edelsteinen schmückte. Die Helme zierten oft polierte und intarsiengeschnitzte Hörner. Vereinzelt wurden in einer späteren Zeit auch kupferne Panzerplatten an Schienbeinen und Oberarmen getragen. Speer- und Pfeilspitzen aus geschmiedetem Kupfer, Schwerter aus gehärteten Kupferklingen, eine Art »Totschläger«, der aus einem faustgroßen Kupferball, verbunden durch eine starke Rohhautschnur mit einem stielartigen Griff bestand, müssen ein Waffenarsenal ergeben haben, das dem der benachbarten, nomadischen und halbnomadischen Stämme weit überlegen gewesen sein mußte. Die hohe Intelligenz der Hopewell-Menschen, ihr mathematisches Verständnis und ihre architektonischen Kenntnisse lassen vermuten, daß sie auch eine strategische Überlegenheit besaßen.

In der Töpferei schufen die Hopewell-Indianer Vollendetes. Besonders bemerkenswert sind die zahllosen, kunstvollen Pfeifenköpfe aus edlem Stein, die Klingen aus Obsidian, Broschen und Schnallen aus getriebenem Kupfer, die großen Textildruckplatten, die filigranen Holzschnitzereien, die Halsketten aus Flußperlen, Bärenkrallen, geschnitzten Alligator- und Haifischzähnen. Bemerkenswert sind auch die zahlreichen Frisuren und festlichen Haartrachten und die Turnüren aus den Schwanzfedern des Truthahnes.

Überragende gesellschaftliche und kulturelle Bedeutung kam dem Totenkult zu, wie an den zahlreichen Bestattungs-Mounds deutlich erkennbar ist. Mehr als 75% aller Hopewell-Menschen wurden verbrannt, fleischliche Bestattung war Privileg führender Kasten, die in Totenhäusern rituell vorbereitet wurde.

Diese Bestattungskultur ging vermutlich von Illinois aus und breitete sich nach Indiana, Michigan, Wisconsin, Iowa, Ohio und Missouri aus.

Die Hopewell-Indianer müssen einen ausgedehnten, gut organisierten Handel gehabt haben, denn sie bezogen glänzende Glimmerscheiben aus Carolina, Muscheln sowohl von der atlantischen wie von der pazifischen Ozeanküste, Obsidian aus dem Fernen Westen, Alligator- und Haifischzähne vom Golf von Mexiko, Kupfer vom Oberen See und Zähne und Krallen des Grizzlybären aus den Rocky Mountains. Alle Anzeichen deuten darauf hin, daß die Hopewell-Indianer — mehr als die Pueblo-Völker — nahe an der Schwelle einer Hochkultur standen. Es gab eine Eliteschicht mit religiöser und weltlicher Machtfülle, die die Pueblos nie gekannt haben. Jüngste Untersuchungen von Hopewell-Schädeln aus den reichsten Begräbnisstätten deuten an, daß es sich möglicherweise bei den Herrschenden um eine erbliche Aristokratie gehandelt hat: Eine Knochenwucherung in den inneren Ohrkanälen (Exostosis), die nur genetisch übermittelt werden kann, deutet an, daß die Herrschenden sich ausschließlich innerhalb ihrer Kaste fortpflanzten. Dieses hochbegabte Volk verschwand samt seiner Kultur ab 1150 n. Chr. Lediglich Ausgrabungen künden von ihrem hohen Entwicklungsstand.

Die Tempel-Mound-Erbauer

Zeigten die Mounds der Hopewell-Indianer nur sehr entfernte Ähnlichkeiten mit den Bauwerken der südamerikanischen und mexikanischen Hochkulturen (was aber auch von manchen Wissenschaftlern heftig bestritten wird), so ist sie bei den Tempel-Mound-Erbauern im nördlichen Georgia ganz offensichtlich: Ihre Mounds sind abgeflachte Pyramiden, den zentralamerikanischen Tempel-Pyramiden der Mayas und Azteken sehr ähnlich, obwohl sie nicht aus Stein, sondern aus Erde gebaut wurden. Es sind aber keine Grabmäler, sondern monumentale Sockelhügel für religiöse Kulttempelstätten, zu denen steile Treppen und Rampen hinaufführten. Vom Mississippidelta breiteten sich diese Tempel-Mounds, umgeben von 30 bis 40 kleineren Mounds, die riesige Aufmarsch- und Versammlungsplätze umschlossen, allmählich nach Norden aus. Die Kunstfertigkeit dieses neuen, geschichtlichen Volkes steht der der Hopewell-Indianer nicht nach, ihre Kunst aber unterscheidet sich von diesen durch die starke Dominanz religiöser Motive. Und vielleicht mag es die unerträgliche Fanatisierung ihres Totenkultes und ihrer Menschenopfer fordernden Glaubenslehre gewesen sein — die Motive zeigen abgehackte Hände und Köpfe, herausgerissene Herzen und federgeschmückte Priester mit Obsidianmessern —, die schließlich zum Niedergang dieser Kultur um 1500 n. Chr. beigetragen haben.

Die Natchez-Kultur

Die letzten Tempel-Mound-Erbauer, die um 1400 n. Chr. am Mississippi (in der Nähe des heutigen Natchez) wahrscheinlich einen großen Teil der Hopewell-Kultur und ihrer alten Rituale — wenn auch in abgewandelter Form — bis in die französische Kolonialzeit Louisianas beibehielten, waren das Volk der Natchez. Die soziale Struktur ist unter allen Indianervölkern Nord-, Mittel- und Südamerikas einmalig: Zentrum dieser Kultur war der große, mehr als zehn Meter hohe Emerald Mound. Das Gesamtvolk teilte sich in zwei Hälften, die Aristokratie und das »gemeine Volk«. Die Aristokratie bestand aus drei Klassen, den »Königlichen« (engl.: The Suns oder Royalty), den »Adeligen« (engl.: Nobles) und den »Ehrenwerten« (engl.: Honorable). Der Herrscher, ein absoluter Monarch, der göttliche Ehren genoß und unumschränkter Gebieter über Leben und Tod seiner Untertanen war, hieß »Die Sonne«. Er war so heilig und erhaben, daß er keinen Fuß auf gewöhnliche Erde setzte, sondern ständig in einer Sänfte getragen wurde. Sein erhabenes Haupt zierte eine Krone aus Schwanenfedern, und wenn es sich nicht vermeiden ließ, daß er einmal den Fuß auf profanen Erdboden zu setzen hatte, breiteten seine Diener, die sich bei seinem Tod selbst zu entleiben hatten, um mit ihm beigesetzt zu werden, geknüpfte, kostbare Matten aus.

Die Aristokraten, die niemals ein Werkzeug anrührten, sondern sich in sorgfältig dialektisch geführten Gesprächen ergingen und höchstens einmal an einer mühelos bereiteten Herrschaftsjagd teilnahmen, dünkten sich so edel, daß sie das gemeine Volk als »Stinkende« bezeichneten. »Stinkende« waren vogelfrei, rechtlos und jeder Willkür eines Aristokraten ausgeliefert.

Erstaunlich und seltsam zugleich — und dies unterschied die Gesellschaftsordnung der Natchez von allen anderen der Welt — war es Aristokraten bei Todesstrafe verboten, einen Partner gleicher Klasse zu heiraten und mit ihm Kinder zu zeugen. Vielmehr war jedes

Mitglied der Aristokratie gezwungen, sich als Partner einen »Stinkenden« zu wählen, während allerdings die »Stinkenden« durchaus unter sich Nachkommen zeugen konnten. Heiratete ein Aristokrat eine »Stinkende«, so wurden seine Kinder eine Stufe tiefer als er in die Gesellschaftskaste eingeordnet. War er zum Beispiel ein »Königlicher«, so reihten sich seine Kinder in den Kreis der »Adeligen« ein. War er nur ein »Ehrenwerter«, so wurden seine Kinder wieder zu »Stinkenden«, derer man sich unmittelbar nach ihrer Geburt entledigte und sie der Obhut des gemeinen Volkes überließ. Heiratete hingegen eine Aristokratin einen »Stinkenden«, so erbten ihre Kinder ihren gesellschaftlichen Rang. Nach dem Ableben der »Sonne« wurde die neue in einem »Konklave« von den männlichen »Königlichen« nach ermüdenden Riten und harter Selbst-Kasteiung »erkoren« und mit verschwenderischem Pomp auf eine Sänfte gehoben. Heiratete eine weibliche »Sonne« einen »Stinkenden«, so blieb er ein »Stinkender«, durfte nicht mit seinem Weib gemeinsam tafeln, hatte in ihrer Gegenwart zu stehen und, wenn sie sich erhob, auf die Knie zu sinken. Wurde sie seiner überdrüssig, so konnte sie ihn töten lassen und sich einen anderen »Stinkenden« zum Gefährten ihres Bettes nehmen. Jedes Dorf der Natchez hatte diese Gesellschaftsordnung, eine »Sonne«, die wiederum im gemeinsamen Konklave die »Große Sonne« des Gesamtvolkes wählte. Franzosen, die viele Jahre unter den Natchez lebten und ihre soziale und kulturelle Ordnung sorgfältig studierten und aufzeichneten, haben immer wieder ihrer Verwunderung Ausdruck gegeben, daß diese sehr komplizierte Ordnung tatsächlich reibungslos funktionierte. Die aus Europa eingeschleppten Krankheiten (Masern, Typhus, Cholera, Blattern, Pest, Hepatitis, Tuberkulose) richteten solche verheerende Schäden unter den Natchez an, daß es 1729, als sie in einem Aufstand gegen die französische Ausbeutung rebellierten, für die Franzosen ein leichtes war, das gesamte Volk so blutig zu dezimieren, daß nur wenige dem Massaker entkommen konnten. Damit hatte die Natchez-Kultur aufgehört zu existieren.

Dies war der erste historische Fall einer totalen Ausrottung eines indianischen Volkes.

Die Sprachfamilien.

Zur Zeit der Entdeckung Amerikas lebten, so nimmt man an, im nordamerikanischen Raum ca. 1 Million Indianer, die sich in mehr als 500 Stämme gliederten und sich ebensovieler Sprachen bedienten. Um das Jahr 1940 wurden noch 149 verschiedene Sprachen gezählt — sie werden in etwa 50 Sprachfamilien zusammengefaßt. Diese inkorporierenden und polysynthetischen Sprachen sind entfernter miteinander verwandt als beispielsweise die indogermanischen Sprachfamilien untereinander.

Die geographisch unzusammenhängende Sprachvielfalt ist die Folge einer ständigen, Jahrtausende währenden Völkerwanderung nicht nur von Norden nach Süden, von Westen nach Osten, sondern in allen Richtungen. Sie ist ein Zeichen dafür, daß diese Wanderungen oft in kleinsten Gruppen stattfanden, sie kündet von ununterbrochenen Bewegungen und Vertreibungen und beweist, daß Amerika in verschiedenen Etappen besiedelt worden ist.

Anfänglich bereitete die Vielfalt dieser Sprachen den Forschern größte Schwierigkeiten, bis 1891 J. W. Powell sie in 55 Große Sprachfamilien unterteilte und die Indianer-Gruppen zuordnete. 1929 vereinfachte der Sprachforscher Edward Sapir Powells Einteilung und ließ nur noch wenig mehr als ein halbes Dutzend Großsprachgruppen übrig, innerhalb derer er die Powell'schen Sprachfamilien nach Verwandtschaftsmerkmalen (soweit diese festgestellt werden konnten) einordnete.

Sprachen-Großgruppen, ihre Gliederung und die zugehörigen Indianerstämme, nach Landschaften gegliedert

ALGONKIN-WAKASHAN-SPRACHGRUPPE
Untergruppen nach W. Lindig*: Algonkin, Beothuk, Kutenai, Ritwan
Dazu werden folgende Indianerstämme gezählt:
Neu-England: Abnaki, Mahican, Massachusett, Mohegan, Narraganset, Penobscot, Pequot, Poktumtuk, Wampanoag
Labrador: Naskapi
Atlantikküste (New York, Virginia): Delawaren, Nanticoke, Powhatan-Konföderation, Wappinger-Konföderation
Mittlerer Westen: Chippewa, Cree, Delawaren, Ilinois, Kikapoo, Menominee, Miami, Ojibwa, Ottawa, Potawatomi, Sauk und Fox, Shawnee
Plains: Arapaho, Atsina, Blackfeet, Blood, Cheyenne, Cree, Gros Ventre, Piegan

HOKA-COAHUILTECA-SPRACHGRUPPE
Untergruppen nach W. Lindig*: Hoka (Kalifornien), Yuma, Coahuilteca, Caddo-Irokesisch: Cherokee-Irokesisch (Huronisch, Irokesisch, Cherokee), Caddo, Pawnee-Arikara
Dazu werden folgende Indianerstämme gezählt:
Irokesen-Sprachen:
Nördliche Stämme: Sechs Nationen Konföderation (Cayuga, Mohawk, Oneida, Onondaga, Seneca, Tuscarora [nach 1715]). Südliche Stämme: Cherokee, Tuscarora (vor 1715). Weitere Stämme: Erie, Huronen, Susquehanna, Wyandotte
Caddo-Sprachen:
Texas: Hasinai-Konföderation (Anadarko, Hainai, Nabedache, Nacogdoche, Nacono, Namidish, Nasoni, Neches), Caddohadacho-Konföderation (Caddohadacho, Cahinnios, Nanatsoho, Nasoni, Natchitoches [obere])
Louisiana: Natchitoches-Konföderation (Adais, Eyeish oder Hais, Natchitoches, Yatasi)
Westlich des Mississippi: Pawnee-Stämme (Chaui oder Groß-Pawnee, Kitkehahkis oder Republican Pawnee, Pitahuerat oder Tapage Pawnee, Skidi oder Wolf Pawnee), Wichita-Stämme (Arikara oder Ree, Tawakoni, Waco)
Muskhogee-Sprachen:
Südosten: Alibamu, Chickasaw, Choctaw, Creek, Koasati, Natchez, Seminole, Taensa, Tunica

SIOUX-YUCHI-SPRACHGRUPPE

Untergruppen nach W. Lindig* : Sioux, Yuchi

Dazu werden folgende Indianerstämme gezählt:

Dakota-Gebiet: Östliche Dakota, Santee-Dakota, Teton-Dakotastämme (Blackfeet, Sioux, Brulé, Hunkpapa, Miniconyou, Oglalla, Sans Arc, Two Kettle)

Oberer Missouri: Crow, Hidatsa, Mandan, Winnebago

Unterer Missouri: Iowa, Kansas, Missouri, Omaha, Osage, Oto, Quapaw, Ponca

Virginia, Nord-Carolina: Assiniboin, Biloxi, Catawba, Manahoac, Monacan, Saponi, Tutelo

Kalifornien: Karok, Pomo, Shasta, Yana, Yuki

Arizona: Yuma

UTO-AZTEKISCHE SPRACHGRUPPE,
erweitert zur TANO-AZTEKISCHEN SPRACHGRUPPE

Untergruppen nach W. Lindig* : Uto-Aztekisch (Shoshone, sonorische Sprachen, Aztekisch), Tano, Kiowa, Zuñi

Dazu werden folgende Indianerstämme gezählt:

Uto-Aztekische Sprachen:

Arizona: Hopi, Papago, Pima

Shoshone-Gebiet: Bannock in Idaho, Chemehuevi in Nevada, Comanche in Oklahoma, Kern River-Shoshone, Mono, Paiute in Nevada, Penamint in Nevada, Shoshone in Wyoming, Snake in Idaho, Ute in Utah und Colorado

Tano-Sprachen:

Tewa-Pueblos: Hano oder Nampeo, Nambe, Pojoaque, San Ildefonso, San Juan, Santa Clara, Tesuque

Tiwa-Pueblos: Isleta, Picuris, Sandia, Taos

Towa-Pueblos: Jemez, Kiowa, Pecos

Aztekische- oder Nahuatlanische Sprachen:

Südwesten: Aztec, Cora, Opata, Yaqui

PENUTI-SPRACHGRUPPE

Untergruppen nach W. Lindig* : Kalifornische Penuti-Sprachen, Chinook-Tsimshian, Coos-Takelma, Klamath-Sahaptin

Dazu werden folgende Indianerstämme gezählt:

Kalifornien: Costanoan, Maidu, Miwok, Wintun, Yokuts

Oregon: Klamath, Modoc

Washington: Cayuse, Chinook, Molale, Wasco, Wishram

Sahaptin-Sprachen:

Nordwesten: Klikitat, Nez Percé, Palouse, Tenino, Umatilla, Wallawalla, Warm Springs, Yakima

Mexiko: Huave, Mixe, Zoque

ATHAPASKISCH-NA DÉNÉ-SPRACHGRUPPE

Untergruppen nach W. Lindig* : Haida, Déné (Tlingit, Eyak, Athapaskisch)
Dazu werden folgende Indianerstämme gezählt:
Na Déné-Sprachen:
Pazifikküste (Alaska und Kanada): Ahtena, Auk, Chilkat, Copper River, Eyak, Haida, Sitka, Taku, Tlingit, Tongas, Yakutat
Athapaskische Sprachen:
Kanada: Chilcotin, Chipewyan, Dindjie, Hankutchin oder Han, Ingalik, Kaska oder Nahane, Kawchodinne oder Hare, Knaiakhotana, Koyukon oder Unakhotana, Kutchin oder Loucheux, Nabesna oder Obere Tanana, Nicola oder Stuwihamuk, Sarsi oder Tsekahne, Satudene oder Bear Lake, Slave, Tahltan, Takulli oder Carrier, Tanaina oder Kenai, Untere Tanana, Tatsanottine oder Yellowknife, Teans, Thlingchattine oder Dogrib, Tsattine oder Beaver, Tsesaut, Tsethaottine oder Mountain, Tutchone
Kalifornien: Chetco, Hupa oder Chilula, Kinkyone, Mattole, Nongatl, Tlelding, Tolowa, Wailaki, Whilut
Oregon: Chastacosta oder Coquille, Galice
Südwesten: Apachen (Chiricahua, Cibeque, Jicarilla, Lipan, Mescalero, San Carlos, Tonto, Warm Springs, White Mountain), Kiowa-Apachen, Navaho
Washington: Kwalhioqua, Tlatskanai

Weitere Sprachgruppeneinteilung nach W. Lindig* :
ESKIMO-ALËUTISCH
Untergruppen: Alëutisch, Eskimoisch
MOSANISCH
Untergruppen: Wakash (Kwakiutl, Nootka), Chimakum, Salish
GOLFKÜSTENSPRACHEN
Untergruppen: Atakapa, Chitimacha, Muskhogee, Natchez, Timucua, Tunica

* W. Lindig, Die Kulturen der Eskimos und Indianer Nordamerikas. Handbuch der Kulturgeschichte, 2. Abteilung, Kulturen der Völker, Frankfurt am Main 1972. Seite 122f.

Die Kulturräume

Die kulturellen Übereinstimmungen von Indianergruppen, trotz unterschiedlicher Sprachen, lassen eine Einteilung in mehrere Kulturräume zu:
Nordosten: Die Wälder und großen Seen im Nordosten der USA und im östlichen Kanada.
Südosten: Die Wälder des Appalachengebirges, die atlantische Küste und die Flußniederungen am Golf von Mexico.
Südwesten: Die wüstenartigen Trockenzonen in Arizona, New Mexico und im nordwestlichen Mexiko.
Westen: Die Plateaus, das Great Basin und die pazifischen Küstengebiete Kaliforniens.

George Catlin: Crow-Häuptling »Der am-weitesten-springt« im vollen Kriegsschmuck

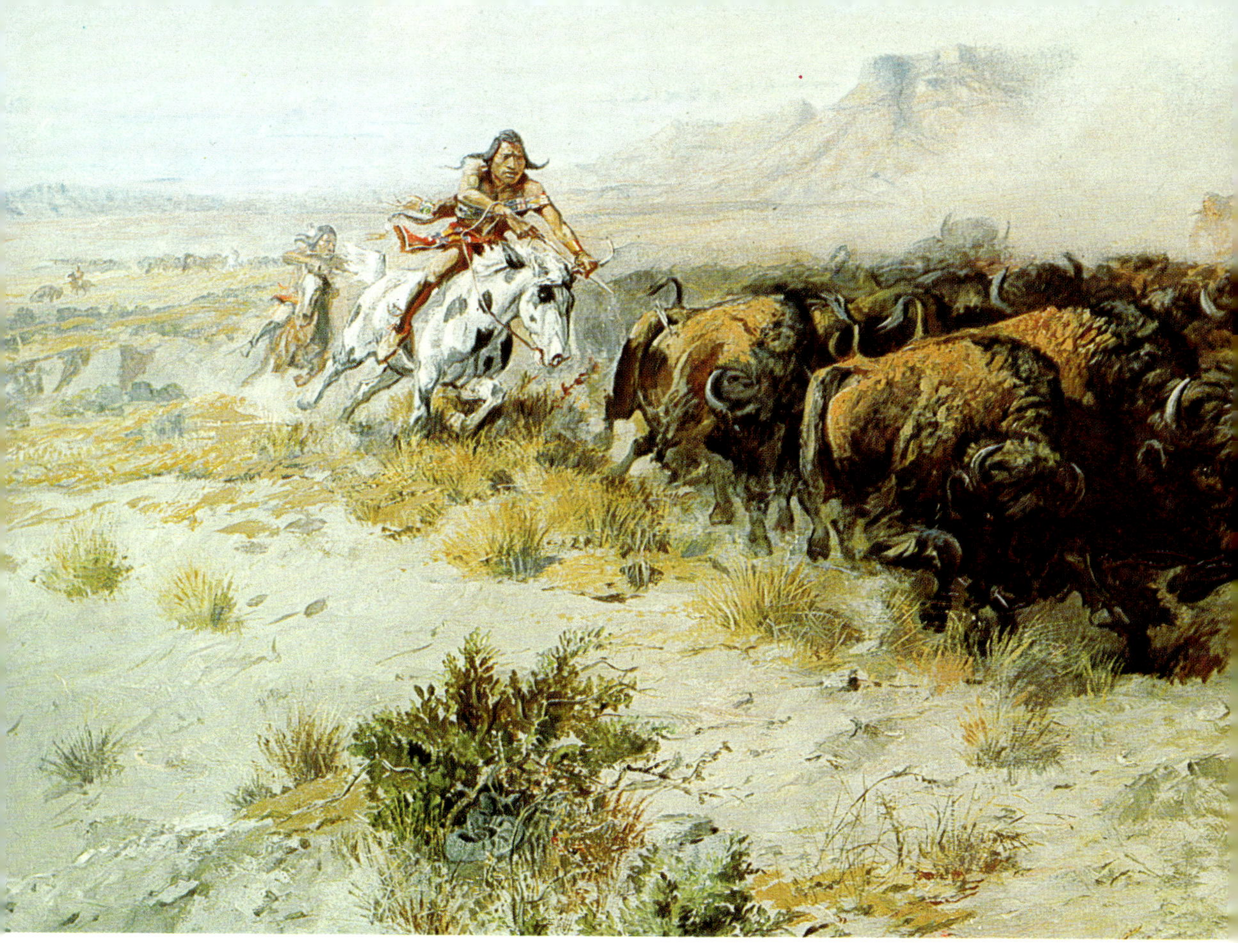

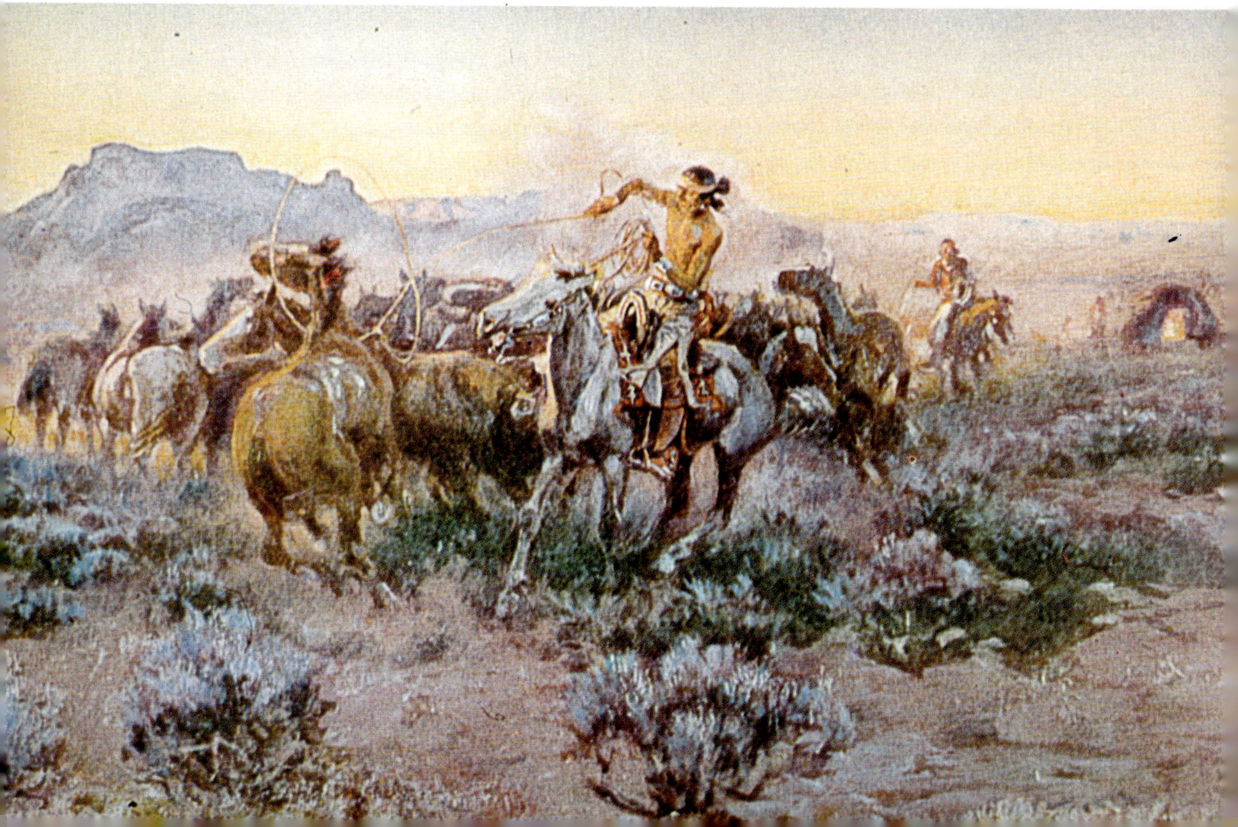

Charles M. Russell: »Buffalo Hunt«, 1899, Ölgemälde. Das Erscheinen des Pferdes auf den Prärien Nordamerikas bedeutete für die Blackfeet-Indianer — das Gemälde zeigt Schwarzfüße — ab 1750 eine gewaltige Umwälzung in ihren nomadischen Lebensgewohnheiten. Mit dem Pferd schrumpften die vorher tödlichen Entfernungen der Präriegebiete zusammen, und nun wurde auch die Jagd auf die großen Bisonherden im Herzen dieser Grassteppe möglich. Selbst nachdem die Schwarzfüße Feuerwaffen besaßen, blieben sie während der Bisonjagd bei Pfeil und Bogen und entwickelten bei deren Benutzung eine Fertigkeit, in der sie von keinem anderen Indianerstamm übertroffen wurden. Mit einem Reservepfeil zwischen den Zähnen und einem vollen Köcher auf dem Rücken hatte ein Blackfeet-Krieger keine Schwierigkeiten, einen Bison im vollen Galopp zu treffen (links)

Charles M. Russel: »The Horse Thieves«, 1903, Ölgemälde. Kiowa-Apachen, die berühmtesten aller »Pferdedieb-Indianer« stehlen am South Platte River den verhaßten Pawnees eine Pferdeherde (linke Seite unten)

Charles M. Russell: »Indian Hunters Return«, 1891, Ölgemälde. Crow-Jäger kehren ins Zeltdorf zurück und melden reiche Winterbeute. Nun war es die Aufgabe der Frauen, mit Packpferden zu den erlegten Tieren zu reiten, das Wild aus der Haut zu schlagen, das Fleisch zu zerlegen und mit Häuten und Fleisch zurückzukehren (unten)

Karl Bodmer: Pehriska-Ruhpa, Hidatsa-Häuptling, 1839. Mit Maximilian zu Wied reiste der schweizerische Maler 1833 zu den Missouri-Indianern. Bodmer schuf über 300 Indianerdarstellungen, die er später als Kupferstiche publizierte. Es sind wertvolle Dokumente einer untergegangenen Kultur

Nordwesten: Die Waldregionen der nordwestlichen Rocky Mountains und die nordwestliche pazifische Küste bis nach Alaska.

Norden: Indianer und Eskimos Alaskas, des Nordwestens und des nördlichen Kanadas.

Plains: Der Prärie- und Plainsgürtel westlich der Missouri—Mississippi-Linie bis zu den Rocky Mountains, im Süden bis zur Südgrenze von Texas, im Norden bis weit nach Kanada. Bis auf die Plains waren die sechs großen Kulturprovinzen zur Zeit der europäischen Einwanderung alle bewohnt. Eine jüngste Schätzung der Bevölkerungsdichte besagt, daß ungefähr 1 150 000 Indianer (und Eskimos) dort lebten. Bevor den spanischen Eroberern Pferde entliefen und sich in den Plains zu großen Wildpferdherden vermehrten, die Indianer also nur Hunde als Transportmittel kannten, waren die endlosen, baumlosen Prärien nicht bewohnt.

Der Nordosten

Die regnerischen Waldgebiete erstrecken sich von der Atlantikküste — nach Westen allmählich lichter werdend — bis zum Mississippi. Die Kulturen in diesem Raum lassen sich gliedern in die Kulturen der Küstengebiete, in die der reinen Waldgebirgsgebiete und in die Kulturen im Gebiet der Großen Seen. Während die Küstengebiete vorwiegend von Algonkinstämmen (unter ihnen bildeten die Delawaren eine machtvolle »Mittel-Atlantik-Konföderation«, die mit der algonkinischen »Powhatan-Konföderation« Virginias eine machtvolle Völkergruppe darstellte) besetzt gehalten wurden, waren die Irokesen unbestrittene Herrscher der Waldgebiete. Diese kriegerischen Irokesenstämme befanden sich traditionell im erbitterten Kriegszustand mit den Algonkin, die hart bedrängt wurden. Sie hatten sich bereits einen großen Brückenkopf im oberen New York verschafft, als englische und französische Kolonisten einander zu bekämpfen begannen. Sie trugen im Kolonialkrieg zwischen Frankreich und England wesentlich zum Sieg Englands bei. Diese irokesische Liga — die das Talent der Irokesen für politische Organisation dokumentierte — behauptete sich zwei Jahrhunderte. Die Mitgliederstämme führten zwar niemals Krieg gegeneinander und handelten auch nach gemeinsam getroffenen Beschlüssen, aber innere Opposition zu diesen Beschlüssen führte schließlich zu ihrer Schwächung und Auflösung. Das Gebiet um die Großen Seen hielten siouxsprechende und Algonkinstämme besetzt. Sie waren friedliche Ackerbauern, Fischer und Sammler, die ihre Wigwamdörfer mit hohen Palisadenzäunen sicherten.

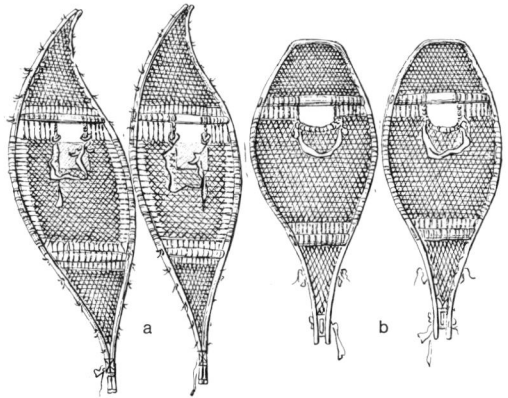

a. Sioux-Schneeschuhe.
b. Chippewa-Schneeschuhe

Der Südosten

Kaum weniger kriegswillig als die Irokesen waren die Muskhogee-Stämme des Südostens, allen voran die Creek-Konföderation, die Choctaws und die Chickasaws.

Die in etwa 50 locker zusammenhängenden Bauern-Dörfern vereinigten 30 000 Creeks hielten hauptsächlich Georgia und Alabama besetzt. Kampf und Krieg waren für sie eine Lebensart, ein Sport, der um seiner selbst willen über viele Generationen zum Dauertest der Mannbarkeit entwickelt war. Westlich ihres Gebietes — im heutigen Mississippi — waren ihre Verwandten und gleichzeitigen Todfeinde, die Chickasaws beheimatet, die Kriege nicht nur gegen die Creeks, sondern auch gegen die mit ihnen ebenfalls verwandten Choctaws führten, die als Ackerbauern ebenfalls in lose zusammenhängenden, dörflichen Gemeinschaften im heutigen Alabama und Mississippi lebten. Nördlich von diesen kriegerischen Muskhogee-Stämmen, im heutigen Georgia und den beiden Carolinas, befand sich die hochentwickelte Städtekultur der wirtschaftlich und politisch äußerst wendigen, intelligenten Cherokees, die der irokesischen Sprachfamilie angehörten. Im Gegensatz zu allen anderen Stämmen der Muskhogee-Sprachfamilie besaßen die Natchez am unteren Mississippi ein rein theokratisches Gesellschaftssystem mit einer absoluten Monarchie. Der äußerste Südosten — die Halbinsel Florida — war mit ihren unzugänglichen Sümpfen hauptsächlich von den Seminolen bewohnt.

Der Südwesten

Der trocken-dürre Südwesten war die Heimat der vorzeitlichen Hohokam-Kultur, aus denen die Pueblo-Völker in friedlicher Entwicklung als seßhafte Bauern hervorgegangen waren. Südlich von den befestigten Pueblo-Städten pflegten die Pimas und Papagos friedfertig ihre

INDIANERSTÄMME, IHRE VERWANDTSCHAFT UND IHRE VERBREITUNG

Nicht beachtet sind Wanderungen, zeitliche Abfolge und Stämme-Vermischungen

ALGONKIN *1. Abnaki, 2. Arapahoe (= Gens de Vaches, = Kananowich), 3. Blackfeet (Blood, Kainah, Piegan, Siksika, später auch Sarsi), 4. Cheyenne, 5. Cree, 6. Delawaren (= Lenape), 7. Gros Ventre (= Atsina), 8. Illinois, 9. Mohegan, 10. Malecite, 11. Massachuset, 12. Menominee, 13. Miami, 14. Micmac, 15. Montagnais, 16. Nascapi, 17. Ojibwa (= Chippewa), 18. Ottawa, 19. Sauk und Fox, 20. Wiyot, 21. Yurok* — ATHAPASKEN *Apachen (Arivaipa, Chiricahua, Cocotero, Gataka, Gilew, Kiowa-Apachen, Lipan-Apachen, Mimbrenjo, Mogollon, Pinal, Pinaleno, Tonto), 22. Beaver, 23. Carrier, 24. Chipewayan, 25. Haida, 26. Hare, 27. Hupa, 28. Nahani, 29. Navaho (= Dené), 30. Slave, 31. Tanaina, 32. Thaltan, 33. Tlingit, 34. Tutchone, 35. Yellowknife* — CADDO *36. Arikara, 37. Caddo, 38. Pawnee (Chaui, Kikahaki, Pitahanerat, Skidi), 39. Wichita* — IROKESEN *40. Cayuga, 41. Cherokee, 42. Erie, 43. Huronen, 44. Mohawk, 45. Oneida, 46. Onondaga, 47. Seneca, 48. Susquehanna, 49. Tuscarora* — HOKE-PENUTI-GRUPPE (KALIFORNISCHE INDIANER) *50. Chumash, 51. Dieguenjo, 52. Kamia, 53. Miwok, 54. Maidu, 55. Mohave, 56. Pomo, 57. Salinan, 58. Shasta, 59. Yuki, 60. Yuma* — MOSANISCHE STÄMME *Salish 61. Bellacoola (= Bilchula), 62. Flathead, 63. Lillouet, 64. Okanayon, 65. Schuswap, Wakash 66. Athena, 67. Kwakiutl, 68. Nootka (= Nuka), 69. Tsimshian* — MUSKHOGEE (MASKOKI) *70. Chikasaw, 71. Choctaw, 72. Creek, 73. Seminolen* — PUEBLOS *(Hopi, Kweres, Tano, Zuni)* — SAHAPTIN (SHAHAPTIAN) *74. Klamath, 75. Modoc, 76. Nez Percé* — SHOSHONEN *77. Coer d'Alêne, 78. Comachen, 79. Paiute, 80. Shoshonen, 81. Ute, 82. Schlangenindianer (= Snakes, Gens du Serpent)* — SIOUX *83. Assiniboin, 84. Chiwere (Iowa, Missouri, Oto, Winnebago), 85. Crow (= Absaroka), 86. Dakota (Santee, Mdewakanton, Sisseton, Wahpekuta, Wahpeton; Wischiyela, Yankton, Yanktonai), 87. Dhegiha (Kansa, Omaha, Osage, Quapaw), 88. Hidatsa (= Minitari; Awatixa, Awaxami, Mirokac), 89. Mandan, 90. Teton (Blackfeet = Sihaspa, Brulé, Hunkpapa, Miniconjou, Oglalla, Sans Arc = Itazopho, Two Kettle = Ookenopa)*

Yuit

Beringstr.-Eskimos

Nordalaska-
Eskimos

Westalaska-
Eskimos

Aleuten

Cugash

Athapasken

23

31

Mackensie-Eskimos
34

66

33

Punuk

26   32

22

35

Copper-Eskimos

Karibu-Eskimos

24

Polar-Eskimos

Natsik

Baffinland-Eskimos

Iglulik

Thule

Westgrönland-Eskimos

Labrador-Eskimos

15

16

25 69

Mosanische Stämme

67

68

62

30

28

3

14

Algonkin

5

Salish

Sahaptin

74 75 76

54

52 58

20

21

53   27

57

50

59 56

51 60

65

63

62

64

77

80

79 81

55

29

3

3

3

7

7

2

82

85

88

89

90

4

36

87

84

38

37

4   78

2

8   39

4

5

83

17

17

18

86

12

19

5

45

40

47

44   48

46

9

13

10

6

49

Algonken

Sioux

Caddo

Irokesen

Algonkin

Musk

70   72

71

73

Shoshonen

Pueblos

Comanchen

Apachen

Hoka-Penuti-Gruppe

bäuerliche Tradition der künstlichen Felderbewässerung. Diese seßhaften Völker wurden von den nomadischen Wüstenräubern der Apachen und Navahos ständig bedroht und angegriffen, die aber auch periodisch erlegtes Wild gegen die feingewebten Textilien der Pueblos tauschten. Die westlichen Apachen (Unterstämme: Tonto, Cocotero, Pinal, Arivaipa, Pinaleno, Chiricahua, Mogollon, Gileno und Mimbrenjo) waren als Mitglieder der südlichen Athapasken (Déné) in vorkolumbianischer Zeit aus der Mitte Kanadas nach Süden gewandert. Jagd und Raub sind ihnen zur zweiten Natur geworden, während sich die Navahos allmählich von der Pueblokultur beeinflussen ließen, den Feldbau übernahmen und sich als halbseßhafte Schafhirten auf dem Hochplateau von New Mexico niederließen.

Der Westen

Kalifornien: Das paradiesische Klima zwischen der Sierra Nevada, den Cascade Range und der pazifischen Küste gewährte den der Hoka- und Penuti-Sprachfamilie angehörenden Eingeborenen ideale Lebensbedingungen. Wild gab es so zahlreich, daß man es leicht jagen konnte, Seen und Flüsse waren voll von Fischen und Wasservögeln, die Küste bot Meerestiere und Fische in Massen, der Mais erbrachte zwei bis drei Ernten im Jahr, gleiches galt für die Wildfrüchte.

Iron Crow, Shoshonen-Häuptling mit Federhaube. Diese wurde von privilegierten Personen nur zu besonderen Anlässen getragen. Die Kappe aus Leder oder Stoff ist mit Adlerfedern verziert und wird mit zwei Lederriemen unter dem Kinn zusammengebunden

Apachen beim Spiel. Alle Indianer waren spielbesessen. Illustration von Frederick Remington

Anders die Modocs und Shasta des nördlichen Kaliforniens, die als Bergvölker ein weniger üppiges Leben geführt hatten. Als die Spanier Kalifornien betraten, setzten ihnen die Indianer keinen Widerstand entgegen.

Das Große Becken: In der Vorzeit ein waldreiches Seengebiet mit hohem Gras und Büschen, wurde es nach einem Klimawechsel und immer spärlicher werdenden Regenfällen allmählich zu einer lebensfeindlichen Wüste. Die Seen trockneten aus, Flußläufe versickerten im Boden, Wälder starben ab. Mit der Vegetation mieden auch die Tiere, die vormals für die Sammler- und Jägerstämme Fleisch geliefert hatten, dieses Gebiet. Die letzten Büffelherden wanderten kurz vor der Entdeckung Amerikas nach Westen. Das »Great Basin« (heutiges Utah und Nevada) verwandelte sich in »des Teufels Staubschüssel«. Den Indianern zwangen diese Veränderungen von Klima und Geographie härteste Lebensbedingungen auf. Sie brauchten fortan ihre ganze Lebenskraft zum Überleben. Dies bedeutete natürlich nicht nur einen Stillstand ihrer kulturellen Entwicklung, sondern sogar einen Rückfall in die Steinzeit. Die shoshonischen »Diggerstämme« lebten von Wurzeln, Eidechsen, Schlangen und Heuschrecken. In den bitterkalten Wintermonaten verkrochen sie sich in Erdlöchern, die mit harten Dornbüschen und Lehmklumpen bedeckt waren. In den glühendheißen, trockenen Sommerperioden zogen sie sich in verlassene Bärenhöhlen zurück. In Gegenden, in denen wenigstens spärliche Vegetation vorhanden war, bildeten die Kerne von Mesquitebohnen und geröstete Agaventeile, auch die Samen der Pinien die Nahrungsgrundlage. Aus den Fellen der Wüstenkaninchen und Wüstenratten fertigten sie Kleidungsstücke, aus Bast und Pflanzenfasern primitive Körbe. Ansonsten bestanden ihre Werkzeuge aus einfachen, bearbeiteten Holzstücken und Steinen. Erst mit der Einführung des Pferdes durch die Spanier begann sich die seit Jahrhunderten zum Stillstand gekommene Entwicklung zu verändern — die Männer betätigten sich wieder als Jäger.

Die Plateaus: Nördlich des Großen Beckens gelegen, bot dieses Gebiet etwas bessere Lebensmöglichkeiten. Rotwild, Bergschafe, Fische (Snake und Columbia River), Beeren, Wurzeln und Camaszwiebeln boten den Jägervölkern vielfältige Nahrung. Aber sie waren in dieser hochgelegenen Region weit davon entfernt, komfortabel zu leben. Als diese Völker sich des Pferdes bemächtigten, wurde ihr Aktionsradius größer und sie setzten der Besiedlung durch die Weißen harten Widerstand entgegen. Das Pferd ermöglichte es ihnen, die Berge zu verlassen und bis tief in die Plains hinein auf Büffeljagd zu gehen. Der Büffel veränderte nahezu ihr ganzes Leben. Die Häute boten die Möglichkeit, statt primitiver Wickyups nun komfortable Tipis, die leicht transportiert werden konnten, zu bauen. Das kräftigende Fleisch konnte zu Pemmican verarbeitet werden. Besonders die nördlichen Plateaustämme der nordöstlichen Shoshonen, die Flatheads und Nez Percé, näherten sich stark der Plains-Indianerkultur.

Der Nordwesten

Nordwestküste: Gigantische Wälder mit immergrünen Bäumen bedecken die rauhen Berge, die beinahe ohne Übergang von der Küste steil ansteigen und in den Rocky Mountains gipfeln. Große Flüsse, die immerwährend Wassermassen zum Pazifik führen, eine Unzahl kleiner Flüsse mit Stromschnellen und Wasserfällen und ein regenreiches, gleichmäßig mildes Klima kennzeichnen dieses Gebiet. Eine Küste mit langen und tiefen, geschützten Buchten, der eine Unzahl kleiner und größerer Inseln vorgelagert sind, und ein verschwenderischer Reichtum an Nahrungsangebot hatten den Indianerstämmen des Nordwestens eine Entwicklung ermöglicht, die für die nordamerikanischen Indianer einmalig ist. Die schroffen Bergwälder im Hinterland schirmten die maritime Kultur dieser Stämme nahezu vollkommen gegen das Landesinnere ab. Ihre komplexe und strenge Ordnung beruhte auf einem Kasten- bzw. Ständesystem, in dem persönlicher Grundbesitz, Eigentum, Reichtum und Prestige eine große Rolle spielten. So wichtig war ihnen der soziale Status, daß sie ihre Häuserfronten mit bildlichen Darstellungen ihrer Ahnen und deren Erfolgen schmückten, die sich in Tiersymbolen ausdrückten: Wal, See-Elephant, Bär, Biber, Wolf, Rabe etc. Vor ihren Herrschafts-, Gesinde- und Sklavenhäusern errichteten sie Pfähle mit symbolischen Wappen und Siegeln ihrer Ahnen. Diese »Totem«-Pfähle stellten historisch exakte, genealogische Demonstrations-Stammbäume dar, die von der bedeutenden Herkunft und dem augenblicklichen sozialen Status des Eigentümers kündeten. Alle Gerätschaften wie Äxte, Paddel und Boote, selbst Regenhüte, waren mit diesen stilisierten Ahnen-Darstellungen bemalt. Ihre kriegerischen Unternehmungen hatten meistens nur das Ziel, Gefangene zu machen und durch diese den Sklavenbesitz eines Familienkriegers zu bereichern. Je mehr Sklaven ein Mann besaß, um so größer war sein Ansehen in der Gemeinschaft. Diese Freibeuter waren ebenfalls die einzigen nordamerikanischen Indianer, die in der Schlacht Rüstungen aus Leder und Holz mit Holzhel-

Seetüchtiges, hochwandiges Boot der Nordwestküsten-Indianer. Die bis zu 20 m langen, aus einem Zedernstamm gefertigten Boote wurden für Jagd-, Transport- und Kriegszwecke gebraucht. Ausgediente Boote verwendete man als Gefäße für die Fischöl-Herstellung. Illustration von Frederick Remington

men trugen. So reichhaltig ihre Kunstfertigkeit im Holzschnitzen, Weben und Flechten auch war, stets hatte sie nur einen einzigen Zweck: die soziale Stellung darzustellen. Mit ihren seetüchtigen, hochwandigen Booten, die Platz für einige Dutzend Männer boten, jagten sie Wale, Seelöwen und Robben und fischten in den Flußbuchten den Lachs. Die geringeren Stände der Landjäger erlegten Wild und die Zimmermänner bauten Häuser, die Bootsbauer setzten die Boote instand und die Frauen spannen Wolle und webten, während Sklaven die niederen Arbeiten verrichteten.

Basiswährung für alle geschäftlichen Aktionen war die einfach gewebte Wolldecke. Als »Große Banknote« dienten große, schildartige Kupferbleche, kunstvoll getrieben, graviert und mit gezeichneten Symbolen geschmückt. Durch Kauf und Verkauf wurde der Wert dieser »Copper« immer höher. Jedes »Copper« hatte einen wohlbekannten Namen und eine nicht weniger wohlbekannte Käufer-Geschichte. So hieß zum Beispiel ein 5 000 Blankets wertvolles Stück: »Es macht ein Haus leer von Decken«; ein anderes, das einen Wert von 6 000 Blankets repräsentierte: »Hartkopf-Lachs — er gleitet einem aus der Hand wie ein Salm«, ein 7 000-Dekken-Copper hieß sinnigerweise »Alle anderen Copper erröten vor Scham, wenn sie es anschaun«. Man verkaufte ein Copper nur einem Statusrivalen, dem man schaden wollte, und deshalb war es eine reine Prestigefrage — ein Kauf durfte unter keinen Umständen abgelehnt werden. Die ganze Sippe kratzte alle Wertsachen zusammen, um ein solches Copper bezahlen zu können, und hierdurch wieder Prestigezuwachs zu erkaufen. Ein sehr umfangreicher Reigen von Festlichkeiten, öffentlichen Vorführungen und Gesellschaftsspielen dienten nur einem einzigen Zweck: eigenes Prestige zu erhöhen und das von anderen zu erniedrigen, möglichst sogar zu zerstören. Die soziale Ordnung beruhte auf drei gesellschaftlichen Rängen: Aristokratie, Gewöhnliche und Sklaven. Die Aristokraten gruppierten sich, ihrem Reichtum entsprechend, ähnlich der europäischen Feudalaristokratie, die Gewöhnlichen teilten sich

Der erotische »Lust-Tanz« der Chinook-Indianer der Nordwestküste wurde regelmäßig von den Trappern der Pelzhandelsgesellschaften besucht. Die Trapper waren für die Chinook-Frauen eine willkommene Abwechslung in ihrem Sexualleben

in zahlreiche Prestigestände, die wiederum je nach Eigentum in eine Rangordnung eingereiht waren. Auch Sklaven war Besitz bis zu einer bestimmten Größenordnung gestattet, die eben dazu ausreichte, sich freizukaufen und zum »niedrigsten Gewöhnlichen« zu werden.

Der Norden

Der hohe Norden umfaßt die gesamte arktische und subarktische Zone Nordamerikas, also Alaska, Nordwest-Kanada, zentrales Nord-Kanada, das Gebiet um die Hudson Bay und den äußersten Norden von Labrador. Die Stämme dreier Sprachfamilien (Algonkin, Athapasken und Eskimos) leben hier.

Algonkin: Die Crees, größte Gruppe der Algonkin-Indianer, bewegten sich als reine Nomaden in einem großen Gebiet zwischen dem südlichen Ufer der Hudson Bay bis fast an die Großen Seen zwischen den USA und Kanada. Ihre Wanderungen folgten dem jahreszeitlichen Zug des Wildes und der Fische. Die »Wald-Cree«, Meister im Erbauen von leichten Birkenrinden-Kanus, kamen auf ihren Jagdfahrten, bei denen sie Karibus ins Wasser trieben und sie dort ermüdeten und erlegten, bis weit in die Hudson Bay und in die Seen und Flüsse hinein, wobei sie in Last-Kanus ihre zusammenlegbaren, niedrigen, konisch geformten Tipis aus Häuten oder Birkenrinde mitnahmen. Die »Plains-Cree« sonderten sich von ihnen ab, als sich die Reiterkulturen der Plainsindianer bildeten. Der Großwildreichtum lieferte den Crees in Form von weich gegerbtem Karibuleder das ideale Kleidungsmaterial für ihre hüfthohen »Leggings«, Hemden und Mokassins; die Pelze der Robben, Bären und Büffel wurden zu warmen Mänteln verarbeitet. Ein zweiter Nomadenstamm, die Micmacs, kamen zuerst in Berührung mit den Franzosen, mit denen sie in Neu-Schottland bald freundschaftlich-nachbarliche Tauschhandelsbeziehungen pflegten und auf deren Seite sie intensiv gegen die Engländer kämpften. Die ganze Quebec-Labrador-Region wurde von den autoritär von ihren Häuptlingen beherrschten Nascapis und den ihnen nahe verwandten Montagnais beherrscht. Obwohl sie ursprünglich reine Waldbewohner waren, führte das harte, kalte Klima im Laufe der Zeit zu einer immer intensiveren Anlehnung an die Lebensweise der benachbarten, nördlichen Eskimos. Die Bären-, Elch- und Kuguarfallen dieser Fallensteller waren das Funktionstüchtigste, was in diesem Metier jemals hergestellt wurde. Das »Niemandsland« nördlich der Baumgrenze zwischen Labrador und dem Delta des Mackenzie Rivers wurde im Sommer von Eskimos durchstreift, die nach Süden wanderten, und von Nascapis, die nach Norden wanderten, um hier in der baum- und buschlosen Grastundra Elche, Moschusochsen und Karibus zu jagen. Zu diesen im Sommer nach Norden, im Winter nach Südosten wandernden, nomadischen Jägern gehörten auch die Chippewas, die bis an den Rand des athapaskischen Yukon-Flußgebietes vordrangen.

Athapasken: Geologisch ist dieses Gebiet der nomadischen Athapaskenstämme die nördlichste Fortsetzung der amerikanischen Plains. Hauptsächlich sind es die von ihnen in der Jagd auf das Karibu entwickelten Techniken, die später mit der Entstehung der Plainskultur von den Bison-Jägern übernommen wurden. Die Pelzbekleidung dieser häufig nördlich des Polarkreises sich bewegenden athapaskischen Stämme wird als das Kunstvollste gerühmt,

Größere Entfernungen wurden vielfach mit bis zu 8 m langen Birken- oder Fichtenrinden-Kanus zurückgelegt. Die Paddel waren ca. 0,5 m lang. Illustration von Frederick Remington

das die Indianer jemals in dieser Art schufen. Die Kutchins, die noch wenige Jahrzehnte vor dem Eintritt des Weißen Mannes Sklaven hielten, waren die wohl kriegerischsten aller nördlichen Indianerstämme. Praktisch mit allen Nachbarn in einem permanenten Kriegszustand lebend, bedeutete für sie Kampf, Überfall und das Morden von Männern, Frauen und Kindern mythologisch begründeten Lebensinhalt. Spätere Historiker haben sie die »Spartaner« der neuen Welt genannt, wahrscheinlich, weil sie eine außerordentlich harte Leibeserziehung, die oft bis an den Rand des Möglichen ging, pflegten.

Eskimos: Die Eskimos leben entlang der gesamten nördlichen Küste, vom Pazifik entlang der Eismeer-Alaskaküste über die ganze Breite des nördlichen Kanada-Eismeergürtels bis nach Grönland und zur atlantischen Labradorküste. Die Eskimos haben während ihrer mehr als 2 000jährigen Geschichte die vollkommenste Anpassung an ein Klima erreicht, in dem andere Menschen zugrunde gegangen wären. Jüngste Funde und Erkenntnisse besagen, daß die Eskimos wahrscheinlich zur letzten Welle der urzeitlichen asiatischen Völkerwanderung gehören und ursprünglich aus dem Gebiet des Ob-Flusses und des Baikalsees auswanderten. Sie überquerten die Beringstraße in ihren Fellbooten und zeigten keinerlei Neigung, weiter nach Süden in angenehmere Klimazonen zu wandern. Ihre »Kayak«- und »Umyak«-Boote gehören zum Perfektesten, das man sich für die benötigten Zwecke und Eigenschaften an Leichtheit und Seetüchtigkeit überhaupt vorzustellen vermag. Geographisch nennen sich die westlichen Eskimos der Beringsee Punuk, die der zentralen und östlichen Arktis Thule. Auf ihrer Wanderung nach Grönland trafen die Thule auf ein urzeitliches Volk, das sich »Dorset« nannte, das wahrscheinlich vom sagenhaften Denbigh-Volk stammt, möglicherweise rassenverwandte Vorgänger der Eskimos. Von den Thule wird berichtet, daß sie die ersten und einzigen amerikanischen Ureinwohner waren, die jemals Handelsbeziehungen zu den Wikingern Grönlands unterhielten. Ausgrabungen im westlichen Grönland bei Inugsuk bezeugten den Archäologen, daß die Thule im 13. Jahrhundert, also nahezu 200 Jahre vor der Entdeckung Amerikas durch Kolumbus, intensiven Handel mit den Wikingern trieben und von diesen Eisenwerkzeuge für Pelze erhielten. Jüngst untersuchte Wikinger Sagas berichten ebenfalls über ausgedehnte Handelsbeziehungen mit Eskimos, die noch weit vor dem 13. Jahrhundert bestanden haben sollen, doch bis heute konnten diese Saga-Bekundungen nicht durch entsprechende Funde bewiesen werden. Nachdem sich aber die meisten anderen Aussagen der nordischen Sagas tatsächlich als historisch exakt erwiesen haben, geht man heute von der an Gewißheit grenzenden Annahme aus, daß solche Handelsbeziehungen tatsächlich um 100 n. Chr. herum bestanden haben mögen, und zwar nicht als Ergebnis der Entdeckungsfahrten von Wikingern nach Amerika, sondern — umgekehrt — als Ergebnis von Entdeckungsfahrten der Eskimos in Richtung Europa.

Das Pferd

Nicht zum erstenmal betrat das Pferd mit den spanischen Konquistadoren den amerikanischen Kontinent, sondern schon in der Urzeit gehörte es zu den Tieren, die sich — neben Auerochsen und Bisons — in Wildherden ausbreiteten. Aber die Indianer haben wahrscheinlich nie den Versuch gemacht, das Pferd zu zähmen, sondern sie jagten es wegen seines Fleisches und

Fire Wolf, ein Häuptling der nördlichen Cheyennes. Erst das Pferd eröffnete den Lebensraum der Plains. Analog zur Verbreitung des Pferdes begann der Einzug der Indianerstämme von Süden nach Norden. Südliche Plains: Comanchen, Osage, Kansa, Missouri, Wichita (Red River), Caddo. Mittlere Plains: Cheyenne, Arapahoe, Atsina, Piegan, Blackfeet, Blood, Santee, Mandan, Hidatsa, Arikara, Pawnee. Nördliche Plains: Sioux, Crow, Assiniboin, Sarsi, Ojibwa, Gros Ventre, Cree

müssen es irgendwann, einige tausend Jahre vor der Zeitrechnung, regelrecht ausgerottet haben, sodaß selbst die Erinnerung an das Pferd nicht mehr Eingang in die Mythologien der Indianer fand. Wie sonst hätten sie sich beim Anblick der Pferde — allerdings mit Reitern in schimmernden Brustpanzern — derart entsetzen können. Nachdem die Spanier die Hochkulturen der Azteken ausgelöscht hatten, drang Francisco Vasquez de Coronado 1540 mit mehr als 250 gepanzerten Reitern, die mehr als 1 000 Reservepferde und Maultiere und eine Herde andalusischer Longhornrinder mit sich führten, auf der Suche nach den sagenhaften »Sieben goldenen Städten von Cibola« über den Rio Grande del Norte in den nordamerikanischen Kontinent ein. Im westlichen New Mexico wurde er von einem verheerenden Hagelsturm überrascht und verlor nahezu alle Reservepferde und Maultiere, aber auch den größten Teil seiner als lebenden Fleischvorrat mitgeführten Rinderherde. Ungeachtet solcher Schwierigkeiten drang der Konquistador in die menschenleeren Plains ein, kam bis tief nach Kansas und kehrte dann — ohne das sagenhafte Gold gefunden zu haben — nach Neuspanien (Mexiko) zurück.

Unter den von den Spaniern berührten, zahlreichen Indianerstämmen pflanzte sich die Kunde von den fabelhaften Eigenschaften der Pferde als Reittiere so rasch fort, daß in den folgenden

Jahrzehnten die Pferde von den Indianern nicht mehr wegen ihres wohlschmeckenden Fleisches gejagt und erlegt, sondern eingefangen wurden.

Sowohl entlaufene Pferde wie auch Rinder konnten sich gerade in den menschenleeren Steppen der Plains nahezu ungestört von natürlichen Feinden vermehren. Sie bildeten um 1600 bereits riesige Herden, die allmählich immer weiter nach Norden wanderten. Dies hatte zwei Gründe: Zunächst einmal wurde das harte und kurze Steppengras der südlichen Plains nach Norden hin allmählich dichter, höher und nahrhafter, und zweitens waren es Indianerstämme, die sich des Pferdes bemächtigten, es zähmten und enthusiastische Reiter wurden, die nun, nachdem sie merkten, welch ungeheure Möglichkeiten sich den Reitern in den Plains boten, nicht genug von ihnen einfangen konnten. Vor diesen plötzlich auftauchenden und immer zahlreicher werdenden indianischen Verfolgern entwickelte sich die Pferdewanderung nach Norden, immer tiefer in die Prärien hinein, zu einer regelrechten, sich ständig beschleunigenden Flucht.

Ab 1770 hatte sich die Reiterkultur in den Plains praktisch etabliert und eine nahezu 200jährige Erfahrung mit Pferden führte zu einer Übereinstimmung von Mensch und Pferd, wie man sie bisher in der Geschichte nie beobachtet hatte.

Zweifellos waren die Comanchen die ersten Indianer, die die Qualitäten des Pferdes als Bewegungsmittel und in Kämpfen entdeckten und bis in alle Feinheiten durch immer raffinierter werdende Zähmungsmethoden entwickelten. Sie galten für alle anderen Stämme — aber auch für die später kommenden Cowboys und die US-Kavallerie — als die »Lords of the Plains«, als die unbestrittenen Meister der Reitkunst.

Bei der Zähmung der Pferde wendeten die Indianer keine Gewalt an. So holten sie aus den Tieren unglaubliche Leistungen heraus. Illustration von Frederick Remington

Die natürliche Heimat des Pferdes ist das offene Grasland; es scheut Waldgebiete, weil es hier seine Geschwindigkeit nicht entwickeln kann und den Raubtieren der Wälder nahezu hilflos ausgeliefert ist, es scheut Wüsten-Regionen, weil die spärliche Vegetation kaum Ernährungsmöglichkeiten bietet, es hütet sich vor felsigem Boden, weil dieser die empfindlichen Hufe deformiert und verletzt, schneereichen Gebieten und Sümpfen, weil es hier wegen seiner kleinen Hufe keine Überlebenschance hätte.

So blieben die Herden in den großen Grasebenen, und die Stämme der Wald-, Felsengebirgs-, Wüsten-, Sumpf- und schneereichen Regionen sahen auch keinerlei Nutzen darin, sich Pferde zu halten.

Die erweiterte Mobilität der Indianer, die sich der Pferde bedienten, führte nicht nur dazu, daß die bisher menschenleere — weil menschenfeindliche — Präriesteppe den Menschen geradezu als »Mutter empfing, die eine verschwenderische Fülle neuer, hervorragender Lebensweisen für ihn bereit hielt«, sondern auch zu einem neuen Lebensenthusiasmus, einem Gefühl ungebundener und überlegener Freiheit. Jenes Gefühl steigerte sich bei den Prärieindianern zu einem nie dagewesenen Glücksgefühl, das ein »göttergleiches Selbstbewußtsein« vermittelte. Ohnehin schon zu den Tieren in ganz besonderer, mythisch verklärter Weise hingezogen, empfanden die Indianer, die nun die Plains in Besitz nahmen, das Pferd als ein himmlisches Geschenk, als eine besondere Gabe des »Großen Geistes«, als ein andauerndes Erlebnis ewiger Jagdgründe auf Erden. Entsprechend herablassend gaben sie sich Indianern gegenüber, die das Pferd nicht kannten oder es nicht bestimmungsgemäß, sondern — irgendwie schändend — als Lasttier verwendeten.

*Palaver zwischen Indianern und einem Trapper einer Pelz-
handelsgesellschaft. Wichtiges Requisit bei Verhandlungen
ist die Pfeife. An der Sitzordnung ist der Rang der Indianer
zu erkennen. Illustration von Frederick Remington*

Bescherte das Pferd als Geschenk des Weißen Mannes dem Indianer ein Höchstmaß an
Unabhängigkeit, so machten ihn die anderen kulturverändernden Gaben der Weißen —
Feuerwaffen und Eisenwerkzeuge — von diesen abhängig. Indianer haben es nie gelernt,
Feuerwaffen zu reparieren, weil sie die mechanischen Prinzipien nicht verstanden. Sie haben
nie gelernt, Pulver herzustellen, Eisen zu gewinnen, es zu schmieden und zu härten. Aber
die Feuerwaffen und eisernen Geräte waren ihnen sehr bald unentbehrlich, und je unentbehr-
licher sie für die Indianer wurden, umso abhängiger wurden sie von den Weißen, ohne
dies allerdings je zu verstehen. Zur Zeit der Feuersteinzündung benötigten sie nur Pulver
und Blei, Feuersteine schlugen sie teilweise selbst, und Kugeln gossen sie aus Bleistangen
mit Kugelgießzangen. Als aber die Perkussionszündung eingeführt wurde, kamen die Zündhütchen und Ersatzzündpistons hinzu, und mit der Einführung der Patronen wurde ihre
Abhängigkeit noch stärker, denn die komplizierten Repetiergewehre waren vielen Störungen
unterworfen.

FREDERIC REMINGTON

Die Tipi-Kulturen

Jahrhunderte vor der Zeitrechnung hatte der Wildreichtum der Plains, besonders die Büffelher-
den die Indianer magisch angezogen und sie waren allmählich die Flüsse von Osten nach
Westen, auch von den Rocky Mountains her in die Plainsausläufer gewandert, hatten dort
ihre Erdhütten errichtet, trieben primitiven Ackerbau und jagten im Sommer den Büffel.
Typische Vertreter dieser Erdhütten-Bauernkulturen waren die Mandans am oberen Missouri.
Weiter südlich hatten sich Caddo-sprechende Stämme allmählich an Flußufern westlich des
Missouri—Mississippi in bienenkorbähnlichen Grashütten niedergelassen und waren auf diese
Weise nach Kansas, Arkansas und Oklahoma eingedrungen. Der starke, ständig zunehmende
Druck der sich von der Atlantikküste her nach Westen hin ausbreitenden Zivilisation der
Weißen brachte die Völker des Nordostens und Südostens in Bewegung, die nun ihrerseits
nach Westen auf Stämme der Waldregionen Druck ausübten. Diese wiederum preßten die

in der westlichen Waldgebiet-Randzone lebenden Stämme in das Tal des Missouri—Mississippi und schließlich über diese Flüsse hinaus in die Steppen der Plains. Die Ausbreitung des Pferdes in den Plains kam diesen sich unter hartem Druck bewegenden Völkern und Stämmen mehr als gelegen, ihre gesamte ehemalige Lebensweise aufzugeben und mit Hilfe des Pferdes großwildjagende Reiterstämme zu werden.

Von den Franzosen und Engländern hatten die Chippewas Feuerwaffen erhalten, die sie allen Stämmen, die solche Waffen nicht besaßen, schlagartig haushoch überlegen machten. Vor ihrem Druck verließen die Dakotas die Waldgebiete an den Großen Seen und trieben die bäuerlichen Cheyennes und Arapahoes aus dem heutigen Minnesota vor sich her zum Missouri. Ähnlicher Druck wurde von den englischen Siedlern des Südostens auf die Stämme des Ohiotales ausgeübt, die wiederum ihrerseits westlich siedelnde Bauernvölker nach Westen drückten.

Die aus dem Norden verdrängten bäuerlichen Dakota-Indianer setzten während ihrer Wanderung zu den offenen Plains statt der gewohnten Erdhütten ihre Kenntnisse von Birkenrinden-Zelten (die allerdings niedriger und konischer waren) in eine neue »Tipi (engl.: Tepee)-Kultur« um, indem sie Büffelhäute zur Abdeckung verwendeten. Dies gestatte ihnen, erheblich größere Tipis zu verwenden, die durch Lastpferde dennoch leicht transportiert werden konnten. In den östlichen Ausläufern der Rocky Mountains vollzog sich die Entwicklung ähnlich. Nahezu eineinhalb Jahrhunderte lang konnte sich die Prärie-Reitervölkerkultur in den Plains etablieren, ehe die endgültige Konfrontation mit der amerikanischen Völkerwanderung begann. In der nördlichen und mittleren Prärie verlief diese Entwicklung ungestört, obwohl

Der Cheyenne Stump Horn, Scout im Dienst der US-Armee, mit seiner Familie 1889 bei Fort Keogh. Das Pferd zieht ein Kinder-Travois, die Frau auf dem Pferd hält eine Tragewiege

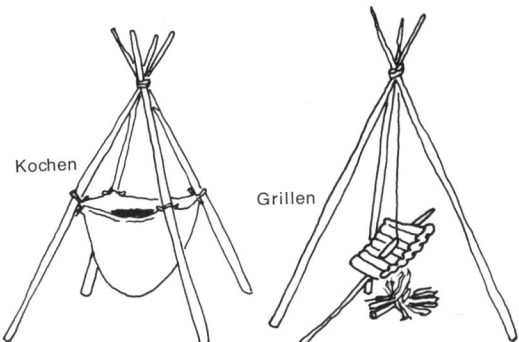

Kochen

Grillen

Nahrungszubereitung

auch hier ab 1800 die Bekanntschaft mit weißen Pelzhändlern und Pelzjägerkolonnen immer intensiver wurde. Aber dies war keine Konfrontation, sondern Tauschhandel-Bekanntschaft. In den südlichen Plains dagegen sahen sich die Comanchen den Spaniern gegenüber, die die seßhaften Pueblovölker unterjocht hatten und nun in die Plains rückten. Die Comanchen setzten sich dieser Bewegung nicht nur nicht entgegen, sondern — auf dem Höhepunkt ihrer Selbsteinschätzung, als Reitervolk unbesiegbar zu sein — führten sie einen erbarmungslosen Angriffskrieg gegen die Spanier und brachten es tatsächlich fertig, die Besiedlung nicht nur zum Stillstand zu bringen, sondern die Spanier allmählich zur Aufgabe bereits besetzter Gebiete zu zwingen. Die hier erstmals angewendeten, strategischen Kampftaktiken wurden sehr rasch Bestandteil der Kampfesweise aller Prärie-Reitervölker.

Das Pferd, die Feuerwaffen, die Bisonjagd, die Mobilität und Kampftaktik, die geographischen und klimatischen Bedingungen der Plains ließen allmählich alle noch so verschiedenen Kulturtraditionen der einzelnen Stämme zu einer einzigen großen Plainskultur zusammenschmelzen, innerhalb der gemeinsam Verbindendes dominierte und traditionell voneinander Abweichendes nur noch eine untergeordnete Rolle spielte. Die Plainsvölker setzten sich aus zahlreichen Stämmen verschiedener Sprachfamilien zusammen, und in keiner anderen Kulturprovinz war das nun entstehende Sprachengewirr größer als in den Plains. Kaum eine Gruppe stieß auf eine andere, deren Sprache sie verstand. In jener Frühzeit der Bildung der Plainskultur entwickelte sich die indianische Zeichensprache der Plainsreitervölker, die von allen berittenen Indianern zwischen Kanada und Mexiko verstanden wurde. Und so komplex, kompliziert und aussagereich wurde diese Zeichensprache, so umfangreich ihr Zeichenschatz, daß schließlich stundenlange Reden gehalten wurden.

DER UNTERGANG DER INDIANER

Indianer und Weiße: zwei verschiedene Welten

»Nach einem alten Präriegarn passierte — irgendwo auf einer einsamen Bahnstation, wo der Zug etwas Aufenthalt hatte, damit die Besatzung gewechselt werden konnte, folgendes:

Ein Tourist, der sich die Beine vertreten wollte, erblickte einen uralten Indianer, von dem ein Stationsdienstmann behauptete, daß er ein geradezu phänomenales Gedächtnis habe. Der Tourist stellte sich vor den alten Mann und fragte:

‚Was haben Sie am Morgen des 6. August 1863 zum Frühstück gegessen?‘

Der Alte erwiderte prompt: ‚Eier!‘

‚Hah!‘ erklärte der Tourist, ‚Das ist ja wohl keine Kunst, alle Leute in diesem Lande essen Eier zum Frühstück. Damit haben Sie mir über die Qualität Ihres Gedächtnisses überhaupt nichts verraten.‘

Fünf Jahre später ergab es sich, daß der Tourist auf der gleichen Bahnstation ausstieg, aber sie war inzwischen ein gigantischer Bahnhof in einer Großstadt geworden, mit 134 durchgehenden Zügen täglich. Er erblickte den alten Indianer, der meditierend auf einer Bank saß, ging auf ihn zu, hob die Hand und grüßte: ‚How!‘

Der alte Indianer schaute auf und sagte: ‚... gerührt mit Speck und Maple-Sirup.‘«

Aus: Indian Oratory von W. C. Vanderwerth, S. 3.

Dieser »Büffelgras-Witz« illustriert eine wesentliche Eigenschaft des Indianers: Seine Fähigkeit, Ereignisse, Daten und gesprochene Worte exakt wie ein Computer und jederzeit blitzschnell abrufbar, im Gedächtnis zu behalten. So haben viele Häuptlinge immer wieder bewiesen, daß sie — des Lesens und Schreibens unkundig — viele Seiten umfassende Friedensvertragstexte, die ihnen nur ein einziges Mal, wörtlich oder schriftlich übersetzt, vorgelesen wurden, Wort für Wort im Gedächtnis behielten. Und das nicht etwa nur bei einem Vertrag, sondern bei Dutzenden solcher Verträge, womit sie die Gegenseite immer wieder in Erstaunen versetzten.

Indianer haben keine geschriebene Geschichte und deshalb keinerlei Hilfen, um ihre Erinnerung an Vergangenes aufzufrischen. Aber ihre »Geschichtserinnerung« — mündlich überliefert — ist exakt und korrekt bis in kleinste Details — zahlreiche wissenschaftliche Untersuchungen bestätigten dies. So lernten sie nicht nur über Jahrtausende hinweg den intensiven Gebrauch ihres Gedächtnisses, sondern ihre Lebensweise führte ebenso zur Fähigkeit, sich bei Beschreibungen von Gesehenem besonders präzise und klar zu artikulieren — eine durch den Lebensraum bedingte Eigenschaft, die auch weiße Trapper, Pelzhändler und Cowboys in hohem Maß entwickelt haben.

So legte der Indianer traditionell stets größten Wert darauf, daß das, was er Gesprächspartnern an eigenen Eindrücken vermitteln wollte, auch möglichst klar und unmißverständlich gesagt wurde. Im allgemeinen wortkarg, bewies er bei wichtigen Anlässen, wie Beratungen, Vertragsverhandlungen oder Petitionen, eine große rhetorische Begabung. Die in diesen indianischen Reden zum Ausdruck kommende Logik war so zwingend, das es »nur die ebenso dummdreiste, wie brutale Ignoranz einer barbarischen, imperialistischen Geisteshaltung, wie sie zunächst von den Kolonial-Feudalherrschern, später vom imperialistisch denkenden puritanischen Yankeetum demonstriert wurde, gelang, sie unbeeindruckt beiseite zu schieben«.

Die historischen Zeugnisse, die allgemein das heute gültige Geschichtsbild bestimmen, sind zwar überaus zahlreich, aber alle diese Fakten sind dennoch nur die halbe Wirklichkeit, da sie ausschließlich von zeitgenössischen Chronisten und späteren historisierenden Interpretationen einer Seite stammen. Bis auf wenige zeitgenössische indianische Darstellungen, die von einer blühenden Unterhaltungsmaschinerie auf primitive Spannungswerte reduziert wurden, hat diese »Indian Side of The Story« kaum Eingang in die seriöse Literatur gefunden.

Tiburcio Cloverleaf (= Kleeblatt), ein alter Jicarilla-Apache sitzt täglich um 9,00 auf dieser Bank und wartet auf die Postkutsche aus Tombstone, die nach Benson weiterfährt (links). — Spotted Hawk, ein Häuptling der nördlichen Cheyennes (rechts)

Kampfszene zwischen Miamis und US-Truppen

Daher soll hier im Rahmen dieses Buches dieser »indianischen Seite« mehr Aufmerksamkeit gewidmet sein, als in der offiziellen amerikanischen Geschichtsschreibung. Die zugrunde gerichtete Welt der Indianer ist eine ganz andere gewesen, und es steht dem Indianer wohl an, aus seiner Sicht die Sachverhalte darzustellen. Diese »indianische Seite« zeigt aber auch, daß der programmierte Untergang nur durch den tatkräftigen Beistand von Indianern so rasch und vollständig vollzogen werden konnte. Ohne diese Hilfe von indianischen Verbündeten, willfährigen Erfüllungsgehilfen, Bestechlichen, Verrätern, Meuchelmördern, eitlen und ehrgeizigen Scouts, Polizisten, Soldaten, Missionaren, Schulmeistern und Politikern wäre dieser Untergang anders verlaufen.

Man muß sich aber sehr davor hüten, diesen tatkräftigen indianischen Beitrag zum eigenen Untergang wiederum durch die Brille unserer Moral und Wertmaßstäbe zu sehen; — denn eben dies war die »Schwäche« der Indianernatur der barbarischen Dynamik der Weißen Rasse gegenüber: daß ihre Empfindung für individuelle Freiheit eines jeden Einzelnen und der sich hieraus zwangsläufig ergebenden Gesellschaftsform vollkommener Demokratie zu hoch entwickelt, zu vollkommen, ihr Gefühl für Lebendiges zu intensiv, für Materielles zu unterentwickelt war. Es kann deshalb keinem Irrtum unterliegen, daß weder das materielle Zeitalter des Feudal-Kolonialismus, und schon gar nicht das der Technik, dem Indianer auch nur die geringste Existenzchance bieten konnte.

Die Indianer glaubten an eine die ganze Natur durchdringende, anonyme Lebenskraft, an ein lebensspendendes, wundersames Geheimnis, das nach unvorstellbaren Regeln die natürliche Ordnung vorbestimme.

Dieser Erde und Weltall umfassende »Geist« des Lebens, den die Algonkin »Manito«, die Shoshonen »Pokunt«, die Irokesen »Orenda«, die Sioux »Wakonda« nannten, wurde von den Christen in ihre eigenen Vorstellungskategorien übersetzt und naiv »Großer Geist« genannt und in den Bereich heidnischer (und damit zunächst einmal böser) Götzenanbetung gerückt, so daß durch diese Vorstellungsmanipulation sämtliche Indianer, gleichgültig welcher Kultur- oder Zivilisationsstufe, in den Bereich jener verlorenen Seelen gehörten, die gerettet werden mußten.

Indianer haben niemals verstehen können, daß Menschen sich wegen divergierender Glaubensdetailfragen hassen, befeinden oder gar bekämpfen konnten; denn Glaubensvorstellungen waren bei ihnen seit Jahrtausenden ein Bestandteil der Individualität, und damit des allgemeinen, kommentarlosen Respektes.

Die Empfindungen der Indianer kreisten nur um ihr diesseitiges Leben. — Da sie die unerklärliche, allmächtige Lebenskraft überall sahen, spürten, rochen, an Allem was lebte, sich bewegte und veränderte — an den Jahreszeiten, den Gestirnen — dieses mysteriöse, gewaltige Etwas auch in jedem Einzelnen selbst mit jedem Atemzug, mit jeder Empfindung sichtbar und spürbar war, betrachteten sie sich als mit diesem Etwas Beschenkte, Dankbare, die hierfür sich selbst und anderen, auch Tieren, Pflanzen, Elementen, kurz allem immerwährend verpflichtet waren. Sich gegen solche Verpflichtung zu versündigen, bedeutete, sich selbst und die eigene Existenz zu verleugnen.

Die Indianer lernten die ganz andere Gedankenwelt der Weißen kennen, sie setzten sich mit ihren Handlungsweisen auseinander, nahmen das Christentum an, erlernten die Schrift,

Sioux-Indianer beim zeremoniellen »Anstarren« der untergehenden Sonne. Bei vielen rituellen Handlungen wandten sich die Indianer der Sonne zu. Sie darf aber nicht ausschließlich als optischer Zielpunkt der Weltgottheit interpretiert werden: Sie stand neben Himmel, Donner, Wind, Mond, Morgenstern, Erde u. a. Der »Sonnentanz« ist eine Zeremonie des »Neu-Belebens«, ihm liegt der Neuschöpfungs-Gedanke der durch eine urzeitliche Katastrophe zerstörten Erde zugrunde. Illustration von Frederick Remington

bediennten sich der Mittel der Weißen, verhandelten und unterzeichneten Verträge, verkauften Land, Wasser, Gras — aber das Verständnis für die Handlungsweise der Weißen, Handlungsweisen die ihnen sehr zum Nachteil gereichten, drangen niemals durch die Oberfläche ins Innere ihres Bewußtseins. Bei einer Menschenrasse, die beinahe das ganze menschliche Unterbewußtsein ins Bewußtsein verlegt, und tatsächlich eine Lebensformel gefunden hatte, Realität mit Imagination in etwas Funktionierendes zu vereinigen, bedeutete dieser existenzielle Zwang, sich beinahe ausschließlich mit Phänomenen absoluter Oberflächlichkeit zu befassen, den Totalverlust der eigenen Identität!

Unter solchen Bedingungen war bei einem Zusammenprall solch konträrer Geisteshaltungen der Untergang der Indianer unvermeidlich. In diesem Zusammenhang von Gut—Böse, Schuld—Unschuld zu sprechen, wäre der falsche Ansatz eines Erklärungsversuches.

Die, von zeitgenössischen Indianern selbst kommentierten, einzelnen Stationen dieser untergehenden Geisteshaltung sind heute, da sich die Anzeichen einer überraschenden Selbstbesinnung mehren, weit über den bloßen abenteuerlichen Unterhaltungswert hinaus, von höchstem Interesse.

Der Untergang im Nordosten

»Die ersten Erfahrungen, die die Algonkin mit Engländern machten, zeigten ganz genau welcher Art diese weißhäutigen Raubmenschen waren: Als die Indianer den ersten Seeräuber (Sir Humphrey Gilbert 1584) mit seinen Kolonisten freundlich aufnahmen, ihnen Mais, Tabak, Tomaten und Bohnen gaben und ihnen zeigten, wie man sie pflanzte, bedankten sie sich, als sie einen Zinnbecher vermißten, damit, daß sie einige Indianer töteten. Den zweiten Seeräuber (Sir Walter Raleigh 1587) und seine weißen Kolonisten nahmen sie wieder freundschaftlich auf, versorgten sie mit Nahrung und Fleisch und halfen ihnen dabei, ihre ‚Roanoke Island' Kolonie zu bauen. Dann fand ein Indianer-Häuptling ein Stück Zinnblech, das an einen Baum genagelt war und seltsame Zeichen trug (engl. Königswappen). Er nahm es ab, um sich daraus einen Pfeifenkopf zu machen. Sie schlugen den alten Häuptling nieder und verurteilten ihn wegen Unehrenhaftigkeit und Mißachtung des englischen Königs zum Tode. Sie hingen ihn am Ast einer Lebenseiche auf und dankten ihrem Gott dafür, daß er ihnen diese Tat ermöglicht hatte, wie sie immer diesem Gott dankbar waren, wenn sie töten wollten und getötet hatten. Die Indianer nahmen ihnen allen das Leben und verbrannten ihre Häuser. Washta! (Gut, das!)«
Flying Hawk, Oglalla-Sioux in Firewater and Forked Tongues, S. 17.

Als John White im Namen der englischen Krone 1590 Roanoke Island anlief, um den Kolonisten Waren, Waffen und Werkzeuge zu bringen, fehlte von ihnen jede Spur. Der ehrgeizige White, der die weite Reise vergeblich gemacht hatte, versuchte dennoch, nach England zurück-

Sainte-Marie Among The Hurons (Midland, Ontario) war von 1639 bis 1649 ein Stützpunkt für französische Missionare, die die kanadischen Indianer zum Christentum bekehren wollten. Seit 1941 ist der Ort restauriert worden

gekehrt, die Öffentlichkeit und adelige Gönner positiv auf sich aufmerksam zu machen, indem er eine phantastische Geschichte eines verwilderten, halb wahnsinnigen Engländers erzählte, der von Goldfunden und entsetzlichen Indianermassakern gefaselt habe.

Offiziell segelten die drei Schiffe (Susan Constant, Godspeed und Discovery), die im Dezember 1606 die Themse verließen und das offene Meer erreichten, im Namen christlich-protestantischer Nächstenliebe, um dem neuen Erdteil das Heil englischer Zivilisation zu bringen.

Offiziell waren es fromme Pilgerväter und bienenfleißige Kolonisten, die Captain John Smith, ein alternder Haudegen, am 26. April 1607 in der Chesapeake Bucht an Land setzte und einen Monat später — zu Ehren von König James I. — am James River die Stadt Jamestown gründete. In seinem Tagebuch, wenige Jahre später als »General Historie of Virginia« veröffentlicht, schrieb er allerdings, »daß sie an nichts anderes denken, von nichts anderem reden, nichts anderes erhoffen als Gold zu graben, Gold zu waschen, Gold zu schmelzen, Gold zu erobern, Gold zu laden«. Captain John Smith ergriff Besitz von der neuen Kolonialregion und nannte sie »Virginia«. Er machte damit die Indianer der Algonkin-Konföderation zu Untertanen der englischen Majestät, ihren machtvollen »Oberhäuptling« Powhatan, dem 200 unterworfene Dörfer Tribut zollten, zum gehorsamverpflichteten Vasallen. Er wird auch von heutigen Historikern als »hart, aber gerecht« dargestellt, und dies bezieht sich auf damalige Gepflogenheiten von Vertretern der englischen Krone renitenten Untertanen gegenüber.

Tatsache ist, daß immer mehr Engländer ins Land kamen — zunächst ohne Frauen —, daß Jamestown wuchs, sich die englischen Siedlungen allmählich 224 Kilometer beiderseits der Mündung des James Rivers landeinwärts erstreckten, und die Powhatans sich bald ober-

halb der Gezeitenhöhe abgedrängt sahen. Die konföderierten Powhatan-Algonkinstämme
des Hinterlandes wollten einen Vernichtungskrieg gegen die »Yinglees« (daraus wurde später
der Ausdruck »Yankees«), aber Powhatan zögerte. Er scheute den Krieg. Er sah sich strategisch in einer hoffnungslosen Situation: Vor sich das Meer und jene unheimlichen Weißen,
die Feuerwaffen und Schwerter aus Stahl besaßen, hinter sich den mächtigen Irokesen-Bund,
mit dem die Powhatan-Konföderation in Erbfeindschaft lebte und nur mühsam Frieden
bewahrte. Powhatan nahm es hin, daß Smith ihn 1609 im Namen der englischen Krone
zum »König von Virginia« krönte und seine Tochter Pocahontas protestantisch getauft und
»christianisiert« wurde. Zum entscheidenden Kampf konnte er sich nicht entschließen. Als
die überfallsartigen Einzelkämpfe immer häufiger wurden, ließ der Gouverneur von Jamestown Pocahontas rauben und mit dem Engländer John Thomas Rolff verheiraten. Obwohl
diese Maßnahme die Indianer bedeutend weniger schockierte, als die Engländer dies angenommen hatten, gelang es Pocahontas, den »Übergangsfrieden« zu verlängern. Sie ging mit
Rolff nach London, wurde dort von Königin Elisabeth empfangen, vom Hochadel als eine
der ihrigen gefeiert — während ihr niedriggeborener Ehemann auf der Galerie zuschauen
mußte. Im Alter von 21 Jahren starb sie an Blattern. Sie war die einzige vom englischen
Königshaus anerkannte Indianerprinzessin. Als 1618 der unschlüssige Powhatan starb, übernahm Opechancanough, sein älterer Bruder, den »Thron von Virginia«. Er war ein blendender
Stratege und Kriegsanführer. Im März 1622 begann er den Kampf. Von 80 Siedlungen

Begegnung Indianer-Weiße. Illustration von Frederick Remington

der Engländer blieben nur 8, von mehr als 4 000 Kolonisten behielten nur 347 ihr Leben. Den entscheidenden Fehler aber machte Opechancanough — und dies ist eine typische indianische Charaktereigenschaft, die sie künftig alle, auch zunächst siegreichen Kriege doch letztlich verlieren ließ — als er die 347 Überlebenden nicht auch noch in einem letzten Anlauf und Angriff tötete, sondern sich zurückzog. Der Sieg war errungen, man tötete keinen unterlegenen Gegner. Die geistigen Mächte des Himmels und der Erde hatten den Powhatans beigestanden, die Würde des Menschen erforderte es, sich jetzt den langwierigen Reinigungsprozeduren und Tänzen zu unterziehen, die Toten zu bestatten, die eigenen Taten zu besingen und das weise Geschick zu preisen.

»Indianer glaubten nicht an ein Leben n a c h dem Tode, sondern daß der körperliche Tod der Übergang in eine andere Dimension des Lebens sei. Deshalb konnte kein Indianer in den Kampf gehen, ohne sich nicht vorher mit der Möglichkeit dieses Übergangs vertraut zu machen. Das geschah in langen, rituellen Tänzen, in denen er sich auch mit den Gegnern, die er eventuell töten würde, mit den Pferden, die er töten müßte, versöhnte. Häufig dauerten diese Vorbereitungen bis zur totalen körperlichen Erschöpfung. Alsdann legte man die prächtigste Regalia an, die man besaß, denn der Lebensgeist des Leders, der Felle, der Adler- und Truthahnfedern, der Muscheln und des Holzes, die Geister derer, deren Trophäen man bei sich trug, das Holz des Sattels, die Sehnen der Tiere, mit denen die Bögen bespannt waren — alles dies war als nützlicher Teil von Lebendigem vom und für den Träger bewahrt, hatte ihn begleitet und gehörte mit allen vorherigen Versöhnlichkeitsritualen zum Träger, wie seine Augen, seine Hände, oder seine Gedanken.

Deshalb waren Indianer nahezu unfähig, einem plötzlichen Angriff mit sofortigem, konzentriertem Handeln zu begegnen. Es gelang ihnen deshalb auch nicht, sich auf einen spontanen Angriff mit Leib und Seele einzustellen. Wenn es irgendwie möglich war, zogen sie sich zurück, um sich vorzubereiten. Und wie bei den Tieren der Wildnis, ließ ein Indianer vom Gegner, der aufgab, ab. Er kannte nur den Augenblickssieg, nicht den Vernichtungswillen der Weißen. Die Weißen aber ruhten sich vor einem Kampf aus und waren, wenn er ausbrach, in bester körperlicher Verfassung. Sie konnten spontan, von einer Sekunde zur anderen, den Entschluß fassen, einen Menschen zu töten und dies dann sofort mit der ganzen Kraft ihres Leibes und Geistes tun. Der Tod eines Menschen, das Töten selbst, war für sie etwas gleichgültiges, ja beinahe so etwas wie ein Spiel. Einen Menschen nicht zu töten, fiel ihnen viel schwerer, als irgendetwas sonst. Und wenn sie kämpften, so war ihnen eine Niederlage des Gegners nicht genug, und sie hetzten den Geschwächten, bis sie den letzten Menschen getötet hatten. So wurden die meisten ihrer Siege zur Vernichtung, so gewannen sie selbst nach verlorenen Schlachten dennoch alle Kriege gegen Indianer.«
Jesse Moshulotubbe, Cherokee, am 17. 2. 1932.

Als die überlebenden Kolonisten Opechancanough und seine Anführer zu einer Versammlung baten, um einen Friedensvertrag anzubieten, folgte der Powhatanführer dieser Einladung, weil man dem unterlegenen Gegner Respekt und Höflichkeit schuldete. Nachdem man gegenseitig Artigkeiten ausgetauscht hatte — fielen die Gastgeber über die Gäste her. Nur mit wenigen Gefährten gelang Opechancanough die Flucht.

22 Jahre wartete der nahezu hundertjährige Häuptling, ehe er wieder zuschlug, doch er hatte zu lange gewartet. Die Engländer hatten eine funktionierende Streitmacht aufgestellt. Zwar sah es im April 1644, als mehr als 500 Kolonisten getötet wurden, so aus, als könne Opechancanough alle Engländer ins Meer werfen, doch die Engländer erholten sich schnell. Gouverneur William Berkeley ging mit seiner Miliz zum Gegenangriff über, brachte den Powhatans eine vernichtende Niederlage bei, nahm Opechancanough gefangen und warf ihn ins Gefängnis, wo ihn ein Wächter »wie einen tollen Hund« erschoß.

Die Militia folgte den fliehenden Powhatans, brannte ihre Dörfer und Vorräte, Felder und Boote nieder und brachte wahllos viele Indianer um. Die Vernichtung war so vollständig und gründlich, daß die Powhatans in Bedeutungslosigkeit versanken.

Dieser Okkupations- und Vernichtungsmechanismus wiederholte sich von nun an immer wieder. Friedvolles Miteinander gab es nur, wenn die Kolonisten in der absoluten Minderzahl und in einer einigermaßen hilflosen Lage waren. In solchen Zwangssituationen zeigten sie sich bereit, Indianer als Menschen anzuerkennen. Stieg ihre Macht, wurden die Indianer sehr rasch wieder zu Wilden in einer menschenfeindlichen Wildnis abgestempelt, die als permanente Bedrohung mit allen Mitteln beseitigt werden mußte.

Die Massenmedien der damaligen Zeit — Zeitungsberichte, Bücher, Predigten und das Gerücht — untermauerten die angemaßte Selbstgerechtigkeit der Weißen durch furiose Schilderungen indianischer Greuel: Marterpfahlberichte von Zeugen, die »dabei gewesen« waren, es »mit eigenen Augen gesehen« hatten ergingen sich in haarsträubenden Einzelheiten, die den Haß schürten, noch ehe man überhaupt den ersten Indianer gesehen hatte.

Wie einseitig die durch willkürliche Information hochgezüchtete Selbstgerechtigkeit selbst unter noblen Vertretern unkriegerischer Geisteswissenschaftler war, mag ein Beispiel demonstrieren:

»Ich bin weit davon entfernt, auch nur im Traum annehmen zu können, daß Indianer ein Recht auf Land haben könnten, von dem sie seit Tausenden von Jahren keinen anderen Gebrauch machten wie Tiere.

Es ist deshalb undenkbar, daß sie einen Anspruch auf Land haben. Im Gegenteil, sie haben jeden vorstellbaren Anspruch auf Land verwirkt, weil sie außerstande sind, Land zu kultivieren. Sie müssen deshalb — und das ist Gottes Wille — von diesem Land vertrieben werden. Gottes Wort, daß der Mensch sich die Erde untertan mache, ist eine heilige Verpflichtung. Der Mensch unterscheidet sich als Krone göttlicher Schöpfung vom Tier in seiner Kultur und Zivilisation. Indianer haben das Aussehen von Menschen und sie mögen auch einer menschlichen Rasse angehören, aber wie sie uns im Augenblick entgegentreten, erscheinen sie ihrem ganzen Habitus nach eher als Tiere, teuflische Tiere. Die Torturen, denen sie ihre Gefangenen unterwerfen, rechtfertigen allein schon ihre Ausrottung. Und was die Frage nach Friedensverträgen und garantiertem Landbesitz betrifft, so ist dem mit folgender Feststellung zu begegnen: Wer käme schon auf den Gedanken, mit Wölfen, Klapperschlangen, Jaguaren und Coyoten über Garantien für Eigentum an Land zu verhandeln? Wenn allerdings in einer Zwischenphase der Besiedlung das bestialische Verhalten der indianischen Tiere nur dadurch zu mindern ist, daß man sie in Verhandlungen wie Menschen unseresgleichen behandelt, so ist dies eine verzeihliche List zum Wohle der christlichen Menschheit. Man lockt ja auch gefährliche Raubtiere durch Köder in Fallen und tötet sie dann. Ich sehe deshalb keinen Unterschied darin. Vielleicht mag es eines Tages möglich sein, eine Minderzahl von ihnen menschlich-christliche Verhaltensweisen beizubringen, sodaß sie nützliche Mitglieder unserer Gesellschaft werden könnten; — aber ich denke, daß im Augenblick solche Spekulationen müßig sind. Es gilt, sie zu dezimieren und ausschließlich darauf zu achten, daß dies unter größtmöglicher Vermeidung eigener Verluste geschieht.«

Hugh Henry Brackenridge 1782 an den Verleger von »Freeman's Journal of North American Intelligencer«.

Die Praxis, die von allen in Amerika etablierten Kolonialmächten geübt wurde — Häuptlinge zu Friedensverhandlungen einzuladen und sich ihrer dann zu bemächtigen — wurde von Anbeginn bis ins 20. Jahrhundert gehandhabt. Indianer wurden als menschenähnliche Tiere auch dann noch abqualifiziert, als sie längst christliche Theologen, Rechtsanwälte, Ärzte, Agrarwissenschaftler, Politiker, Pädagogen und Generäle waren und sich vollkommen in die amerikanische Kultur und Zivilisation integriert haben.

Die Pilgerväter und die Wampanoags

Die Geschichte der berühmten »Pilgerväter« begann 1606 mit der Gründung der sogenannten »Plymouth Company«, einer Handelsgesellschaft reicher Londoner Kaufleute, die nicht nach Gold suchen wollten, sondern an Tauschhandel und großen Geschäften interessiert waren. Als alle Versuche, eine Kolonie in »Neu-England« zu gründen, fehlschlugen, hatten diese Kaufleute eine zündende Idee: wie wäre es, wenn man den unbequemen und aufrührerischen Elementen, die der englischen Staatskirche solchen Ärger bereiteten, Gelegenheit gäbe, in der Neuen Welt ein Leben ganz nach ihren eigenen Vorstellungen aufzubauen?

Im Sommer 1620 verfrachtete man 102 »schwarze Schafe« in die »Mayflower« und begleitete sie mit geladenen Musketen und unausgesprochenen Drohungen bis in die Laderäume des Seglers. Nur ein Drittel waren »Pilger-Separatisten«, jene hartnäckigen Andersgläubigen, der Rest politische Abenteurer, kriminelle Schurken und Schuldturminsassen. Drei Männer trugen die Spekulationen der »Plymouth Company« in die neue Welt: William Bradford, der Bevollmächtigte der Londoner Kaufherren war als Gegenleistung für die Kosten des Schiffes und seiner Ausrüstung bereits vorab zum Gouverneur der zu gründenden Kolonie gewählt worden, Captain Miles Standish, ein militanter Pilger-Separatist war der militärische Anführer, Andrew Weston, ein »Waldbusch-Räuber« der Anführer der Abenteurer.

»Im Dezember 1620 landeten die ‚Pilger' dort, wo heute Plymouth ist, und erbauten, ohne einen Indianer um Erlaubnis zu bitten, Häuser. Sie machten mit Massasoit, dem Sachem der Wampanoags, einen Friedensvertrag (22. 3. 1621), in dem sich beide

Seiten verpflichteten, Friedensbrecher festzunehmen und zu bestrafen. Die Indianer hielten diesen Vertrag vierzig Jahre lang, sie zeigten den Weißen, wie man in ihrem Lande sein Leben fristen konnte, um Nahrung und Schutz für ihre Frauen und Kinder zu finden. Dafür wurden sie als ‚Wilde' beschimpft. Aber immer wieder mahnten die beiden Häuptlinge Squanto und Samoset die erzürnten jungen Krieger zur Geduld. ... Als im Januar 1623 Mister Westons Colony an Hunger zu sterben drohte, mußten sich viele seiner Männer als Diener bei den Indianern verdingen, um Nahrung für ihre Familien zu erarbeiten. Hauptsächlich versorgten sie die Indianer mit Holz und Wasser, wofür sie Mais und Fleisch erhielten. Aber bald stellte sich heraus, daß diese Männer gar nicht für die Indianer arbeiten, sondern nur ihre Vorräte ausspähen wollten, um sie dann zu bestehlen. Als die Indianer sich auf den Friedensvertrag beriefen und die Bestrafung der Diebe verlangten, beschlossen die Weißen, einen von ihnen aufzuhängen, um die Indianer, deren Hilfe sie noch brauchten, zu versöhnen. Nun konnte man sehen, wer die wirklichen ‚Wilden' waren: Der Mann, der hauptsächlich Indianermais gestohlen hatte, war ein großer, gesunder und athletischer Mann. Deshalb wollten sie ihn verschonen, weil er noch von Nutzen für sie sein konnte. Statt dessen wählten sie einen alten Mann, der krank und lahm war und sich vom Weben mühsam ernährte, und der vollkommen unschuldig war, und hingen ihn an seiner Stelle auf. Oh, zeigt mir auch nur einen einzigen Indianer, der so etwas hätte tun können! Ein anderer Akt von christlicher Humanität beging Captain Standish. Er bereitete ein Fest für die Indianer vor, und als diese sich arglos hinsetzten, ergriffen seine Männer die Messer der Indianer, die diese am Nacken auf dem Rücken trugen und stachen sie ihnen ins Herz. Die schnitten dem Häuptling Wittumumet den Kopf ab, steckten ihn auf einen Pfahl an ihrem Fort und dankten Gott für diese Tat, denn sie glaubten, daß es Gottes Wille sei, so zu handeln ... Beide Seiten hatten sich im Vertrag verpflichtet, Vertragsbrüchige der Gegenseite auszuliefern, aber die Pilger waren die ersten, die diese Verpflichtung brachen. Ein Indianer beging Verrat an seinem Volk, aber die Pilger verweigerten seine Herausgabe, weil er ihnen nützlich war. Wer hätte dem alten Sachem übelnehmen können, wenn er nach solchen Vertragsbrüchen Krieg erklärt und die Weißen niedergemacht hätte? Er hätte die Macht dazu gehabt, aber er vergab den Weißen und gewährte ihnen weiter seine Hilfe. Wo gibt es ein Volk, das sich zivilisiert nennt, das so etwas getan hätte? So hat Massasoit, haben seine Indianer bewiesen, daß sie christlicher handelten als Christen, und diese Christen haben bewiesen, daß sie die wirklichen ‚Wilden' waren ... Als es hieß, daß ein gewisser Tisquantum, einer von Coubantants Männern, von Indianern getötet worden sei — später stellte sich heraus, daß es Coubantant selbst war — überfiel Captain Standish mit vierzehn Pilgern um Mitternacht ein Indianerdorf und machte schlafende Männer, Frauen und Kinder nieder. Kann man solche Menschen als ‚gute und vertrauenswürdige' Menschen ansehen, wie sie es immer verlangen? Ist der Mitternachtsmörder, der heimtückische Mörder ein guter und vertrauenswürdiger Mensch? Ein Christ und Vorbild? Diese Indianer waren vollkommen unschuldig. Doch wenn Indianer etwas sagen, das die Wahrheit ist, so werden sie als Wilde und brutal bezeichnet.«
William Apes, ein Nachkomme des Wampanoag-Sachems King Philip, 1836.

Massasoit verhandelt mit Gouverneur Carver

Obwohl seine Krieger immer mehr gegen die friedliche Politik des »Es-ist-Raum-für-alle«
opponierten, blieb Massasoit dabei, nicht nur die unbegreiflichen Brutalitäten der Plymouth-
Kolonie hinzunehmen, sondern Nachbarvölker und deren Sachems zu gleicher Nachgiebigkeit
anzuhalten. So konnte sich die Kolonisierung Neu-Englands nahezu ungestört vollziehen:
1636 wurde die Connecticut-Kolonie gegründet, 1638 die New Haven-Kolonie, 1639 die
New Hampshire-Kolonie, 1636 die Massachusetts Bay-Kolonie und 1643 die Providence
Plantations an der Narragansett Bay. Inzwischen hatten holländische Kolonisten Besitz von
der Manhattan-Halbinsel ergriffen und immer neue Einwandererwellen kamen.
Das Pequot-Volk, das im Connecticut River Valley lebte sah sich immer mehr von Engländern
und Holländern bedroht und gegen die Grenze des Landes der Irokesen-Konföderation
gedrängt. Der Frieden, den die Engländer mit dem Wampanoag-Sachem Massasoit geschlossen hatten und dem sich auch die Pequots verpflichtet fühlten, bereitete den Engländern
immer größere Schwierigkeiten je mehr Einwanderer ins Land kamen. Der Gouverneur
der Massachusetts-Kolonie, Vane, hatte kaum sein Amt angetreten, da stand für ihn fest,
daß »die Pequots, eine renitente Bande heidnischer Wilder« bei »der nächsten sich bietenden
Gelegenheit dezimiert werden« mußten.

Der Pequot-Krieg

Diese Gelegenheit bot sich im Sommer 1636, als John Gallup, ein Fischer aus Boston, eines Tages vor Block Island fischte und ein Pequot-Fischerboot sichtete, das ein Kolonie-Fischerboot mit schlaffen Segeln im Schlepp hatte. Die Indianer hatten das Boot verlassen auf dem Meer gefunden und wollten es den Kolonisten zurückbringen. John Gallup aber, der einen Mann und zwei Halbwüchsige befehligte, ließ sich auf keine Erklärungen ein, sondern eröffnete sofort das Feuer auf die Indianer, von denen sich nur zwei lebend retten konnten. Als Gouverneur Vane von dem Zwischenfall hörte, ordnete er nicht etwa eine Untersuchung an, wie dies der Friedensvertrag vorschrieb, sondern entsandte sofort 90 Männer der Miliz mit dem Befehl, jeden Indianer, den sie anträfen zu töten, Dörfer niederzubrennen und möglichst ohne eigene Verluste zurückzukehren. Diese blutige Aktion versetzte die Pequots augenblicklich in Aufruhr. Sie hatten zwar keine Feuerwaffen, ersetzten diesen Nachteil aber durch Mobilität. Der nun entbrennende Guerillakrieg rief Captain Miles Standish auf den Plan, der sich mit achzig wohlbewaffneten Massachusetts-Kolonisten unter dem Kommando von John Mason und einigen hundert verbündeten Mohikans und Narragansetts unter der Führung von Uncas, vereinigte und am 25. Mai 1637 die Pequotfestung unter deren Sachem Sassacus angriff. Sie umstellten das Fort, schossen es in Brand und trieben alle aus dem Feuer fliehenden Indianer in die Flammen zurück. Ein Augenzeuge schrieb: »Mehr als 800 Indianer brieten im Feuer und Ströme von Blut sickerten durch die Palisaden hindurch und der Gestank war fürchterlich, aber der Sieg war ein süßes Opfer und wir beteten alle zu Gott, um ihm für seinen Beistand zu danken.«

Captain Mason, der den Befehl hatte, die Pequots auszurotten, verfolgte nun mit seinen Kommandos die wenigen hundert geflohenen Indianer zwischen New London und Saybrook und machte sie entweder nieder oder verkaufte sie in Ketten nach den Bermudas. Als der Pequot-Sachem Sassacus Schutz bei den Mohikans suchte, hieben diese ihm den Kopf ab und schickten ihn als Beweis ihrer Loyalität nach Boston. Das Pequotvolk hatte aufgehört zu existieren.

Dieser totale Sieg bis zur Ausrottung hatte einen starken depressiven Effekt auf die anderen Indianervölker; denn Vernichtung bis zur Ausrottung war etwas ihnen vollkommen Unbekanntes. Man bekämpfte einen Feind in einer Schlacht und ließ nach dem Sieg von ihm ab. Niemals hatte man Schlachtverluste erlebt, die ein ganzes Volk umfaßten. Man stand mit unfaßbarem Abscheu vor der Tatsache, daß die Weißen Frauen, kleine Kinder und Alte ins Feuer zurücktrieben und jeden Fliehenden verfolgten und töteten.

Das Massaker von New Amsterdam

Die Manhattans waren ein verhältnismäßig kleines und sehr friedfertiges Volk, als sie den Holländern die halbe Halbinsel Manhattan für Angelhaken, Messer und Beile im Wert von 24 Dollar verkauften. Ärgernis entstand 1642, als man bei Indianern das entlaufene Mastschwein eines holländischen Kolonisten fand. Der Indianer gab das Haustier heraus, sagte, daß es ihm zugelaufen sei und glaubte die Sache damit erledigt. Aber Gouverneur

Willem Kieft entsandte den Sergeanten Rodolf mit einer Soldatentruppe zum Manhattan-Dorf Pavonia und den Sergeanten Adriensen mit einer Truppe nach Corlear's Hook, wo die Holländer am 25. Februar 1642 um Mitternacht über die schlafenden Indianerfamilien herfielen und sie auf eine solch brutale Weise abschlachteten, die ihresgleichen in der Geschichte der USA sucht.

Ein holländischer Augenzeuge schrieb: »An der Mutterbrust trinkende Säuglinge wurden mit Bajonetten durchstochen und aus den Armen der Mutter gerissen und ins Wasser geworfen. Andere Kinder warf man lebend in die Flammen. Babies, die in ihren kleinen Tragkörben schliefen, wurden mit Säbeln in Stücke gehackt, den schreienden Eltern und Großeltern hieb man Glieder vom Leib, stach sie nieder, oder schlug ihnen die Schädel ein.«

David Pieterszoon de Vries beschrieb die Folgen des Massakers 1655 in Alkmaar/Holland: »Einige kamen zu uns gelaufen und man hatte ihnen die Hände abgehackt, andere hatten Arme und Beine verloren, wieder andere hielten beide Hände gegen den aufgeschlitzten Leib gepreßt, aus dem die Därme quollen. Und wieder andere waren in solch entsetzlicherweise verstümmelt, daß man es nicht beschreiben kann.«

William Apes, reinblütiger Pequot-Indianer und Nachkomme des Wampanoag-Sachems Metacomet (King Philip), geboren 1798, ab 1829 Methodisten-Pfarrer in Boston, widerlegte in einer öffentlichen Erklärung im Odeon-Theater vor einer Versammlung von amerikanischen Historikern deren These, daß es ein Naturgesetz sei, daß schwächere Völker den geistig überlegeneren, stärkeren weichen müßten. Er sagte unter anderem:

Metacomet, bekannt als »König Philip«. Sachem der Wampanoags, Sohn von Massasoit

»Es ist ein Unterschied, ob ein physisch stärkeres und auch zahlenmäßig überlegeneres Volk ein anderes schwächeres v e r t r e i b t, oder ganz einfach a u s r o t t e t! Glücklicherweise haben die Weißen ziemlich lückenlose schriftliche Zeugnisse hinterlassen. Wenn man ihre Interpretationen wegläßt, wenn nur noch die historischen Fakten übrigbleiben, so ergibt sich das Bild einer einzigen ununterbrochenen Folge von kriminellen Schwerverbrechen, die in den Gesetzbüchern a l l e und ohne Ausnahme mit der Todesstrafe geahndet werden. Daß Regierung und Kirchen nicht nur diese Schwerverbrechen sanktionierten, sondern daran sogar maßgeblich beteiligt waren, und noch sind — ändert nichts daran, daß es Schwerverbrechen sind. Es hat sich klar erwiesen, daß die christliche Lehre, daß die darauf basierenden Gesetze gut sind, aber sie sind nicht Gegenstand ehrlicher Überzeugung und Glaubens, sondern blanker Habgier und Machtpolitik. Es sind Verbrecher, die sich ihrer bedienen, die die Macht, den Reichtum, den Besitz, die Gerichtsbarkeit in der Welt der Weißen seit Menschengedenken an sich gebracht haben und die Lebensweise der Weißen bestimmen. Auch unter den Indianern hat es immer Schufte und Verbrecher gegeben, es gibt sie auch heute noch — aber sie haben keine Macht, sondern werden verachtet. Die Waffen, deren sich die weißen Verbrecher bedienen, sind heimtückisch und verächtlich wie sie selbst es sind: es sind Rum und Pulver und Blei, es sind Vernichtungskrankheiten wie Blattern, Cholera und Typhus, es sind Lüge, Heuchelei, Habgier und Brutalität. Eine Menschenrasse, die solche Waffen nicht kennt, die solche Eigenschaften verachtet, kann auch nicht die Spielregeln kennen, die innerhalb eines solchen Lebens das Überleben garantiert. Sie ist deshalb hilflos. Historiker aber, die nicht einmal Scham über diese Tatsachen empfinden können, sondern sich — blind und taub gegen Wirklichkeit — in eine geistige Welt flüchten, die es gar nicht gibt, sind noch bedauernswertere Geschöpfe als jene Verbrecher, die durchaus wissen was sie tun, wenn sie darüber nachdenken. Sie werden fortfahren, eine Geschichte des Verbrechens als gottgefällige Unvermeidlichkeit darzustellen und dies moralisch rechtfertigen. Was ist schlimmer: wenn ein schlechter Mensch einen Mord begeht? Oder wenn gute Menschen diesen Mord als einen Segen preisen, und damit schlechten Menschen Denkmäler setzen, und zu immer mehr Morden geradezu auffordern? Ich bin ein Indianer und habe mich sehr mit Lebensweise und Glauben der Weißen beschäftigt. Ich bin nicht wehrlos gegen ihre Argumente. Ich beweise Euch allen nach den von Euch anerkannten Regeln, daß Ihr alle Schwerverbrecher seid, weil Ihr Schwerverbrechen begeht, duldet und preist. Das sind die Taten, die Ihr selbst als Geschichte bezeichnet. Demgegenüber wiegen Eure Lippenbekenntnisse überhaupt nichts. Und jetzt stehn Sie auf und sagen Sie, daß auch ich ein Wilder und Barbar bin und ich werde Euch aus Eurer Bibel vorlesen, daß das, was ich gesagt habe, Gott selbst gesagt hat, und daß dann in Euren Augen Euer Gott ein Wilder und Barbar sei.«

Die Versammlung in der Federal Street zu Boston verharrte nach den Worten des Indianer-Pfarrers in tiefem Schweigen. Er hatte den Nagel auf den Kopf getroffen. Ein Zeitgenosse schrieb: »Es war, als wäre Jesus persönlich erschienen.«
Das Massaker am Mystic River versetzte den Indianern Neu-Englands einen solchen geistigen

Charles M. Russell: »Powderface« (»Pulvergesicht«), 1903, Aquarell. Viele Indianerstämme besaßen sogenannte »Geheimbünde«, bei denen jeder seine eigenen Rituale und Tänze zelebrierte. Der Kopfschmuck weist Powderface als Mitglied des »Rabenzirkels« der nördlichen Arapahoes aus

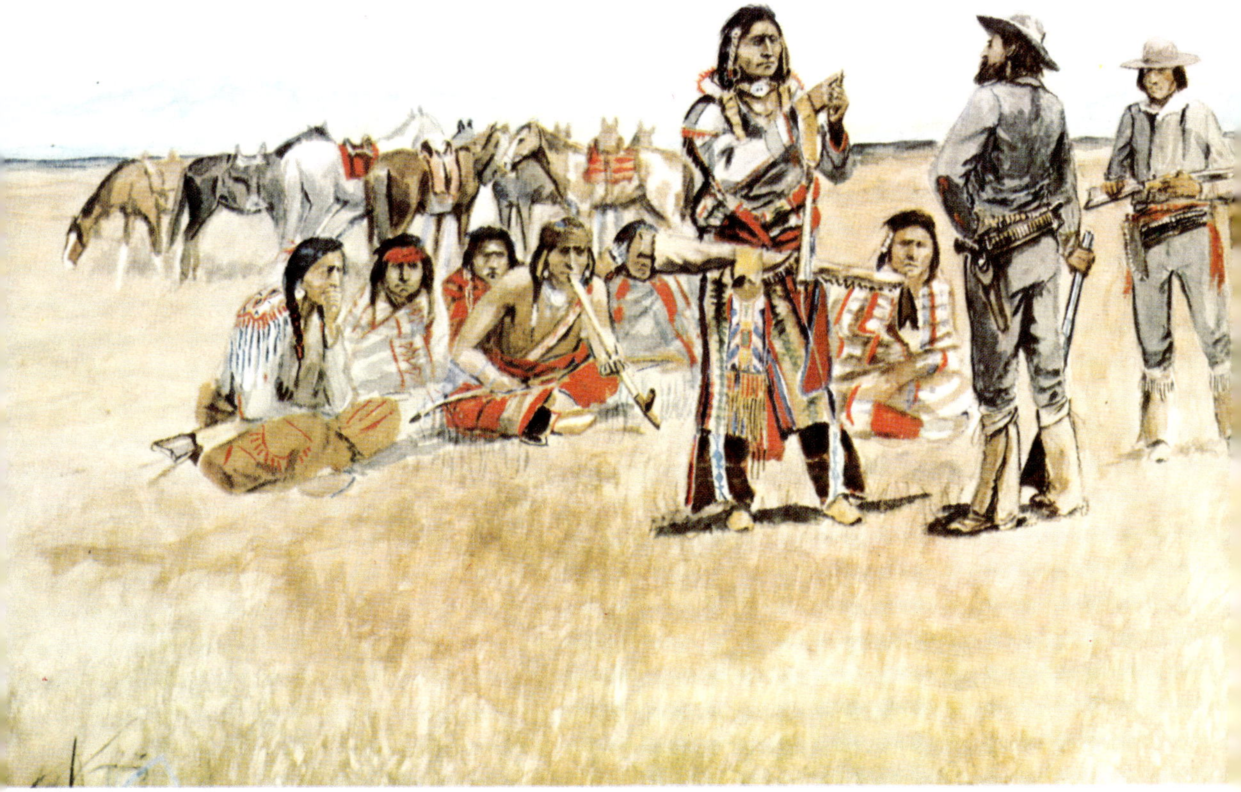

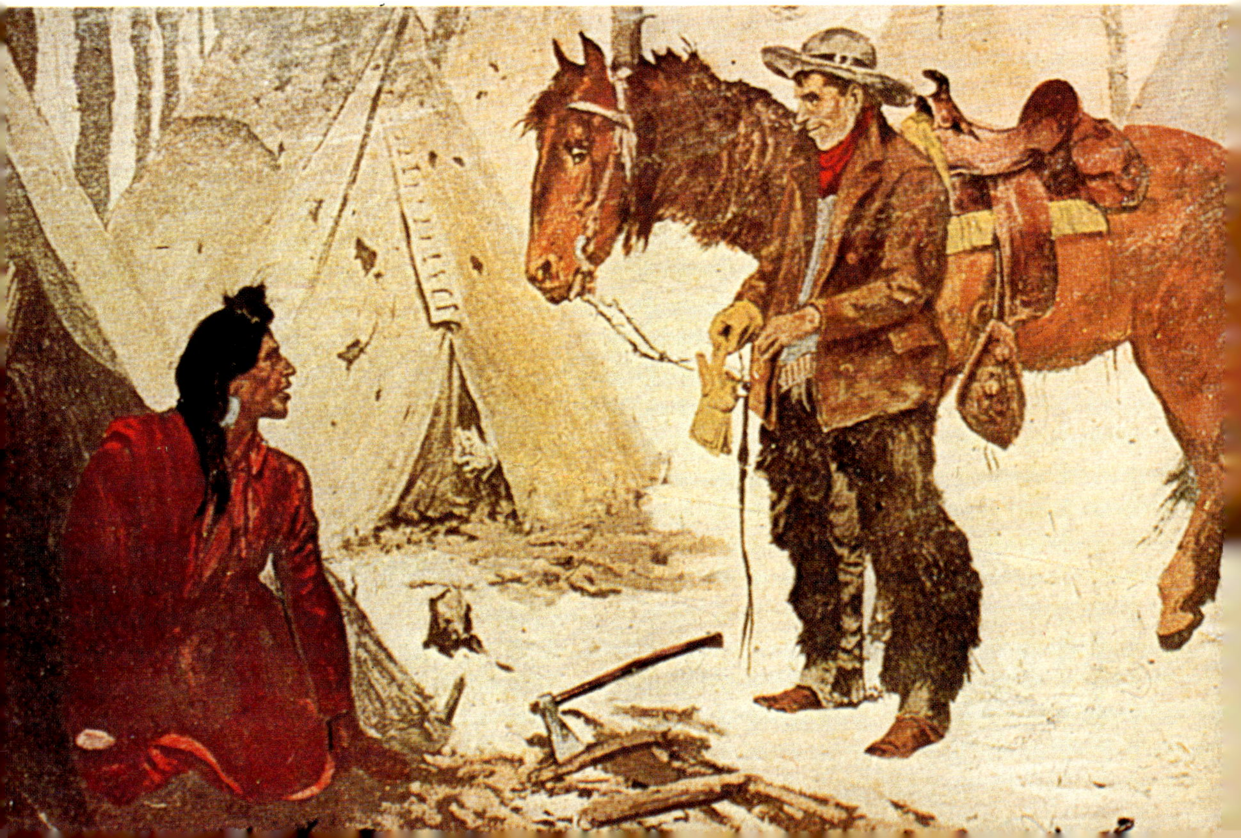

Charles M. Russell: »Indians and Scouts Talking«, 1879, Aquarell. Ehemalige Trapper und Mountain-Men, die sehr gut mit der Lebensweise der Indianer vertraut waren, führten die ersten Wagentrecks durch das Indianergebiet. Es gelang diesen erfahrenen Indianer-Kennern häufig, Schwierigkeiten zu vermeiden (links)

Frederick Remington: »What's the Show for a Christmas Dinner, Chief?« erschienen am 20. 12. 1890 in »Harper's Weekly«. Viele arbeitslose Cowboys suchten in den harten Wintern bei den nomadischen Indianern Unterschlupf. Sie waren neben den Trappern die einzigen Amerikaner, die sich mit Indianern verbrüderten. Hier erscheint ein arbeitsloser Cowboy vor dem Zelt eines Häuptlings und fragt: »Wie steht es mit einem Weihnachtessen, Häuptling?« (linke Seite unten)

Coon Lan: »A Horse apiece«, 1918, Aquarell. Häufig setzte sich ein Cowboyboß mit einem Häuptling auf eine Decke, und sie begannen ein Würfelspiel oder sogenanntes »Stud Poker« (offenes Poker). Hier hat der Cowboyboß dem Häuptling bereits den Gürtel mit Messer und sein Pferd abgewonnen (unten)

Eines der originalgetreu wiederaufgebauten Wohnhäuser in Sainte-Marie Among The Hurons (Midland, Ontario), 1639—1649 Stützpunkt franz. Missionare; im Vordergrund ausgegrabenes Mauerwerk, im Hintergrund ein Teil des inneren Palisadenzauns

Frederick Remington: »Trading in the Hudson's Bay Company's Old Store at Edmonton«, erschienen in der Dezemberausgabe 1895 in »Harper's Monthly Magazine« zu Casper W. Whitneys Artikel »On Snowshoes To The Barren Grounds«. Remington illustrierte den Artikel nach Angaben und Zeichnungen von Zeitgenossen mit dem Bild »Handel im alten Store der Hudson's Bay Company in Edmonton«

Kampf in den Wäldern

Schock, sie standen solcher Brutalität so fassungslos gegenüber, daß sie mehr als 30 Jahre lang der ständig ansteigenden Flut englischer Einwanderer gegenüber passiv blieben und vor ihnen zurückwichen. Aber dieses Zurückweichen drängte sie immer näher an das Gebiet des mächtigen Irokesen-Bundes, so daß es für sie schließlich keinen anderen Ausweg mehr gab, als den Kampf. Inzwischen war auch der Schock über die »Massakermoral« der Engländer gewichen und der Rachegedanke, den Weißen ihre Taten zu vergelten, machte sich breit.

König Philips Krieg

Massasoit, der Sachem der Wampanoags, hatte es fertiggebracht, seine Häuptlinge immer wieder davon zu überzeugen, daß ein Krieg gegen die wachsende Macht der Engländer zuviele eigene Verluste mit sich brächte. Auch nach dem Pequot-Massaker gelang es ihm, vor allem die jungen Häuptlinge der Neu-England-Indianerstämme davon abzuhalten, selbständig auf den Kriegspfad zu gehen. Er hoffte, daß irgendwann der Zustrom der Neueinwanderer abnehmen würde. Er hatte keine Vorstellung davon, daß Europa ein unerschöpfliches Reservoir an Menschen besaß. Als er 1660 starb, trat sein Sohn Metacomet an seine Stelle, den die Engländer wegen seiner kühl berechnenden Intelligenz »King Philip« nannten. Metacomet hatte in seinem Bruder Wamsutta (von den Engländern Alexander genannt) einen starken Verbündeten und war sich nach sachlicher Einschätzung der Lage darüber im klaren, daß nur eine Allianz zwischen den etwa 20 Indianerstämmen Neu-Englands den Krieg gegen die Kolonisten erfolgreich führen könnte.

Die einst mächtigen Wampanoags waren inzwischen auf etwa 1 000 Köpfe dezimiert, den größten Stamm repräsentierten 4 000 Narragansetts, weiter gab es etwa 3 000 Nipmucks und nochmals 12 000 Indianer, die sich auf ein Dutzend andere Stämme verteilten. Diesen Indianern standen inzwischen mehr als 45 000 englische Kolonisten gegenüber (davon 17 000 in Massachusetts, 10 000 in Connecticut, 5 000 in Plymouth und 3 000 in Rhode Island). Die Irokesenbund-Indianer, die sich schon sehr früh auf die Seite der Engländer geschlagen hatten, bildeten eine Barriere im Westen, Nord- und Südwesten, die Engländer eine solche im Osten, Nord- und Südosten.

Sorgfältig bereitete Metacomet seine Pläne im geheimen vor. Mit einer zündenden Ansprache überzeugte er zunächst seine Häuptlinge, die Sachems der befreundeten Stämme und seine eigenen Krieger:

>»Brüder — Ihr habt das weite Land vor Euch, daß der Große Geist unseren Vätern und uns anvertraute; Ihr seht den Büffel und das Rotwild, die uns ernähren. — Brüder — Ihr seht diese Säuglinge, unsere Frauen und Kinder, die von uns Nahrung, Kleidung und Schutz erwarten; und Ihr seht nun den weißhäutigen Barbaren vor Euch, der immer unverschämter und wilder (im Sinne von wahnsinnig) wird; der alle unsere alten Sitten mißachtet; Ihr seht, daß alle Friedensverträge, die von unseren Vätern und uns abgeschlossen wurden, gebrochen sind, und das wir alle auf das Schlimmste beleidigt werden; unsere Ratsfeuerbeschlüsse werden mißachtet, alle unsere alten Sitten; unsere Brüder werden vor unseren Augen ermordet, und ihr Geist schreit nach uns, Rache zu nehmen. Brüder — diese Leute aus der unbekannten Welt werden unsere Wälder abschlagen, unsere Jagdgründe und Äcker zerstören, und uns und unsere Kinder von den Gräbern unserer Väter und von unseren Ratsfeuern vertreiben und unsere Frauen und Kinder versklaven. Brüder — es ist unmöglich, mit diesen weißhäutigen Raubmenschen in Frieden zu leben. Man kann sich nur von ihnen zerstören lassen, oder versuchen, sie selbst zu zerstören. Das ist aber nur möglich, wenn wir einen Krieg nicht so führen, wie wir es gewöhnt sind, sondern wie sie selbst ihn führen, also ein Krieg aus dem Hinterhalt und mit dem Willen, alles, was eine weiße Haut besitzt, zu töten. Brüder — ich weiß, daß wir uns selbst verleugnen müssen, um unschuldige Kinder, Frauen und Schwache umzubringen, die sich nicht wehren können. Aber wir müssen dies tun, denn diese Kinder werden einst Männer, die unsere Frauen und Kinder töten, denn diese Frauen schenken wieder Kindern das Leben, die als Erwachsene unsere Frauen und Kinder töten werden. Wir haben es in der Vergangenheit nicht glauben wollen, aber es ist eine Tatsache: — nur ein toter Weißer ist ein guter Weißer. Brüder — wir müssen uns vereinigen — oder wir werden untergehen.«

Nur mühsam gelang es Metacomet, das Temperament der Verbündeten zu zügeln, die sofort losschlagen wollten, um seine Streitmacht zu organisieren und einen Kriegsplan auszuarbeiten. Als die Pilger, die sich selbst »Heilige« (engl.: Saints) nannten, im Januar 1675 drei

Wampanoags kurzerhand öffentlich henkten, die John Sassamon, einen christianisierten Indianer und Metacomets Sekretär, der alle Kriegspläne den »Heiligen« verraten hatte, getötet haben sollten, gab es für die Indianer kein Halten mehr: Am 24. 6. 1675 brach der Sturm los, und Swansea in Massachusetts ging in Flammen auf. Die Städte Taunton, Middlefrantic und Dartmouth folgten unmittelbar, danach Brookfield, Hadley, Northfield, Deerfield, Medfield und Wrentham. Aber dann hatten sich die Kolonisten gesammelt. Ihre Truppen belagerten und eroberten das Narragansett-Fort Kingston auf Rhode Island und brannten auf ihren Märschen alle Indianerdörfer nieder, die sie berührten. Die Verluste der Indianer wurden immer größer, bis die geschlagenen Indianer schließlich Metacomet verließen und dieser sich in einem Sumpf verstecken mußte. Es war ein indianischer Söldner, der ihn aufspürte und niederschoß. Der Anführer der Kolonistentruppen, Captain Benjamin Church, der den toten King Philip als »armseliges, großes nacktes, dreckiges Biest« bezeichnete, ließ den Toten öffentlich enthaupten und vierteilen — und wieder fand sich als Scharfrichter ein Narragansett-Indianer aus Sachem Ninigrets Stamm, der neutral geblieben war und solcherart seine Loyalität den Engländern gegenüber beweisen wollte.

Zum ersten Mal in der jahrtausendealten Geschichte der Indianer Nordamerikas hatte sich

Angriff auf Brookfield (links). — Brandschatzung von Deerfield (rechts)

deren Kriegsführung geändert: von nun an würde sie sich von den Praktiken, die die Engländer erstmalig mit auf den Kontinent gebracht hatten, kaum noch unterscheiden. Sie töteten Frauen, Kinder und Schwache, trieben Weiße in brennende Häuser zurück, hackten ihnen die Glieder ab, steckten Köpfe auf Pfähle, beraubten auch Kinder und Wehrlose ihrer Skalps — in der Annahme, daß man des Feindes Gewohnheiten beherrschen müsse, um ihm zu beeindrucken. Aber ihr Grundcharakter änderte sich nicht: sie brauchten persönliche Gründe, spezielle Weiße als Feinde ansehen zu können, und sie brachten es nie fertig, den Charakter der Weißen in irgendein für sie begreifbares Schema einzuordnen. So verwirrte sie zum Beispiel die Tatsache, die sie immer wieder erfuhren, daß diese Weißen die »Kriegspraktiken«, Menschen zu verbrennen, zu hängen, zu erschießen, zu vierteilen und ihre Körperteile öffentlich auszustellen, Menschen in Gitterzellen schmachten zu lassen, ununterbrochen auch im Frieden und an den eigenen Leuten anwendeten.

Mit dem Ende des »King Philip War« waren die Neu-England-Stämme auf eine unbedeutende Menschenzahl geschrumpft. Kleine Stämme wie die Passamaquoddys und Penobscots, die den englischen Kolonisten kaum Widerstand entgegensetzten und sich notgedrungen der vorgeschriebenen Christianisierung und einem sklavenähnlichen Status unterzogen, blieben einigermaßen ungeschoren der Willkür der englischen »Heiligen« und Puritaner überlassen und entgingen hierdurch der Ausrottung.

Nur noch die großen Algonkinstämme der Delawaren, Erbbesiegte der »Fünf Nationen« (im heutigen New Jersey und östlichen Pennsylvania) und die im westlichen Ontario und am östlichen Ufer des großen Huron-Binnensees lebenden Huronen waren übriggeblieben. Aus unerfindlichen Gründen hatten sich die Irokesen-Nationen die Huronen von 1630 an als neue indianischen Erbfeinde ausgesucht, obwohl diese sie in keiner Weise bedrohten oder belästigten. In einem Jahrzehnte währenden Ausrottungskrieg, bei dem im ersten Jahrzehnt englische Milizführer als strategische Inspekteure kräftig mitwirkten, blieben von ursprünglich 22 000 Huronen nur noch einige wenige Dutzend versprengte Familien-Clans übrig, die Schutz an den oberen Ufern der Großen Seen suchten. Die eigenen Verluste der Irokesen-Nationen waren aber durch diesen sinnlosen Krieg ebenfalls bemerkenswert hoch. Als die Irokesen-Völker schließlich merkten, daß die Engländer auch ihnen gegenüber nichts anderes als eine Politik der Ausrottung verfolgten, indem sie Indianervölker gegeneinander hetzten und einander dezimieren ließen, war es zu spät. »Wir waren mit Blindheit geschlagen«, klagte ein Irokesen-Häuptling. »Wir haben geduldet und mitgeholfen, viele Stämme töten zu lassen, wir haben uns aller Verbündeten und eigener Kräfte beraubt, die wir jetzt brauchen, um die nach Westen drängenden Weißen aufzuhalten. Der Große Geist hat uns verlassen, aber nicht erst heute, sondern schon vor vielen Jahren.«

William Penn und die Delawaren

Der in Oxford erzogene Aristokrat William Penn war einer jener radikalen Protestanten, die sich »Quakers« nannten, als er mit den Delawaren 1683 jenen denkwürdigen »Marsch-Landkauf« (engl.: Walking Purchase) abschloß: Der Delawaren-Sachem Lapowinsa hatte sich einverstanden erklärt, Penns Qäkern soviel Land zu verkaufen, wie ein Mann in eineinhalb

Tagen von der Delaware Bucht landeinwärts im Fußmarsch bewältigen konnte. Dieser erste amerikanische »Marathonläufer« leistete wahrlich Erstaunliches, das selbst die Delawaren als geübte Läufer in Erstaunen versetzte. Mit dem Landgebiet, das er »abgemessen« hatte, konnte William Penn seinen Traum von einer christlichen und gerechten Kommune verwirklichen. Er nannte die neue Quäker-Kolonie »Penn-Sylvania« (Penn-Wälder) und nach dem Motto »Lieber für die Wahrheit sterben, als mit der halben Wahrheit leben« erwiesen er und seine Kolonisten sich als die einzigen Weißen der amerikanischen Geschichte, die einen geschlossenen Vertrag mit Indianern tatsächlich auch strikte einhielten und mit ihnen, solange Penn lebte und die Vorherrschaft der Quäker bestand, in herzlicher Freundschaft und Nachbarschaft verbunden waren. Die Delawaren nannten William Penn »Mignon«, oder »Älterer Bruder«, das Äußerste, das sie an Anerkennung, Respekt und Freundschaft zu vergeben hatten. Daß die Delawaren nach seinem Tode im Krieg zwischen England und Frankreich die Partei der Franzosen ergriffen, mag teilweise am Einfluß William Penns gelegen haben, der in England wegen seiner radikalen Wahrheitsliebe von den Engländern ausgepeitscht und inhaftiert worden war, teilweise aber auch daran, daß die Erzfeinde der Delawaren, die Irokesen-Nationen, sich von Anbeginn an für die Engländer stark gemacht haben.

Dem Delawaren-Sachem Lapowinsa folgte der Ober-Sachem Tammany (auch: Tamenend), den die weißen Kolonisten wegen seiner Weisheit, Einsicht und Hilfsbereitschaft auch »Saint Tammany« (den »Heiligen Tammany«) nannten. Er hatte seine Residenz dort, wo später Germantown erbaut wurde, und William Penn erbaute die Hauptstadt seiner Kolonie gleich daneben, sodaß man auch nachbarlich in engstem Kontakt blieb. Wie alle anderen Kolonisten gründete auch William Penn eine Miliztruppe, aber sie bestand zur Hälfte aus Delawaren und ein Delawaren-Sachem teilte sich die Kommandogewalt mit einem Quäker.

Anders als die anderen Miliztruppen wurde die Delawaren-Quäker-Miliz auf — mehr oder weniger — gewaltlosen Widerstand programmiert. Man führte regelmäßige Manöver durch, die zum Ziel hatten, den angenommenen Gegner in die Irre zu führen, ihn sich erschöpfen zu lassen, von Nahrung und Wasser abzuschneiden, ihm nur »verbrannte Erde« zu überlassen, ihn in Situationen zu locken, aus denen er nur mit Hilfe der Angegriffenen wieder lebend herauskam. Den charakterlich ohnehin mehr als andere Indianer zur Friedfertigkeit neigenden Delawaren (nach Lord de la Warre), die sich selbst Lenni Lenape nannten (wahre Menschen, echte Menschen — im Sinne von »Wir, das Volk«), kam der Glaube an Gewaltlosigkeit der Quäker sehr zustatten, während sie andererseits aber den strengen Einschränkungen der Lebensfreude der Quäker nicht anhingen.

Nahezu 50 Jahre lebten Delawaren, Quäker und andere Kolonisten in einer geradezu idealen, friedlichen Nachbarschaft und profitierten gegenseitig voneinander. Aber allmählich bevölkerte sich Pennsylvanien immer mehr mit Deutschen und Engländern militanterer Auffassungen, die nach dem Tod von William Penn und Tammany immer dominierender wurden, sodaß sich schließlich die Quäker selbst in der Minderzahl befanden. Diese »typischen Kolonisten« verursachten immer häufiger Zwischenfälle jener Art, die auch in anderen Kolonien unvermeidlich zur gewaltsamen Konfrontation führten. Erschöpft durch immer zahlreichere Ärgernisse begannen um 1720 die Irokesen immer stärkeren Druck auszuüben. Diesem Druck waren die Delawaren nicht gewachsen. Sie gerieten immer stärker unter die Herrschaft der Irokesen-Indianer und als die Kolonisten ihnen 1737 einen zweiten »Walking Treaty« (Marsch-

Friedensvertrag) aufnötigten, marschierte nicht ein trainierter Mann los, sondern deren gleich drei, die ein Areal von 60 Meilen (96 km) Breite bis an die Pocono Mountains »vermaßen«. Den Delawaren blieb nichts anderes übrig, als sich von dem größten Teil ihres Landgebietes zurückzuziehen und sich sozusagen als tributpflichtige »Untermieter« auf Irokesengebiet niederzulassen, was natürlich ihren Niedergang beschleunigte.

1751 ließen sich die meisten am Ohio nieder, zur gleichen Zeit als die Engländer das Ohio-Tal besiedelten. Nun waren sie heimatlose Wanderer und das Verhalten der Ohio-Kolonisten mag ebenfalls dazu beigetragen haben, daß sie im Krieg zwischen England und Frankreich 1855 in großer Zahl auf der Seite der Franzosen kämpften, die grundsätzlich ein anderes, herzlicheres Verhältnis zu Indianern hatten. Durch den Sieg der Engländer befanden sie sich auf der Verliererseite als verhaßte »Kollaborateure« und konnten der Rache der englischen Kolonisten nur durch die Flucht nach Indiana entgehen, wo sie 1770 von den Miamistämmen zwar toleriert, aber nicht willkommen geheißen wurden. 1789 erteilten ihnen die Spanier

Ein Wagentreck-Führer verhandelt mit einem Indianer um das Weg-Durchzugsrecht

die Erlaubnis, sich in Missouri niederzulassen, nachdem sie sich, in der Hoffnung auf einen Sieg Englands, während der amerikanischen Revolution auf die Seite der verhaßten Engländer geschlagen hatten. Als sich der Sieg der Kolonisten abzeichnete, versuchten sich viele Clans auf spanisches Territorium zu retten, während die andere Hälfte vor der Rache der Kolonisten nach Ontario/Kanada floh, wo sie heute noch in einer Reservation leben. Die »Missouri-Delawaren« blieben in den neuen Vereinigten Staaten »rote Bastarde«, die zwar einen Friedensvertrag nach dem anderen schlossen, aber immer wieder, kaum daß sie sich niedergelassen hatten, von den Westwanderern eingeholt und vertrieben wurden: 1820 in Texas, wurden sie 1835 mit Gewalt nach Kansas in Marsch gesetzt. Dort ließen sie sich als Ackerbauern nieder, bebauten Felder, errichteten Häuser und eine Kirche und bezahlten die entsprechenden Landparzellen mit ihrem Geld. Aber selbst als rechtmäßige Eigentümer des Landes zwang man sie in einem 6. großen »Friedensvertrag« zur kostenlosen Aufgabe ihrer blühenden Farmen und wies ihnen schließlich 1867 in Oklahoma eine dürftige Reservation an, wo sich eine Hälfte unter die Oberhoheit der Cherokee-Konföderation, die andere Hälfte unter die der Caddo-Stämme begab. Damit war der Lebenswille dieses einst stolzen Volkes gebrochen — sie hatten ihre Identität verloren.

»Unsere Erfahrungen mit Amerikanern begannen 1782: Christliche Delawarenfamilien hatten sich in Gnadenhütten unter der Führung von Missionaren der Herrnhuter Brüdergemeinde als Farmer niedergelassen. Während der Ernte überfiel eine amerikanische Truppe unter Colonel David Williamson die arbeitenden Indianer, die keine Waffen besaßen und sich nicht zur Wehr setzten. Die Amerikaner fesselten Männer, Frauen und Kinder an Bäume und erschlugen sie mit Äxten, Tomahawks und Gewehrkolben. So wurden 35 Männer, 27 Frauen und 34 Kinder, die während des Abschlachtens beteten und Hymnen sangen, ermordet. Und die hundert amerikanischen Mörder trugen Kreuze an Kettchen um den Hals und dankten, als kein Indianer mehr lebte, Gott für seine Hilfe. So sehr dies auch ähnlichen Szenen aus der frühen Christenverfolgung gleichen mag — es ist nicht dasselbe, sonder viel schlimmer; denn die Römer, die Christen abschlachteten, waren selbst keine Christen, und die Christen wurden ihnen durch ihr Anwachsen immer gefährlicher. Die Delawaren-Märtyrer von Gnadenhütten fielen der abscheulichsten Form verbrecherischen Mordes zum Opfer, der überhaupt denkbar ist. Die Amerikaner hatten zum ersten Mal in ihrer Geschichte gezeigt, daß sie die ganze unmenschliche Grausamkeit und Heuchelei der Engländer, ihre Mordlust und ihren Blutdurst noch weit in den Schatten stellten. Und was noch unheimlicher ist: mußten sich Engländer erst in sogenannten ‚heiligen Zorn‘ hineinversetzen, um dann die unmenschlichsten Taten zu begehen, so brauchten Amerikaner nichts dergleichen. Sie blieben eiskalt und ruhig bis ins Mark ihrer schwarzen Seele und töteten weil ihnen dies am praktischsten erschien. Dies ist meiner Ansicht nach jene Grenze, bei der Menschen eine Schranke überschreiten, die sie von Menschen noch weiter entfernt als vom Tier und zu einem Wesen werden läßt, das Natur niemals hervorbringen kann. Es ist Zerstörung ohne Sinn, um der Zerstörung willen in reinster unmenschlicher Form.«
James Ogleby, reinblütiger Delaware, 1937.

Indianer-Späher

Die Langmut und Geduld der Delawaren, den Weißen immer wieder aufs neue zu vertrauen, immer wieder, trotz übelster Erfahrungen, zu versuchen, mit diesen unbegreiflichen Weißen zusammenzuleben, ist mit unseren Maßstäben nicht mehr meßbar. Ihre guten Erfahrungen mit William Penn und seinen Quäkern, die in ihren Legenden weiterlebten, mochten hierzu beigetragen haben. Jedenfalls fehlt es nicht an Versuchen zu beweisen, daß man es mit der Loyalität ernst meint. Ein Beispiel unter vielen ist folgendes: Als kurz nach Beginn des Bürgerkrieges (1861—65) Südstaaten-Guerillatruppen und die weitaus meisten Reservations-Indianer des Indianerterritoriums Oklahoma, die mit dem Süden sympathisierten, die westlichen Hinterländer der Union zu brandschatzen begannen und kleine Unions-Kommandos dringend Unterstützung durch indianische Hilfstruppen benötigten, meldeten sich von 200 erwachsenen Delawarenmännern im Alter zwischen 18—45 Jahren 170 freiwillig! Mit Hilfe dieser Delawaren-Regimenter konnte die US-Armee die Farmer schützen.

Als sich die letzten überlebenden Delawaren in ihrer Mini-Reservation im Oklahoma-Territorium niederließen, war von dem einst mehr als 10 000 Seelen zählenden Volk nur noch ein kümmerlicher Rest von 1 103 übriggeblieben.

Ottawa: Pontiacs Krieg

»Wir haben keinen Franzosen beraubt, es sei denn solche, die Gewehre, Pulver und Blei zu den uns feindlichen Stämmen bringen wollten, weil diese Waffen unsere Leben hätten kosten können. Hierin folgen wir dem Beispiel der Jesuiten, die alle Rumfässer, die man in unsere Forts bringt, sofort verbrennen, damit ihnen betrunkene Indianer nicht die Schädel einschlagen...

Die Engländer haben wir an unsere Seen gebracht, damit sie mit uns Handel treiben, ebenso wie die Adirondacks die Franzosen zu unseren Forts gebracht haben, damit wir auch mit ihnen Handel treiben können. Wir sind frei geboren. Wir sind weder von Franzosen noch von Engländern abhängig. Wir gehen wohin wir wollen, und wir handeln mit wem wir wollen. Niemand hat uns zu sagen, wen wir zu empfangen haben und wen nicht. Wenn Eure Verbündeten Eure Sklaven sind, so benützt sie als Sklaven wie Ihr wollt. Befehlt ihnen, nur Euch und sonst niemand zu empfangen. Was ich sage, ist die Stimme der Senecas, Cayugas, Onondagas, Oneidas und Mohawks, die freie Menschen sind. Wir haben als freie Menschen das Kriegsbeil gegen die Franzosen begraben. Aber wenn sie uns drohen, wie man Sklaven droht, so können wir es als freie Menschen auch wieder ausgraben...

Und nun, Ohguesse, möchte ich Deine Aufmerksamkeit auf eine Merkwürdigkeit richten, die kein Mensch der Fünf Nationen versteht: Die Franzosen und Engländer streiten um ein Landgebiet, um das sie sehr bald auch sogar Krieg führen werden. Aber dieses Landgebiet gehört uns, den Fünf Nationen, und es ist sowohl von Euch wie auch den Engländern in Friedensverträgen garantiert. Kannst Du mir bitte in Deiner unendlichen Weisheit eine Erklärung dafür geben, wie man sich mit einem anderen um das Eigentum eines Dritten streiten kann?«

Garangula, Onondaga-Sachem 1722 an Monsieur De La Barré und Monsieur La Maine.

Die ungeschickte Mission der beiden Diplomaten De la Barré und La Maine, in der sie im Namen des französischen Königs und Gouverneurs von Kanada der Irokesen-Nation mit Krieg drohten, falls sie weiterhin Engländer als Handelspartner duldet, führte wahrscheinlich dazu, daß im 4. und endgültig letzten Kolonialkrieg zwischen Frankreich und England (die ersten drei Kriege: King Williams Krieg 1689—97, Queen Annes Krieg 1701—13, King Georges Krieg 1744—48), im sogenannten Französisch-Englischen Indianerkrieg (1754—63) die Irokesen Partei für die Engländer ergriffen und entscheidend zum Sieg der Engländer beitrugen.

Die großen, religiösen Auseinandersetzungen in Europa waren auch in den amerikanischen Kolonien der zwei Großmächte Motive für die Politik. Es ging darum, ob die amerikanischen Kolonien in Zukunft römisch-katholisch oder puritanisch-protestantisch sein würden. Die Engländer hatten sich zwar an der Atlantikküste ausgebreitet, waren aber noch nicht weit genug ins Landesinnere vorgedrungen, sodaß die Franzosen von Kanada bis New Orleans in Ruhe westlich der Appalachen eine Handelsfortkette zwischen Quebec und New Orleans errichten konnten. Beschwerliche Märsche durch die Wälder hatten sie nicht zu befürchten, da sie sich an die Wasserwege des Ohio Rivers und der Großen Seen hielten. In den nördlichen Kolonien des Nordostens bereiteten die Kolonisten den Algonkin-Stämmen den Untergang, im Mittelabschnitt vernichteten die Irokesen die Delawaren-Konföderation, in Virginia und in Nord- und Süd-Carolina hetzten die Engländer die dortigen Stämme gegeneinander, sodaß zu Beginn des letzten Machtkampfes der beiden europäischen Großmächte nur sehr wenige Stämme übrigblieben. Die Überlebenden wichen in die Wälder westlich der Appalachenhöhenzüge aus (Kentucky, Ohio, Indiana und Michigan), wo sie automatisch unter französischen Einfluß gerieten, sodaß die Franzosen bei Ausbruch des Krieges auf ein beträchtliches Kriegerkontingent zurückgreifen konnten. Sie bewaffneten diese Krieger mit Feuerwaffen und ermunterten sie, immer wieder zu Überfällen auf die vorrückende Front englischer Besiedlung nach Westen. Unter dem Schutz der ununterbrochenen Angriffe dieser Indianer konnten sie ungestört ihre Fortkette zwischen Quebec und New Orleans ausbauen. Instrukteure der französischen Armee drillten die Indianer und verabreichten ihren Häuptlingen sogar französische Generaluniformen, und diese ihrerseits statteten ihre Unterhäuptlinge mit Offiziersuniformen aus, was den kostümfreudigen Indianern Vergnügen bereitete. Franzosen heirateten Indianerfrauen, zeugten Kinder mit ihnen und saßen an den Ratsfeuern, beteiligten sich an Jagd und Fallenstellerei und zeigten hierdurch mehr herzliches Verständnis für den »Indian Way of Life«, als dies bei Engländern je der Fall war. In den Überfällen gegen die vorrückende englische Kolonialgrenze versetzte die Erinnerung an frühenglische Missetaten die Indianer häufig in einen regelrechten Blutrausch, der zu entsetzlichen Metzeleien in den Wäldern führte. Offizieller Anlaß zum Krieg waren zwei Ereignisse:

1. Die Franzosen schickten den erfahrenen Waldläufer Charles Langlade mit einer Kanuflotte von 250 Kanus, besetzt mit Ottawas und Ojibwas, zum englischen Ort Pickawillany, in dem sich nur der Irokesen-Häuptling »Old Britain« (von den Franzosen wegen seiner homo-

Der Ottawa-Sachem Pontiac verhandelt mit den Franzosen unter Führung von Colonel Bouguet. Die Franzosen konnten 1754 auf ein beträchtliches Kriegerkontingent der Delawaren, Shawnees, Miamis, Kickapoos, Potawatomis, Chippewas und Ottawas zurückgreifen

Kavallerie-Attacke

sexuellen Neigung nur »Demoiselle« genannt) mit einer Handvoll Irokesen befand. 14 Irokesen wurden getötet, der gefangene »Old Britain« wurde »gekocht und verzehrt«.

2. Der junge Major der Virginia-Miliz, George Washington, überfiel eine französische Patrouille unter Kommandeur Jumonville bei Great Meadows und tötete ihn und 9 Soldaten. Es stellte sich heraus, daß es sich um eine Friedensangebotskommission gehandelt und daß Washington die Angebotsdokumente verbrannt hatte.

In den folgenden Jahren wurde der Krieg zu einem Gemetzel, in dem die Indianer eine wichtige Rolle spielten. So wurde zum Beispiel die englische Hauptarmee unter General Braddock in eine indianische Falle gelockt und — mit 853 Toten — zu mehr als 75% vernichtet. Nahezu alle Schlachten verloren die Engländer, keine einzige der zahlreichen Fortbelagerungen hatte Erfolg, aber allmählich bauten die Franzosen den Einsatz ihrer indianischen Verbündeten ab, weil ihre Heerführer nicht mit ihnen fertig wurden.

Gegen Ende des Krieges spielten die Indianer auf französischer Seite kaum mehr als eine Zuschauerrolle, was sich strategisch als ein entscheidender Fehler erwies. In aller Stille hatten die Engländer ihre Hauptstreitmacht konzentriert — wobei sie die kämpfenden Truppen in den Wäldern des Ohio-Tals sich selbst und die dortigen Siege den Franzosen überließen — und griffen die französischen Hauptstädte Quebec und Montreal an, die nach blutigen Schlachten fielen. Damit war der Krieg zu Ende. Frankreich hatte verloren.

Die mit den Franzosen verbündeten Algonkinführer waren in einer schlechten Lage. Sie hatten europäische Kampfesweisen mit indianischen Guerillapraktiken verbunden, hatten einen Sieg nach dem anderen erfochten, waren von den Franzosen hochgelobt und dekoriert worden, und ihre leichten Siege über die Engländer hatten ihnen Genugtuung, Skalps, Gefangene und reiche Beute beschert — ihre eigenen Dörfer waren heil und ungeschoren geblieben, ihre Verluste gering, und nun erklärten ihnen ihre französischen Freunde, daß der Krieg verloren sei, alles Gebiet östlich des Mississippi den Engländern gehöre, daß bald eine Handvoll englischer Soldaten erscheinen und Besitz von allen französischen Forts nehmen würde. Sie verstanden nichts. Sie betrachteten die Franzosen als Feiglinge und Verräter, die sie im Stich gelassen und ihren Feinden ausgeliefert hatten. In dieser Situation waren sie für eine Fortsetzung des Krieges auf eigene Faust, für eine Art »Revolution des Roten Mannes«, für eine »Indianische Unabhängigkeits-Erklärung« besonders empfänglich. Die Ottawas hatten im vergangenen Krieg ganz besondere Erfahrungen mit englischer Kriegsstrategie gemacht: sie waren Opfer des b a k t e r i o l o g i s c h e n K r i e g e s geworden, den General Sir Jeffrey Amherst 1752 in einem Rundschreiben seinen Untergebenen befohlen hatte:

> »Sie werden aufgefordert die Indianer mit Tüchern zu infizieren, auf denen Blattern-Patienten gelegen haben oder mit allen anderen Mitteln die geeignet sind, diese verfluchte Rasse auszurotten. Ich würde sehr zufrieden sein, wenn sich der Plan, sie mit Bluthunden niederzurennen, als praktikabel erweisen würde.«

Häuptling Andrew J. Blackbird, Ottawa-Historiker, beschrieb 1887, wie während des englisch-französischen Krieges die Ottawas mit Blattern infiziert wurden:

> »Die Engländer hatten ihnen in Montreal ein Geschenk in Form eines Kastens gegeben und ihnen eingeschärft, daß sie ihn erst in ihren Dörfern öffnen dürften, wenn der große Zauber, den es enthalte, wirksam werden sollte. Die närrischen Indianer glaubten an diesen übernatürlichen Zauber und öffneten den Kasten erst in ihrem Dorf. Er enthielt einen kleineren Kasten, der wieder einen kleineren Kasten, und dieser noch einen kleineren Kasten. Und darin befand sich etwas Schimmeliges, Verwestes. Sie untersuchten die Partikel genau und — wie dies Indianersitte ist — wanderten sie von Hand zu Hand. Bald brach eine fürchterliche Seuche aus. Ganze Familien starben dahin und bald gab es in den meisten Zelten nur noch Tote. Die ganze Küste von Arbor Croche entlang wurde ein Dorf von 17 Meilen Länge bis auf den letzten Menschen ausgerottet. Auch unter den Chippewas wüteten die Blattern, bis nur noch weniger als die Hälfte von ihnen lebten.«

Da tauchte ein mysteriöser Delawaren-Prophet auf und predigte — den Ottawas zuerst — eine religiöse Philosophie »indianischer Unabhängigkeit«. Sein erster Anhänger war der Ottawa-Sachem Pontiac, der den Delawarenpropheten auch zu anderen Stämmen schickte. Damit begründete er, was Engländer und Amerikaner später »Conspiracy« (Verschwörung) nannten, was Pontiac selbst aber als eine »Vereinigung unabhängiger Indianer-Nationen« verstanden wissen wollte. Wie der Prophet, so bediente er sich in seinen Ratsfeueransprachen eines Gleichnisses: einem Delawaren-Indianer war der »Große Geist« erschienen und hatte zu ihm gesprochen:

> »Ich bin der Schöpfer des Himmels und der Erde, der Bäume, Seen, Flüsse und aller anderen Dinge. Ich bin der Schöpfer des Menschen; und weil ich dich liebe, mußt du nach meinen Wünschen leben. Das Land auf dem du lebst, habe ich für dich erschaffen, und nicht für andere. Warum duldest du, daß die Weißen sich unter euch niederlassen? Meine Kinder, ihr habt die Sitten und Traditionen eurer Vorväter vergessen. Warum kleidet ihr euch nicht in Leder, wie sie es taten, und gebraucht Bogen

und Pfeile, und steingespitzte Lanzen wie sie? Ihr habt Gewehre gekauft, Messer, Kessel und Decken von den weißen Männern, bis ihr ohne sie nicht mehr leben könnt. Und was noch schlimmer ist, ihr habt das giftige Feuerwasser getrunken, das euch in Narren verwandelt. Werft alle diese Dinge weg; lebt wie eure weisen Vorväter vor euch lebten. Und was diese Engländer betrifft — die rotgekleideten Hunde, die gekommen sind, euch eurer Jagdgründe zu berauben und das Wild zu vertreiben — ihr müßt das Kriegsbeil gegen sie ausgraben. Wischt sie vom Angesicht der Erde hinweg, und dann werdet ihr meine Gunst zurückerhalten und wieder glücklich und erfolgreich sein.«

Dreißig Häuptlinge und mehr als fünfhundert Krieger der Stämme lauschten dieser langen Ansprache und bald erhielt Pontiac von ihnen die zustimmenden Wampums zu seiner Vereinigung und seinem Aufruf zum »Großen Kampf«.
Gleich in den ersten Monaten fielen den Indianern von 12 strategischen Forts 8 in die Hände. Ungezählte Siedlungen wurden bis auf die Grundmauern niedergebrannt, die Bewohner niedergemacht, kaum ein Gehöft blieb verschont. Die Indianer kämpften ohne Pardon und machten keine Gefangenen. Als Delawaren, Mingos und Shawnees von Captain Ecuyer, dem schweizerischen Kommandanten von Fort Pitt, Pulver und Blei forderten, andernfalls

Pontiac verläßt mit seinen Kriegern Fort Detroit, nachdem er einen Friedensvertrag unterzeichnet hatte. 1765 war der Kampf gegen die Engländer zu Ende

sie zurückkommen und das Fort angreifen würden, übergab ihnen Ecuyer das Gewünschte, allerdings in Decken aus seinem Blatternhospital eingewickelt. Die Blattern wüteten ein ganzes Jahr unter den drei Stämmen und dezimierten sie so, daß sie an Pontiacs Krieg nicht mehr teilnehmen konnten.

Nach dem Fall der wichtigsten britischen Forts wäre Pontiacs Sieg vollkommen gewesen, hätte er auch noch Fort Detroit nehmen können. Aber hier kämpften erfahrene, schottische Gebirgsregimenter, die nur durch einen massierten Sturmangriff zu überwinden gewesen wären. Aber Indianer stürmten niemals ein Fort, weil sie die hohen Verluste fürchteten. Als der Winter hereinbrach, packten immer mehr Indianer ihre Bündel und verschwanden, als sie kein Pulver und Blei mehr hatten. Gleichzeitig trafen bei allen Stämmen Kuriere von Major de Villiers, Kommandant von Fort de Chartres in Louisiana, ein, die ihnen empfahlen, das »Kriegsbeil zu begraben und mit den Engländern in Frieden zu leben, wie es die Franzosen auch tun«. Damit war Pontiacs Krieg zu Ende. Ein Stamm nach dem anderen gab auf und ließ sich von den Engländern Friedensverträge diktieren. Pontiac versuchte zwar, die Stämme im französischen Louisiana für eine Weiterführung des Krieges zu gewinnen, hatte aber keinen Erfolg. Im April 1765 gab er auf und unterzeichnete einen Friedensvertrag, der die Indianer auf englischem Gebiet rechtlos machte. Pontiac nahm die Bedingungen ernst, die er unterzeichnet hatte. Als sich bei den Stämmen Widerstand rührte, stand er den Engländern gegen seine eigenen Stammesgenossen bei, was ihm bei den Engländern keine Freunde gewann und die Indianer verärgerte. Nur wenige Familienmitglieder und Freunde blieben ihm. Insgeheim hatte die britische Krone 200 Pfund Belohnung für seinen Tod ausgesetzt, die sich dann prompt ein Krieger verdiente, als Pontiac im Frühjahr 1769 im Peoriadorf Cahokia gerade einen Handel abschloß.

Mit dem Tod Pontiacs waren die langen kolonialen Grenzkriege beendet, der brutale Kampf mit den Briten zur Ruhe gekommen, das Gleichgewicht der Kräfte hatte sich, da sie auf der »falschen Seite« gekämpft, und nun die Hilfe der Franzosen verloren hatten, zuungunsten der Indianer des Nordostens verschoben. Paradoxerweise wurde der Tod dieses Mannes zur Brücke zwischen zwei konträren Lehenspflichten der Irokesennationen einerseits und den Algonkinstämmen andererseits, und die Erbfeindschaft zwischen diesen beiden großen Sprachgruppen, die schon existierte, bevor Weiße Amerika betraten, war plötzlich ebenfalls gegenstandslos geworden. Denn der Vertrag, den die Algonkins mit den Briten schlossen, bedeutete praktisch das Ende ihrer Loyalität gegenüber Frankreich, die sie jetzt dem »Großen Vater« in London bekundeten. Als sich die 13 Kolonien gegen das Mutterland erhoben und ihre Unabhängigkeit erklärten, geschah das Unvermeidliche:

»Das jahrzehntelange blutige Gemetzel zwischen Indianern und Kolonisten hatte zu tiefem Haß auf beiden Seiten geführt. Bei den Indianern bezog sich dieser Haß weniger auf den weit entfernten englischen König, auch weniger auf seine — mehr oder weniger — anonymen Soldaten, als vielmehr auf die Kolonisten. Man hatte sich einfach, was vor allem die Familien — Frauen, Kinder, Alte — betraf, zuviel Scheußlichkeiten zugefügt, über Generationen hinweg. Nun, da sich die Kolonisten für unabhängig erklärten, hatten es die Indianer wieder mit zwei Parteien zu tun. Auf der einen Seite der Große Weiße Vater in London, dem man Loyalität zugesagt hatte, die britische

Armee, deren Beruf es war zu töten und zu sterben — auf der anderen Seite die verhaßten Kolonisten, die nun im indianischen Sinne Verräter waren. Ähnlich unvermeidlich waren die Gefühle auf der Seite der Weißen: Die britischen Politiker und Generäle sahen nun in den Indianern unschätzbar wertvolle Verbündete, denn sie hatten ihre Kampfesweise und Tapferkeit kennen und fürchten gelernt. Die Kolonisten aber erblickten in den Indianern nach wie vor die Mörder ihrer Verwandten und Freunde, blutrünstige Wilde, die ihrem weiteren Vormarsch ins Land nicht nur im Wege standen, sondern sich solange blutig zur Wehr setzen würden, bis der letzte von ihnen tot war. Und noch eins war für die Indianer entscheidend wichtig: Die Engländer konnten nur noch mit ihnen Handel treiben, ihnen kein Land mehr wegnehmen, denn sie waren jetzt auf Kanada beschränkt, und die die weiterhin Land brauchen würden, waren jetzt A m e r i k a n e r.«
William Brant Cornharvester, Seneca, 1867.

Da ihnen die empfindlichsten Niederlagen stets vom englischen Militär zugefügt worden waren, glaubten die Indianer fest an einen Sieg Englands. Dieser aber würde — natürlich — auf Kosten der a m e r i k a n i s c h e n Siedler gehen. Und hier nun sahen sie — wieder bei einem Konflikt zwischen zwei potentiellen Beherrschern — in der amerikanischen Niederlage ihre größte Chance, viel Land, das ihnen ehedem gehörte, wieder zurückzuerkämpfen. Ohne Pontiacs Vernichtungskrieg hätten sich wahrscheinlich die Algonkinstämme auf die Seite der amerikanischen Kolonisten geschlagen.

Der Niedergang der Irokesen

»Ich berufe mich auf jeden Weißen, ob es irgendeinen unter ihnen gibt, der Logans Hütte hungrig betrat und kein Fleisch erhielt; der jemals nackt kam und fror und er erhielt keine Kleidung. Während der Hetzjagd des letzten langen und blutigen Krieges blieb Logan untätig in seiner Hütte, ein Verfechter des Friedens. Solcherart war meine Zuneigung für die Weißen, daß meine Landsleute im Vorbeigehen sagten: ‚Logan ist der Freund der weißen Männer.' Ich habe selbst daran gedacht, unter Euch zu leben, statt unter meinesgleichen. Aber die Wunden, die ein einziger Mann mir geschlagen hat, haben mich eines anderen belehrt. Im letzten Frühjahr ermordete Colonel Cresap kalten Blutes und ohne herausgefordert worden zu sein, alle Blutsverwandten von Logan, ohne selbst Frauen und Kinder zu schonen. Nun rinnt kein Tropfen meines Blutes mehr durch die Adern irgend eines lebenden Wesens. Dies rief mich zur Vergeltung auf. Ich habe sie gesucht: Ich habe Viele getötet: Ich habe mein Bedürfnis nach Vergeltung voll befriedigt. Für mein Land freue ich mich über das Licht des Friedens. Aber hegt auch nicht einen einzigen Gedanken daran, daß mein Anteil an dieser Freude nur die Furcht sein könnte. Logan hat niemals Furcht empfunden. Er wird sich nicht auf der Ferse umdrehen, um sein Leben zu retten.
Denn wen gibt es, der Logan beweinen würde? — Niemand mehr.«
Häuptling James Logan, Cayuga, im Herbst 1774.

Der Unabhängigkeitskrieg (1775—83) war der erste Konflikt auf amerikanischem Boden, in dem Indianer keine maßgebliche Rolle spielten. Vor Ausbruch des Krieges wendeten sich die Engländer an die Indianer und forderten sie auf, einen unerbittlichen Guerillakrieg gegen die Grenzgebiete der amerikanischen Kolonisten zu führen. Sie versprachen, die Indianer großzügig mit Feuerwaffen, Rum und eisernen Gegenständen zu versorgen. Die Amerikaner beschwörten die Indianer zähneknirschend, sich aus dieser »Familienangelegenheit« herauszuhalten. Einige wenige Indianer traten der US-Armee als Späher bei, die weitaus meisten aber gingen geschlossen zu den Briten über (Delawaren, Irokesen, Shawnees, Miamis etc.). Aber die Engländer begingen einen entscheidenden Fehler, als sie die Masse der Indianer als Verbündete total unterschätzten. Sie hatten zwar persönlich erlebt, wie ihre Truppenkommandeure von hervorragenden Indianerstrategen ausmanövriert wurden und wie die Indianer selbst auch hochausgebildete Truppen niederkämpften, aber die Konsequenz hieraus — nämlich die Indianer militärisch gut auszurüsten, zu organisieren und auszubilden und ihre besten Heerführer mit taktischen Aufgaben zu beauftragen — zogen sie nicht.

Statt dessen verfolgte das britische Oberkommando eine Politik des Opportunismus gegenüber den Indianern — und da dies auch die eigene Politik der Indianer selbst war, geriet ihr Kriegsbeitrag zu bloßem unorganisiertem Terror, der zwar wohl das Grenzsiedlungsgebiet zu einem dauernden Guerilla-Kriegsschauplatz machte, rein strategisch aber bedeutungslos blieb.

So blieb es einzelnen englischen Fortkommandanten überlassen, die indianischen Verbündeten einzusetzen, wie es ihnen gefiel. Und den meisten fiel nichts anderes ein, als Waffen und Geschenke zu verteilen und in zahllosen Ansprachen einzelne Unterhäuptlinge, oft sogar einzelne Krieger, aufzufordern, im Namen der Gerechtigkeit, des Großen Geistes und des Großen Weißen Vaters in London seine unbotmäßigen amerikanischen »Kinder« zu bestrafen. Besonders die Irokesennationen taten sich hervor, die Städte ihrer ehedem englischen Nachbarn im Wyoming Valley am Nordufer des Susquehanna Rivers des Cherry Valleys und des Mohawk Valley dem Erdboden gleich zu machen und ihre nun amerikanischen Feinde gleich dutzendweise ausgeklügelten und haarsträubenden Torturen zu unterwerfen. Diese von dem Mohawk-Sachem »Thayendanegea« (auch »Joseph Brant« genannt) und »Young King« (Seneca) verursachten Grausamkeiten (denen die der Amerikaner aber in nichts nachstanden) programmierte für die Zukunft das Verhältnis der Amerikaner zu Indianern. Dieses Rachegefühl kreiste aber nicht um die vielen Massaker dieser Kriegsepoche, sondern es konzentrierte sich auf ein einziges Ereignis:

»Am 27. Juli 1777 gab es in General Burgoynes Heerlager nicht geringe Verwirrung, als ein Wyandotte-Krieger, der sich ‚Panther' nannte, den schwarzhaarigen Skalp einer weißen Frau zu verkaufen suchte, der — wie sich bald herausstellte, der 23jährigen hübschen Jenny McCrae gehörte, die mit Leutnant David Jones, einem englischen Offizier, verlobt war. General Burgoyne verurteilte den Wyandotte zum Tode, aber der englische General St. Luc de la Corne, der fürchtete, sein ganzes Kontingent von 10 000 Indianern zu verlieren, wenn der Mörder exekutiert würde, begnadigte den ‚Panther' und ließ ihn wieder frei.«
Aus History of Indian Wars von J. Tebbel, S. 58—59.

Begegnung Indianer-US-Truppen

Der psychologische Effekt dieses Ereignisses war für die Engländer allseitig niederschmetternd. Die englischen Truppen gerieten in Aufregung, das englische Parlament empörte sich in London, und die amerikanische Heerführung benutzte es, britische Pragmatik als unmenschlich anzuklagen. Die amerikanischen Zeitungen bauschten die Affäre weiter auf, sodaß »schließlich beinahe jeder amerikanische Soldat das Gefühl hatte, allein für Jane McCrae« ins Feld zu gehen. Immer mehr tote englische Soldaten wurden gefunden, an deren roten Röcken Zettel mit der Aufschrift »Für Jenny McCrae« befestigt waren.

Als im August 1779 mit einer Armee unter dem amerikanischen Generalmajor John Sullivan amerikanische Soldaten in das Gebiet der sechs Irokesennationen eindrangen, trugen sie eine Fahne auf der ebenfalls »Für Jane McCrae« geschrieben stand. Die Amerikaner zerstörten mehr als 40 Irokesendörfer vollständig, hieben 1 500 Pfirsichbäume nieder, verbrannten 150 000 Büschel Mais und die gesamten übrigen Vorräte der Irokesen. Die Vernichtung war so vollkommen, daß sich die Irokesen hiervon niemals wieder erholten und als machtvolle Indianernation aufgehört hatten zu existieren.

Als der Unabhängigkeitskrieg für die Briten verloren war, befanden sich die Indianer des Nordostens wieder auf der falschen Seite. Sie bezahlten mit der Preisgabe des größten Teiles ihrer Landgebiete. Viele Irokesen folgten der Einladung der Engländer, sich in Kanada niederzulassen — der Rest blieb in einer Reservation, die ihnen die USA zuwies. Ihre große Zeit war endgültig vorbei. Sie spielten keine Rolle mehr. 1792 lud US-Präsident George Washington den berühmten Seneca-Sachem Sagoyewatha (engl.: He-keeps-them-awake = Erhält-sie-wach), auch Red Jacket genannt, zu einem Besuch in Washington ein. Washington sah voraus, daß es einen zweiten Krieg mit England geben würde und wollte den berühmten

Irokesen-Orator von der numerischen Übermacht und Stärke der Amerikaner überzeugen, damit er hierüber den Indianern berichte. Am 26. März 1792 sprach Red Jacket vor dem US-Kongreß und beeindruckte die Abgeordneten mit seiner würdevollen Empfehlung, man möge den Indianern mit mehr Fairneß gegenübertreten. Einige Wochen später versuchte eine Abordnung von Geistlichen ihn und andere Seneca-Sachems davon zu überzeugen, daß sie dem Kriegshandwerk entsagen und sich mehr der christlichen Religion widmen sollten, wenn sie glücklich leben wollten. Red Jackets Erwiderung hinterließ bei den »Schwarzröcken« betretenes Schweigen:

»Brüder! Der Platz auf dem wir einst saßen, war groß, und Eurer war sehr klein. Ihr seid nun ein großes Volk geworden, und wir haben kaum noch einen Platz, auf dem wir unsere Decken ausbreiten können. Ihr habt unser Land bekommen, aber Ihr seid nicht zufrieden. Ihr wollt uns Eure Religion aufzwingen.

Brüder! Ihr sagt ihr seid ausgesandt, um uns zu zeigen, wie man den Großen Geist nach seinen Wünschen verehrt; und wenn wir uns nicht zu der Religion bekehren lassen, die ihr Weißen lehrt, so würden wir danach unglücklich sein. Ihr sagt, daß Ihr recht habt, und wir verloren wären. Woher wißt ihr, daß dies wahr ist? Wir haben erfahren, daß eure Religion in ein Buch geschrieben ist. Wenn es für uns ebenso bestimmt wäre, wie für euch, warum hat der Große Geist es uns nicht gegeben; und nicht erst auch uns, sondern warum hat er unseren Vorvätern nicht die Weisheiten dieses Buches gegeben und sie gelehrt, es richtig zu verstehen? Wir wissen nur, was ihr uns darüber sagt. Wie sollen wir wissen, wann wir glauben können, nachdem wir so oft von Weißen belogen und betrogen worden sind?

Brüder! Ihr sagt es gibt nur einen einzigen Weg dem Großen Geist zu dienen und ihn zu verehren. Wenn es also nur diese eine Religion gibt, warum seid ihr Weißen so häufig anderer Meinung darüber? Warum seid ihr nicht alle einig, so ihr doch alle das Buch lesen könnt?

Brüder! Wir verstehen diese Dinge nicht. Wir haben gelernt, daß eure Religion euren Vorvätern gegeben wurde und diese sie, von Vater zu Sohn, weitergegeben haben. Wir haben auch eine Religion, die einst unseren Vorvätern gegeben wurde und uns von diesen überliefert wurde. Also verehren wir den Großen Geist, wie wir es gewöhnt sind. Unsere Religion sagt, daß man für alles Empfangene dankbar sein soll, daß wir uns lieben und achten sollen und nach Eintracht streben. Wir streiten niemals um Religion, weil der Glauben eines Menschen zu ihm persönlich gehört wie seine Stimme, die Farbe seiner Augen und seine Gedanken. Man kann über die Gedanken eines Menschen nicht streiten.

Brüder! Der Große Geist hat uns alle erschaffen. Aber er hat zwischen seinen weißen und roten Kindern große Unterschiede geschaffen. Er hat uns eine andere Hautfarbe gegeben und andere Sitten und Anschauungen. Euch hat er die Gabe der Technik und Künste gegeben, für die er unsere Augen wiederum verschloß. Uns hat er die Liebe zur wildnishaften Natur gegeben, euch aber den Haß und die Angst vor solcher Natur. Wenn er also solch große Unterschiede zwischen uns in sehr vielen Dingen gemacht hat, warum sollten wir daraus nicht schließen können, daß er uns auch eine

unterschiedliche Religion gab, entsprechend unserem Verständnis? Der große Geist tut recht. Er weiß, was für seine Kinder das Beste ist. Wir sind zufrieden. Brüder! Wir haben nicht den Wunsch, eure Religion zu zerstören, oder sie von euch zu nehmen. Wir wollen uns nur unserer eigenen erfreuen. Man hat uns gesagt, daß ihr zu den weißen Leuten dieser Gegend gepredigt habt. Diese Leute sind unsere Nachbarn. Wir sind mit ihnen bekannt. Wir werden eine kleine Weile warten und sehen, welchen Erfolg euer Predigen bei ihnen hat. Wenn wir finden, daß es ihnen gut getan und sie ehrenhaft und weniger geneigt gemacht hat, Indianer zu hintergehen, so werden wir erneut bedenken was ihr gesagt habt.«
Indian Oratory, S. 45—47.

Die überragende Intelligenz der Irokesen-Sachems Cornplanter (Seneca), Joseph Brant (Mohawk), Red Jacket (Seneca) und James Logan (Cayuga), ihre unnachahmliche Würde und ihre wundervoll-beredte Überzeugungskraft veranlaßten George Washington, der alle erreichbaren Reden immer wieder las, mit den sechs Irokesennationen einen Frieden zu machen, den man in den Augen der Amerikaner als gerecht betrachten konnte. Diese Politik, die er gegen den Widerstand der amerikanischen Mehrheit durchsetzte, zahlte sich sehr bald im Krieg mit England (1812) aus. Während der begabteste indianische Heerführer, den es je gab, Tecumseh, eine wirkungsvolle Allianz beinahe aller Stämme zwischen Ohio und Mississippi River zustande brachte, und als britischer General eine englische Armeegruppe gegen die Amerikaner ins Feld führte, blieben die Irokesen neutral und den Amerikanern gegenüber loyal. Wären die Irokesen aber der Tecumseh-Allianz beigetreten, so hätte diese indianische Streitmacht unter dem überlegenen Strategen Tecumseh zusammen mit den britischen Streitkräften sehr wahrscheinlich den ganzen Nordosten überrannt.

Tecumseh, der indianische General

Mit dem Niedergang der Irokesennationen hatte sich die indianische Macht zu den Miami- und Shawnee-Stämmen an den Miami- und Wabash-Flüssen verlagert. Sie hatten es — am Rande — erlebt, wie die Neuengland-Indianerstämme mit ihrer Politik wechselnder Loyalität zu Engländern, Franzosen und Amerikanern gescheitert waren, und alles Vertrauen in die Weißen und auch in die »roten Brüder« verloren. Der Druck der Amerikaner nach Westen hielt nach der gewonnenen Unabhängigkeit verstärkt an, und so begannen sie einen verzweifelten Abwehrkampf gegen die Randsiedlungen, vornehmlich im Ohio-Tal. Zwischen 1783 und 1890 verzeichneten die amerikanischen Siedler Verluste von 1 500 getöteten (oder schwerverwundeten) Männern, Frauen und Kindern, 2 000 geraubte Pferde und Zerstörungen im Werte von 50 000 Dollar. Der Flußverkehr mit Kielbooten war sehr bald ganz zum Erliegen gekommen, sodaß der Nachschubtransport durch die Wälder zu einem immer schwierigeren Poblem wurde.
In dieser prekären Lage beauftragte Präsident Washington den Gouverneur des Nordwest-Territoriums der neugebildeten USA, General Arthur St. Clair, eine Armee aufzustellen und den Indianeraufstand niederzuschlagen. Unter der Führung von Brigadegeneral Josiah Har-

mar setzten sich 1 133 Milizsoldaten, 320 Reguläre des 1. Infanterieregiments, eine berittene Kompanie mit 3 leichten Kanonen und ein großer Troß von Wagen in Bewegung.

Auf der Gegenseite hatten die Indianer eine lose Konföderation aus Miamistämmen von Ohio und Indiana, Shawnees und Potawatomis von Illinois und dem unteren Michigan-See und Chippewas von der östlichen Seite des Huron-Sees und des nördlichen Michigan-Sees gebildet, deren Krieger sich unter dem Oberkommando des Miami-Häuptlings »Little Turtle« (indianischer Name: Michikinikwa = Kleine Schildkröte) sammelten. Der hochintelligente Schlachtenstratege Little Turtle erwies sich dem General Harmar so überlegen, daß bei der ersten Konfrontation Harmar bereits 183 Tote und 31 Verwundete hatte. Hierauf übertrug Washington den Armeebefehl St. Clair. Dieser hatte gegen das überlegene strategische Konzept des Indianers keine Chance. In einer 3stündigen Schlacht verlor er von 1 400 Soldaten 900. Es dauerte zwei Jahre, ehe sich die US-Armee von diesem Schlag erholte. Inzwischen hatten die Indianer Little Turtle seines Oberkommandos entbunden, weil dieser vorgeschlagen hatte, mit den Amerikanern Frieden zu machen, ehe diese eine größere Armee aufstellen würden. Aber die Indianer waren vom großen Sieg berauscht. Sie träumten davon, die Weißen nun endgültig ins Meer zurückwerfen zu können und beauftragten »Turkey Foot« (Truthahnfuß) mit dem Oberkommando. Aber der weniger brillante Turkey Foot wurde von Generalmajor »Mad Anthony« Wayne bei Fallen Timbers so vernichtend von der US-Armee geschlagen, daß die Indianer am 3. August 1795 in Fort Greenville einen Friedensvertrag unterzeichneten, in dem sie ein großes Landgebiet (Ohio und Teile von Indiana) an die USA abtreten mußten. Unter den geschlagenen Indianern von Turkey Foot befand sich ein junger Shawnee, der sich »Tikamthi« (auch: Tecumtha = der sich duckende Kuguar) nannte, Zwillingsbruder des Shawnee-»Propheten« Laulewasikau oder »Elkskwatawa«, der den Indianern unermüdlich die «Amerika-den-Indianern«-Philosophie predigte. Während der Bruder am Wabash River eine indianische Kommune gründete, in der harte Arbeit und Anspruchslosigkeit das Motto war, bereitete »Tecumseh«, wie Tikamthi bald allgemein genannt wurde, eine politisch-militante »Verteidigungs-Konföderation« der Indianer vor.

Der Shawnee Tecumseh bereitete nach 1795 eine »Verteidigungs-Konföderation« vor. Er versammelte in Tippecanoe am Wabash River 1 000 Familien aus den Stämmen der Delawaren, Ottawas, Chippewas, Kikapoos u. a.

Bald hatte Tecumseh durch viele Besuche benachbarter Stämme den Kern einer umfassenden kriegerischen Kommune beisammen und unermüdlich bereiste er die auch weiter entfernten Stämme und Nationen, um sie zum Beitritt zu seiner »Verteidigungs-Konföderation« zu bewegen. Die Briten in Kanada beobachteten diese Entwicklung mit allergrößtem Interesse. Sie versorgten Tecumseh großzügig mit Waffen und Munition, Kleidung und Werkzeugen, um so den noch zögernden Stämmen einen Antrieb zum Beitritt zu geben. Sie gaben Tecumseh auch Garantien, ihn im Fall eines Krieges mit eigenen Truppen zu unterstützen. Die Engländer waren überzeugt, daß sie den Krieg gegen die amerikanischen Kolonisten nur durch widrige Umstände verloren hatten und es ihnen durchaus noch gelingen könnte, die USA zu besiegen und von der Landkarte zu beseitigen. Diesmal waren sie sich einer »zweiten Front« durch die Erfolge Tecumsehs sicher.

Ihr politisch-militärischer Gegenspieler Harrison versuchte Tecumsehs Einigungsversuche zu vereiteln, indem er mit den einzelnen Stämmen separate Landkäufe tätigte, jedesmal breite Streifen, die zwischen den Stammesgebieten lagen. In diese Landstreifen erbaute er Forts und trieb solcherart Keile zwischen die geographischen Gebiete der Stämme, ohne daß diese seine Absicht merkten. Als Tecumseh seine Politik durchschaute und ihn des Vertragsbruchs beschuldigte, teilte Harrison ihm kühl mit, daß er Tippecanoe zerstören würde, falls er — Tecumseh — seine US-feindlichen Bemühungen nicht einstellte.

1811 unternahm Tecumseh seine für die USA gefährlichste politische Missionsreise. Er versuchte erstmals auch die großen Indianernationen des Südostens für seine Allianz zu gewinnen. Wäre es ihm gelungen, die Creeks, Chocktaws, Chickasaws, Cherokees und Seminolen zu gewinnen, so wären für die USA ihre gesamten Landgrenzen im Norden, Westen und Süden zu Kriegsschauplätzen geworden. Harrison sah nur einen einzigen Ausweg aus dieser bedrohlichen Lage: Er schickte Emissäre zu diesen Stämmen des Südostens, um ihnen großzügige Angebote zu machen, Zugeständnisse, von denen diese Nationen bisher nicht einmal zu träumen gewagt hatten und er bereitete den Angriff auf Tecumsehs »Hauptstadt« Tippecanoe vor. Nur ihre totale Vernichtung konnte unter den unsicheren Indianern den psychologischen Umschwung herbeiführen.

Im Frühjahr 1811 berief Tecumseh im Südosten eine große Ratsversammlung (Council) der Choctaws und Chickasaws ein, zu der er alle maßgeblichen Häuptlinge einlud. In der Hauptsache ging es ihm darum, den führenden Kopf dieser beiden Nationen, Pushmataha, zu überzeugen. Seine Ansprache gilt seither als eine Meisterleistung rhetorischer Überzeugungskraft:

>»Schlaft nicht länger, oh Choctaws und Chickasaws, in falscher Sicherheit und trügerischer Hoffnung. Unsere großen Landgebiete entgleiten immer mehr unserem Griff. Jedes Jahr werden die weißen Eindringlinge habsüchtiger, erpresserischer, erdrückender und anmaßender. Noch treten und schlagen sie uns nicht wie ihre Schwarzgesichter. Aber wie lange noch wird es dauern, bis sie uns an Pfähle binden und uns auspeitschen und uns zwingen, für sie auf ihren Feldern zu arbeiten? Sollen wir auf diesen Augenblick tatenlos warten, oder kämpfen?

> Haben wir ihre Absichten nicht klar vor Augen in den Beispielen ihres Verhaltens in der Vergangenheit? Sollen wir die Gebeine unserer teuren Verstorbenen preisgeben,

sollen wir warten, bis sie so zahlreich geworden sind, daß es einen Widerstand gar nicht mehr geben kann? Sollen wir uns eines Tages zerstören lassen, ohne Kampf? Niemals, sage ich! Niemals! Also müssen wir uns zusammenschließen, eine große indianische Einheit bilden und sie an der ganze Front zurücktreiben. Krieg oder Ausrottung ist unsere einzige Alternative, die wir haben. Welches wählt ihr? Deshalb rufe ich euch jetzt auf, tapfere Choctaws und Chickasaws, euch dem gerechten Versuch anzuschließen, unsere Rasse aus dem Griff unserer treulosen und herzlosen Unterdrükker zu befreien. Die widerrechtliche Besitznahme unseres Landes muß gestoppt werden, oder wir, die rechtmäßigen Eigentümer, werden für immer zerstört und aufhören, als eine Rasse zu existieren. Ich führe nun viele Krieger an und werde vom starken Arm englischer Soldaten unterstützt.

Choctaws und Chickasaws! Ihr gehört zu den wenigen, die sorglos beiseite sitzen. Ihr habt euch wirklich des Rufes erfreut, tapfere Krieger zu sein, aber wollt ihr diesen Ruf lieber der Überlieferung schulden, als der Gegenwart?... Wollt ihr — könnt ihr länger untätig bleiben, oh Choctaws und Chickasaws?« Vernderwerth, S. 64.

Die Erwiderung Pushmatahas war nicht weniger umfangreich und überzeugend als Tecumsehs feurige Ansprache. Sie wirkte zündend auf die sogenannten »Fünf Zivilisierten Nationen« des Südostens der USA. Sie begründete seine persönliche Abneigung gegen Krieg und bestimmte seither den Verzicht dieser fünf großen Indianernationen auf kriegerische Gegenwehr gegen die Invasion der Amerikaner. Pushmataha führte die Gepflogenheit ein, daß Indianer ihre Ansprüche gegen Amerikaner vor Gericht brachten. Tecumseh erlebte es nicht, daß seine Voraussagen sich an diesen Nationen des Südostens voll bewahrheiten sollten: Obwohl im Augenblick dankbar, daß diese Nationen neutral blieben, wahrscheinlich sich auch der Tatsache bewußt, daß diese damit den USA die Existenz retteten, wurden sie von den Amerikanern wenige Jahrzehnte später erbarmungslos vertrieben.

Pushmatahas Ausführungen kristallisierten sich im wesentlichen um folgende Begründung:

»Wenn wir die Waffen gegen die Amerikaner erheben, so müssen wir dies notwendigerweise gegen unsere täglichen Nachbarn und Mitbürger tun ... Diese weißen Amerikaner kaufen unsere Häute, unseren Mais, unsere Baumwolle, unser überzähliges Wildbret, unsere Korbflechtereien und andere Waren, und sie geben uns hierfür in fairem Tauschhandel ihre Kleiderstoffe, ihre Waffen, ihre Werkzeuge, Hilfsmittel und andere Dinge, die wir benötigen, aber selbst nicht herstellen. Es ist wahr, daß wir freundschaftliche Beziehungen zu ihnen unterhalten, aber wer will leugnen, daß sie diese in Fülle erwidern? ... Sie haben uns bei der Produktion unserer Ernten geholfen, sie haben viele unserer Frauen zu ihren Ehefrauen gemacht und viele unserer Frauen in ihren Häusern angestellt, wo sie nützliche Dinge lernen, und sie bezahlen sie dafür, sie nützliche Dinge zu lehren. Sie lehren unsere Kinder zu lesen und zu schreiben aus ihren Büchern. Ihr alle erinnert euch der verheerenden Epidemie, die uns letzten Winter überfiel. Während der schwärzesten Stunden haben uns diese Nachbarn, die wir jetzt in tödlichen Kampf verwickeln sollen, großzügige Hilfe geleistet, unsere Kranken versorgt, die Gesundeten gekleidet, die Hungrigen genährt. Und wo gibt es den Choctaw oder Chickasaw, der jemals mit einer wichtigen Bitte nach St. Stephens gegangen ist und mit leeren Händen zurückkehrte? So ergibt es sich, daß sich die Erfahrungen der Shawnees in keiner Weise mit den Erfahrungen, die Indianer in diesem Teil des Landes mit Amerikanern gemacht haben, decken, sondern daß wir — im Gegenteil — unter friedlichen und erfreulichen Bedingungen mit Amerikanern leben, die beiden Teilen zugute kommen.

Ja, meine Stammesfreunde, wir sind stolz darauf, ein gerechtes Volk zu sein, wir begeben uns nicht ohne gerechten Grund und ohne ehrenhafte Absicht auf den Kriegspfad... Hört mich, oh Choctaws und Chickasaws, denn ich spreche für euer Wohlergehen. Es ist nicht Aufgabe und nicht das Recht der von euch gewählten Häuptlinge, diese wichtigen Fragen zu entscheiden. Als ein Volk ist es allein euer Vorrecht, über Krieg oder Frieden zu entscheiden, und als einer eurer Häuptlinge habe ich nur das einfache Recht, euch zu beraten und euch Empfehlungen zu geben. Laßt mich euch deshalb in dieser kritischen Periode ermahnen, nicht eure klare und nüchterne Übersicht zugunsten blinden impulsiven Schwungs zu verlieren, laßt euch nicht von diesem wundervollen Shawnee-Orator in kritiklose Begeisterung versetzen, sondern vertraut auf eure eigene Erfahrung, die Frieden und Glück für euch und eure Frauen, Schwestern und Kinder verzeichnet. Die Zukunft gehört nicht dem, der sich impulsiv für das anderen widerfahrene Unrecht engagiert, sondern dem, der seine Handlungen nach seinen klaren Erfahrungen ausrichtet. Ich achte die Gründe des großen Shawnee-Orators hoch. Sie sind ehrenhaft und würdevoll, und das Recht ist sicherlich auf seiner Seite. Aber seine Gründe sind nicht unsere Gründe. Und wenn das nicht der Fall ist, so kann sein Kampf nicht unser Kampf sein, sein Krieg nicht unser Krieg.«

Aus: Congressional Record, 13. 6. 1921.

Keine Frage, daß sich die überwältigende Mehrheit der Choctaws und Chickasaws für die USA entschieden. Der Versuch Tecumsehs, die machtvollen Stämme des Südostens zu gewinnen, war gescheitert.

Als Tecumseh nun versuchte, die Creeks für seine Pläne zu gewinnen, schlug General Harrison zu: Am 26. September 1811 näherte er sich mit 800 Soldaten der Tecumseh-Hauptstadt Tippecanoe, und obwohl Tecumseh seinen dortigen Bruder, den Propheten Tenskwatawa, eindringlichst davor gewarnt hatte, unter keinen Umständen eine amerikanische Truppe anzugreifen und sich zurückzuziehen, vertraute der »Prophet« auf seine »Erleuchtungen«, die ihm eingeredet hatten, er könne geistige Kräfte entwickeln, die alle feindlichen Kugeln harmlos werden ließen. Tenskwatawa griff General Harrison an und erlitt eine vernichtende Niederlage. Alle Waffen- und Vorratslager, die Tecumseh für den Großen Aufstand angelegt hatte, gerieten in amerikanische Hand, wurden zerstört, die Stadt dem Erdboden gleichgemacht.

Die gewaltige Niederlage hatte den von Harrison gewünschten Effekt. Die meisten Stämme wandten sich von Tecumseh ab, und Tecumseh wußte, daß seine Sache verloren war. Er setzte sich nach Kanada ab, stellte dort eine Indianische Brigade auf, die englisch gedrillt wurde und in neu errichtete Forts entlang der amerikanischen Grenze eingewiesen wurde. Tecumseh selbst erhielt den Rang eines englischen Brigade-Generals.

Indianer ergeben sich den US-Truppen

Der starken Kriegspartei unter Führung des Staatssekretärs Henry Clay gelang es 1812 dem Kongreß gegen eine starke Minderheit die Kriegserklärung gegen England abzuringen. Man wollte England ganz vom Kontinent vertreiben und Kanada annektieren. Der Vorstoß gegen Kanada traf zunächst auf den erbitterten Widerstand von Tecumsehs Indianerbrigade, der es nicht nur gelang, den amerikanischen Vormarsch zu stoppen, sondern die im Gegenschlag beinahe alle amerikanischen Grenzforts eroberte und schleifte und damit beinahe den Krieg zugunsten Englands entschieden hätte.

Ein unfähiger kanadischer Oberbefehlshaber aber wendete die positive Entwicklung durch Fehlentscheidungen gegen Tecumsehs Rat beinahe in eine Niederlage Englands um: Am 5. Oktober 1813 griff General Harrison (USA) die kanadischen Truppen an und schlug sie vernichtend. Im Gefecht wurde Tecumseh getötet. Trotz dieser ersten großen Niederlage gelang es im Verlauf des Krieges den Briten, die Amerikaner wieder aus Kanada zurückzudrängen, wobei diese allmählich in die Defensive gerieten und es sogar hinnehmen mußten, daß im August 1814 das Kapitol und andere öffentliche Gebäude in Flammen aufgingen. Im »Genter Frieden« vom 24. 12. 1814 aber blieb alles beim alten. Mehrfach hätten die Amerikaner durch ein Eingreifen der fünf Indianernationen des Südostens ihre Existenz verloren, zuletzt noch wenige Tage vor Friedensschluß, als Andrew Jackson bei New Orleans mit einem »letzten Haufen« von Hinterwäldlern, Milizsoldaten und Sklaven eine überlegene englische Veteranenarmee vernichtete, die in alter Parademanier angriff und entsetzliche Verluste erlitt. Gegen die 30 000 Krieger der Südost-Indianernationen hätte sich keine amerikanische Truppe länger als ein paar Stunden halten können.

So war Tecumsehs Traum von einer Vernichtung der USA zwar durchaus eine mehr als realistische Spekulation gewesen, aber der Einspruch des Choctawhäuptlings Pushmataha hatte den USA — regelrecht im letzten Augenblick — die Existenz gerettet.

Nehmt Abschied von Black Hawk!

Die Sauk- und die Fox-Stämme, die die obere Michiganhalbinsel und das nordwestliche Illinois bewohnten, hatten sich schon sehr früh im 18. Jahrhundert gegen französische Bedrohung zu einer festen Stammesallianz vereinigt. 1803 kauften die USA von Frankreich Louisiana, das beinahe ein Drittel allen Landgebietes westlich des Mississippi einschloß, und ein Jahr später geschah in St. Louis, was Black Hawk zum Amerikanerhasser machte: General Harrison, der spätere Bezwinger von Tecumseh, war mit einer kleinen Armeeabordnung nach St. Louis gekommen, um es von den Franzosen zu übernehmen. Als er zwei Unterhäuptlinge der Sauks und Fox dort traf, die in der Stadt waren, um Handelsgeschäfte mit Pelzhändlern zu tätigen, lud er diese beiden Indianer zu einem Gespräch ein, machte sie betrunken und zu »Emissären« ihrer Stämme und ließ sie einen Friedensvertrag unterzeichnen, in dem sich die Sauks und Fox damit einverstanden erklärten, ihr gesamtes Landgebiet aufzugeben und sich westlich der Mississippi-Linie in der Prärie niederzulassen. Als der Oberhäuptling Black Hawk durch die offizielle Mitteilung der US-Regierung, daß »das ehemalige Sauk-Fox-Gebiet zur Besiedlung freigegeben sei« von diesem »Friedensvertrag« hörte, den ihm ein »Indianeragent« übersetzte, wendete er sich sofort scharf an die US-Regierung und beschuldigte sie der Erpressung und des Landraubs, sowie der Urkundenfälschung und des Kidnapping. Er stellte klar, daß die Unterzeichner des Vertrages hierzu keinerlei Befugnis ihrer Stämme gehabt hätten. Wenig später traf US-General E. P. Gaines mit einer Armee ein und stellte Black Hawk ein Ultimatum: »Ich bin gekommen, nicht um zu bitten, daß ihr euer Land verläßt, sondern mit dem Befehl, euch zu entfernen, wenn es möglich ist in Frieden, oder mit Gewalt, wenn es sein muß. Ich gebe euch hiermit zwei Tage, um euch über den Mississippi zu entfernen. Hiernach werde ich meine Aufgabe mit Gewalt durchführen.« Unmittelbar hinter der US-Armee folgten Siedlerkarawanen, die die Häuser der Indianer besetzten und ihre Maisfelder, die kurz vor der Ernte standen, einzäunten. Als die hungernden Indianer heimlich den Mississippi überquerten, um sich etwas Mais von ihren eigenen Feldern zu holen, griffen die Siedler sie an und töteten sie. In den folgenden Jahren machten sie in ihrer Erbitterung stets Partei für die Briten und beteiligten sich an allen Grenz-Angriffsunternehmen anderer Stämme. Im Krieg von 1812—1814 diente Black Hawk als Offizier in der Indianerbrigade unter Tecumseh. Ein Teil des Stammes erfüllte den Vertrag von 1804 unter dem Häuptling Keokuk, während der andere Teil sich Black Hawk anschloß. Als Black Hawk 1830 begann, wie Tecumseh, zu den Winnebagos, Potawatomis, Mascoutens, Sioux und Kickapoos zu reisen, um sie für eine kriegerische Allianz gegen die Amerikaner zu gewinnen, aber keinerlei Hilfe von diesen Stämmen erhielt, trug ein Siedler, der Black Hawk mit etwa 500 gefolgstreuen Kriegern den Mississippi hatte überqueren sehen, die Nachricht von einer »Riesen-Indianerallianz« nach Chicago, dessen Einwohner hierdurch so erschreckt wurden, daß sie beschlossen, »die Stadt zu verlassen«.

Black Hawk, Sauk und Fox-Sachem

Hierauf schritt die US-Armee ein. Black Hawk wurde gefangengenommen und ein Teil des Stammes vernichtet. Der Indianeragent, der ihn einsperrte und seine Sprache beherrschte, schrieb Black Hawks »Testament« nieder, das inzwischen eines der ergreifendsten Zeugnisse indianischer Selbstaussagen geworden ist:

»Ihr habt mich und alle meine Krieger, die noch leben, gefangengenommen. Es gelang mir nicht, euch zu vertreiben, länger auszuhalten und euch mehr Ärger zu bereiten, bevor ich aufgab. Ich habe so hart gekämpft, wie ich vermochte. Meine Krieger wurden rings um mich getötet. Es war mein Schicksalstag. Es war eine trübe Sonne, die am Morgen aufging und am Abend in einer dunklen Wolke versank und wie ein Feuerball auf uns niederschien. Es war die letzte Sonne, die auf Black Hawk niederschien. Sein Herz ist tot und schlägt nicht länger stark in seiner Brust. Er ist jetzt ein Gefangener der Weißen; die mit ihm tun werden, was ihnen beliebt. Black Hawk hat nichts getan, für das sich ein Indianer schämen müßte. Er hat für seine Landsleute gegen die Weißen gekämpft, die Jahr für Jahr immer zahlreicher kamen, ihnen ihr Land wegzunehmen. Ihr kennt unseren Kriegsgrund. Er ist allen Weißen bekannt. Sie sollten sich schämen, nicht wir. Sie verachten die Indianer und vertreiben sie von ihren Heimen. Die Weißen sprechen schlecht über Indianer und schauen voll Gehässigkeit auf ihn. Aber der Indianer lügt nicht. Indianer stehlen nicht. Ein Indianer, der so schlecht wäre wie ein Weißer, könnte in unserer Nation nicht leben. Er würde getötet und den Wölfen zum Fraß vorgeworfen.

Die Weißen sind üble Vorbilder. Schon ihre Blicke und Bewegungen lügen. Sie lächeln den Indianer an, und betrügen ihn; sie schütteln ihm die Hände, gewinnen sein Vertrauen, um ihn betrunken zu machen und dann zu täuschen. Wir haben sie gebeten, uns in Ruhe zu lassen, sich von uns fernzuhalten, aber sie folgten uns und besetzten unsere Wege und schlängelten sich zwischen uns wie eine Schlange. Sie vergifteten uns mit ihren Berührungen. Wir waren nicht mehr sicher, wir lebten in Gefahr. Wir begannen zu werden wie sie, Heuchler und Lügner, Allesversprecher und Nichtstuer.

Wir beteten zum Großen Geist. Wir gingen zum Großen Weißen Vater. Sein Großer Rat schenkte uns schöne Worte und große Versprechen; aber wir erhielten keine Zufriedenstellung. Die Dinge wurden noch schlechter. Es gab kein Wild mehr in den Wäldern. Opossum und Biber waren geflohen. Die Weißen hatten den Frühling ausgetrocknet, und unser Volk war ohne Nahrung, es konnte sich vor dem Hunger nicht bewahren. Wir beriefen einen Rat ein und entzündeten ein großes Feuer. Der Geist unserer Vorväter erhob sich und sprach zu uns das Unrecht zu vergelten, oder zu sterben. Wir stießen den Kriegsruf aus und entrissen Mutter Erde das Kriegsbeil; unsere Messer waren bereit und das Herz von Black Hawk schwoll in seiner Brust als er seine Krieger in die Schlacht führte. Er ist jetzt zufrieden. Er wird in die Welt der zufriedenen Geister eingehen. Er hat seine Pflicht getan. Sein Vater wird ihn treffen und empfehlen. Black Hawk ist ein echter Indianer. Er hat Gefühl für seine Frau, seine Kinder, seine Freunde, aber er sorgt sich nicht um sich selbst. Er sorgt sich für die Nation und für die Indianer. Sie werden leiden. Er beklagt ihr Schicksal.

Die Weißen skalpieren den Kopf nicht, sie tun Schlimmeres — sie vergiften das Herz. Es ist nicht rein und lauter in ihm. Seine Landsleute werden nicht skalpiert, aber in wenigen Jahren werden sie sein wie die Weißen, sodaß man ihnen nicht mehr vertrauen kann; und in den weißen Siedlungen ebensoviele Polizisten sein wie andere Menschen, um auf sie achtzugeben und in Ordnung zu halten.

Lebe wohl, mein Volk! Black Hawk hat versucht, euch zu bewahren und das euch zugefügte Unrecht zu vergelten. Er hat das Blut einiger Weißen getrunken. Er ist zum Gefangenen geworden, und seine Pläne sind beendet. Er kann nichts mehr tun. Er ist seinem Ende nahe. Seine Sonne sinkt, und er wird sich nie wieder erheben. Nehmt Abschied von Black Hawk!«

Aus: Kansas State Historical Collections, 1910.

Häuptling Keokuk erklärte sich einverstanden, als man seinem Volk eine Reservation in der Kansas-Prärie anbot, aber schon zwei Jahrzehnte später setzte der Siedlerboom auch in Kansas ein. Die Sauk und Fox-Indianergrüppen wurden in Reservate im Oklahoma-Territorium gebracht.

Der Untergang im Südosten

»Ich bin in eurer Hand: macht mit mir was ihr wollt. Ich bin ein Soldat. Ich habe den Weißen soviel Schaden zugefügt wie ich konnte. Ich habe sie bekämpft, und wenn ich noch eine Armee hätte, so würde ich noch weiter kämpfen, bis zum letzten. Aber ich bin fertig — meine Leute sind alle weg — ich kann nichts mehr tun als weinen über das Unglück meines Volkes. Einst konnte ich meine Krieger zur Schlacht ermuntern: aber ich kann keine Toten mehr ermuntern. Meine Krieger können nicht länger meine Stimme vernehmen, ihre Gebeine ruhen bei Talladega, Tallaschatchee, Emuckfaw und Tohopeka. Ich habe nicht gedankenlos kapituliert. Während es noch Erfolgschancen gab, habe ich niemals meinen Posten verlassen, noch demütig um Frieden gebeten. Aber meine Leute sind nicht mehr, und jetzt bitte ich für mein Volk und für mich selbst.

Ich blicke mit tiefster Sorge auf das Elend und Unglück, das über mein Land gekommen ist, zurück, und wünsche noch größeres Unheil zu vermeiden.

Wenn ich mich nur gegen die Miliz von Georgia zu behaupten gehabt hätte, so hätte ich an einem Ufer des Flusses meinen Mais angebaut und gegen sie auf dem anderen Ufer gekämpft. Aber die USA haben meine Nation zerstört. Ihr seid tapfere Männer. Ich zähle auf eure Großmütigkeit. Ihr werdet einem eroberten Volk keine Bedingungen auferlegen, die es nicht erfüllen kann. Welche es auch immer sein mögen, es wäre Wahnsinn und Narrheit, sich ihnen zu verweigern. Wenn man sie verweigern sollte, so werdet ihr mich unter den strengsten Verfechtern ihrer Erfüllung finden.«
William Weatherford, Creek-Häuptling, 1814 an US-General Andrew Jackson.

Die Creeks

Auf der Suche — nicht nach Goldschätzen — sondern nach einem sagenhaften »Jungbrunnen« untersuchten und besetzten spanische Konquistadoren, unter ihnen vor allem Ponce de Leon, zwischen 1521 und 1543 die Küste des Golfs von Mexiko.

Sie fanden seßhafte Indianerstämme, die entweder von den alten »Mound-Builders« abstammten, oder deren Kultur zerstört hatten, unter ihnen die Natchez, die Tumucuas in Florida, die Tunicas an der Grenze von Texas, die Houmas und Chitimachas im südlichen Louisiana, die aber schon sehr bald unter spanischer Kolonialherrschaft so gründlich dezimiert wurden, daß sie historisch unrelevant blieben. Bemerkenswert an diesen Stämmen ist lediglich, daß sie — mehr oder weniger — autoritäre Herrscher besaßen, die in der Art von Königen regierten. Allerdings, handelte es sich nicht um erbliche Dynastien, sondern um vom Volk gewählte. Diese »Völker« bildeten einzelne, Ackerbau treibende Stadtstaaten, die sich zu einer losen Konföderation vereinigten.

Die Creeks, zu deren politischer Konföderation auch Gruppen der Alabamas, Koasatis, Hitchitis, Apalachees, Shawnees, Natchez und Chickasaws gehörten, genossen bereits eine hohe Stufe eigener Zivilisation, als Hernando de Soto sie 1540 entdeckte. Insgesamt 16 000 Bewohner bildeten mit 60 Stadtstaaten eine Konföderation. Im allgemeinen boten die soliden Häuser »mehr Komfort und Sauberkeit, als vergleichsweise mittelalterliche europäische Dorfgemeinschaften«. Jede Stadt wurde von einem öffentlich gewählten Magistrat verwaltet, dessen Oberhaupt der sogenannte »Mico« (von frühen englischen Siedlern »König« genannt) war. Dieser Mico verfügte über keine exekutive Macht, sondern gab, als eine Art Oberberater und Magistratspräsident, nur Empfehlungen. Der Magistrat bestand aus zwei Klassen Ratsmitgliedern: den »Micnggee« und den »Enchau ulgea«. Während die Enchau ulgea die Interessen gegenüber anderen Städten vertraten, waren die Micnggee für öffentliche Gebäude, Stadtplanung, Hausbau, Feldarbeit etc. zuständig, während eine dritte Klasse der »Istechaque« — retirierte ältere angesehene Micnggee's — als Berater fungierten. Sie bewahrten die Archive der Stadt, kümmerten sich um Geschichtsschreibung und Bildung. Bevor über irgendwelche äußeren Angelegenheiten (Handel, Krieg oder Frieden) entschieden werden konnte, holte jeder »Volksvertreter« die Meinung und Absichtserklärung der von ihm vertretenen Bürger ein, die er allein zu vertreten hatte. Bevor er irgendwelche Zugeständnisse machte, mußte er wiederum die Bürger konsultieren und sich an ihre Entscheidung halten. War schließlich der Rat zu einer endgültigen Empfehlung gekommen, so konnte er auch hier erst wiederum beschließen, nachdem eine Volksbefragung und ein Volksentscheid zustande gekommen war. Entscheidungen gegen die Bürger und persönliches Machtstreben wurden dadurch verhindert. Berichte über diese »plebiszitäre Demokratie« gelangten über frühe Entdecker, Siedler und Soldaten nach Europa, speziell aber nach England und Frankreich. Dort griffen die Philosophen die Idee vom »Volk, das durch das Volk regiert wird« begeistert auf, boten doch die plebiszitären Demokratien der Indianer des amerikanischen Südwestens den praktikablen Beweis.

Der britische Philosoph John Locke (1632—1704), der durch englische Missionare zum ersten Mal über ausführliche Berichte von der praktizierten Kommunal- und Staatsphilosophie der Creeks hörte, baute sie in seine erkenntnistheoretische Philosophie ein und beeinflußte auch Jean-Jacques Rousseau (1712—1778) und das europäische Denken. Der Hinweis sei hier angebracht, daß die Unabhängigkeitserklärung der USA diese Creek-Prinzipien enthält. So waren die Creek-Indianer mit ihrem praktikablen Humanismus anderen Gemeinschaften weit voraus.

Die ersten Europäer, die als Eroberer und Siedler mit den Creeks in Berührung kamen, sahen sich nicht nur einer hochzivilisierten Welt gegenüber — die Kolonisten lebten viele Jahrzehnte sehr primitiv — sondern auch einer hochentwickelten pflanzlichen Naturheilkunde, der gegenüber Gesundbeterei und primitive chirurgische Eingriffe des europäischen Mittelalters barbarisch erscheinen. Zudem erfaßten die Indianer schon seit Jahrhunderten die Bedeutung körperlicher Hygiene. Dennoch verteufelten die »zivilisierten« Spanier die Creeks als »heidnische Wilde« und schleppten sie zu Hunderten in die Sklaverei. In Süd- und Mittelamerika wurden hochentwickelte Reiche entdeckt, die Indianer des Nordostens waren ebenfalls weit davon entfernt, Wilde zu sein.

Vom Anfang des Kontaktes mit den Briten verband die Creeks mit diesen ein beinahe herzliches, nachbarliches Verhältnis. Sie hatten die Engländer, als Feinde der verhaßten, brutalen Spanier, freundlich und warmherzig empfangen. Die Engländer andererseits waren von den »feinen Manieren« der Indianer, ihrer rhetorischen Begabung, Ehrlichkeit und Bescheidenheit regelrecht begeistert. Die englischen Siedler, die danach in die Gebiete der Indianer einströmten und dort großzügig Bodengeschenke und nachbarliche Hilfe erhielten, waren von der vollendeten gesellschaftlichen Harmonie der Indianer derart beeindruckt, daß schon sehr früh eine ausgedehnte Rassenvermischung stattfand. Viele Engländer heirateten Indianerinnen, viele Indianer weiße Frauen. Das Streben nach individueller Freiheit und Unabhängigkeit ist eine menschliche Traumvorstellung. Im Kontakt mit den Indianern der nordamerikanischen Atlantikküste erlebten europäische Kolonisten zum erstenmal am perfekt funktionierenden, exemplarischen Beispiel, daß dies realisierbar ist. Alle Zeugnisse dieser Frühzeit künden übereinstimmend von einem derartig wachsenden Selbstbewußtsein der europäischen Siedler, wie es sonst nirgendwo in der Geschichte des Kolonialismus zu finden ist. Sehr viele englische Männer und Frauen, die Indianer heirateten, verließen sogar ihre angestammte Rassengesellschaft und integrierten sich in die indianischen Nationen. So ergab es sich bereits nach einigen Generationen, daß in Auseinandersetzungen zwischen englischen Kolonisten und Indianern den Kolonisten — verhältnismäßig sehr häufig — »Indianerführer« entgegentraten, die nicht nur weißes Blut in sich hatten, sondern oft sogar überwiegend weißblütig waren, nur noch zu einem Viertel oder gar zu einem Achtel indianisches Blut besaßen, aber sich ganz als Indianer fühlten und als solche handelten und litten.

Andererseits führte aber auch der hohe weiße Blutanteil unter den Creeks dazu, daß eben die Creeks den Problemen der englischen Kolonisten mit mehr Verständnis begegneten, Feindseligkeiten erst viel später, von außen herangetragen, stattfanden. Paradebeispiel hierfür ist Brigadegeneral Alexander, der unter Präsident Andrew Jackson der US-Armee diente und schließlich als Oberhäuptling der Creeks — mit einer US-Brigadegeneralsrente — 1793 starb. Seine Halbschwester, die einen schottischen Tauschhändler, Charles Weatherford, geheiratet hatte, gebar zwei Söhne, John und William. Während sich John mit 16 Jahren entschied, als Weißer in der Welt der Weißen zu leben, wählte William die Welt der Creeks und wurde als »Roter Adler« (engl.: Red Eagle) ein Häuptling in ihrer Ratsversammlung. Dieser »Roter Adler« William Weatherford war es, der Tecumseh, als dieser die Creeks zu überreden versuchte, seiner Indianerkonföderation beizutreten, den Entschluß der Creeks überbrachte, daß diese neutral bleiben wollten.

Im amerikanischen Unabhängigkeitskrieg blieben die Creeks zunächst neutral, stellten sich dann auf die Seite der Engländer. Wie auch die Indianer im Nordosten, so erfuhren die Creeks nach der US-Staatsgründung die Rache der nun »amerikanischen« Siedler. Das gute Einvernehmen mit den englischen Kolonialherren führte zur Feindschaft mit den »frischgebakkenen« Amerikanern, woran auch die Tatsache nichts änderte, daß immerhin Teile der Indianer auch auf der Seite der Amerikaner gegen die Engländer gekämpft hatten. Als die amerikanische Besiedlungsgrenze sich immer tiefer ins Creekgebiet hineinschob, keinerlei Verhandlungen mehr zum Erfolg führten und die Politik General Andrew Jacksons offensichtlich wurde, daß es nämlich für einen Amerikaner nur zwei Alternativen gab — entweder Vertreibung oder Ausrottung der Indianer — da nahm Creekanführer William Weatherford 1813 einen lokalen Überfall amerikanischer Siedler auf Creekdörfer zum Anlaß, den sogenannten »Creek-Bürgerkrieg« mit einem spektakulären Überfall auf Fort Mims zu eröffnen, dem nur 36 amerikanische Männer, Frauen und Kinder entkamen.

Dieses »Creek-Massaker« entzündete das amerikanische Nationalbewußtsein. General Jackson begann eine vielmonatige Jagd auf die »aufständischen« Creeks und brachte ihnen solch schwere Verluste bei, daß Weatherford schließlich im April 1814 kapitulierte. Das Ergebnis war, daß den Creeks in einem »Friedensvertrag« der Hauptteil ihres Gebiets genommen und für die amerikanische Besiedlung freigegeben wurde. Weatherfords Kapitulation bedeutete das Ende der Creeks für alle Zukunft. Sie gaben drei Fünftel von Alabama und ein Fünftel von Georgia an die USA entschädigungslos ab und wurden damit praktisch im eigenen Hause zu Untermietern, die man dann, nach 1840, durch den gesetzlichen Gewaltakt der sogenannten »Indian Removal Bill« (Indianer-Vertreibungs-Gesetz) grundsätzlich enteignete und in die Wildnisverbannung von Oklahoma schickte.

Diese »Indian Removal Bill« ist ein in der Menschheitsgeschichte einmaliges Gesetzeswerk. Es besagt ganz schlicht, daß innerhalb des Territoriums der USA Indianer kein Recht auf Bodenbesitz haben und alles indianische Landeigentum ab sofort entschädigungslos dem US-Staat verfällt. Aber auch, daß Indianer kein Recht auf Wohnung und Leben im US-Gebiet haben, sondern in Ghettos — wenn nötig mit Gewalt — zu bringen sind.

Die Seminolen

Wort und Begriff »Seminole« sind eine erst um 1775 entstandene Zusammenfassung für Indianerstämme verschiedenster Herkunft und Sprachfamilien, die sich auf der Halbinsel Florida zunächst gegen spanische, dann englische und schließlich amerikanische Unterdrükkung zusammengeschlossen hatten. Der größte Teil sprach die Creeksprache, der Rest bediente sich des Hitchiti. Das Wort »Seminole« bezeichnete genau die Ursache, die soviele kleine Stammesreste dazu brachte, sich zu einem großen Volk zusammenzuschließen. »Weggelaufen« oder »vertrieben« waren sie alle Überreste größerer Stämme, die vor der Expansion der Creeks ihr Heil in der Flucht auf die große Halbinsel gesucht und gefunden hatten. Nachdem es ihnen gelungen war, sich zu einem Mischvolk zu vereinigen, verstanden sie selbst das Wort »Seminole« nur noch als »Halbinsel-Volk«. Starke rassische Impulse erhielten die Seminolen schon im 17. Jahrhundert durch entlaufene Negersklaven aus den spanischen, französischen und englischen Kolonien.

Als Generalmajor Andrew Jackson 1814 die Creeks besiegte, ihnen nahezu alles Landgebiet wegnahm und ihnen gebot, sich »weit im Westen« eine neue Wohnregion zu suchen, wofür er das Präriegebiet jenseits des Missouri vorsah, zogen es viele Creeks vor, sich zu den Seminolen nach Florida zu schlagen, wohin sich bereits zahlreiche Cherokees geflüchtet hatten, denen Jackson und die Regierung von Georgia ebenfalls hart zusetzten. Die Spanier, die sich sträubten, den Amerikanern Florida zu verkaufen, ermunterten die Seminolen, einen ständigen Kleinkrieg gegen amerikanische Sklavenhändler zu führen, die in Florida ihre entlaufenen Sklaven suchten. Am 26. 12. 1817 erteilte Kriegsminister John C. Calhoun Jackson den Auftrag, unter dem Vorwand einer Strafexpedition gegen die Seminolen in das spanische Florida einzudringen und — wenn möglich — gleichzeitig das Indianer- und das geographische Problem mit Gewalt zu lösen. Der Indianerhasser Andrew Jackson statuierte ein Exempel: mit Unterstützung der Flotte überfiel er das »Negerfort« Appalachicola am gleichnamigen Fluß, das die Seminolen den Sklaven mit ihren Familien zur Verfügung gestellt hatten. In einem unbeschreiblichen Massaker wurden 250 der 300 Neger erschlagen, 2 Anführer gehenkt und der Rest als Sklaven wieder in die USA zurückgebracht. Hierauf griffen die Seminolen zu den Waffen — die US-Armee hatte alle internationalen Kriegsrechtsregeln verletzt und mit den 250 Negern (Männer, Frauen und Kinder) freie, unbewaffnete Bürger getötet. General Jackson schlug mit der ihm eigenen Erbarmungslosigkeit zurück. Er zerstörte eine Seminolenstadt nach der anderen, zündete alle Vorräte an, erschoß alle Haustiere und vergiftete die Brunnen. Er belagerte ein spanisches Fort nach dem anderen, rannte es nieder und hißte die amerikanische Flagge, bis er ein Viertel von Florida erobert hatte. 1821 drohte Präsident James Monroe den Spaniern Florida in einem rigorosen Feldzug entschädigungslos

Osceola, Seminolen-Sachem

abzunehmen, wenn man es nicht verkaufen würde. Die Spanier gaben nach, verpflichteten aber die USA im Kaufvertrag, die Indianer gerecht zu behandeln. In Anwendung des »Indianer-Vertreibungs-Gesetzes« gebot man den Seminolen, innerhalb von drei Jahren Florida zu verlassen und nach Oklahoma zu ziehen, andernfalls man sie mit Gewalt entfernen würde. Gleichzeitig gab die US-Regierung den Besitzern entflohener Sklaven, die sich unter den Seminolen verbargen, sich aber auch inzwischen mit ihnen vermischt hatten, freie Hand, ihr Eigentum mit »welchen Mitteln auch immer« zurückzuholen. Dies bedeutete für die Seminolen staatlich sanktionierte Vogelfreiheit für Sklavenhändler, die nun mit regelrechten kleinen Armeen in Florida einfielen, Dörfer niederbrannten, unbrauchbare, alte Indianermänner und Frauen auf der Stelle abschlachteten und die anderen in die Sklaverei nach Georgia und Alabama verkauften.

Die Seminolen flohen in die Mangrovensümpfe und bereiteten sich auf einen harten Kampf vor. Hier setzten sie sich nicht nur gegen den Kleinkrieg der Sklavenhändler immer erfolgreicher zur Wehr, sondern sie waren bald mit der Geographie der Sümpfe so perfekt vertraut, daß sie den amerikanischen Banditen immer empfindlichere Verluste beibrachten und sie schließlich sogar zum Rückzug zwangen. Nun verstärkte sich der Druck der südlichen Baumwollpflanzer auf die US-Regierung, die plötzlich einen 1832 in Payne's Landing von sieben Seminolenhäuptlingen unterzeichneten »Friedensvertrag« vorwiesen, in dem sich die Seminolen nicht nur verpflichteten, Florida zu verlassen (Kaufpreis: 15 400 Dollar in bar und für jeden reinblütigen Seminolen eine Schlafdecke), sondern auch zu dulden, daß alle nicht reinblütigen Seminolen der Sklaverei verfielen. Es stellte sich bald heraus, daß ein amerikanischer Regierungsvertreter, der als Tauschhändler aufgetreten war, die sieben Häuptlinge in einen Rumrausch versetzt hatte und ihre Zeichen selbst auf das Dokument malte. Als nun eine offizielle US-Delegation die offizielle Anerkennung des Dokuments im April 1835 vor einem Seminole-Council (Ratsversammlung) forderte, trat der Kriegshäuptling Osceola vor und hieb sein Messer in das Dokument. Zu US-General Wiley Thompson sagte er: »Ihr habt Gewehre, wir auch. Ihr habt Pulver und Blei, wir haben es auch. Eure Männer werden kämpfen, und unsere Männer auch, bis der letzte Tropfen Seminolenblut den Staub dieser Jagdgründe getränkt hat.«

Die Kampfstrategie, die Osceola nun für sein Volk entwarf, und die vom großen Rat gebilligt wurde, stellte etwas bis dahin in Indianerkriegen nicht Dagewesenes dar: es war perfekter Guerilla-Dschungelsumpfkrieg.

»Wo sie stark sind, werden wir nicht sein. Wo sie schwach sind, locken wir sie in den Hinterhalt. Die Natur, das Wasser, der Sumpf, die Winde, das Feuer, das Gift der Pflanzen sind unsere Verbündeten. Wir werden ihnen zeigen, wie es ist, die Natur zum Todfeind zu haben. Wir werden sie töten und sie werden selbst mit brechenden Augen keinen Indianer sehen, der sie tötete. Die US-Armee ist schwerfällig wie ein überfressener Bär, also müssen wir schnell wie Coyoten sein. Sie bewegt sich wenig und langsam. Also werden wir wie die Wellenkreise des Wassers sein, in das man einen Stein wirft. Sie haben mehr Pulver als wir. Deshalb werden wir, was wir brauchen, von ihnen holen, und sie in den Sumpf ziehen, wo unsere Pfeile durch die Luftfeuchtigkeit nicht gehindert aber ihr Pulver naß und unbrauchbar wird. Wir werden ihren Nachschub abschneiden und vernichten, ihnen Krokodile entgegenschicken, wenn sie Indianer erwarten. Und während sie sich ihrer erwehren, töten wir sie aus dem Dschungel. Sie werden fürchten, daß jeder Busch, jeder Baumzweig, jeder trügerische Grasteppich eine Todesfalle ist. Wir werden sie behandeln, wie man gefährliche Raubtiere behandelt. Sie dürfen niemals schlafen, niemals ganz wach sein. Die Furcht muß sie langsam von innen auffressen, bis sie nur noch einen einzigen Gedanken denken können: weg aus Florida! Tapferkeit ist eine Kriegertugend, aber in diesem Kampf ist sie für unser ganzes Volk tödlich. Wenn einem getöteten Seminolen nicht mindestens tausend getötete US-Soldaten entgegenstehen, werden wir untergehen. Wir werden sie überall unsichtbar erwarten, in den Bäumen und wie Krokodile im Wasser, nur durch Röhrchen atmend. Selbst wenn sie neben sich einen Gefährten atmen hören, dürfen sie niemals sicher sein, ob es nicht ein Seminole ist. Brüder, unsere Frauen und Kinder werden wir im Sumpf verbergen, aber sie werden für den Krieg arbeiten und ihre Augen werden überall sein. Und wenn sie selbst Bluthunde benutzen — wir wissen von den Sklavenhändler-Kämpfen, wie man sie tötet. Brüder, wir müssen alles vergessen was unsere Vorväter als tapferen Kampf bezeichneten.«
Osceola vor dem Seminole Council am 6. Dezember 1835.

Nur wenige Wochen später, am Weihnachtsabend, erfuhr die US-Armee, was dieser Krieg gegen einen unsichtbaren Gegner bedeutet. Mit 112 Soldaten des 4. Infanterie-, des 2. und 3. Artillerie-Regiments, einer Sechspfünderkanone und einem Munitions- und Marketendertroß verließ Major Francis L. Dade Fort King und drang in die Sümpfe ein. Am 28. Dezember geriet die Truppe in Osceolas unsichtbare Falle und nur zwei Soldaten erreichten schwer verwundet Fort King. Noch während des makabren Kampfes eilte Osceola mit einigen Kriegern zum Fort, wo General Wiley Thompson mit 9 Offizieren in seinem 150 Meter vom Fort entfernten Haus beim Truthahnessen saß. Mitten in einen donnernden Toast auf den Sieg, den die Herren stehend ausbrachten, traf sie die tödliche Gewehrsalve der Seminolen. »Waschbären töten man am besten beim Fressen«, sagte Osceola, und ehe man im Fort überhaupt begriff, was geschehen war, waren die Seminolen wieder verschwunden.

Dem General Thompson folgte General Gaines, der nach schweren Verlusten von General Winfield Scott abgelöst wurde. Als auch dieser erfolglos blieb, löste ihn General Thomas Sidney Jesup ab. Als auch Jesups Truppen krank vor Erschöpfung und Fieber, vor Angst und Entbehrungen erfolglos blieben, lud er Osceola mit 75 seiner Häuptlinge zu Friedensverhandlungen unter der weißen Parlamentärflagge ein. Als Osceola erschien, ließ Jesup ihn und seine Häuptlinge in Ketten werfen.

Nach drei Monaten Gefängnis in St. Augustine war Osceola tot. Er hatte sich geweigert, auch nur einen Bissen von Amerikanern zu nehmen, und »seine Augen niemals mehr bis zu seinem Tode geöffnet«. Als Presseberichte den General Jesup zur Aufgabe seines Kommandos zwangen, übernahm Colonel Zachary Taylor das Kommando. Als auch Taylor keinen Erfolg hatte, berief man General McComb, der ebenfalls scheiterte. Nun trat General William J. Worth, ein »hartnäckiger Quäker« auf den Plan. Er begann systematisch rund um die Sümpfe herum alle natürlichen Verpflegungsmöglichkeiten, Unterschlupfdickichte, Holzvorräte, aus denen man Waffen fertigen konnte, zu zerstören, Wasserquellen zu vergiften und im Sumpf alle Tiere, die seinen Soldaten vor die Gewehre kamen, abzuschießen und Begegnungen mit den Seminolen tunlichst zu vermeiden. Ein halbes Jahr später trug dieser geisterhafte Krieg ohne Kampf erste Früchte. Immer mehr halbverhungerte, halbverdurstete und kranke Seminolen (hauptsächlich Frauen, Alte und Kinder) kamen aus den Sümpfen hervor.

1841 brach die US-Armee den Kampf, an dem mehr als 30 000 US-Soldaten beteiligt und 1 466 gefallen waren, ergebnislos ab. Als sich die Seminolen im ersten Weltkrieg weigerten, US-Soldaten zu werden, stellte sich heraus, daß sie niemals einen Friedensvertrag mit den USA unterzeichnet hatten. Sie fühlten sich auch im 2. Weltkrieg nicht als US-Bürger, sondern als Bürger der Seminolen-Nation, die »nach wie vor mit den USA im Kriegszustand lebt«. Bis auf den heutigen Tag weigern sie sich, einen Friedensvertrag zu schließen. Als das Indianerbüro (BIA = Bureau of Indian Affairs) ihnen vor einigen Jahren Geld anbot, erwiderten sie: »Gebt uns Dollars, so werden wir euch Gewehrkugeln geben.« Seit die US-Regierung die Seminolen in Frieden läßt, hat es kein Blutvergießen mehr gegeben.

Die Choctaws und die Chikasaws

Mit der ihnen eigenen Vorliebe für ökonomisches Gemeinwesen (eine Vorliebe, die sie mit den Creeks und Cherokees teilten) begründeten die Choctaws und Chikasaws im unteren Mississippi (Choctaws) und im oberen Mississippi, bis nach Georgia hineinreichend (Chickasaws) blühende republikanische Staatswesen. Als sie Kontakt mit den ersten Weißen erhielten,

Indianer-Scouts mit US-Truppen bei der Spurensuche

vermerkte Hernando de Soto 1540 ihr »außergewöhnliches Interesse an allen Spielarten menschlicher Zivilisation«. So erklärt sich, daß sie schon sehr früh die Lehren des abendländischen Christentums akzeptierten, weil dieses in »ihrer Essenz der Nächstenliebe und dem Leben nach dem Tode vollkommen ihrem seelischen Habitus entsprach«. So erklärt sich, daß ihnen, wie auch den Creeks und Cherokees, die Formen britischer Administration, die Schrift, Bücher, Zeitungen so imponierten, daß sie diese — ohne jeglichen Druck von außen — rasch übernahmen. Staatlich führte diese Adoption abendländischer Gesellschaftsformen zur regelrechten Republikgründung mit geschriebener Verfassung und Gewaltenteilung in Legislative und Exekutive, zur Errichtung von Schulen und Hochschulen und Spezialseminaren. Aber die Indianer übernahmen von der abendländischen Zivilisation nur, was ihnen als Ergänzung ihrer eigenen zivilisatorischen Tradition geeignet und fortschrittlich erschien. Und so entstand bei den »Fünf Zivilisierten Nationen« eine bisher in der Welt einmalige Gesellschaftsform, die die besten Impulse der administrativen Demokratie, des ökonomischen Kommunismus und des individuellen Freiheitsstrebens miteinander vereinigte, etwas — das weder in der europäischen noch in der asiatischen Geschichte jemals versucht oder gar erreicht worden ist. Ökonomischer Kommunismus befreite die Indianer vom Ehrgeiz, Reichtum zu erwerben und Land zu besitzen, individuelles Freiheitsempfinden befreite sie von persönlichem Machtstreben. Dies machte sie zukünftiger Entwicklung gegenüber aufgeschlossen, es hielt Klassenunterschiede auf einem Mindestmaß, erneuerte immer wieder die Notwendigkeit zur Kooperation untereinander und ergab ein strenges Gefühl für Stammessolidarität. Die Tatsache, daß die Administration (der Staat) kein Eigentum besaß, verhinderte, daß sie zur anonymen Macht werden konnte, das Plebiszitsystem garantierte, daß das Volk souverän blieb und eine übergeordnete Autorität keine Chance zur Entfaltung erhielt. Diese Idealvoraussetzungen schafften ein Klima allgemeiner Harmonie. Vehemente kriegerische Auseinandersetzungen waren nahezu unbekannt, Mord galt als krankhafte Abnormität, bürgerliche Diskrepanzen wurden durch Verhandlung beigelegt, kriminelle Vergehen durch psychologische Überzeugung neutralisiert.

Nirgendwo in der menschlichen Geschichte haben sich Freiheitsstreben und Ordnung so ideal miteinander verbunden, wie bei diesen Indianern, die durch den geringen geistigen und körperlichen Aufwand, den ihre Gesellschaftsform forderte, sehr viel Kraft hatten, das Fremde und Andersartige aufzunehmen und sich zu eigen zu machen. Hieraus mag sich ihre sprichwörtliche Toleranz und Gastfreundschaft, ihr allgemein starker Sinn für Gerechtigkeit erklären — Eigenschaften, die sich im Umgang mit den meist habgierigen und heuchlerischen Weißen immer wieder als nachteilig auswirkten und ihre Position schwächte.

Solange die Choctaws sich mit ihrem Gebiet innerhalb des französischen Louisiana befanden, waren sie Frankreich gegenüber loyal, und als Amerika seinen Unabhängigkeitskrieg gegen England ausfocht, waren sie den Amerikanern gegenüber loyal. Schließlich beteiligten sie sich auch am Feldzug der USA gegen die Creeks und schließlich auch gegen die Seminolen, wobei sie in mancherlei Hinsicht entscheidenden Anteil an amerikanischen Siegen hatten.

Dieses Verhalten hinderte aber die US-Regierung nicht daran, als ihnen die Choctaws und Chickasaws nicht mehr nützlich waren, sondern nur noch ihrer Besiedlungsexpansion hinderlich sein konnten, das Indianervertreibungsgesetz auch auf sie mit derselben Rigorosität und Brutalität anzuwenden, wie gegen die vormals gemeinsamen indianischen Feinde. Die menschliche Enttäuschung der Indianer war so groß, daß sie in einer Art seelischem Schockzustand nahezu willenlos alle Verträge unterzeichneten, die ihre Auswanderung in die westliche Prärie besiegelte. Schmackhaft hatte man den Choctaws den letzten Vertrag von 1830 mit dem verführerischen Angebot gemacht, daß mit der Aufgabe des letzten eigenen Landes automatisch alle Choctaws amerikanische Bürger würden und damit auch alle Rechte erhielten, zum Beispiel, eigene Countys zu begründen und ihre ehemaligen Führer als ihre politischen Vertreter in den Kongreß wählen zu lassen. Moshulatubbee stellte man in Aussicht, daß er als »Indianer-Senator« des Staates Mississippi in den Senat gewählt werden könnte.

Aber weder die Verwaltung des Staates Mississippi, noch die US-Regierung dachten auch nur im Traum daran, solche Versprechen zu halten. Als die Choctaws ihr letztes Land den USA übergaben, erklärten die Amerikaner, daß für Bürgerrechte und Wählbarkeit von Indianern keine Voraussetzungen bestünden. Der Zug nach Oklahoma wurde zu einer Tragödie. Kurz vorher hatte der Choctaw-Mathematiklehrer Peter Pitchlynn an den Innenminister der USA geschrieben:

»Ich bitte, Sir, das Verlangen, eine ganze Nation solle ihr ganzes Land aufgeben und sich zu einem weit entfernten, wilden und unkultivierten Land begeben, mehr zum Vorteil der US-Regierung als zu dem der Choctaws, wäre — wie ich hoffe — wert, in lebendiger Erinnerung der Regierung bewahrt zu werden. Der Verzicht einer ganzen Nation, ihre Trauer, Unruhe, Entbehrungen und Verluste auf dem Weg und während der Errichtung neuer Heime in einer wilden Welt, sind wie nichts sonst geeignet das menschliche Herz zu erbittern. Es gibt Opfer, Sir, die für jene, die sie verlangen, schlimmere Folgen haben, als für jene, die sie erdulden müssen.«
Aus: Senate Documents, 23. Kongreß, 1. Session, Nr. 512, III, 396.

Die Ausweisung erfolgte hauptsächlich zwischen 1831 und 1833 in Wagenzügen, eskortiert von der US-Armee, 560 Kilometer durch trügerische Sümpfe, Wälder, Dickichte und reißende Flüsse. Schneestürme und Cholera, Erschöpfung und Schlangenbisse forderten viele Opfer. 18 Prozent aller Choctaws und Chickasaws verloren auf diesem »Opfergang« ihr Leben. Zurück ließen sie den Amerikanern, die ihr Vertreibungsgesetz damit motivierten, daß »es sich als unmöglich erwiesen habe, primitive heidnische Wilde in den Prozeß christlicher Zivilisation erfolgreich für sie selbst und ungefährlich für die Bürger der USA zu integrieren«, weshalb es »zu aller Nutzen« besser sei, »Indianern fernab der amerikanischen Zivilisation die Chance zu geben, sich ihr Leben nach eigenen Vorstellungen einzurichten«: 19 Volksschulen, 4 Gymnasien, 2 Akademien, 11 Kirchen, 8 Missionen, 29 öffentliche Gebäude, 4 000 Wohnhäuser, 126 Farmhäuser, 1 800 blühende Farmen, 6 000 Rinder, 11 000 Hausschweine, 88 000 Stück Geflügel, 4 000 Pferde, 5 000 Pflüge, 26 Schmieden, 29 Bäckereien, 31 Sattlereien, 14 Stellmachereien, 5 Molkereien, 39 Lagerhäuser, 8 Hospitäler, 21 Arztpraxen, 5 Rechtsanwaltsbüros, 8 Archive, 9 Bibliotheken, 4 Sportplätze u. v. a. m. Die Felder waren teilweise bestellt, teilweise standen sie kurz vor der Ernte. Ein New Yorker Bischof schrieb 1833: »Was dort im Süden geschieht, ist finsterste Barbarei, mehr noch, einfach verbrecherisch.« In der unfruchtbaren Präriewüstenei des späteren Oklahoma standen die Indianer buchstäblich nur mit dem, was sie auf dem Leibe trugen und in den Händen halten konnten dem Ergebnis ihrer 300jährigen Bekanntschaft mit den Weißen und ihrer vollkommenen Anpassung an sie gegenüber — und sie hofften, daß man sie hier in Ruhe lassen würde.

Die Cherokees

Die Cherokees, das große Appalachenbergvolk des Südostens, waren vor der Entdeckung Amerikas die große, dominierende Indianernation dieser Region, ihre Position war ähnlich stark wie die ihrer Irokesen-Brudernationen im Nordosten. Nur, sie waren weniger kriegerisch als diese, sie hatten nicht die Ambition, andere Völker zu unterwerfen und tributpflichtig zu machen, obwohl auch sie sich ständig mit ihren Nachbarn — z. B. den Tuscaroras — im Kriegszustand befanden. Doch betrachteten sie diesen permanenten Kriegszustand mehr als männlichen Sport. Diese Scharmützel führten nie auch nur annähernd zu ernsthaften Substanzverlusten eines Volkes, wie es die Huronen durch die Irokesen hinnehmen mußten. Den ersten Kontakt mit Vertretern der weißen Rasse vermittelte auch ihnen der spanische Konquistador Hernando de Soto, der es aber angesichts der stolzen Wehrhaftigkeit dieses »orangehäutigen Kriegervolks, das an die Mazedonier Alexanders des Großen erinnert, etwa 17 000 Seelen zählt und in 69 festungsähnlichen Städten wohnt«, vorzog, die Berge sehr rasch wieder zu verlassen. Da sich ihr Gebiet weit im Innenland befand, lernten sie englische Siedler verhältnismäßig sehr spät, erst Anfang des 18. Jahrhunderts, kennen. Dennoch existieren ausgedehnte Beschreibungen von Engländern, die um 1670 von ihnen gastlich aufgenommen wurden. Im Tauschhandel erwarben sie gegen Ende des 17. Jahrhunderts Feuerwaffen, sodaß ihre Erfahrungen mit den Engländern gut waren. Die Engländer waren ihrerseits von der hohen Zivilisationsstufe der Cherokees angetan, insbesondere von ihrer diplomatischen Rhetorik und der Organisation ihrer politischen und ökonomischen Verwaltung, in der Frauen nicht nur voll stimmberechtigt waren und sogar im Kriegsrat mitwirkten, sondern im zivilrechtlichen Bereich sogar dominierten. So entschieden Frauen über Geburten und Ehescheidungen. Das Vermögen in einer Familie war ihr Eigentum. Frauen wirkten als Räte, Richter und Politiker gleichberechtigt neben den Männern. Die Engländer schätzten besonders die »ausgesucht höflichen Manieren eines hohen Durchschnitts dieses begabten Volkes«, ihren Sinn für Etikette und noble Feste. Der hohe Stand ihrer Naturheilkunde und Pflanzenkunde, ihre außerordentliche Hygiene und Sitte, regelmäßig mindestens zweimal in »einer Art römischem Schwitzbad« den »Kreislauf des Blutes anzuregen« imponierte den Engländern so, daß sie beschlossen, den Cherokees einen umfangreichen militärischen Beistandspakt und einen exklusiven Handelsvertrag anzubieten.

1721 beschlossen der Cherokee-Rat und der Gouverneur der Kolonie Georgia, Nicholson den Austausch von Handelskommissaren. Der Cherokeehandelskommissar Wro-setas-atow nahm die Interessen der Cherokees in Georgia wahr, Colonel George Chicken die der Engländer in der Cherokee-Republik. Vollends politisch satisfaktionsfähig machte König Georg II. die Indianer, als er 1730 eine siebenköpfige Cherokee-Diplomatendelegation in London empfing. Aber schon 30 Jahre später hatte die Besiedlungswelle auch die Grenzen der Cherokee-Republik erreicht, und in Tuchfühlung erwiesen sich die Kolonisten als nicht weniger rüde und anmaßend wie die im Norden, sodaß es bald unvermeidliche Konflikte gab, die aber von den Vertretern der Krone wieder beigelegt werden konnten.

Cherokee-Ratssitzung im Repräsentantenhaus in Tahlequa, Juni 1843. Die Cherokees hatten das beste Regierungs- und Verwaltungssystem aller Indianer Nordamerikas

Cherokee-Botschafter Attakullaculla (Mitte) mit seinem Attaché (rechts) am Hof König Georgs II, 1730

Im Krieg hatten mehr als 5 000 Cherokee-Soldaten auf britischer Seite mit solchem Einsatz gegen die Kolonistenarmee gekämpft, daß für die Amerikaner um ein Haar die entscheidende Schlacht verloren gegangen wäre. Die ganze Wucht der Cherokeebeteiligung bekamen die Miliztruppen von Georgia zu spüren. Als der Krieg für die Briten verlorenging, standen die Amerikaner Georgias der Cherokeenation mit unversönlichem Haß gegenüber.

Diese Cherokee-Republik, die eine Präsidialdemokratie mit einem Zweikammer-Legislativsystem war, stand in den vom Krieg verwüsteten und verarmten USA als wirtschaftlich außerordentlich gesundes Staatswesen mit höchster landwirtschaftlicher Prosperität da. Sie war nicht nur nicht verschuldet, sondern Großgläubiger des Staates und der Banken von Georgia. 1820 führte der Cherokee-Sprachlehrer Sequoyah eine spezielle Cherokeeschrift und Grammatik ein, 1823 druckten die Indianer ihre eigene überregionale Zeitung, den »Cherokee Phoenix«, zweisprachig in Cherokee und Englisch als Wochenzeitung. Wie kein anderes Indianervolk nutzten sie den zivilisatorischen und technischen Fortschritt der Amerikaner und machten sich mit atemberaubender Schnelligkeit damit vertraut. Ihr ökonomischer Kommunismus war verfeinerter, durchdachter, perfekter als der der Creeks und Choctaws, ihr individuelles Freiheitsstreben differenzierter und disziplinierter. Ihr »Verhältnisstrafrecht« war gegenüber dem Vergeltungsstrafrecht vorbildlich und unerreicht. Die agrarökonomische Akademie erfand die hohe Kunst des sogenannten »Dry Farming« (Trocken-Fruchtanbaus) mit dem später die Mormonen die Salzwüste von Utah in ein Paradies verwandelten. Arbeitslosigkeit, Hunger, Slums und Elend waren unbekannt, denn der Cherokee-Staat war in seiner Grundstruktur der vollkommene Wohlfahrts- und Sozialstaat. Die Lebenserwartung lag erheblich höher als im übrigen Amerika, Geburtenkontrolle und Krankenpflege erreichten einen hohen Stand.

Kirchen, Schulen, Gymnasien, Akademien, Spinnereien, Textilfabriken, Bergwerke, Farmen, Viehzucht, Jagd, Fischfang, Porzellanherstellung (die erste in Amerika), Baumwollplantagen, Obstplantagen, Ziegeleien, Hospitäler, Gerichtsgebäude, Stadthallen, Sportplätze, Handwerker, Bauern, Ärzte, Rechtsanwälte, Lehrer, Missionare, Pfarrer, Architekten, Büchsenmacher, Richter, Staatsanwälte, Verwaltungsbeamte, Politiker, Abgeordnete, Bibliothekare — was immer Zivilisation ausmacht, die Cherokees waren damit vertraut. Es gab keine Gefängnisse, Waisenhäuser, Obdachlosenasyle, Irrenanstalten und keine Armut.

Das Indianer-Vertreibungs-Gesetz (man könnte es auch Evakuierungsgesetz nennen) gab der Bevölkerung von Georgia 1830 endlich einen Anflug von Legalität, ihren Haß gegen die Cherokees und ihre Gier nach deren Reichtümern offen auszusprechen. Georgia verabschiedete ein Gesetz, das dem Staat einfach das ganze Cherokee-Territorium einverleibte. Verzweifelt setzten sich die Cherokee-Rechtsanwälte und Politiker mit Petitionen und Gerichtsklagen zur Wehr. Doch während die Gesetzesmühlen 8 Jahre lang mahlten und sich am Cherokeeproblem erstmals die Gegensätze zwischen dem Norden und dem Süden entzündeten, verloste der Staat Georgia in einer Staatslotterie die reichsten Besitze der Cherokees, ergriff die Georgia-Miliz Besitz von ganzen Landstrichen, wurden Cherokeefamilien in Gefängnisse gesteckt, Cherokee-Indianer zum Tod verurteilt und gehenkt, drangen immer mehr Weiße ins Indianergebiet ein. Obwohl das oberste Gericht der USA das Einverleibungsgesetz Georgias für verfassungswidrig erklärte, damit alle im Namen dieses Gesetzes begangenen Gewalttaten zu Verbrechen wurden, ignorierten sowohl der Staat Georgia wie der US-Präsident Jackson den Richterspruch. »Richter John Marshal hat sein Urteil gefällt«, sagte Jackson zu einem Reporter, »jetzt soll er es auch durchsetzen.«

1838 waren alle offiziellen Instanzenwege ausgeschöpft, und der US-Präsident Martin van Buren befahl der US-Armee, die Evakuierung mit Gewalt zu betreiben. Von etwa 18 000 Cherokees kamen auf dem langen Weg nach Oklahoma 25% durch Erschöpfung, Entbehrungen und Krankheiten um, weitere 10% überlebten keine fünf Jahre.

Die Fünf Zivilisierten Nationen im Westen

Die Ansiedlung der Cherokees, Choctaws, Chickasaws, Creeks und Teile von evakuierten Seminolen im Territorium von Oklahoma verlief zunächst in diesem unwirtlichen Präriegebiet ungestört von amerikanischen Interessen. Bereits wenige Jahre nach der Evakuierung entfalteten sich im »Indianer-Territorium« Oklahoma, wie es nun im offiziellen Sprachgebrauch hieß, wieder ein blühendes Staatswesen und knapp 10 Jahre später waren diese formal von den USA als »souverän selbstverwaltete demokratische Republiken« anerkannte Indianerstaatswesen die fortschrittlichste Zivilisation jenseits der Missouri—Mississippi-Linie. Aber allmählich hatte sich die Besiedlungsgrenze von den Oststaaten über Tennessee, Missouri und Arkansas bis an diese Linie herangeschoben, und als in Kalifornien 1847 der Goldrausch losbrach, befand sich das Indianerterritorium praktisch mitten in der Linie von den großen Ausrüstungszentren am Ostufer des Missouri nach Oregon und Kalifornien.

Die nun spontan einsetzende Völkerwanderung der Amerikaner über die Überlandwege nach Westen entzog sich vollkommen staatlicher Lenkung. Amerikaner und ununterbrochen aus allen Teilen der Welt nachströmenden Neueinwanderer durchzogen auf den »Überland Trails« das Indianerterritorium, und die Indianer erkannten nun mit erschreckender Klarheit, daß »man der Begierde und Habgier dieser weißhäutigen Barbaren« einfach nicht entgehen konnte. Zunächst noch handelte es sich nur um durchziehende Wagentrecks, die in den nachfolgenden 20 Jahren nur eben diesen Durchzug beanspruchten.

Aber inzwischen hatte (1861—1865) die Sezession der Südstaaten von den USA und der verheerende »totale Bruderkrieg« stattgefunden, an dem sich im Westen auch Indianer (u. a. Cherokees, Choctaws und Creeks) beteiligt hatten, aber wieder befanden sie sich am Ende des Krieges auf der Verliererseite; denn ihre Regimenter hatten unter Indianergeneralen auf der Seite der Konföderierten Staaten gefochten. Die Nordstaaten betrachteten nun dieses Paktieren mit den Südstaaten als moralischen Verrat, was sich sehr bald als endgültig entscheidend für den Untergang erweisen sollte.

In diesen zwei Jahrzehnten geschah es immer häufiger, daß sich Amerikaner als »Gastsiedler« im souveränen Indianerterritorium niederließen. Mit größter Besorgnis beobachteten die Indianer, auf deren Gebiet inzwischen immer mehr Einzel-Reservationen der vielen anderen evakuierten Indianervölker errichtet worden waren, wie die amerikanische Bevölkerung immer zahlreicher wurde. Der US-Regierung lief die Besiedlungsentwicklung im Westen während dieser Zeit vollkommen davon und entzog sich jedweder Kontrolle, denn nach dem Bürgerkrieg begannen gleichzeitig die großen Rindertrecks von Texas nach Norden, wobei Millionen Longhornrinder von Süden nach Norden das Indianerterritorium durchquerten, während nach wie vor der Wanderzug von Ost nach West ebenfalls unvermindert anhielt. Hierdurch wurde das Indianerterritorium zu einem Durchgangsgebiet, und die Indianerregierungen erkannten schnell, daß eine gewaltsame Abwehr dieser Massenbewegungen zu ihrem augenblicklichen Untergang geführt hätte. Sie versuchten deshalb mit vorsichtiger Diplomatie zu verhindern, daß Amerikaner ihr Territorium einfach Stück für Stück annektierten, konnten aber nicht verhindern, daß sie Genehmigungen für den Bau von Eisenbahnen, Postkutschen- und Speditionslinien erteilen mußten, was unvermeidlich zu immer stärkerer Amerikanisierung führte.

Deshalb brachten sie schon sehr früh im Kongreß einen Antrag auf Anerkennung eines eigenständigen Staates »Sequoyah« und seine Eingliederung in die Union ein. Aber inzwischen hatte die amerikanische »Gastbevölkerung« die Indianer im Territorium Oklahoma bereits zahlenmäßig überrundet, und die Klagen dieser Amerikaner, sich von »Indianern verwaltungstechnisch bevormunden zu lassen«, wurden immer drängender.

Rings um dieses Territorium wurde der Westen inzwischen von den Amerikanern in Besitz genommen, die Territorien Kansas, Colorado, New Mexico traten der Union als selbständige Staaten bei, allmählich festigte sich dort die staatliche Autorität, sodaß das Indianerterritorium schließlich wie ein geographischer, administrativer und völkischer Fremdkörper mitten in den USA immer mehr zum Refugium von Banditen und Outlaws, Kriminellen und Glücksrittern wurde, die von den Behörden der umliegenden Staaten im souveränen Indianergebiet nicht weiter verfolgt werden konnten. So wurde dieses Indianerterritorium allmählich zu einer regelrechten Bedrohung für diese umliegenden Staaten, denn von hier aus brachen immer wieder ganze Banden weißer Banditen in die umliegenden Staaten ein. Die Indianerpolizei selbst wurde des gesetzlosen Chaos innerhalb der amerikanischen Gastbevölkerung nicht mehr Herr, sodaß schließlich Petitionen einer inzwischen zahlenmäßig die Indianer übersteigenden Bevölkerung an die US-Regierung zur Verkündung des Staatsnotstandes und zur justizialen Unterwerfung dieses Gebietes unter die Gerichtsbarkeit eines »Obersten US-Strafgerichts« in Fort Smith führte. Dieser erste Schritt, die Souveränität der Indianerrepubliken zu beschneiden, erfolgte 1876. Die Anerkennung des Antrages, einen selbständigen Indianerstaat zu begründen scheiterte weniger an der allgemeinen Einsicht der amerikanischen Politiker, daß ein solcher souveränen Indianerstaat (nach dem Muster des Mormonenstaates Utah zum Beispiel) wahrscheinlich die beste Lösung für das Indianerproblem der Zukunft gewesen wäre, als vielmehr an Parteiinteressen. Die Tatsache, daß alle vier Jahre neue Wahlen im politischen und kommunalpolitischen Bereich vorgenommen wurden, zwang die Parteien ständig auf ununterbrochenen Stimmenfang zu bleiben. Und weder die Demokraten noch die Republikaner hätten es sich erlauben können, gegen die Interessen einer ständig wachsenden amerikanischen »Gastbevölkerung« des Oklahomaterritoriums, von deren Meinung Initial-Meinungsbildung in alle Staaten der USA hineinreichte, den Antrag der Indianer zu genehmigen. So blieb dieser Antrag drei Jahrzehnte unerledigt auf dem Regierungstisch liegen. Als 1907 die überwiegende amerikanische Bevölkerung Oklahomas ihrerseits Antrag auf Beitritt zur Union stellte, waren die Indianer in einer hoffnungslosen Minderheit. Der »weiße Antrag« brauchte nur knapp 12 Tage zur Genehmigung. Hiernach war die Verwaltungs-Souveränität der »Fünf Zivilisierten Nationen« für alle Zeiten beendet, der aussichtslose Kampf um Selbständigkeit ebenfalls.

Dieser Untergang der Fünf Zivilisierten Nationen dürfte das finsterste Kapitel der amerikanischen Zivilisation überhaupt sein; denn hier zeigte sich, daß die vielzitierte »historische Unvermeidlichkeit« des Weichens einer primitiveren Rasse vor einer höher zivilisierten Rasse tatsächlich nur eine bis tief ins Unterbewußtsein der Nation reichende Schutzbehauptung ist. Auch die immer wiederholten Bekenntnisse des BIA, daß alle Bemühungen auf »Anpassung der primitiveren Rasse an den zivilisatorischen Standard Weiß-Amerikas« gerichtet seien, wird hier als blanker Zynismus entlarvt. Denn eine vollkommenere Anpassung, als sie diese Indianer-Republiken schon 150 Jahre zuvor erreichten, ist gar nicht denkbar!

Der Untergang im Westen

Indianer und Weiße: Goldrausch, Pelzhandel, Land

»Schau, ich fülle diese heilige Pfeife mit der Rinde der roten Weide, aber bevor wir rauchen, mußt du sehen, wie sie gemacht ist und was es bedeutet. Diese vier Bänder, die hier am Stiel hängen, sind die vier Himmelsrichtungen des Universums. Das schwarze Band ist für den Westen, wo die Donnerwesen leben, uns Regen zu schicken; das weiße ist für den Norden, woher der große weiße reinigende Wind kommt; das rote ist für den Osten, wo das Licht entspringt und wo der Morgenstern lebt, den Menschen

Weisheit zu geben; das gelbe ist für den Süden, woher der Sommer kommt und die Kraft des Wachsens. Aber schließlich sind diese vier Kräfte in Wirklichkeit eine Kraft, und diese Adlerfeder hier ist für diese eine Kraft, die wie ein Vater ist, und auch ist sie für die Gedanken der Menschen, die hochsteigen sollen, wie Adler es tun. Ist nicht der Himmel ein Vater und die Erde eine Mutter, und sind nicht alle lebenden Dinge mit Füßen oder Flügeln oder Wurzeln ihre Kinder? Und diese Haut um das Mundstück, die Bisonhaut sein sollte, ist für die Erde, von der wir kommen und an deren Brust wir als Säuglinge genährt werden unser Leben lang, zusammen mit allen Tieren und Vögeln und Bäumen und Gräsern. Und weil sie alles das bedeutet, und mehr noch als irgend ein Mensch verstehen kann, deshalb ist die Pfeife heilig.« Aus: Black Elk speaks, S. 2—3.

Was die Erfahrungen mit Weißen betrifft, so unterscheiden sich die Indianerstämme des Westens wesentlich von denen des amerikanischen Ostens und Südamerikas. Die Spanier traten gegen Indianer, bei denen sie nichts anderes als Goldschätze suchten, sofort als brutale Feinde auf und führten einen kompromißlosen Vernichtungskampf. Briten und Franzosen im amerikanischen Osten ging es um nichts anderes als um Land. Die Indianer lernten

Indianer-Trapper. Illustration von Frederick Remington

sie als hinterlistige Vertragspartner, rücksichtslose Feinde und tückische Lügner kennen, denen kein Mittel der Gewalt und Arglist zu schade war, um Land zu okkupieren.

Die Indianer der großen Ebenen jedoch, denen die enttäuschten spanischen Konquistadoren, als sie kein Gold fanden, das Pferd zurückließen, blieben von der Landgier der französischen und britischen Kolonisten und späteren amerikanischen Siedler nahezu zweihundert Jahre verschont. Die Spanier, Franzosen und Briten, die sie kennenlernten, vermittelten ihnen ein völlig anderes Bild der Weißen. Es waren pfiffige, lebensfrohe Franzosen, melancholische, hitzige Spanier und kühl berechnende Engländer, deren Interessen sich mit den ihren im Pelzhandel trafen. Der Pelzreichtum des amerikanischen Westens war für die Weißen ebenso verlockend wie das Gold Südamerikas, und die Haushalts- und Jagdgeräte, der glitzernde Schmuck und die anderen Tauschhandelswaren hatten für die Indianer ebenfalls großen Wert. Weder die frühen Pelzhändler, die allein durch die weiten Landschaften zogen, noch die späteren Pelzhandels- und Trappergemeinschaften machten den Indianern ihr Land streitig. Zu Anfang des 17. Jahrhunderts betrachteten sich zunächst beide Rassen beim Tauschhandel insgeheim mit einer gewissen Überheblichkeit: Die Weißen hielten die Indianer für dumm, weil sie wertvollste Pelze gegen billigen Tand abgaben, die Indianer amüsierten sich still darüber, daß die Weißen solch wertvolle Dinge wie Feuerwaffen, Eisenwerkzeuge, Glasperlenschmuck und Zucker für Tierhäute eintauschten, von denen man mehr als genug besaß und haben konnte. Jedenfalls profitierten beide voneinander in so großem Maß, daß sehr bald die Beziehungen — nicht nur geschäftlich — immer intensiver wurden. Die Indianer gewöhnten sich an viele Erleichterungen, die ihnen die Werkzeuge und Waffen der Weißen boten und gerieten damit immer mehr in ein Abhängigkeitsverhältnis. Die Weißen entdeckten durch die Indianer, daß die Wildnis durchaus nicht feindlich war, sondern einem mit ihren Spielregeln vertrauten Menschen ein ungeahntes Maß an individueller Freiheit bot. Für die Pelzhändler war diese absolute Freiheit etwas Ähnliches wie Pferde, Feuerwaffen und Eisenwerkzeuge für die Indianer. Öffneten sich diesen plötzlich die weiten Räume der vordem unüberbrückbaren Steppengebiete, waren sie nun mit den Feuerwaffen anderen Stämmen haushoch überlegen, boten ihnen andere Dinge erhöhten Komfort. So ergaben sich für die Pelzhändler ungeahnte Möglichkeiten Profit zu machen. Sie hätten ebensogut Gold finden können, so groß war der Gewinn aus dem Pelz-Tauschhandel. Gleichzeitig rief die absolute Freiheit und die schnell erworbene Meisterschaft im Überleben innerhalb einer zuvor in der gesamten zivilisierten Welt als unbesiegbar und urtümlich-lebensgefährlich geltenden Wildnis ein berauschendes Glücksgefühl und ein nie gekanntes Selbstbewußtsein hervor, wie es die Indianer ihrerseits durch die Eröffnung neuer Lebenshilfen erfuhren. Dies führte — natürlich — zu einer weitestgehenden Anpassung aneinander, die auf der Seite der Pelzhändler in einer Verwilderung ihren Ausdruck fand, die man in der Zivilisation erschreckt als Rückschritt in prähistorische Lebensgewohnheiten notierte, während die Betroffenen selbst sie als eine Art Verjüngung empfanden.

Natürlich lockten die hohen Profite des Pelzhandels immer mehr Händler in den fernen Westen, aber diese Entwicklung vollzog sich nur sehr langsam, weil die Mühen, Strapazen, Entfernungen und Zeiträume abschreckten. Das Leben und Gedeihen in der Wildnis erforderte körperliche Höchstleistungen, die nur verhältnismäßig wenig Weiße erbringen konnten. Diese aber paßten sich der Lebensweise und dem seelischen Habitus der Indianer so vollkommen an, daß man oft Mühe hatte, sie als Weiße zu erkennen. Sie vermischten sich mit Indianern, lebten mit ihnen, und betrachteten bald ihre Handelsreisen in die Zivilisation, wo sie ihre Pelze ver- und neue Tauschwaren einkauften, nur noch als Ausflüge.

Sie wurden immer »zivilisationsmüder«, womit allmählich, ohne daß sie es merkten, ihre Profitgier nachließ. Diese geistige Verwandlung drückte sich darin aus, daß sie immer öfter in den großen Handelszentren an der Besiedlungsgrenze die gesamten Erlöse ihres Handels in wilden, ausschweifenden Festen verpraßten und dann wieder in die Wildnis zu den Indianern zurückkehrten.

Die frühen Pelzhändler benutzten zuerst mit Lastkanus die Wasserwege, dann zogen sie mit Maultierkarawanen durch das Land und waren durchschnittlich 18 Monate lang unterwegs, ehe sie wieder ihre Ausgangsorte erreichten. Zu einer Zeit, da der ferne Westen für das Verständnis nicht weniger weit als der Mond entfernt war, drangen sie bereits tief in die Great Plains und das Felsengebirge, in die Wüsten und Steppen vor. Sie schlossen sich in Gruppen zusammen, während eine Art »Zwischenhändler« — Menschen, die Pelze abnahmen und ein Warenangebot für die Indianerhändler bereit hielten — begann, sozusagen als Filialen ihrer Handelshäuse, befestigte Handelsposten, später regelrechte Handelsforts, von der Besiedlungsgrenze tiefer in die Wildnis zu verlegen. Damit konnten die Pelzhändler Entfernungen und Zeit ihrer Reisen erheblich abkürzen, was sie wiederum ermutigte, immer tiefer in unbekannte Regionen zu unbekannten Stämmen vorzudringen, wo sie überall freundlich aufgenommen wurden. Durch dieses weitere Vordringen erhielten auch Stämme, die von solchen, welche schon vorher Feuerwaffen erhalten hatten, immer weiter nach Westen und Süden abgedrängt worden waren, ebenfalls Feuerwaffen, und die Überlegenheit ihrer Bedränger war nach einigen Auseinandersetzungen dahin, das Gleichgewicht der Kräfte etwa um 1750 soweit hergestellt, daß die gewaltsam in Bewegung geratene Völkerwanderung der Weststämme wieder zum Stehen kam.

Vor dem Hintergrund dieser Entwicklung wurden die großen Pelzhandelsgesellschaften gegründet: die Northwest Company von schottisch-englischen Kapitalisten, Johann Jakob Astors Hudson Bay Company und schließlich die amerikanischen Gesellschaften (Missouri Fur Company, American Fur Company).

Die britische Northwest Company blieb die einzige Gesellschaft, in die Regierungseinflüsse mit politischen Direktiven Eingang fanden, während die Regierung von Frankreich an französischen Gesellschaften nur wenig politisches Interesse hatte, amerikanische Companien vollkommen unberührt von politischen Motiven der US-Regierung blieben, und die Spanier im Süden am Pelzhandel überhaupt nicht interessiert waren. Wahrscheinlich auch, weil ihnen die südwestlichen Nomadenstämme mit unversöhnlichem Haß gegenüberstanden. Hier entwickelte sich lediglich Ende des 18. Jahrhunderts allmählich der sogenannte Santa Fe-Handel zwischen den USA und New Mexico, ein simpler Wildnis-Transportpfad durch die Prärie und die südöstlichen Ausläufer der Rocky Mountains.

Als 1803 Napoleon Louisiana an die USA verkaufte und noch im gleichen Jahr die US-Regierung die Lewis u. Clark Expedition (1803—1805) den Missouri aufwärts schickte, um eine Nordwestpassage zum Pazifik zu suchen, lösten die ausführlichen Berichte über Prärie- und Rocky Mountains-Indianer, über endlose Strapazen, unwirtliche Wildnis und Bergwüsten in der zivilisierten Welt ein großes Echo aus. Was nun so sensationell neu erschien, hatten die Pelzhändler, Trapper und Mountain-Men seit vielen Jahrzehnten längst erforscht. Die gefeierte Nordwest-Passage war ihnen schon lange bekannt. Sie hatten zahlreiche Überland- und Transkontinentalwege nach Kalifornien, Oregon und Washington entdeckt, waren in der Wildnis wie die Indianer zu Hause und kannten deren Landmarken. Was für die Amerikaner an den Reiterstämmen der Plains vollkommen neu war, war diesen Weißen schon lange bekannt. Sie hatten die zahlreichen Sprachen und Dialekte der Indianer gelernt und kannten ihren Charakter, ihre Sitten und Kriegstaktiken. Weitere Expeditionen der US-Regierung unter General Charles Frémont und Zebulon Pike, die alle übereinstimmend zu dem Ergebnis kamen, daß »diese große amerikanische Wüste im Westen auf ewig für zivile Erschließung unbrauchbar« sei und »allein Reservat für Bison-, Mustang- und Antilopenherden, für Wölfe, Coyoten, Berglöwen, Jaguare, Klapperschlangen und Skorpione und für nackte Wilde bleiben« würde, daß »selbst das Klima, das aus einer Kette von ununterbrochenen Katastrophen« bestehe, »dem zivilisierten Menschen jeden permanenten Zutritt gewaltsam« verwehre, bestärkten die US-Regierung in ihrem Glauben, daß man das Indianerproblem auf denkbar einfachste und praktische Weise dadurch lösen könne, indem man die dezimierten Nationen des Nord- und Südostens nur in diese »unbrauchbare Wüstenei« evakuieren müsse. Selbst die Cherokees, Creeks, Irokesen und Delawaren sprachen, als sie zum ersten Mal Kontakt mit den Reitervölkern jenseits des Missouri hatten, von »Wildnis« und »Wilden« und legten größten Wert darauf, mit diesen nicht in einem Atemzug genannt zu werden. Ausgerechnet einer dieser zivilisierten Indianer war es, der in seinem religiösen Eifer 1833 eine Entwicklung auslöste, mit der niemand gerechnet hatte, und die das Ende nicht nur der Indianer des Westens, sondern auch der in den Westen evakuierten Indianernationen des Ostens einleitete.

Die Evakuierung der Wyandot-Indianer aus Ohio war für das Jahr 1842 geplant. 1833 schickten diese ein Komitee zum Missouri, das sich davon überzeugen sollte, ob die von der US-Regierung vorgesehenen Landgebiete auch geeignet wären. Der Kommission gehörte der Wyandot-Methodistenprediger William Walker an, ein mit allen Vorzügen rhetorischer Fähigkeiten seines Volkes begabter, religiöser Eiferer, der nach einer kurzen Reise durch ein kleines Gebiet jenseits des Missouri in St. Louis Gast des Superintendenten für Indianer-Angelegenheiten, William Clark, war und dort vier Flathead-Häuptlinge traf. Diese Indianer besuchten den ehemaligen Expeditionsleiter der Lewis u. Clark Expedition, dem sie 27 Jahre zuvor in ihrem Oregon-Gebiet diese Aufwartung versprochen hatten. Sie hatten zu Pferd und zu Fuß den halben Kontinent durchquert, um ein Wort zu halten, an das William Clark längst nicht mehr gedacht hatte.

Einer der Häuptlinge war so entkräftet, daß er noch auf Clarks Sofa am gleichen Tag starb. Ein zweiter starb einen Tag später. Die beiden Überlebenden brauchten 14 Tage, um wieder zu Kräften zu kommen. In dieser Zeit erfuhr der Wyandote William Walker, der die Indianer im Missouri-Wasser vergeblich zu taufen versuchte, daß sie gerne bereit wären, des »Weißen Mannes Buch vom Himmel« mitzunehmen und es den Flatheads und Nez Percé zu zeigen. Das war alles. Mit Geschenken beladen machten sich die beiden Häuptlinge wieder auf den 10monatigen Heimweg.

Der religiöse Eiferer William Walker hatte die für die Wyandot-Indianer vorgesehenen öden Landstriche in Oklahoma gesehen und von den Flathead-Häuptlingen von der paradiesischen

Missionar auf dem Weg nach Westen. Illustration von Frederick Remington

Fruchtbarkeit Oregons gehört. Beschreibungen, die William Clark bestätigte. Ob er daran dachte, der Evakuierung zuvorzukommen und die Indianer als ein Sendbote Christi in dieses ferne Paradies zu führen?

Dem Aufruf des Wyandot-Predigers wollten die weißhäutigen protestantischen Eiferer nicht nachstehen. Sie mobilisierten sich gegenseitig, und alsbald brachen sie zu Hunderten auf nach Westen. Wenige Jahre später, als die ersten zurückkehrenden religiösen Fanatiker nicht nur von überaus freundlichen Roten Brüdern und Schwestern, sondern auch von der paradiesischen Fruchtbarkeit Oregons berichteten, wurde dieses Oregon zum Anziehungspunkt all jener frühen Ostpioniere, die vor den Zwängen der Zivilisation im Osten in die Wildnis geflüchtet, aber bald wieder eingeholt worden waren.

Parallel mit dieser Entwicklung vollzog sich der Niedergang des Pelzhandels. Die Pelztiere wurden immer seltener und in Europa wandte sich die Mode vom edlen Rauchwerk ab. Die großen Handelsgesellschaften zogen sich zurück, und der Terminus vom »Wilden Westen«, der nun von den nach Oregon Ziehenden geprägt wurde, bezog sich auf die verwilderten französischen Voyageure, kanadischen Trapper und amerikanischen »Männer der Berge« (engl.: Mountain Men), die ihnen überall im Westen nicht nur begegneten, sondern die ihnen auch als kenntnisreiche Führer und Dolmetscher dienten. Mit Hilfe dieser erfahrenen Wildnis-Scouts blieben die Verluste der Oregonwanderer überraschend gering, viel geringer als sie die regierungsamtlichen Expeditionen wenige Jahre und Jahrzehnte zuvor unter unsachgemäßer Führung erlitten hatten. Die ehemaligen Handelsforts dienten nun auf dem Santa Fe-Trail und dem Oregon-Trail als willkommene Zwischenstationen und Nachschubstützpunkte, und allmählich bildeten sie sich durch Zurückgebliebene, durch den Tauschhandel mit den Indianern und als Verbindungsstellen zur Zivilisation zu kleinen befestigten Orten aus, die sich allmählich unter dem zunehmenden Druck von Indianerstämmen in US-Armee-Garnisonen verwandelten. Zunächst tolerierten die Indianer die durchziehenden Wagenkarawanen, dann aber verstärkten sich die Spannungen, weil die Verhaltensweise dieser Wanderer vollkommen gegensätzlich zu der war, die sie bei den Mountain-Men kennengelernt hatten. Blutige Zwischenfälle häuften sich, und als die US-Armee auf dem Plan erschien, war die Eskalation der Gewalt unvermeidlich.

Zunächst dachte kein Westwanderer, geschweige denn das Militär oder die Politiker daran, den Indianern ihre Jagdgründe streitig zu machen und ihnen Land wegzunehmen. Man war nur an gesicherten Überlandwegen interessiert. Aber inzwischen sprang die Besiedlungsgrenze, die jahrzehntelang am Ostufer des Missouri haltgemacht hatte, über den »Vater aller Ströme« hinweg nach Kansas und Nebraska, bis zu den ersten Handelsforts, die inzwischen von der Armee zu Depotstützpunkten für die vorgeschobenen Posten im Westen gemacht worden waren. Das Besiedlungstempo wurde immer schneller und breitete sich von Kansas fächerförmig nach Norden und Süden aus. Bald war der Missouri in breiter Front

Als 1859 in Colorado Gold gefunden wurde, strömten die Weißen zu Tausenden in die Prärien. Ihnen widersetzten sich vor allem die Sioux, Cheyennes, Arapahoes und Crows. Hier hält eine Crow-Vorhut auf einem Hügel Ausschau nach dem Feind, während die Hauptmacht sie aus einiger Entfernung beobachtet. Galoppieren die Scouts im Zick-Zack los, weiß die Hauptmacht, daß der Feind gesichtet wurde, und der Angriff wird vorbereitet

John Jarvis: Black Hawk (rechts) und sein Sohn, 1833; gemalt, als sie als Kriegsgefangene den Osten besuchten

Charles M. Russell: Pferde-Travois wie es von Frauen zum Lastentransport benutzt wurde. Bevor die Indianer Pferde kannten, waren halbwilde Hunde die einzigen Tragtiere gewesen, die sich nicht nur langsam bewegten, sondern vor allem nur geringe Lasten tragen oder schleppen konnten. Große Hunde konnten bis zu 50 Pfund tragen oder auf einem »Travois« bis zu 100 Pfund Last schleppen. Hierdurch waren die Indianer gezwungen, z. B. ihre Zelte auf eine Mindestgröße und ihre Einzelteile auf ein Mindestgewicht zu beschränken, was natürlich ihren Wanderungen auf der Suche nach Nahrung Grenzen auferlegte. Mit dem Pferd änderte sich die Situation schlagartig. Ihr ganzer Lebensstil stellte sich nun darauf ein, daß Pferde nicht nur ein Vielfaches der Hundelasten tragen oder schleppen, sondern vor allem ihrer Schnelligkeit wegen viele hundert Meilen zurücklegen konnten (oben)

Charles M. Russell: »The Silk Robe«, 1890, Ölgemälde. 1888 war Russel Gast eines Häuptlings der Blood-Indianer in Kanada und sah diese Szene: Frauen »entfleischen« eine erstklassige Büffelhaut, die, wenn sie ganz besonders fein gegerbt wurde, »Silk Robe« genannt wurde (rechte Seite oben). — Charles M. Russel: »Indian Scouting Party«, 1912, Ölgemälde. Indianer-Scouts befanden sich stets einem Stamm weit voraus und erkundeten die sichersten Wege (rechte Seite Mitte). — Charles M. Russell: »The White Man's Buffalo«, 1883, Ölgemälde. Arapahoe-Indianer begegnen einem ersten Exemplar eines Longhorn-Herdenrindes und bestaunen das Tier (rechte Seite unten)

Georg Catlin: Eine Indianer-Truppe in London

überschritten und der Versuch, aus der Prärie Ackerland zu gewinnen, in vollem Gang. Auf diese Weise expandierte Fort Leavenworth in Kansas ebenso wie Fort Gibson in Arkansas innerhalb von wenigen Jahren zur großen Bezirksstadt.

Auseinandersetzungen und Streitigkeiten waren schon an der Tagesordnung, noch bevor die »Salamitaktik« der Landenteignung und die »Friedensverträge« überhaupt Bestandteile der Strategie der Weißen geworden waren. Schon in dieser Zeit bediente sich die US-Armee erfahrener Trapper und Mountain-Men als Späher, Dolmetscher und Verhandlungsführer gegen die Indianer.

Die Besitzergreifung des »amerikanischen Westens« — aller jenseits des 98. Längengrades liegenden US-Gebiete — vollzog sich für die US-Regierung in vollkommen unkontrollierbarer, chaotischer Weise: Bereits 10 Jahre nach seinem Beitritt zur Union hatte Texas das »texanische Indianerproblem« gelöst. Indem man alle Indianer in Texas gesetzlich zu »enteigneten, unerwünschten Vagabunden« erklärte, machte sie jeder Widerstand gegen Landenteignung automatisch zu »Outlaws«, die der »Run-Down«-Politik ausgesetzt waren. Outlaws waren vogelfrei. Jeder konnte sie töten oder vertreiben, ganz wie ihm beliebte. Auf diese Weise wurden die seßhaften Cocos, Karankawas, Vacis, Tawakonis, Tonkawas und Lipans einfach ausgerottet.

Der Goldrausch in Kalifornien (ab 1849) und in Nevada (ab 1855) beendete durch die Ausrottungspraxis der Bürgermilizen die Existenz der dortigen Stämme. Lediglich in den Prärieregionen des California-Trails wurde der Widerstand der Präriestämme immer heftiger. Der wirklich anhaltende, erbitterte Kampf wurde von den Sioux und ihren Verbündeten in der nördlichen Prärie, von den Comanchen und ihren Verbündeten in der südlichen Prärie und von einigen Apachen-Horden in der Wüste des Südwestens über einige Jahrzehnte hinweg getragen.

Goldfunde in Montana, Wyoming, Idaho, South-Dakota, der Transkontinentalbau der Union Pacific, der Northern Pacific, die Entdeckung großer Mineral- und Kohlevorkommen in den nördlichen Rocky Mountains, das Große Herdentreiben vom Süden nach Norden durch die Prärie, die Etablierung der Rinderindustrie in Wyoming, Nebraska und Montana, der Weizenanbau in der Kansas-Prärie, das Heimstättengesetz und der Siedlerboom, Gold- und Silberfunde in Arizona und New Mexico, und der Bau der Southern Pacific-Transkontinentalbahn, das Abschlachten von 30 Millionen Präriebisons (von 1866—1878), alle diese Ereignisse und Völkerwanderungen von Osten nach Westen, von Westen nach Osten, von Süden nach Norden verwickelten die Prärie-Reiterstämme in einen permanenten Vielfrontenkrieg. Die zahllosen Friedensverträge, die die USA mit den Indianern auf diesen Stationen schlossen, konnten von der US-Regierung angesichts der in Bewegung geratenen Menschenmassen und der unvorhersehbaren Entwicklungen, weder vorausgesehen noch gesteuert werden. Die ganze Autorität der Regierung blieb allein auf die US-Armee beschränkt, und hier war das rein strategische Bild nicht weniger chaotisch: Zeit, längerfristige Pläne zu machen und durchzuführen, blieb überhaupt keine, denn ehe man sich in Washington mit einem Stand der Entwicklung auch nur annähernd vertraut machen konnte, war er bereits wieder völlig überholt. Stand heute noch ein Fort in einsamer Isolation weit von der Zivilisation entfernt in der Steppe oder in den Bergen, so genügte irgend ein ökonomischer Zündfunke, um in wenigen Tagen ganze Völkerschaften mobil zu machen, und wenn man in Washington

Pläne machte und sie durchführen wollte, konnte ein solches Fort bereits mitten im brodelnden Hexenkessel des Goldbooms, des Eisenbahnbooms, des Rinderbooms oder sonst irgendeines Booms stehen. So waren die meisten Regierungsbeschlüsse oft schon überholt, noch bevor sie verwirklicht werden konnten. Sehr oft kehrten sie sich durch diese chaotische Entwicklung ins Gegenteil um. Die Leidtragenden dieses Entwicklungs-Chaos waren allein die Indianer. In einer Zeit, in der Nüchternheit und Sorgfalt für immer außer Kraft gesetzt zu sein schien, in der alles sich in hektischer Bewegung befand, bildete die Welt der nomadisierenden Indianer mit ihren Ansprüchen auf weitläufige geographische Räume einen hinderlichen Fremdkörper — nicht nur in der explosionsartig sich verändernden Ökonomie der USA, sondern auch im Bewußtsein und Selbstverständnis der Amerikaner. Kein anderer Vorgang in der Menschheitsgeschichte läßt sich mit dieser Besiedlungsgeschichte des amerikanischen Westens vergleichen. Hatten sich Ausrottung und Vertreibung der Indianer im Osten noch strikte an die Spielregeln kolonialer und autoritärer Verhaltensweisen gehalten, so kann von einem systematischen Vorgehen im Westen (der immerhin zwei Drittel des US-Gebietes umfaßt) nicht gesprochen werden. Die — gesetzlich verankerte — Reservationspolitik, im Anfang von der ehrlichen Absicht getragen, den Indianern abseits liegende und für die USA unnütze geographische Räume für ewige Zeiten zur Verfügung zu stellen, wich nach dem Bürgerkrieg, als sich herausstellte, daß Indianer praktisch überall im Weg standen, einer offenen Ausrottungspolitik, in der die zahllosen Friedensverträge stets nur Stufen zu dieser Ausrottung waren. Der exemplarische Vorgang war immer derselbe. Man garantierte einem Stamm ein bestimmtes Gebiet, Weiße drangen über die Grenzen dieser Reservation vor, die Indianer setzten sich zur Wehr, die US-Armee griff zum Schutz der US-Bürger ein, verwickelte die Indianer in Dezimierungsschlachten, und in einem erneuten »Friedensvertrag« wurde der Bruch des vorhergehenden durch vorweggenommene Landbesetzung nachträglich sanktioniert.

Diese Politik der Ausrottung wurde — noch vor Ausbruch des allgemeinen Indianerkrieges im Westen — eingeleitet von einem anderen »Geschenk«, das die Weißen nach Amerika eingeschleppt hatten: Seuchen wie Blattern, Cholera, Typhus, Tuberkulose, Masern, Diphterie, Scharlach und Schwarze Pocken. 1911 wurde der letzte, freie, kalifornische Indianer (Ischi) im wahrsten Sinn des Wortes unter »Denkmalschutz« gestellt und in einem Museum vorgezeigt.

Der Südwesten

»Die Amerikaner haben Worte und Begriffe, die wir überhaupt nicht kennen: so zum Beispiel die Worte Ausrottung und Seuche und Schädling. Bevor Amerikaner das Land der Indianer betraten, gab es keine Spezies von Pflanzen, Vögel oder Tieren, die ausgerottet worden wären. Alles lebte und starb im ewigen Gleichgewicht der Natur, um wiedergeboren und erneuert zu werden. Dann kamen die Amerikaner und jagten den Biber, bis es keine mehr gab. Dann jagten sie die Bisons, bis es keine mehr gab. Dann benötigten sie Mustangs, und bald gab es keine mehr. Und als ihnen das Fleisch der Antilopen schmeckte, dauerte es nicht lange, und diese waren so gut wie ausgerottet. Sie kamen in die Prärie, wo große Wälder die Ufer der Flußläufe säumten. Sie brauchten Holz, aber nicht etwas, sondern alles. Nun gibt es keine Wälder mehr an den Flüssen. Und so, wie sie vieles an der Natur als Schädling betrachten und ausrotten, sodaß es aus der Natur verschwinde, so ist auch der natürliche Mensch für sie ein solcher Schädling. Und sie vernichten ihn, wo sie nur können. Auch die Krankheiten, die Amerikaner haben, sind keine natürlichen Krankheiten, die kommen und gehen, und die ein Mensch übersteht, der andere nicht, sondern ihre Pocken und Blattern, Schwindsucht, Cholera und Typhus zerstören menschliches Leben nahezu vollständig. Es gibt in keiner Indianersprache solche Worte, die vollständige Zerstörung und Nimmerwiederkehr bedeuten. Wieviele Pflanzen gibt es, die anderen Pflanzen schaden. Man kann sie an einer Stelle, wo sie das Wachstum der Pflanzen, die dem Menschen als Nahrung und Heilkräuter dienen, verdünnen, aber man darf sie nicht überall ausrotten. So ist die Natur in Unordnung geraten, Flüsse sind ausgetrocknet, Seen verschwunden, Pflanzen, Tiere und Menschen verschwinden, und an die Stelle dieses Ausgerotteten setzen Amerikaner etwas, von dem sie meinen, daß es besser als die Natur ist. Aber es ist schlechter, weil es immerfort weitere Zerstörung und Unordnung gebiert. Auf der einen Seite sagen sie, Gewalt sei zu verdammen, auf der anderen Seite aber betreiben sie das Gegenteil: alles an ihrem Denken und Tun ist Gewalt. Sie sagen, Lebensfreude sei Sünde, auch dafür gibt es kein indianisches Wort, deshalb hassen sie sich und alles in der Welt. Sie bringen wundersame Dinge hervor, aber es sind alles Dinge, die zerstören. Sie nennen Bequemlichkeit Komfort, aber es zerstört die physische Kraft des Menschen, Komfort macht Kulturmenschen, Kulturpflanzen und Kulturtiere zu krankhaften Schwächlingen. Und wenn eine überwiegende Mehrzahl von Menschen Schwächlinge sind, so sehen sie den Starken als Schädling, der zum Wohle der Schwächlinge ausgerottet werden muß, damit die Menschen noch größere Schwächlinge werden. Es ist deshalb nicht gut, die Gedanken der Amerikaner verstehen zu wollen, denn sie sind wie Gift.«

Häuptling Standing Bear — Sioux, Thunderbird S. 214—215.

1829 erhielt Major Bennett Riley den Befehl, mit einem Bataillon der 6. Infanterie und einer 4-Pfünder-Kanone, von Fort Leavenworth einer zurückkehrenden Santa Fe-Wagenkarawane entgegenzumarschieren, um sie vor Indianerangriffen zu schützen. Nach sieben Tagen erreichten sie die Wagenkarawane, gerade als Indianer die mitgeführte Rinderherde des Trecks entführten. Die Indianer hatten Tage vorher einen Wegezoll für den Durchzug durch ihr Gebiet gefordert, fünf Rinder, eine Praxis, die spanische und französische Wagenkarawanen seit Jahren übten. Der amerikanische Trailführer, Humphrey J. Jerricks, aber schrieb in sein Fahrtenbuch: »Wegezoll! Wir befinden uns auf US-Territorium, und wir sind Amerikaner. Demnächst kommen die schmierigen Wilden noch und wollen Miete haben, wenn ich mich in meinem Hause ins Bett legen will! Ich habe Truppen-Eskorte angefordert. Wir werden ihnen zeigen, daß es uns auf ein paar Dutzend tote Wilde nicht ankommt.« Mit einer weißen Parlamentärsflagge lockte Major Riley die Indianer in Kanonenschußweite und mähte mit einer Kartätschenladung ein Dutzend Indianer nieder. Ehe sie sich von dem Schrecken erholten, hatten die Indianer nahezu fünfzig Krieger verloren und gaben auf.

Dies war wahrscheinlich die erste Militäreskorte im Westen, und die US-Armee zeigte zum ersten Mal den Indianern des Westens unmißverständlich, daß ihnen jedes Mittel recht war, sie aus dem Weg zu räumen. Von diesem Augenblick an datiert die Feindschaft der Indianer der südlichen Prärie gegen die Amerikaner. Der Austausch von Freundlichkeiten, den die westlichen Stämme bisher mit den Pelzhändlern und Trapperkolonnen geübt hatten, wich einem permanent wachsenden Kriegszustand, in dem kein Pardon gegeben wurde. Von nun an gehörte zu jedem großen Wagenzug des Santa Fe-Trails eine Militäreskorte mit 2 Bronzekanonen und Troß.

Pueblo-Indianer

Nachdem General Stephen Kearny mit seiner Westarmee 1846 New Mexico den Mexikanern entrissen hatte und nach Kalifornien marschierte, erklärte der erste Gouverneur von New Mexico, Charles Bent, die größten und fruchtbarsten Maisfelder der Pueblos für Staatseigentum und verkaufte sie an amerikanische Siedler, ohne auch nur ein Wort mit den solcherart stillschweigend enteigneten Indianern gesprochen zu haben. Er bezog sich dabei auf ein Gesetz von 1833, das besagte »sobald ein Gebiet sich innerhalb der festgelegten Grenzen eines einzelstaatlichen Territoriums oder US-Staates befindet, kann es nicht mehr Indianergebiet sein. Die USA als Eigentümer des Gesamtterritoriums innerhalb der Staatsgrenzen, gewährt den Indianern lediglich ein vorübergehendes Aufenthaltsrecht, das automatisch erlischt, wenn Eigentum und Verwaltung auf die einzelstaatliche Kompetenz eines selbständigen Staates übergeht. Diese Verwaltung entscheidet souverän darüber, ob sie das Aufenthaltsrecht von Indianern auf ihrem Territorium erneuert oder entzieht.« Die Pueblo-Indianer protestierten, aber nur mehr Siedler besetzten noch mehr Felder. Eines Tages erschienen Pueblos in San Fernando de Taos, nahmen den Gouverneur, einen Teil seiner hohen Beamten und fünf der Siedler gefangen. Ihr Anführer erklärte:

> »Ihr habt beschlossen, unsere Felder zu rauben, die schon unsere Vorväter mühsam bewässerten. Ihr wolltet uns selbst die Ernte nicht mehr lassen, die wir gesät und gepflegt haben. Jetzt, da ihr in unserer Gewalt seid, sagt ihr, daß man über alles sprechen kann. Das hättet ihr vorher tun sollen. Wir glauben euch kein Wort. Ihr wollt uns umbringen, denn ohne Felder müssen wir sterben. Wir wissen, daß ihr uns sofort mit Eurer Armee angreifen werdet, ob wir euch das Leben schenken oder es euch nehmen. Es werden noch viele Siedler sterben, die Euren Worten glauben. Auch von uns werden viele sterben. Aber es wäre unrecht, Euch, die Ihr die wahrhaft Erstschuldigen seid, am Leben zu lassen.«

Die Amerikaner wurden vor ihren Häusern getötet. Ein durchreisender Engländer schrieb nach Kanada: »Das war Mord, aber der verständlichste und würdevollste, den man sich überhaupt vorstellen kann.« Die Reaktion der US-Armee folgte auf dem Fuß: Lieutenant-Colonel Sterling Price wurde innerhalb von nur drei Tagen mit 400 Soldaten, Infanterie und Kavallerie, 4 Zwölfpfünder- und einer Sechspfünder-Kanone in Marsch gesetzt. Bei Canada lauerten ihm 800 Pueblos und Mexikaner auf dem Rand eines Canyons auf, aber für die Haubitzen des Strafexpeditions-Korps war es kein Problem, die Indianer in die Flucht zu schlagen. Sie hatten 80 Tote. Vor dem Doppelpueblo von Taos ließ Price seine Artillerie und Truppen aufmarschieren, zerstörte die Wallmauern und nahm die Ansiedlung im Sturm. Von 650 Pueblo-Indianern wurden 150 getötet, 250 schwer verwundet, der Rest gab auf. Price verurteilte ihre Anführer zum Tod und ließ sie hängen. In dem sodann diktierten Friedensvertrag gaben die Pueblo-Indianer ihre Felder auf. Der Vertrag wurde rückdatiert, und so hatte die Strafexpedition, das Blutbad und die Hinrichtung, der Raub der Felder, ihre völkerrechtliche und zivilrechtliche Ordnung, die Gegenwehr der Pueblos war eine Revolte. Ein spanischer Franziskanerpater schrieb: »Die äußerste Gefühlskälte und nüchterne Brutalität der Amerikaner ist etwas so Unmenschliches, daß einem das Herz eiskalt wird. Es ist, als ob man es mit Maschinen zu tun hätte.«

Comanchen

Von der Zeit der Gründung der Austin-Colony in Texas, der Unabhängigkeit von Mexiko und der Republikgründung an setzten sich die Comanchen gegen die allmählich von der Golfküste westwärts vordringende Siedler-Zivilisation der Texaner zur Wehr. Zahlreiche Scharmützel, Kämpfe und regelrechte Schlachten zwischen ihnen und den Texas-Rangers führten zu hohen Verlusten auf beiden Seiten. Im Frühjahr 1840 luden texanische Politiker Comanchen zu einer Friedenskonferenz in das Gerichtsgebäude von San Antonio ein, um dem unnützen Blutvergießen auf beiden Seiten Einhalt zu gebieten. Die Comanchen, die inzwischen davon überzeugt waren, daß sie auf die Dauer die Amerikaner nicht aufhalten konnten und am Ende wahrscheinlich verlieren würden, erschienen mit 65 Kriegern, Weisen, Frauen und Kindern, um zu zeigen, wie ernst es ihnen mit dem Frieden sei. Als texanische Soldaten die Comanchen gefangennehmen wollten, setzten sie sich zur Wehr, wobei dreißig Krieger, drei Frauen und zwei Kinder getötet wurden. Unmittelbar danach nahmen die Überfälle der Comanchen zu. Sie marterten alle ihre weißen Gefangenen zu Tode, machten einsame Farmen und Gehöfte nieder und überzogen die Landstriche mit einem erbarmungslosen Kleinkrieg. Ein Jahr später marschierte Colonel John H. Moore mit 90 Texanern und zwölf Lipan-Scouts von San Antonio 300 Meilen nach Nordwesten und überfiel in der Nacht ein Comanchen-Lager am Rio Colorado. 130 getötete Comanchen (Männer, Frauen und Kinder) blieben zurück, 34 Frauen und Kinder wurden gefangengenommen, nahezu der ganze Pferdebestand des Lagers vernichtet, alle Zelte und Vorräte verbrannt. Seit die Texas-Rangers mit mehrschüssigen Colt-Revolvern bewaffnet waren, hatte sich die Überlegenheit der Comanchen in Unterlegenheit verwandelt. Der Versuch der USA, mit den Comanchen und Kiowas zu Friedensregelungen zu kommen, scheiterte am abgrundtiefen Haß, den die Indianer gegen die Texaner empfanden. 1858/59 kam die ganze Texas-Besiedlung ins Stocken. Als sich schließlich sogar die Grenzfarmer zurückzogen, griffen die Texas-Rangers unter Captain John S. (Rip) Ford ein. Mit 102 Rangers und Pack-Mulis folgte er einer Bande südlicher Comanchen viele hundert Meilen, bis er sie eines Tages überraschte und am Canadian River besiegte: Die Comanchen verloren 76 Tote, 300 Pferde und beinahe alle Zelte und Vorräte. Im Oktober 1858 wurden die nördlichen Comanchen von der US-Regierung zu einem Friedensgespräch ins Indianerterritorium Oklahoma geladen. Auf dem Heimweg überfiel sie die 2. US-Cavalry unter Captain Earl Van Dorn und machte bei Rush Springs 56 Comanchen nieder, zerstörte ihre Habe und tötete mehr als 300 Pferde.

White Horse (Tau-Ankia), Sohn von Lone Wolf. Der Kiowa-Häuptling wurde bei einem Überfall in Texas getötet

Goldfunde in den Rocky Mountains von Colorado führten 1859 zu einer ähnlichen Völkerwanderung, wie 10 Jahre vorher nach Kalifornien, wo der Boom unvermittelt anhielt. Und so waren es Tausende und Abertausende, die nicht nur über den Santa Fe-Trail und Kalifornien-Trail nach Westen wanderten, sondern viele durchzogen mit dem Motto »Pike's Peak Or Bust« das Comanchen-Kiowa-Gebiet und siedelten im Cheyenne-Gebiet der Coloradoregion. Die Angriffe der Indianer wurden immer heftiger und verzweifelter, die US-Armee unternahm ununterbrochene Angriffs-Expeditionen, baute Forts, verstärkte Truppen, und als Mitte des Jahres 1861 der Bürgerkrieg ausbrach, hatten die Kämpfe mit den Comanchen, Kiowas und Kiowa-Apachen ihren Höhepunkt erreicht.

Yumas

Als im äußersten Südwesten das kleine, steinzeitlich-primitive Nomadenvolk der Yumas, vom anhaltend sich verstärkenden Strom der Kalifornienwanderer beunruhigt, ihre Angriffe verstärkte, wurde am Rio Colorado Fort Yuma erbaut. Lieutenant Thomas W. Sweeney gelang es mit einem einzigen Kriegszug seines 2. Infanterie-Regiments die Yumas zu »befrieden«, indem er ihre Hütten, Vorräte und Maisfelder zerstörte, zahlreiche Indianer tötete, sodaß die Überlebenden alle Bedingungen akzeptierten.

Apachen

Die wilden Apachen-Banden in Arizona und New Mexico, die seit Menschengedenken vom Raub lebten, setzten zwar diese Raubzüge fort, konnten aber von der US-Armee nach der

Eingliederung dieser Gebiete mit regelmäßigen Geschenken zu einem verhältnismäßig stabilen Frieden bewegt werden. Die Amerikaner sahen es nicht ungern, daß diese Apachen ihre Raubzüge hauptsächlich auf die nördlichen Provinzen von Mexiko beschränkten, sodaß die amerikanische Besiedlung von New Mexico und Arizona bis zum Beginn des Bürgerkrieges ziemlich ungestört verlaufen konnte.

Der Westen

Die 1833 begonnene Besiedlung Oregons und Washingtons an der Pazifikküste, die 1846 zur politischen Annexion dieses Gebietes geführt hatte, und der 1848 die Einverleibung von Kalifornien, New Mexico und Arizona folgte, machte es für die USA notwendig, den großen Prärieraum zwischen diesem fernen Westen und der allmählich über die Missouri-Linie vorrückenden Besiedlungslinie von kriegerischen Auseinandersetzungen freizuhalten. Die nomadischen Reiterstämme der nördlichen Prärie, durch die alle Überlandwege nach Kalifornien, Washington und Oregon führten, rückten immer mehr in den Mittelpunkt des Interesses, da der Seeweg um die Südspitze Südamerikas (Kap Hoorn) nicht nur 3—4 Monate dauerte, sondern mehr als 25% aller Schiffe dabei verlorengingen. Der Weg über die Landenge von Panama war von einer hohen menschlichen Verlustquote durch Gelbfieber und Erschöpfung geprägt. So entschlossen sich die USA 1851 in Fort Laramie, einem vorgeschobenen Armeeposten im Präriegebiet, der aus einem ehemaligen Handelsfort der Pelzhandelsära hervorgegan-

Arapahoe-Lager im östlichen Colorado

gen war, zu einem Friedensvertrag. Die Stämme erklärten sich damit einverstanden, begrenzte Räume als »Stammes-Bewegungsräume« zu akzeptieren. Sie verzichteten damit — offiziell und aktenkundig — darauf, wie bisher frei umherzustreifen und in ständiger ungeplanter Bewegung zwischen Nord und Süd, Ost und West umherzuwandern und akzeptierten, daß sich jeder Stamm nur innerhalb eines bestimmten, ihm zugehörenden Raumes nomadisch bewegte. Daß sie damit bereits zu diesem frühen Zeitpunkt praktisch Reservationen akzeptierten, wurde ihnen überhaupt nicht bewußt. Dieses Einverständnis war aber für die zukünftige Reservationspolitik der USA ein entscheidender Punkt! Die Größe dieser Stammesräume, die praktisch das gesamte Gebiet der nördlichen Prärie umfaßten, täuschte die Stämme zunächst darüber hinweg, daß der Begriff »Stammesräume« nur ein Synonym für »Reservation« war. Die Cheyennes und Arapahoes erhielten von den USA auf diese Weise praktisch ganz Colorado und West-Kansas zugewiesen, die Sioux Nebraska, Dakota, Minnesota und Wyoming, die übrigen Stämme Montana und Idaho.

Man muß bei diesem Friedensvertrag von Fort Laramie 1851 berücksichtigen, daß die Indianer immerhin jahrzehntelange Erfahrungen mit Amerikanern gesammelt hatten, aber nicht wissen konnten, daß die Verhaltensweisen und Interessen der Pelzhändler, die sich durchaus an die abgeschlossenen Vereinbarungen gehalten hatten, sich wesentlich von den neuen West-Siedlern unterschieden. So stimmten sie arglos der Vertragsbedingung zu, daß die Amerikaner die Überlandwege durch ihr Gebiet für den freien Durchgangsverkehr benutzen und an diesen Überlandwegen militärische Forts errichten durften. Hierfür sollten die Indianer als Gegenwert Lieferungen von Waren im Wert von 5 000 Dollar jährlich für die Dauer von 50 Jahren erhalten. Für die Indianer bedeuteten Warenlieferungen in Form von Gewehren, Pulver, Blei, Zündhütchen, Messern, Eisenwerkzeugen und Eisenhaushaltswaren die Befriedigung dringender Bedürfnisse, die in der Pelzhandelsära entstanden und durch das Ende dieses Tauschhandels ernsthaft gefährdet waren.

Der US-Senat kürzte allerdings die Dauer von 50 Jahren — ohne hierzu die Indianer zu fragen oder in Kenntnis zu setzen — selbstherrlich auf 10 Jahre! Der Frieden zwischen US-Armee und Prärieindianern aber dauerte nur wenige Jahre, und es war die US-Armee, die ihn brach.

Sioux

Am 17. 8. 1854 entlief eine kranke Kuh, die einem Mormonentreck auf dem Wege nach Utah gehörte, in ein Brulé-Sioux-Lager östlich von Fort Laramie. Während die Brulé das Tier schlachteten und aßen, meldeten die Mormonen dem Fortkommandanten, daß ihnen die Indianer die Kuh gestohlen hätten. Der frisch von der West Point-Militärakademie in den Westen versetzte 2. Lieutenant John L. Grattan wurde mit 29 Soldaten zum Brulé-Lager geschickt, um den Häuptling »The Bear« (Der Bär) zu befragen. Der ebenso arrogante wie ignorante junge Offizier, dem der Häuptling zu erklären versuchte, daß ihnen die kranke Kuh zugelaufen war, wollte den Häuptling verhaften. Als dieser ihn auslachte und meinte, daß man doch besser einen Mann mit Verstand schicken sollte, erschoß ihn der Offizier. In dem nun folgenden Kampf wurden Grattan und alle 29 US-Soldaten getötet. Obwohl der Kommandant von Fort Laramie die Ursachen des Massakers sofort nach Washington berichtete, ordnete das Kriegsministerium unverzügliche Strafmaßnahmen an. Der Leiter

Cheyenne-Indianer. Von links nach rechts: White Antelope, Man on a Cloud, Roman Nose (Little Chief). Letzterer, von dem geglaubt wurde, er sei kugelfest, nahm, obwohl er wegen eines an seiner Federhaube befindlichen, verletzten Tabus eine Reinigungszeremonie zu vollführen hatte, an einem Kampf gegen Westler am Republican River in Kansas teil und wurde am 17. 9. 1868 erschossen

dieser Bestrafungstruppe war ausgerechnet Brigadegeneral William S. Harney, der es nicht verwinden konnte, daß ihn Indianer im Seminolen-Krieg in Florida gezwungen hatten, in Unterhosen um sein Leben zu laufen. Mit einer Truppe von 1 200 Soldaten marschierte er von Fort Leavenworth zum North Platte River, wo er bei Ash Hollow am 3. 9. 1855 Little Thunders kleine Lagergruppe von Brulé-Sioux überfiel, 130 Krieger tötete und den Rest in Ketten nach Fort Laramie brachte. Dort nötigte er den gefesselten Gefangenen einen Friedensvertrag ab, der der US-Armee die Errichtung einer befestigten Militärstraße von Fort Laramie nach Fort Pierre erlaubte. Die übrigen Sioux reagierten auf diese Willkür mit einem verstärkten Kleinkrieg gegen alle Überlandwege.

Cheyennes

White Antelope erklärte dem Indianeragenten 1854:

»Es werden immer mehr Wagen und Stationen. Um die Stationen entstehen Ansiedlungen. Da diese Leute leben müssen, nehmen sie Land in Besitz und züchten Frucht und Rinder darauf. Damit die Büffel ihre Felder nicht zerstören, töten sie sie zu Tausenden, ohne das Fleisch zu verwenden. Ich verstehe diese Leute gut. Sie wollen leben, sie müssen leben und sie sollen auch leben. Ich verstehe auch, daß die Armee sie nicht einfach vertreiben kann. Wir können das auch nicht. Aber unser Lebensraum wird immer kleiner. Die Straßen zerschneiden diesen Raum in immer kleinere Stücke, und die Büffel wandern andere Wege. Und dann sind da die kriegerischen Indianer. Es sind viele Gruppen und viele Stammesbanden, die sich an diesen Weißen in den Wagen und Stationen und auf den Feldern schadlos halten. Während wir immer ärmer werden, unsere Frauen und Kinder immer mehr hungern müssen, weil wir den Frieden halten, den wir versprochen haben, haben die beutemachenden Indianer keinen Hunger. Sie haben mehr Pulver, Blei und Waffen, als wir, die wir auf die vereinbarten Rationen angewiesen sind. Und die Weißen, die nicht zwischen friedlichen und kriegerischen Indianern unterscheiden können, weil sie nicht wollen, richten ihren Haß immer mehr und immer heftiger gegen uns, die wir in ihrer Nähe sind. Wir, die Indianer, die sie täglich sehen, sind in ihren Augen die Indianer, die ihnen Überfälle liefern und sie berauben.«

1860 erklärten sich die Häuptlinge White Antelope und Black Kettle, angesichts vieler hunderttausend aggressiver Goldsucher in den Coloradobergen und angesichts des ständig anschwellenden weiteren Zustroms über den »Pike's Peak-Trail«, der Gründung von Denver und zahlreichen anderen Städten und angesichts der wachsender Besiedlung von Kansas, bereit, auf große Räume ihres Gebietes zu verzichten. Black Kettle:

»Wir wissen, daß dies unsere einzige Überlebenschance sein wird. Wir brauchen Unterweisung im Ackerbau, wir brauchen Pflüge und Farmgeräte, Getreidemühlen, Milchrinder, Hühner, Schweine und Häuser in denen wir wohnen können. Wenn die US-Regierung uns dies alles liefert, so ist dies nur ein sehr geringer Ersatz für die vielen Reichtümer an edlen Metallen, die Weiße in unserem Gebiet Colorado finden und zu reichen Leuten machen.«

Aber viele Einzelgruppen der Cheyennes waren mit diesen Einsichten ihrer weisen Häuptlinge nicht einverstanden. Sie tolerierten zwar die Vereinbarungen mit der US-Regierung, hielten sich auch an den Frieden mit den Weißen, der Grundlage dieser Vereinbarungen war, aber solange es noch Bisons zu jagen gab, solange es noch frei Räume gab, in denen man Zelte errichten und abbrechen konnte, freundeten sie sich mit den Geräten, die die US-Regierung schickte, nicht an. Und so nahm die US-Regierung dieses anfängliche Zögern als »Verschwendung großzügiger Agrikultisierungsgeschenke« und stellte die Lieferungen ein. Indianeragenten verschacherten heimlich wertvolle landwirtschaftliche Geräte und Saatgüter an amerikanische Bauern, und lockten mit diesen Manipulationen immer mehr Farmer in das Indianergebiet.

Paiutes

Der Silberboom des sogenannten »Comstock Lode« in Nevada vertrieb die Paiutes aus den wenigen Bergtälern der Wüste des Großen Beckens, in denen genügend Pflanzenwuchs und Wildreichtum war, um menschliches Leben zu ermöglichen. Im Frühjahr 1860 war ihre Situation im Gebiet zwischen Idaho und Arizona so prekär geworden, daß ihnen praktisch nur noch der Hungertod oder der Beutekrieg gegen die amerikanischen Randsiedlungen des Goldrausches in Nevada blieb. Am Pyramid Lake fanden sich tausend Krieger mit ihren Familien zu einem Council zusammen, um über Krieg und Frieden zu beraten, als sie die Nachricht erreichte, daß Indianer im Handelsposten Williams Station acht Weiße ermordet, Waren gestohlen und das Handelshaus in Brand gesetzt hatten. Die Häuptlinge Poito, Numaga und Chiquito wußten, daß dies eine Strafexpedition der Amerikaner gegen die Paiutes nach sich ziehen wird. Sie bereiteten sich auf den Kampf vor.

In den Goldgräberstädten Genoa, Virginia City und Carson City wurde eine Miliztruppe von 105 Prospektoren zusammengestellt. Sie ritten in einen Hinterhalt, und fünf Tage später stellte sich, nach verlorener Schlacht, heraus, daß 46 Amerikaner getötet worden waren. Texas-Ranger Colonel Jack Hays, der in Texas den Comanchen verschiedene vernichtende Niederlagen beigebracht hatte, befand sich zu dieser Zeit gerade als US-General-Landvermesser von Kalifornien in Carson City und stellte innerhalb kurzer Zeit eine Freiwilligentruppe von 550 Mann auf. Als aus Kalifornien noch 220 reguläre Soldaten dazukamen, stürmte der Texas-Ranger los. Er überrannte die — mit Comanchen nicht vergleichbaren — Paiutes im ersten Ansturm, metzelte ein halbes Hundert von ihnen nieder, vernichtete alle ihre Waffen und Vorräte, Pferde und sonstige Habe und jagte sie in die Wüste, wo die meisten von ihnen umkamen. Ein großer Teil der Versprengten fand Schutz und Unterstützung bei den Mormonen, die als einzige Amerikaner mit allen Indianerstämmen in Frieden lebten, weil sie niemals versucht hatten, ihnen ihr Land oder ihre Lebensweise zu nehmen.

Der Nordwesten

Suquamish

Als die Amerikaner in Fort Elliott 1855 ein großes Friedensvertrags-Council einberiefen, um mit den Indianerstämmen des Washington-Oregon Territoriums Reservationen zu besprechen und zu beschließen, war Häuptling Seattle, einer der wenigen indianischen Weisen, der »die Gedanken der Suquamish und Duwamish dachte«, bereit, alle Bedingungen der Amerikaner zu akzeptieren:

»...unser Volk sind nur noch wenige. Laßt uns hoffen, daß Feindschaft zwischen den Weißen und uns niemals wiederkehrt, denn wir haben dabei nur alles zu verlieren und nichts zu gewinnen. Die Rache, die Junge nehmen, empfinden sie als Gewinn, selbst wenn sie dabei ihr Leben verlieren. Aber die alten Männer die in Kriegszeiten zu Hause bleiben und die Mütter, die Söhne zu verlieren haben, wissen es besser. Der Große Weiße Vater sagt, daß der Gott der Weißen auch unser Gott ist, daß alle Weißen Brüder des Roten Mannes seien. Nun, die Menschen machen sich ihre Götter nach ihren Vorstellungen, und Brüder entstammen dem gleichen Geist. Deshalb ist euer Gott nicht unser Gott, seid ihr nicht unsere Brüder. Wir sind zwei verschiedene Rassen mit verschiedenem Ursprung und verschiedenen Schicksalen. Es gibt wenig Gemeinsames zwischen uns. Uns ist die Asche unserer Ahnen teuer und ihre Ruhestätten sind uns heilig. Ihr verlaßt die Gräber eurer Vorväter und bedauert es nicht. Eure Religion ist auf Papier geschrieben, unsere Religion ist in den Herzen des Volkes niedergeschrieben. Ihr müßt immer wieder in eurem Buch lesen um euch eurer Religion zu erinnern, bei uns ist sie Bestandteil des Bewußtseins. Eure Toten hören auf euch zu lieben, sobald sie das Tor zur Ewigkeit durchschritten haben. Sie vergessen euch und ihr vergeßt sie. Unsere Toten vergessen niemals diese schöne Welt, die sie hervorgebracht hat. Sie sind ständig um uns und bei uns und nur ihre Körper haben uns verlassen. Die Worte des Großen Weißen Vaters, der uns eine Reservation zuweist, in die wir uns zurückziehen sollen, sind wie eine Naturgewalt. Der Rote Mann hat versucht, vor den Weißen zu fliehen, wie die Morgennebel vor dem erwachenden Sonnenlicht fliehen. Es bedeutet wenig, wo man den Rest seiner Tage verbringt. Unsere Rasse wurde einst geboren, sie war machtvoll und stark und stirbt nun allmählich dahin. Die Nächte unseres Daseins werden länger und dunkler. Wohin der Rote Mann auch geht, überallhin folgen ihm die Schritte seines Vernichters und so bleibt ihm nur noch, sein Schicksal zu erdulden wie ein verwundetes Tier, das entkräftet ist und die Schritte des Jägers hört. Ich sehe dennoch keinen Grund zur Klage. Der Rote Mann hat viele tausend Jahre glücklich gelebt, und war sich dieses Glücks Tag für Tag bewußt. Stamm folgt Stamm und Nationen folgten Nationen, so wie eine Generation der anderen folgt. Es ist ein ständiges Geborenwerden und Vergehen, und Bedauern ist sinnlos. Eure Zeit des Untergangs mag noch entfernt sein, aber sie wird ebenso sicher kommen. Danach mögen wir Brüder sein, man wird sehen. Jeder Teil dieser Erde, die ihr uns zu verlassen gebietet, ist in der Wertschätzung unseres Volkes heilig. Jeder Hügel, jedes Tal, jede Ebene, jede Senke ist mit traurigen und glücklichen Ereignissen und Gefühlen längst vergangener Tage gesättigt. Selbst die Steine, die taub und tot in der Stille der Nacht und in der Wärme des Tages reglos daliegen, haben die Erinnerung an das Leben meines Volkes getrunken. Selbst der Staub, auf dem ihr jetzt steht, ist den vielen tausend Fußtritten meines Volkes mehr verbunden als den euren, denn er hat das Blut unserer Vorfahren getrunken, und er bewahrt heute noch das Salz ihrer bitteren und süßen Tränen, Fett und Asche unserer Lagerfeuer, den Schweiß der Freude und der Ängste, und unsere nackten Füße spüren in ihm eine Vertrautheit, die ihr nie empfinden könnt. Unsere hingegangenen Krieger, zärtlichen Mütter, freundlichen, glückherzigen Mädchen, und selbst unsere kleinen Kinder, die hier lebten und Erfüllung fanden, sind Bestandteil dieser beruhigenden Einsamkeiten geworden, in die sie wie die Gezeiten des Meeres im Geist immer wieder zurückkehren, um ihr Leben ohne die Last des Körpers fortzusetzen. Und wenn der letzte Rote Mann von dieser Erde genommen sein wird, und die Erinnerung an mein Volk zum Mythos unter den Weißen geworden ist, so werden dennoch diese Naturgründe erfüllt sein von den unsterblichen Geistern meines Volkes, und wenn eure Kindeskinder sich auf einem Feld, im Geschäft, zwischen Häusern und auf Überlandstraßen, oder im Schweigen der weglosen Wälder einsam fühlen, so werden sie nicht allein sein, denn nirgendwo auf der Erde gibt es einen Ort, der der Einsamkeit vorbehalten ist. Nachts, wenn die Straßen eurer Städte und Dörfer still sind und verlassen erscheinen, werden sie erfüllt sein mit den Geistern derer, die einst dieses Land liebten. Der Weiße Mann wird niemals allein sein. Die Toten sind nicht ohne Kraft. Die Gefühle der Menschen sind nicht nur im Leben die starken Impulse, die alle ihre Taten verursachen, sondern sie bleiben über den Tod des Körpers hinaus erhalten und sie konzentrieren sich auf das Land, erfüllen es mit menschlichem Leben. Ihr werdet es erleben, daß euch der Geist des Roten Mannes zu irgendeiner Zeit zu erfüllen beginnt, in euren Kindeskindern, zu einer Zeit, da ihr allgemein vollkommen gefühllos geworden seid, und euch nur noch Haß und Angst zu Taten zwingen, die nicht nur Vernichtung anderer, sondern auch eure eigene zum Ziel hat. In solchen Tagen wird der Geist des Roten Mannes, der alles Lebende mit großer Liebe und Andacht bejahte von euren Kindeskindern langsam Besitz ergreifen und auch in jene dringen, die gar nichts vom Roten Manne wissen.

Deshalb behandelt unser Volk gerecht und versucht, dem Ende unserer Tage mit Geduld entgegenzusehen, denn unsere Vorväter und wir werden ständig um euch sein und warten bis wir in eurem Charakter ein Samenkorn der Liebe zum Leben pflanzen können. Das aber wird dann der Tod eurer Welt sein.«

Aus einer Ansprache Seattles an Gouverneur Stevens im Jahre 1853, übersetzt und niedergeschrieben von Dr. Henry Smith, bewahrt in der Seattle Historical Society, Washington.

Man mag heute diese vorausschauenden Worte mit Verwunderung und Erstaunen lesen. Hier wird besonders deutlich, welch erstaunliches Wissen um die menschliche Psyche die Indianer besaßen. Sie hatten die Harmonie von Verstand und Gefühl nicht nur zu einem wesentlichen Bestandteil ihrer Kindererziehung gemacht, sondern schulten sich darin in lebenslanger Selbsterziehung. Von dieser Grundlage her konnte Seattle solche wahren, zukunftsweisenden Worte finden.

Amerikaner des Nordwestens, die die Washington-Metropole nach ihm benannt haben, nannten ihn voller Hochachtung den »Sokrates des Nordwestens«. Durch den Einfluß Seattles überstanden die Indianer des Washington Territoriums (Suquamish, Duwamish, Nisqually, Puyallup, Makahs, S'Klallams, Quinaielts, Quilehutes, Yakamas, Chehalis, Colville, Spokanes, Coeur d'Alène, Hohs und Quits, insgesamt 14 000) die Reservationspolitik der USA nicht nur verhältnismäßig ungeschoren, sondern sogar erfolgreich.

Bürgerkrieg und Indianeraufstände

Die Ursache für die während des Bürgerkrieges aufflammenden Aufstände im gesamten Prärie- und Wüstengürtel waren folgende:

Die im Friedensvertrag von 1851 anerkannten Reservationsräume wurden Jahr für Jahr von Siedlern und Goldsuchern zunehmend in Besitz genommen, die Indianer von Osten nach Westen, und von Westen nach Osten gedrängt; das Indianeramt in Washington war mit korrupten Beamten besetzt, die schon an der Quelle der Entschädigungs-Warenlieferungen in Washington einen guten Teil dieses Warenwerts zu ihrem persönlichen Nutzen verschoben; auf dem Weg zu den Indianern blieb wiederum ein beträchtlicher Teil dieser Warenlieferungen an Spediteuren und Zwischenagenten hängen, und zuletzt eigneten sich korrupte Indianeragenten in den Indianergebieten nochmals beträchtliche Güter an, sodaß schließlich den Indianern nur Bruchteile des zugesagten Warenwertes ausgehändigt wurden; die Proteste der Indianer wurden aber auf dem umgekehrten Instanzenweg (Indianeragent—Spediteur—Zwischenagent—Warenlieferanten—Indianeramt) entweder heruntergespielt, vertuscht, oder durch provozierte oder aufgebauschte »Zwischenfallberichte« ganz verschwiegen; durch die immer weiter vordringende Besiedlung und den zunehmenden Überlandwege-Verkehr, den Bau von Forts und Postkutschenstationen wurden die Wanderungen der großen Bisonherden behindert, ihre Zahl durch sinnloses Abschlachten dezimiert, und damit die Lebensgrundlage der Indianer stark beeinträchtigt. Viele Stämme litten immer größeren Hunger. Als nun auch die Warenlieferungen ausblieben, oder nur Bruchteile davon ankamen, wurde die allgemeine Hungersnot immer größer.

Angesichts dieser Bedrohung von allen Seiten gelang es nur wenigen Häuptlingen, einen kleinen Teil der Indianer zur Geduld zu bewegen. Die weitaus größte Zahl reagierte mit

Apachen holen in der San Carlos Agency die ihnen zugestandenen Lebensmittelrationen ab

Überfällen auf Wagentrecks, einsame Forts und Stationen. Der Abzug eines Großteils der US-Truppen zu den Kriegsschauplätzen im Osten bestärkte diese Indianer, daß jetzt die Chance gekommen sei, die Weißen generell zu vertreiben. Der im Westen verbliebene Rest der US-Armee, der allmählich durch »galvanisierte Yankees« verstärkt wurde, erlebte die härtesten 5 Kriegsjahre gegen die Prärie- und Wüstenstämme. Ihre Strategie in diesem Krieg, der aus einer Unzahl kleiner und kleinster mobiler Guerilla-Kriegszüge bestand, entwickelte in diesem Kampf ganz neue Praktiken. Es wurden grundsätzlich auf beiden Seiten keine Gefangenen gemacht (was hätte man auch mit ihnen anfangen sollen?), und für die einzelnen, in Forts konzentrierten Truppeneinheiten der US-Armee war es sehr schwer und oft unmöglich, Stämme oder Stammesgruppen zum Kampf zu stellen, die ihre Zelte innerhalb weniger Minuten abbrechen und mit Sack und Pack 50 Meilen am Tage zurücklegen konnten. Dennoch war die US-Armee — obwohl zahlenmäßig erheblich unterlegen — an allen Fronten erfolgreich, weil sie eine koordinierte, übergeordnete Strategie und Organisation besaß, während die Indianer diesen Krieg ohne jegliche Organisation und Strategie kämpften. Nicht einmal große Stammesgruppen besaßen ein gemeinsames Konzept, sondern zahllose Einzelgruppen folgten spontanen Entschlüssen. Dies führte unvermeidlich zu Niederlagen und Dezimierung. Wohl gelang es den Indianern 5 Jahre lang, die weitere Besiedlung zu verhindern. Sie erzwangen die Einstellung zahlreicher Überlandwege und Postkutschenlinien und brachten der zivilen Siedler- und Miner-Bevölkerung schwere Verluste bei, aber sowohl Verluste der Zivilbevölkerung wie die der US-Truppen wurden alsbald nicht nur ausgeglichen, sondern die Zahl der Weißen nahm unentwegt zu.

Das Jahr 1861

Solange die Apachen sich bei ihren Raubzügen auf die nördlichen mexikanischen Provinzen beschränkten und sich durch eine Politik der Geschenke und der Drohung mit militärischer Gewalt im amerikanischen Territorium verhältnismäßig ruhig verhielten, konnte sich die durch das Wüstenklima ohnehin verlangsamte Besiedlung verhältnismäßig ungestört vollziehen. Mit Ausbruch des Bürgerkrieges versuchten beide Seiten — Union und Konföderation — besonders die Chiricahua-Apachen unter ihren Häuptlingen Mangas Coloradas und Cochise für ihre Sache zu gewinnen. Aber die Apachen erklärten, daß sie sich nicht einmischen wollten. Mitten in der Räumung der einzelnen Garnisonen, die sich, je nach politischer Überzeugung ihrer Kommandanten, auf eine der beiden kriegführenden Seiten geschlagen hatten, geschah ein Ereignis, das die Lage entscheidend verändern sollte. Kurz nachdem die konföderierten Truppen das Territorium in Arizona und New Mexico geräumt hatten und es den Unionstruppen überließen, es gegen Indianerangriffe zu schützen, erschien ein Rancher bei einem Offizier der 7. Kavallerie in Fort Buchanan und klagte Cochise an, seinen Sohn und eine Milchkuh entführt zu haben. Hierauf lud der junge Offizier Cochise mit einigen seiner Unteranführer zu einer Verhandlung unter weißer Flagge ein. Cochise erschien mit 6 Häuptlingen und erklärte, daß er von dem Vorfall keine Ahnung habe und sich an die verschiedenen Friedensverträge halte, die Apachenstämme mit der US-Armee geschlossen hatten. Hierauf ließ der Offizier die Apachen festnehmen und erklärte, daß er sie nur gegen Herausgabe des jungen Mexikaners und des Rindes freilassen würde. Cochise gelang die Flucht durch das Verhandlungszelt, ein Häuptling wurde getötet, die anderen gefesselt. Kurze

Die Apachen widerstanden der US-Armee am längsten und verbreiteten auch unter hartgesottenen US-Soldaten wegen ihrer Grausamkeit Furcht und Schrecken

Zeit später erschien Cochise vor dem Fort. Er hatte einige weiße Siedler gefangengenommen. Er wollte sie Mann für Mann töten, wenn man seine Häuptlinge nicht freigäbe. Als der junge Offizier sich weigerte, schleiften die Apachen den ersten Weißen vor den Augen der Fortbesatzung zwischen Kakteen zu Tode. Hierauf hingen die Soldaten einen Häuptling weit sichtbar auf. Nun brachten die Apachen den nächsten Weißen um. Dies wurde so lange fortgesetzt, bis alle gefangenen Apachen und Weißen umgebracht worden sind. Wenig später kehrte der vermißte Junge zurück. Es stellte sich heraus, daß er von zu Hause durchgebrannt war und das Rind um ein Taschengeld verkauft hatte. Dieses Ereignis war die Ursache eines erbitterten Krieges.

Die Apachen verfügten über große Mengen von Waffen, Munition, Vorräten und sonstigen Gütern, Pferden und Maultieren. Niemals zuvor waren sie so gut bewaffnet und mit ausreichendem Kriegsmaterial versorgt. Brigadier General James H. Carleton, der die California Column der Südwest-Armee befehligte, erklärte öffentlich den Ausrottungskrieg gegen die Apachen und offerierte Skalpprämien: 100 Dollar für einen männlichen, 50 Dollar für einen weiblichen, 25 Dollar für einen Kinder-Skalp. Im Juli 1862 lockten 700 Apachen die 1. California Infantry am Apache Pass in eine Falle, aber das strategische Geschick des Captain Thomas F. Roberts verwandelte die sichere Niederlage in einen überlegenen Sieg, der die Apachen 66 Tote kostete. Möglichkeiten, einen Friedensvertrag zu erreichen, vereitelten Miner, die eines Tages den berühmten Apachen-Häuptling Mangas Coloradas gefangennahmen und öffentlich auspeitschten. Nun entfesselte Mangas seinerseits einen unerbittlichen Guerillakrieg. Als 1863 Colonel West ihn zu einem Friedenspalaver einlud, wurde Mangas gefangengenommen und mit einem Bajonett erdolcht. Von nun an war Cochise Oberhäuptling und nicht mehr bereit, Frieden zu schließen:

Charles M. Russel: »*Indians Discovering Lewis and Clark*«*, 1899, Ölgemälde. Indianer entdecken die* »*Lewis- und-Clark-Expedition*«

Charles M. Russel: »Lewis and Clark meeting in with the Flatheads«, 1903, Ölgemälde. Meriwether Lewis und William Clark, die von 1803—1806 im Auftrage der US-Regierung über den Missouri eine Nordwest-Passage zum Pazifik suchten, gelangten 1805 zu den Flatheads im hohen Nordwesten der USA, die ihnen mit Freundlichkeit begegneten (oben)

Charles M. Russell: »Indians Attacking a Wagon Train« (»Indianer greifen einen Wagenzug an«), 1905, Ölgemälde (rechte Seite oben)

Charles M. Russell: »Salute to the Fur Trade«, 1911, Ölgemälde. Der Pelzhandel war sehr bald für die Indianer so unentbehrlich geworden, daß sie die Händler geradezu baten, sich mit Handelsposten in ihren Gebieten niederzulassen. Es war eine Sitte, die allgemein beachtet wurde, daß »freundliche« Indianer sich schon auf weite Entfernung durch Schießen bemerkbar machten, wenn sie sich einem solchen Handelsfort näherten (rechte Seite unten)

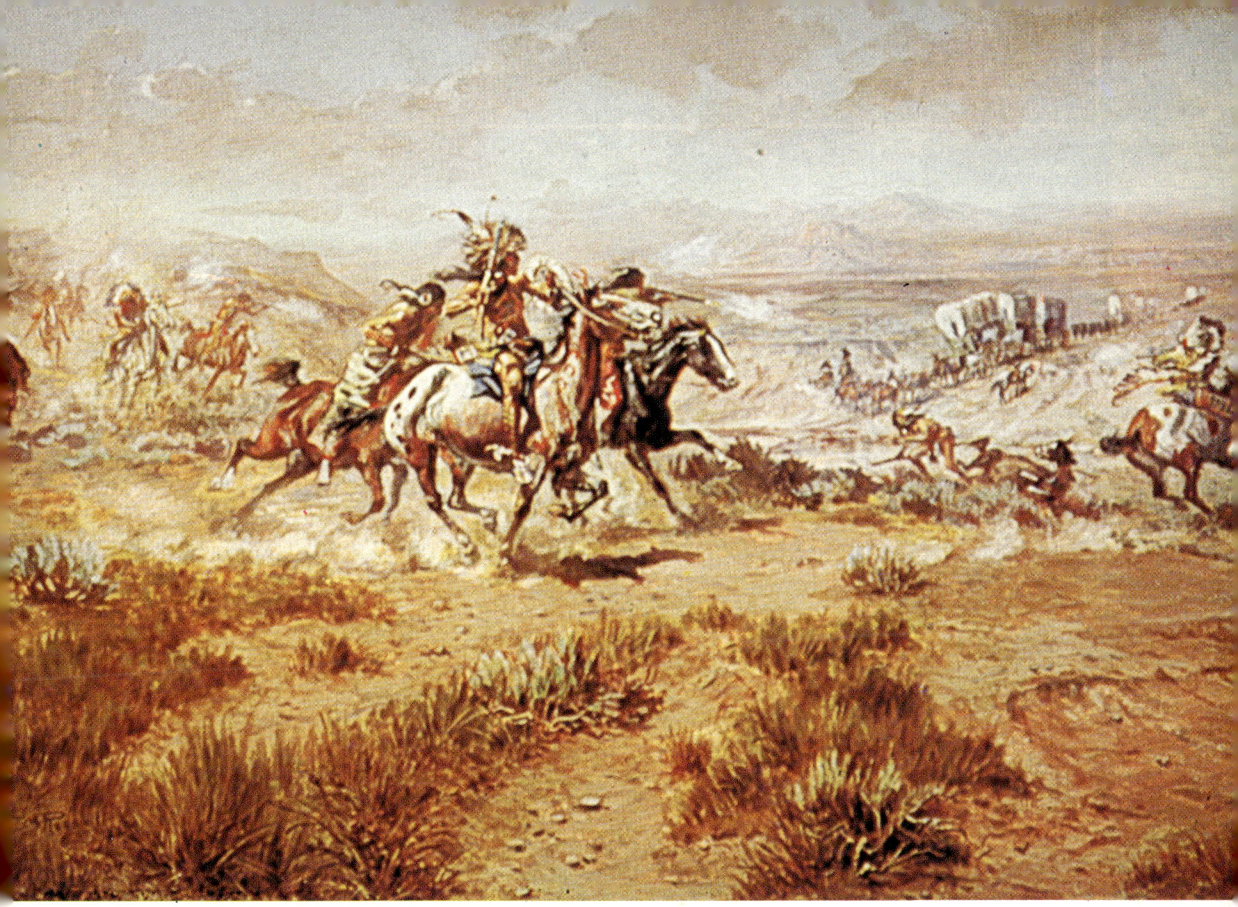

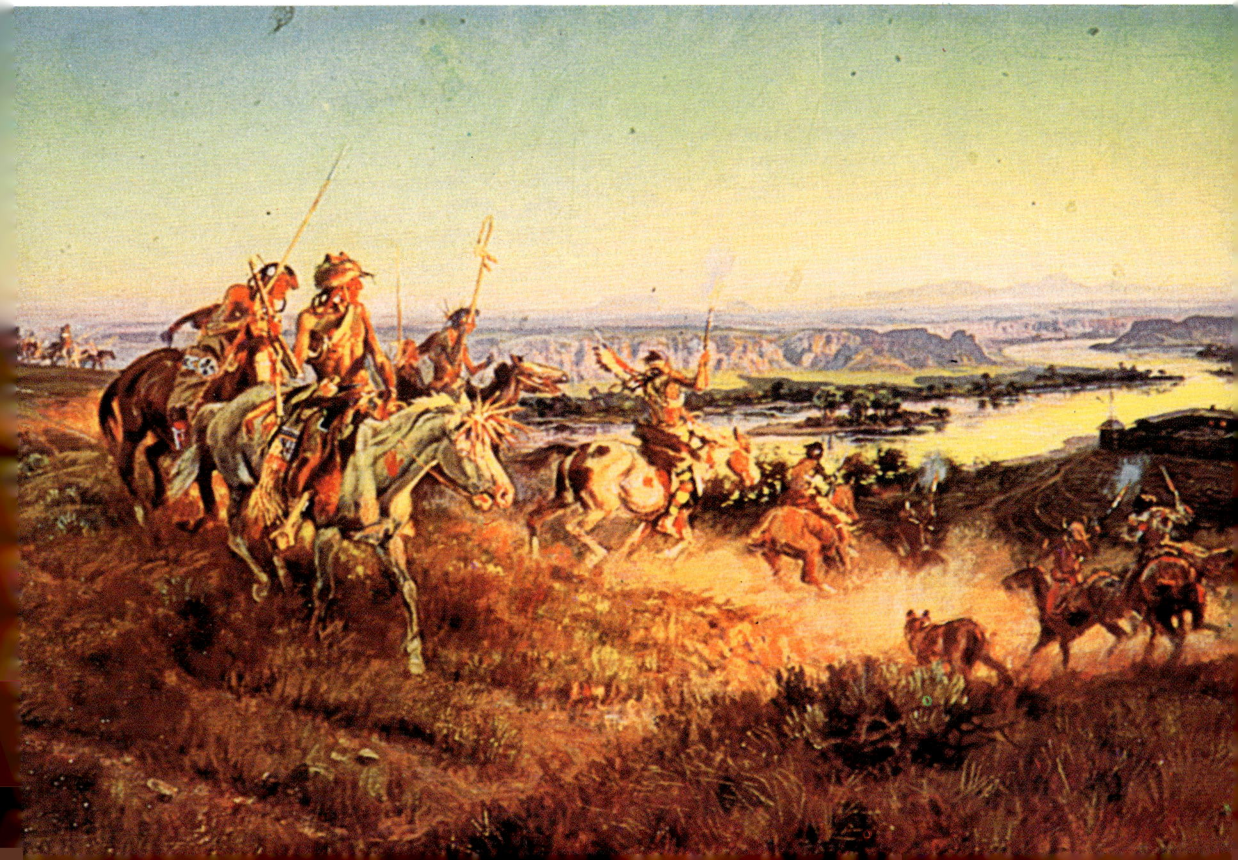

Charles M. Russell: »For Supremacy«, 1895, Ölgemälde. Schlacht zwischen Piegans und Crows um 1830. Einzelheiten wurden erstmals in der »Sun River Sun« vom 25. 12. 1884 von Piegan-Häuptling Little Plume berichtet, der zur Zeit der Schlacht ein kleiner Junge war. Die Häuptlinge beider Stämme hatten sich zu einer Friedens-Ratsversammlung getroffen, aber der Kampf begann, als bekannt wurde, daß ein Piegan-Medizinmann auf dem Weg zum Council getötet worden war. Die Hauptschlacht, an der auf beiden Seiten mehr als 5 000 Krieger teilnahmen, fand 3 km unterhalb der heutigen Stadt Sun River statt. 500 Piegans wurden getötet, bevor die Crows über den Missouri zurückgeworfen werden konnten

»Ich kenne kein einziges Raubtier, das sich so tückisch verhält, wie Amerikaner. Ich sage: Nur ein toter Amerikaner ist ein guter Amerikaner!«

Dieser Ausspruch des Apachen-Häuptlings war es, der später den Oberkommandierenden William Tecumseh Sherman zu seinem berühmten Satz »Nur ein toter Indianer ist ein guter Indianer« inspirierte. Während des ganzen Bürgerkrieges und noch Jahre danach hatte die US-Armee Mühe, die totale Entvölkerung von Arizona und New Mexico zu verhindern.

Das Jahr 1862

Amerikanische Historiker behaupten seit Jahrzehnten, daß der Große Sioux-Aufstand in Minnesota das Ergebnis einer allgemeinen indianischen Revolte gewesen sei, die den Bruderkrieg der Weißen für sich ausnützen wollten, um ihr Land wieder zurückzuerobern. Abgesehen davon, daß die Präriestämme niemals und zu keiner Zeit auch nur die Andeutung einer übergeordneten Planung hatten, verschweigen die Historiker, daß dieser Aufstand allein von der ignoranten amerikanischen Bürokratie und korrupten Indianeragenten angezettelt wurde: Die in einer Reservation des südwestlichen Minnesota lebenden Santee-Sioux, die unkriegerischsten Sioux überhaupt, waren bereitwillig zu Maisbauern geworden. Sie waren größtenteils christianisiert, bebauten ihre Maisfelder, wohnten in festen Häusern, besuchten Kirchen und Schulen und lebten mit den weißen Farmern in Frieden und Eintracht. In verschiedenen Verträgen hatte die US-Regierung ihnen als Ausgleich für Landaufgaben jährliche Entgelte in Form von Fleisch, Zucker, Mehl, Reis und Geld zugesagt. Aber schon seit Jahren lieferten korrupte Lieferanten nur verdorbene Waren, seit Jahren forderten korrupte Indianeragenten hierfür überhöhte Preise. 1862 hatte eine Raupenplage der Eulenfalter (engl.: Cutworms, lat.: Agrotis) die gesamte Maisernte der Santee-Nation vernichtet. Nur noch die fristgerechte Lieferung der vertraglich vereinbarten Lebensmittel und der Jahresgelder hätte die Santees vor dem Hungertod retten können. Die Lagerhäuser der Regierung waren bis an die Dächer gefüllt, die Lager der Indianeragenten ebenfalls, aber das Ausgabesystem beruhte darauf, daß die Regierung die entsprechende Jahressumme zuerst überweisen mußte, ehe die Waren ausgegeben werden konnten. Die Finanzbeamten der US-Regierung aber, die Mühe hatten, die steigenden Kriegskosten zu finanzieren, hielten die Sioux-Gelder zurück. Die Bürokraten der Lagerhäuser in Minnesota verweigerten die Warenherausgabe, ehe nicht das Geld überwiesen war. Die Indianeragenten gaben ebenfalls ohne Geld nichts heraus. In ihren Geschäften hatten sie Schilder angebracht: »Kein Kredit für Indianer«. Die Situation der Sioux wurde von Woche zu Woche katastrophaler. Ein deutscher Farmer (Heinrich Berthold) aus New Ulm schrieb an seinen Bruder in New York:

»Sie müssen verhungern. Es sind fleißige, gottesfürchtige, fromme und ehrliche Indianer, hilfsbereit und frohgelaunt. Aber ihre Situation ist furchtbar. Wir helfen, wo wir können, aber die Raupen haben auch unsere Felder heimgesucht. Die skrupellosen Indianerhändler, die sie auf Schritt und Tritt betrügen, sagen, daß sie große Schulden bei ihnen hätten. Ich wüßte nicht für was. Die Beamten der Lagerhäuser geben keine Waren aus, wenn nicht Regierungsgeld kommt. Das ist total verrückt: Es sind Regierungslager und es ist Regierungsgeld. Praktisch nimmt die Regierung aus einer Westentasche

Sioux-Häuptling Crazy Bear

das Geld und steckt es in die andere. Die Indianer fürchten, daß die Händler mit den Lagerhausbeamten einen Handel gemacht haben, daß die Beamten den Händlern einen Großteil des Sioux-Geldes als Schuldenabzahlung geben werden, wovon sie dann einen guten Teil in die eigene Tasche stecken, und dann den Indianern nur noch ganz wenig Waren ausgehändigt werden. Die Beamten haben bereits in anderen Counties diese Siouxwaren zu erniedrigten Preisen angeboten. Die Gefahr ist also groß, daß es sich hier um einen ganz großen Schwindel auf Kosten der Indianer handelt. Diese aber sind vom Hungertode bedroht, und die kleine Gruppe der Jäger unter ihnen, die immer dagegen waren, daß man zu Farmern wurde, werden dann eines Tages keinen anderen Ausweg mehr wissen als Kampf. Und das wird dann furchtbar sein. Und wir Farmer sind es, die dann wahrscheinlich darunter zu leiden haben werden. Das Schlimme an der ganzen Sache ist, daß man in Amerika nur von der zweiten Schlacht bei Bull Run spricht, von Braggs Invasion in Kentucky und von den 23 000 Gefallenen bei Antietam. Selbst wenn uns allen hier die Hälse durchgeschnitten werden, kümmert sich kein Mensch darum!«

Als Little Crow (5. Häuptling der Kapoja-Gruppe des Medewkanton-Unterstammes; indianischer Name: Cheta-wakan-mani = der heilige Taubenfalke, der gegangen kommt) den Indianeragenten beschwöre, den Sioux nun endlich die Lagerhäuser zu öffnen, da sein Volk sonst vor Hunger sterben müßte, antwortete dieser: »Wenn sie hungrig sind, sollen sie Gras fressen!« Nicht einmal der vor Zorn sprachlose Häuptling verbreitete diese Antwort, sondern der deutsche Farmer Sebastian Müller, der sie hörte. Dieser Satz verbreitete sich unter den Sioux mit Windeseile und versetzte sie geradezu in Raserei: Am 18. August 1862 stürzten sich Hunderte von Sioux auf alle Weißen, derer sie habhaft werden konnten. Mehr als 400 Zivilisten büßten ihr Leben ein. In wenigen Wochen hatten die — meist deutschamerikanischen — Farmer 737 Tote zu beklagen. General Henry Hastings Sibley kreiste am 18. 9. die Sioux mit 1 600 Soldaten ein und schlug sie vernichtend. Little Crow floh mit den überlebenden Kriegern in die Prärie, während der am Kampf nicht beteiligte Häuptling Red Iron die von Little Crow gefangenen weißen Frauen und Kinder übernahm, um sie dem US-General zu übergeben. Die meisten Frauen und Mädchen waren von Little Crows Kriegern gleich dutzendfach vergewaltigt worden. Als der General dies sah, ließ er alle erreichbaren männlichen Sioux gefangennehmen, stellte sie vor ein Kriegsgericht und verurteilte 303 zum Tod. Die der Vergewaltigung tatsächlich Schuldigen hatten sich inzwischen längst den nomadischen Bisonjäger-Siouxstämmen angeschlossen. Präsident Lincoln bestätigte 38 dieser Todesurteile, und am 25. 12. 1863 wurden diese Verurteilten in einer Massenhinrichtung an einem viereckigen Galgen, alle auf einmal, öffentlich gehenkt.

Das Jahr 1863

Die Ohio Volunteer Cavalry, eine Freiwilligentruppe, die der ehrgeizige Rechtsanwalt William O. Collins mit eigenen Mitteln aufgestellt hatte, jagte Ende 1862 eine große Gruppe von Shoshonen und stellte sie am schneebedeckten Bear River bei einer Außentemperatur von —50 °C. Die Shoshonen hatten mit den Utes und der Unterstützung der Mormonen die Überland-Wagenkarawanen nach Kalifornien angegriffen und schwere Verluste verursacht. Die Indianer hielten es nicht für möglich, daß Menschen bei solchen klimatischen Bedingungen einem Feind hartnäckig folgen und kämpfen würden, eine Eigenschaft, die die Indianer immer an den Amerikanern unterschätzt haben. Wahrscheinlich war es der schrecklichste Kampf aller Indianerkriege überhaupt: Viele Shoshonen zogen sich auf der Flucht Erfrierungen an Händen, Füßen, Nasen und Ohren zu, manche waren bereits bis zur Hüfte erfroren. Sie kamen nicht mehr aus den Sätteln, auch nicht, als sie schon erschossen waren. 250 Tote gab es schon, mehr als 400 Halberfrorene und Schwerverletzte fielen dem Angriff der Freiwilligen aus Ohio zum Opfer, die 600 Indianerpferde töteten und 175 erbeuteten.

Das Jahr 1864: Apache-Campaign

Im September 1862 hatte US-General Carleton verkündet, daß er eine Strategie der Ausrottung gegen die Apachen betreiben würde, aber es war ihm nur gelungen, die Mescalero-Apachen und 5 600 Navahos zu veranlassen, in die Reservation Bosque Redondo zu gehen. Im April 1864 führte Carleton seinen »Großen Plan« aus: Die Gouverneure der mexikanischen Grenzprovinzen Chihuahua und Sonora sagten zu, die Apachen aus Mexiko in die USA zu treiben. Carleton versorgte die Erbfeinde der Apachen, die Papagos, Pimas und Maricopas mit Waffen und Munition, ließ Waffen und Munition an die Miner der verschiedensten Regionen ausgeben und setzte sich dann mit einer Streitmacht von 500 Soldaten und 8 Berghaubitzen in Bewegung. Von vier Seiten wurden die Apachen nun wie bei einer Treibjagd angegriffen und in unzählige Scharmützel und Kämpfe verwickelt. Am Ende des Jahres brach Carleton die Aktion ab. Die Bilanz: 363 Apachen wurden getötet, 140 schwer verwundet. Die Gegenseite hatte 7 tote Soldaten und 18 getötete Zivilisten zu beklagen. 25 Soldaten und 13 Zivilisten wurden schwer verwundet.

Navahos: Der weite Weg

Während des Herbstes und Winters erfüllte Colonel Christopher (»Kit«) Carson mit einer Truppe von 27 Offizieren, 476 berittenen US-Soldaten, 260 Infanteristen und 200 Ute-Scouts die Aufgabe, »die Navahos zu pazifizieren«. Der ehemalige Trapper und Mountain Man, der lange Jahre unter Indianern gelebt hatte, weigerte sich, die Strategie der Ausrottung mitzumachen und hatte nur unter der Bedingung seine Aufgabe übernommen, daß er es auf seine Art versuchen würde. Fünf Monate verbrachte er damit, die Maisfelder und Pfirsichplantagen der Navahos zu zerstören, ihre Schafherden einzufangen und ihre Pferde zu kassieren. Im Januar 1864 hatte er 4 000 Pfirsichbäume abgeholzt, nahezu alle Maisfelder und Getreidevorräte verbrannt, 12 284 Schafe, 2 742 Pferde, 35 Maultiere, 31 Rinder und 18 Esel erbeutet. Am 13. Januar begann er den eigentlichen Feldzug, indem er der Hauptstreitmacht der Navahos gestattete, sich in den von ihnen für uneinnehmbar gehaltenen Canyon de Chelly zu flüchten. Aber dort warteten an verschiedenen Eingängen bereits Carsons Truppen. Er ließ Kanonen am Rand der Schlucht auffahren, und die Navahos gaben — unter nur geringen Verlusten — auf. Am 23. Januar berichtete Carson an General Carleton:

>. . . ich habe versucht ihnen klarzumachen, daß Widerstand keinen Sinn hat. Sie sagten, sie hätten den Krieg nur begonnen, weil die Strategie der Ausrottung verkündet worden sei. Sie hätten schon lange vorher Frieden gemacht und auch eine Reservation akzeptiert, wenn sie gewußt hätten, daß man sie gerecht behandelt. Ich berichte, daß es auf ihrer Seite leider 23 Tote gegeben hat. Ich habe ihnen Fleisch gegeben und ihnen erlaubt zu ihren Weidegründen zurückzukehren, um dort ihren Stammesmitgliedern, die sich verbergen, zu sagen, daß ich sie alle hier bei Fort Canby erwarte, um mit ihnen zur Bosque Redondo Reservation zu ziehen.«

Es wird berichtet, daß General Carleton sich »beinahe totgelacht« habe, als er hörte, daß Kit Carson mehr als die Hälfte der Elitekrieger einfach wieder hatte laufen lassen und darauf vertraute, daß sie freiwillig zurückkehren würden! Aber 9 892 Navahos kamen.

Kiowas und Comanchen: Adobe Walls

Indianergruppen hatten in den Jahren 1862—1863 einen starken Druck auf die Texas-Besiedlungsgrenze und auf New Mexico ausgeübt. Auch wenn man phantastische Übertreibungen jener Tage nüchtern betrachtet, bleibt die Feststellung, daß amerikanische Siedler, Wagentrekker und Spediteure große Verluste erlitten haben. Kit Carson setzte sich am 6. 11. mit 5 Kompanien Kavallerie und 2 Kompanien Infanterie, 72 Ute-Scouts, 27 Wagen und zwei 12-Pfünder Berghaubitzen in Bewegung, erreichte am 24. 11. den Texas-Panhandle, wo sich ihm etwa 1 000 Krieger stellten, die ständig von allen Seiten Verstärkung erhielten. Bei dem alten Handelsposten Adobe Walls entbrannte ein Kampf, der für Carson sehr bald zum verzweifelten Abwehrkampf und zum strategischen Rückzug wurde. Nachdem er noch 176 Büffelhaut-Tipis der Kiowas und deren Wintervorräte vernichtet hatte, trat er am 27. 11. den Rückzug an, um wenig später in New Mexico festzustellen, daß kurz vorher zwischen den Indianern und der US-Regierung ein neuer Friedensvertrag ausgehandelt worden war.

Cheyennes: Das Sand Creek-Massaker

Der Winter stand bevor, und Black Kettle versuchte von den Amerikanern eine Garantie zu erhalten, daß er mit seinem Volk den Winter in Frieden verbringen konnte; denn im Winter kämpften Indianer nicht, oder nur sehr ungern. Black Kettle und White Antelope hatten sich schon seit längerer Zeit dafür verwendet, seßhafte Ackerbauern zu werden, wurden aber von vielen Indianern nicht unterstützt. Diese Anhänger des »lieber kämpfend sterben als friedlich hungern« hatten zusammen mit Kiowas, Comanchen und südlichen Sioux im Sommer Colorado regelrecht vom Osten abgeschnitten. Der Gouverneur von Colorado lud Black Kettle, White Antelope, Bull Bear, Neva und andere zu einem Gespräch ein. Auch Gouverneur Evans wünschte Frieden, aber wegen der gewünschten Garantien verwies er die Indianer an den neuen Kommandeur der Colorado Miliz, Colonel John Milton Chivington, der den Indianern kalt erklärte:

»Die beste Zeit für euch, Krieg zu machen, ist der Sommer — die beste Zeit für den Krieg bei uns ist der Winter. Ihr habt euren Krieg im Sommer gehabt, jetzt kommt meine Zeit!«

Hierauf begab sich Black Kettle mit etwa 600 Cheyennes und Arapahoes unter den Schutz der US-Armee in Fort Lyon, das nicht mehr zum Wirkungsbereich des Methodistenpfarrers Chivington gehörte, lieferte dort die Waffen ab, bat um einen Friedensvertrag und Lebensmittelrationen für den Winter, und erhielt von der US-Armee am Sand Creek einen Winterlagerplatz zugewiesen. Man gab Black Kettle eine US-Flagge zum Zeichen, daß dieses Cheyenne-Winterlager unter dem Schutz der US-Armee stand. Black Kettle befestigte diese US-Flagge an der Spitze seines Zeltes und darunter eine weiße Flagge als weithin sichtbares Zeichen seiner Kapitulation.

Am 28. 11. 1864 marschierte Colonel Chivington mit 750 Milizsoldaten am frühen Morgen vor dem Cheyenne-Dorf auf und machte die erwachenden Indianer nieder. Nur 60 der 600 Personen waren Krieger, die anderen Alte, Frauen und Kinder.

Die Grausamkeit, mit der die überlegenen Milizsoldaten über die wehrlosen Indianer herfielen stellte alles in den Schatten, was an Brutalität und Sadismus jemals in den Indianerkriegen des nordamerikanischen Kontinents begangen wurde. Als die »siegreichen Truppen«, von der Bevölkerung Denvers wie Helden, die aus einer blutigen Schlacht heimkehrten, gefeiert, in einer Parade durch die Stadt defilierten, waren an ihren Hüten abgeschnittene Indianerbrüste und Genitalien, Kinderskalps und abgeschälte, großflächige Hautlappen zu sehen.

Von den dreihundert getöteten Indianern am Sand Creek waren nur 25 Krieger.

Black Kettle begab sich mit dem Rest seiner Stammesgruppe, die seinem Ruf, Frieden zu bewahren, folgte, ins Indianerterritorium, das als großes Reservat aller nordamerikanischen Indianer vorgesehen war. Er ließ sich am Washita River nieder. Am 27. November 1868 überfiel General George Armstrong Custer mit seinem 7. Kavallerie-Regiment dieses Cheyenne-Dorf überraschend bei Sonnenanbruch. Diesmal war Black Kettle unter den getöteten Kriegern, Frauen und Kindern.

Das Jahr 1865

Das Jahr 1865 stand unter dem Eindruck des Sand Creek-Massakers. Gruppen der Cheyennes, Arapahoes, Kiowa-Apachen und Comanchen überzogen die südliche Prärie mit einer bis dahin nie gekannten vehementen Ausrottungskampfesweise. Was immer ihnen an Weißen in die Quere kam, wurde getötet: Julesburg, 7. 1.: 15 Soldaten, 4 Zivilisten. Harlows Ranch,

28, 1.: 2 Zivilisten, eine Frau gefangen. Prairie, 29. 1.: 9 Soldaten. Beaver Creeks — Postkutschenstation, 1. 2.: angezündet. Morrison Ranch, 2. 2.: 7 Zivilisten, eine Frau und ein Kind gefangen. Washington Ranch, 4. 2.: 3 Zivilisten. Lilian Springs Ranch, 7. 2.: 4 Zivilisten. Gittrells Ranch, 9. 2.: 3 Zivilisten. Moore's Ranch, 11. 2.: ein Zivilist. Überfall auf drei Wagenzüge, 2. 3.: 9 Zivilisten. Julesburg, 16. 3.: angezündet, 3 Zivilisten. Zwischen den Monaten Mai und Dezember wurde praktisch der ganze Wagenzug- und Postkutschenverkehr im Powder River-Gebiet durch zahllose Angriffe lahmgelegt. 47 Soldaten, 109 Zivilisten wurden getötet; 16 Frauen wurden gefangengenommen. In der nördlichen Prärie befanden sich die Sioux-Stämme, die nördlichen Cheyennes und die mit ihnen befreundeten Stämme in hellstem Aufruhr und die US-Armee war entweder auf dem Rückmarsch oder in einer Rundumverteidigung. Mit dem US-Regierungsbeschluß allerdings, jetzt das lange geplante Projekt einer Transkontinental-Eisenbahnlinie in Angriff zu nehmen, mit den Plänen für den Bau einer Eisenbahnlinie durch Kansas nach Denver und nach Santa Fe, wurde der US-Regierung klar, daß sie mit dem Kampf gegen die Prärie-Indianer nicht warten konnte, bis der Bürgerkrieg beendet ist. Man bereitete große Lieferungen von Waffen und Munition für den Westen vor, füllte die Lagerhäuser der Forts Benton (im Norden), Lincoln (im Nordosten), Laramie (in den nördlichen Plains), Harker (Kansas), Leavenworth (Kansas), Supply (Oklahoma) und Union (New Mexico) mit Waffen in großer Zahl auf, denn mittlerweile lief die Kriegsindustrie des Nordes auf höchsten Touren und der Krieg neigte sich dem Ende zu. Die konföderierte Armee war ausgeblutet, ihre Waffenindustrie größtenteils zerstört. Aber im ersten Halbjahr blieben die Truppenverstärkungen noch aus, weil man zum letzten großen Schlag alle verfügbaren Soldaten auf den Schlachtfeldern des Bürgerkrieges brauchte. Von Fort Laramie aus war es die Ohio-Freiwilligen-Kavallerie, die die Sioux, Cheyennes und Arapahoes in unzähligen Gefechten mitten in der Prärie band (Mud Springs 6. 2. und Platte Bridge 25. 7.).

Die Fünf Zivilisierten Indianer-Nationen

Seit ihrer Evakuierung in das Indianer-Territorium Oklahoma hatten die Creek-, Cherokee-, Choctaw-, Chikasaw- und Seminolen-Stämme ihre Zivilisationen mit erstaunlichem Erfolg wiederaufgebaut. Sie besaßen blühende Städte und Gemeinden, Farmen, Ranches, Plantagen, Schulen, Universitäten, eine funktionierende Verwaltung und Gerichtsbarkeit. Ihre Sheriffs, Marshals und Deputys sorgten für Ruhe und Ordnung, ihre Spezial-Polizeitruppen der »Light-Horses«, den Texas-Rangers nachgebildet, schützten Postkutschen, Telegraphenverbindungen und Wagentreck-Wege nach Westen vor Angriffen nomadischer Reiterstämme, aber auch vor mexikanischen und amerikanischen Banditen und Deserteuren. Sie betrieben Fähren und Speditionsgeschäfte, hatten ihre eigenen Zeitungen und Buchdruckereien und hätten eigentlich zwischen den beiden großen Kriegsschauplätzen im Osten und im Westen in Frieden leben können, wenn sie nicht, wie schon in den kriegerischen Auseinandersetzungen der Weißen im Osten, wieder Partei ergriffen hätten.

Alle diese Nationen waren traditionell Sklavenhalter und hatten bei der Evakuierung ihre Negersklaven größtenteils mitgenommen. Sie sympathisierten deshalb mit dem Süden. Während die Werber der Nordstaaten nicht mehr zu versprechen hatten, als das alles so bliebe wie es war, versprachen die Vertreter der Südstaaten, daß man loyalen Indianernationen gegenüber alle jene Rechte respektieren würde, um die sie mit der US-Regierung solange vergeblich gekämpft hatten. So war es zunächst kein Wunder, daß sich alle fünf Nationen für die Südstaaten entschieden und im August 1861 offiziell ihren Austritt aus der Union erklärten. Aber schon bald schlugen sich die oberen Creeks und ein Teil der Cherokee-Indianer unter ihrem Präsidenten John Ross auf die Seite der Union. Auf beiden Seiten wurden Indianer-Regimenter aufgestellt, die von indianischen Kommandeuren befehligt wurden. Auf beiden Seiten gab es Generäle — in der Südstaaten-Armee den Haudegen Brigadegeneral Stand Watie (Cherokee), in der Nordstaaten-Armee Brigadegeneral Ely Samuel Parker (Seneca), die sich gegenseitig strategisch austricksten und abwechselnd Schlachten gewannen und verloren. Emissäre der auf der Seite der Südstaaten kämpfenden Indianertruppen waren es, die schon im ersten Jahr des Bürgerkrieges die Prärienstämme besuchten und sie zum allgemeinen Aufstand gegen die Yankees ermunterten, damit im Westen möglichst große Truppen-Kontingente der Nordstaaten gebunden blieben. Aber die US-Armee handelte pragmatisch, zog einen Großteil der Truppen aus dem Westen ab und überließ es den Westerners selbst, sich ihrer Haut zu wehren. Mit immer gemischter werdenden Gefühlen beobachtete die Regierung der Südstaaten, wie sich nach den Hinrichtungen in Minnesota und dem Sand Creek-Massaker die tatsächliche Stoßrichtung der Prärieindianer immer mehr gegen die Zivilbevölkerung und immer weniger gegen die reguläre US-Armee richtete. Texas hatte unter den Angriffen der Kiowas, Cheyennes und Comanchen besonders zu leiden. Als der Ausgang des Krieges nur noch eine Frage von wenigen Wochen war und die Sache des Südens auf den Schlachtfeldern praktisch schon ganz verloren war, unternahm Präsident Jefferson Davies etwas, das man später die »bizarrste Episode« des Bürgerkrieges nennen wird: Der Creek-Politiker Tuk-a-Ba-Tche-Miko ritt unermüdlich von Stamm zu Stamm, um alle zu einem großen Council zu überreden und sich anzuhören, was der »Große Weiße Vater des Südens« ihnen mitzuteilen hatte. Ungeheuerlich müssen die Strapazen des Creek-Politikers gewesen sein, noch ungeheuerlicher seine Überzeugungskraft und oratorische Sprachbegabung, denn das Unfaßbare geschah. Am 1. Mai 1865 versammelten sich am Washita River im Indianer-Territorium 20 000 Häuptlinge, Anführer und Sprecher dieser Stämme. Es war die größte Ansammlung von Kriegshäuptlingen und Kriegern, die der nordamerikanische Kontinent je erlebt hatte. Und hier nun geschah noch Unfaßbareres: Die Repräsentanten des Südstaatenpräsidenten, die noch nicht wußten, daß der Bürgerkrieg inzwischen durch die Kapitulation des Südens beendet war, brachten es fertig, diese 20 000 Prärieindianer zu der Zusicherung zu veranlassen, daß sie die Überfälle einstellen und Frieden bewahren würden. Ein alter Sioux-Häuptling formulierte die Sachlage so:

> »Es ist ein letzter Versuch, die Prärieindianer vor dem Untergang zu bewahren, indem wir trotz allen Unrechts, das uns zugefügt worden war, trotz aller gebrochenen Verträge, Lügen und Betrugs auf der Höhe unserer Macht in der Prärie, auf dem Höhepunkt unserer Rache und Vergeltung, das Kriegsbeil begruben. Wir hofften, daß es auch den Amerikanern, gerade nach dem furchtbaren Bruderkrieg, der sie soviel Tote, Blut und Zerstörung gekostet hatte, eine Gelegenheit geben würde, einzusehen, daß Haß

und Kampf, Blut und Tod unsinnig und unmenschlich sind. Wir wußten, daß sowohl die Weißen wie auch die Indianer inzwischen Grund genug erhalten hatten, sich abgrundtief zu hassen, wir wußten aber auch, daß dies ein Ende haben mußte. Also wollten wir den Anfang machen und zeigen, daß wir im Grunde friedliche Menschen sind.«

Reservationspolitik und der programmierte Untergang

Der gewonnene Bürgerkrieg, der die Südstaaten wieder in die Union zurückpreßte, hatte die USA nicht nur mehr als 300 000 Tote gekostet und eine verwüstete Agrarwirtschaft in den Oststaaten und eine ruinierte südliche Pflanzerkultur hinterlassen, sondern auch ein unübersehbares Waffenarsenal beschert, eine aufgeblasene Kriegsindustrie geschaffen und ein Heer demobilisierter, arbeitsloser Soldaten hervorgebracht. Die Folgen dieses Krieges wirkten sich hauptsächlich auf den Westen aus.

Die Heere beider Seiten hatten nicht nur alle Fleischreserven aufgezehrt, sondern auch den gesamten Rinderbestand. Im Norden herrschte Hungersnot, in Texas hatten sich unbeaufsichtigte Longhorn-Rinderherden zu halbwilden Millionenherden vergrößert. Fleischbedarf im Norden und Rinderüberfluß im Süden führten zur Entwicklung der sogenannten »Rinderbonanza«. Von 1866 bis 1886 wurden ca. 30 Millionen Longhornrinder von Süden nach Norden (Kansas, Nebraska, Wyoming, Montana) getrieben, und dabei ausschließlich der gesamte Präriegürtel benutzt, der sich als ideales Weidegebiet präsentierte. Um die Rinderherden leichter und besser zu den Schlachthöfen des Nordens transportieren zu können, richtete man mitten in der Prärie Rinderverladebahnhöfe ein (Abilene, Newton, Ellsworth, Wichita, Dodge City, Oglalla). Dies bedeutete, daß Eisenbahnlinien von Osten nach Westen tief in die Prärieregion vorgetrieben werden mußten. Hieraus ergab sich, daß man diese Eisenbahnen in Kansas, Nebraska und Wyoming auch weiter nach Westen führte, um die bereits bestehenden und neu erschlossenen Bergbauregionen (Colorado, New Mexico, Arizona, Nevada, Washington, Oregon, Idaho) an die Schiene anzuschließen.

Die Gold- und Silberbooms in den Felsengebirgsräumen führten zu zahlreichen Städtegründungen in isolierten Wald- und Wüstenregionen, der Untertageabbau benötigte Anschluß an die Schiene.

Mit der zunehmenden industriellen Revolution, die auf der Dampfmaschine und Transmissionstechniken beruhte, stieg der Bedarf an Treibriemen nicht nur in den USA, sondern in der ganzen Welt schlagartig an. Büffelleder-Treibriemen erwiesen sich als die besten und haltbarsten. Dies führte zur großen Bisonjagd auf die vier großen Bisonherden der Prärie und zur Ausrottung von ca. 30 Millionen Bisons innerhalb von nur 10 Jahren!

Bevor aber die Anschlüsse an die Schiene erreicht waren, wurden Millionen Pferde als Reit-, Last- und Zugtiere benötigt, was zum Boom des »Mustangfangs« in der Prärieregion führte. Zum Anschluß der pazifischen Staaten an die USA im Osten erbaute man während dieser 20jährigen Periode Transkontinental-Eisenbahnlinien: Zunächst die Union-Central Pacific (1865—1869), die durch die Mitte des amerikanischen Westens führte, dann die Northern-Pacific (1874—1878), die durch das Sioux-Gebiet führte, und schließlich die Southern-Pacific (1878—1882), die ihren Weg durch die südlichen Wüstenregionen der Apachen nahm.

GRAND RUSH

FOR THE

INDIAN

TERRITORY !

NOW IS THE CHANCE

TO

PROCURE A HOME

In this Beautiful Country!

Over 15,000,000 Acres of Land

NOW OPEN FOR SETTLEMENT !

Being part of the Land bought by the Government in 1866 from the Indians for the Freedmen.

THE FINEST TIMBER !

THE RICHEST LAND !

THE FINEST WATERED !

WEST OF THE MISSISSIPPI RIVER.

Every person over 21 years of age is entitled to 160 acres, either by pre-emption or homestead, who wishes to settle in the Indian Territory. It is estimated that over Fifty Thousand will move to this Territory in the next ninety days. The Indians are rejoicing to have the whites settle up this country.

The Grand Expedition will Leave Independence May 7, 1879

Independence is situated at the terminus of the Kansas City, Lawrence & Southern Railroad. The citizens of Independence have laid out and made a splendid road to these lands; and they are prepared to furnish emigrants with complete outfits, such as wagons, agricultural implements, dry goods, groceries, lumber and stock. They have also opened an office there for general information to those wishing to go to the Territory. IT COSTS NOTHING TO BECOME A MEMBER OF THIS COLONY.

Persons passing through Kansas City will apply at the office of K. C., L. & S. R. R., opposite Union Depot, for Tickets.

ABOUT THE LANDS.

In answer to inquiries concerning these government lands in the Indian Territory, Col. E. C. Boudinot sends the following from Washington:

FIRST—In reply I will say that the United States, by treaties made in 1866, purchased from Indian tribes, in the Indian Territory, about 11,000,000 acres of land.

SECOND—These lands were bought from the Creeks, Seminoles, Choctaws and Chickasaws, by their treaty of 1866.

The Creeks, by their treaty of 1866, sold to the United States 3,250,560 acres, for the sum of $975,168. The Seminoles, by their treaty of 1866, sold to the United States 2,169,080 acres, for the sum of $325,362.

The Choctaws and Chickasaws, by their treaty of 1866, sold to the United States the "leased lands" lying west of 98 degrees of west longitude, for the sum of $300,000. The number of acres in this tract is not specified in the treaty, but it contains about 7,000,000 acres. (See 14th vol. Statutes at Large, pages 756, 769 and 786.)

Of these ceded lands the United States has since appropriated for the use of the Sac and Foxes 479,567 acres and for the Pottawatomies 575,877 acres, making a total of 1,055,542 acres. These Indians occupy these lands by virtue of treaties and acts of Congress. By an unratified agreement, the Wichita Indians are now occupying 743,610 acres of these ceded lands. I presume some action will be taken by the United States government to permanently locate the Wichitas upon the land they now occupy. The title, however, to these lands is still in the United States.

By executive order, Kiowa, Comanche, Arrapahoe, and other wild Indians, have been brought upon a portion of the ceded lands, but such lands are a part of the public domain of the United States, and have all been surveyed and sectionised.

A portion of these 14,000,000 acres of land, however, has not been appropriated by the United States for the use of other Indians and all probability never will be.

THIRD—These unappropriated lands are situated immediately west of the 97th degree of west longitude and south of the Cherokee territory. The soil is well adapted for the production of corn, wheat and other cereals. Is is unsurpassed for grazing, and is well watered and timbered.

FOURTH—The United States have an absolute and unembarrassed title to every acre of these 14,000,600 acres, unless it be to the 1,054,544 now occupied by the Sac and Fox and Pottawatomie Indians. The Indian title has been extinguished. The articles of the treaties with the Creeks and Seminoles, by which they sold their lands, begin with the statement that the lands are ceded "in compliance with the desire of the United States to locate other Indians and freedmen thereon." By the express terms of these treaties the lands bought by the United States were not intended for the exclusive use of other Indians as has been so often asserted. They were bought as much for the negroes of the country as for Indians.

ADDRESS

WM. C. BRANHAM,

Independence, Kansas.

To parties accompanying my Colony, I would advise them to purchase their Outfit at Independence, Kas., I have examined Stock and Prices of Goods, such as Wagons, Plows, Lumber, Dry Goods, Groceries, and, in fact, everything that is needed by Parties settling upon new Land, and find them as cheap as they can be bought in the East.

RESPECTFULLY YOURS,

Col. C. C. CARPENTER.

P. S.—Parties will have no trouble in getting transportation at Independence for hauling their goods into the Territory.   C. C. C.

Aufruf zur Landnahme und Besiedlung von Indianergebiet

Heimstätter-Blockhaus, Oklahoma 1878. Vom Staat wurde US-Bürgern und solchen, die diese Staatsbürgerschaft beantragten, zu geringem Preis eine Grundparzelle (647 472 qm) verkauft, die aber erst in das Eigentum des Siedlers überging, wenn dieser das Land 5 Jahre bebaut hatte

Der Eisenbahnbau der Transkontinental-Eisenbahnlinien und der zweckgebundenen regionalen Bahnlinien aber hob schlagartig mit jeder Meile Schienenstrang die Isolation und Weite der Siedlungsgebiete im Westen auf und schuf ideale Transportbedingungen für Nachschub und Schutz von Farmregionen und direkte, schnelle Verbindungen zu den Absatzmärkten im Osten und an der Pazifikküste. Das Ergebnis war der Heimstätter-Boom.

Alle diese Booms fanden gleichzeitig und mit großer Expansion statt. Tausende von arbeitslosen Soldaten gingen in den Westen, um in einem dieser Booms den Möglichkeiten, sagenhaften Reichtum und Besitz zu erwerben, nachzugehen. Aber auch die seßhaften Farmer des Ostens, besonders die der Schlachtfelder, deren Äcker und Besitztümer verwüstet waren, nahmen die Gelegenheit wahr, den repressiven Nachkriegsverhältnissen im Osten zu entfliehen und im Westen neu zu beginnen.

Die US-Armee fand in dieser vielfältigen Völkerwanderung von Tausenden und Abertausenden nach Westen eine Gelegenheit, das ungeheure Waffen- und Munitionspotential der vollen Arsenale nicht nur nicht loszuwerden, sondern hierfür auch noch Preise zu erhalten, die weit über dem normalerweise zu erwartenden Schrottpreisen lagen. Dies führte dazu, daß die meisten Westwanderer (Cowboys, Eisenbahnarbeiter, Prospektoren und Bergleute, Büffeljäger, Mustangjäger, Siedler, Heimstätter etc.) im allgemeinen ausgezeichnet mit Waffen ausgerüstet waren.

Nicht außer acht gelassen werden darf die Mentalität der vielen entlassenen Soldaten beider

Armeen: Kämpfer ohne Skrupel, abgestumpft in einem langen, brutalen Krieg, eingestellt auf rasche, totale Selbstverteidigung mit allen Mitteln, auch dem schnellen, erbarmungslosen Angriff.

Die US-Armee selbst richtete nun ihre ganze Aufmerksamkeit auf das »Indianerproblem« im Westen, wo die Prärie-, Wüsten- und Felsengebirgsstämme überall der rasanten Entwicklung im Weg standen.

Die Präriestämme sahen sich plötzlich aus allen Himmelsrichtungen eingeengt, angegriffen und bedroht: Vom Felsengebirge her erstreckten sich die Siedlungen des »Mining Booms« bis in die Prärie, Eisenbahnlinien zerschnitten die Grasländer. Die große Büffeljagd beraubte sie ihrer hauptsächlichsten Lebensgrundlage. Durch die Rinderherden, begleitet von 30—40 000 schwer bewaffneten Cowboys, waren nicht nur die Eisenbahnen voll ausgelastet, sondern es bildete sich — ausgehend von Eisenbahnstädten und Armeeforts — in Kansas, Nebraska, Wyoming, Montana und Idaho eine eigenständige Rinderzuchtindustrie mit einem großen Bedarf an Hinterland, das die Rancher sofort für sich beanspruchten. Die durch die Eisenbahnen angelockten Siedler und Heimstätter, die sich von den Bahndämmen und Eisenbahnstädten ausgehend, immer tiefer in der Prärie ansiedelten, zäunten ihre Felder ein. Die Technik der Windmühlenbrunnen, die selbst aus Tiefen von 600 Metern noch Wasser förderten, der Stacheldraht, und das großzügige Heimstätter-Gesetzprogramm der Regierung, schnitten die einzelnen Stämme sehr bald voneinander ab.

In den Felsengebirgsregionen sahen sich die Indianer einem Massenansturm von Minern gegenüber, die rigoros die Wälder abholzten, alles Wild im weiten Umkreis ausrotteten und jede Bedrohung durch die Indianer sogleich mit aggressiven Maßnahmen vergalten. Nur in der Wüstenregion vollzog sich dieser Vorgang wegen des unerträglichen Klimas langsamer und mühevoller, so daß die Wüstenstämme den allgemeinen Vernichtungskrieg am längsten überstanden.

Die US-Armee, die nach Kriegsende wieder auf ihre normale Stärke von 8 000 Berufssoldaten reduziert wurde, erkannte rasch, daß die Ereignisse im Westen alle Vorstellungen übertrafen. Sie stellte neue Einheiten auf und paßte sich der mobilen Kampfesweise der Indianer perfekt an. Das Hauptkontingent der neuen Rekruten bildeten nicht etwa Amerikaner — die alten Soldaten des Bürgerkrieges jagten im Westen den unbegrenzten Möglichkeiten nach —, sondern Europäer, die von eben diesen unbegrenzten Möglichkeiten angelockt wurden. Es waren Einwanderer aus Irland, England, Deutschland, Frankreich, Dänemark, Schweden, Italien, Griechenland, Schweiz, Spanien und Holland. Der Weg nach dem Westen kostete Geld, das die meisten Einwanderer nicht hatten. Deshalb bot sich ihnen in der US-Armee der auf den ersten Blick leichteste Weg, in den Westen zu kommen. Dort desertierten regelmäßig 25—40%.

In den arbeitslosen Negersoldaten der Union dagegen fand die Armee sehr bald genügend erfahrene Freiwillige, um mit ihnen die berühmten Negerregimenter zu bilden, in denen die Desertationen nicht ins Gewicht fielen.

An den Schauplätzen der Indianerkriege selbst fanden sich Indianer genug, um als Armee-Scouts in US-Uniformen das Aufspüren und Stellen der Indianer zu beschleunigen.

So bildete die US-Armee im Westen etwas »das Amerika noch nie gesehen hatte, eine Fremden-Legion, die aus feindlichen Brüdern, ehemaligen Sklaven, Indianern und kaum englischsprechenden europäischen Einwanderern aller Schattierungen bestand« (Tebbel, 221). Jeder General entwarf seine eigenen Uniformen, die den militärischen und klimatischen Bedingungen, die er vorfand, am besten angepaßt waren. Ein frischgebackener West-Point Lieutenant schrieb: »Die Männer haben, was Kleidung und Ausrüstung betrifft, mit Uniformkatalogen der US-Armee überhaupt nichts gemein, sondern gleichen eher einem wilden Haufen abenteuerlicher Banditen«.

Frustriert waren allein die Offiziere: Viele hatten im Bürgerkrieg hohe Ränge erworben, die neue US-Armee aber hatte keine Verwendung für Tausende von Offizieren und Hunderte von Generälen. Sie machte den Haudegen des Krieges deshalb das Angebot, entweder um viele Ränge zurückgestuft wieder einzutreten, oder auf den Dienst zu verzichten. So trat der Brigadegeneral des Krieges, George Armstrong Custer, der neuen US-Armee als kleiner Oberstleutnant bei, mancher Major fand sich als Sergeant wieder, mancher Lieutenant als einfacher Soldat. Nur Schlachtenruhm war in der Lage, verlorenen Rang, Prestige und Sold wieder aufzustocken. Daher der brennende Ehrgeiz, den die meisten Offiziere beim Kampf mit den Indianern an den Tag legten!

Die Indianer hatten angesichts dieser Entwicklung nicht die geringste Überlebenschance, sie waren allen »Boomern« im Weg, bedrohten in deren Augen Eisenbahnbau, Bergbau, Besiedlung, Rinderzucht, Städtebau, kurz, die gesamte hektische Ausbeutung der Natur. Daß sie sich gegen Verhungern, Ausrottung und Gewalt zur Wehr setzten, verstanden zwar viele Amerikaner, verdrängten dies aber kurzerhand ins Unterbewußtsein. Ihr Wahlspruch »Wer im Wege steht, wird beseitigt«, der auch für die eigenen Artgenossen galt, traf erst recht auf die Indianer zu.

Viele Subventionsprogramme der US-Regierung — für den Eisenbahnbau, für die Heimstätterparzellierung, für den Bergbau, für die Rinderzucht und den Städtebau, für Baumwolle, Weizen, Milch und Holzwirtschaft, für Flußschiffahrt und Schafwolle, Mais und Kohle, Edelmetall und Eisen beruhten auf indirekten staatlichen Hilfen durch die Hergabe von Regierungsland, das größtenteils den Indianern gehörte. Ohne diese großzügige Hergabe von Land, das nur formaljuristisch und karthographisch Regierungsland war, wäre all den spontanen Booms der legale Boden entzogen gewesen und das hätte zweifellos zu einem innenpolitischen Chaos undenkbaren Ausmaßes geführt. So vergab das US-Land-Büro zur gleichen Zeit Landgebiete an Konzerne, an Einzelbauern, Schürfrechte an Prospektoren, die in den Akten des Indianerbüros noch gar nicht Eigentum der USA waren. Die Entwicklung lief den Behörden ständig davon, sie arbeiteten autonom und unabhängig voneinander. Das Kriegsministerium wiederum, das Wirtschafts- und Innenministerium, die ebenfalls unkoordiniert — jeder für sich und nach eigenen Plänen und Vorstellungen — planten und werkten, boten insgesamt ein nicht weniger chaotisches Bild. Und über allen diesen Entscheidungen thronte eine staatliche Regierungsautorität, die nur dem Namen nach existierte.

Daneben bildete die allmächtige, meinungsmachende Presse des Westens und die des Ostens zwei feindliche ideologische Lager, die einander verachteten und abwechselnd die Gemüter anheizten. Hinzu kam, daß der bürokratische Verwaltungsapparat immer schwerfälliger wurde und selbständig manipulierte Politik machte, die oft weder den Weisungen der Ministerien, noch denen der Regierung, noch den Anforderungen der Wirklichkeit entsprachen. Die allgemeine Verwirrung wurde immer größer. So beruhten die zahllosen Vertragsbrüche, Lügen

White Moon, Cheyenne-Indianer-Scout im Dienst der US-Armee. Im nördlichen Präriegürtel waren es ganze Scout-Bataillone von Pawnees, Crows, Shoshonen, im südlichen Präriegürtel Cheyennes, Utes, Kiowas, im Felsengebirge Nez Percé, Sioux, im Wüstengebirge Apachen, Papagos, Pimas, Yumas und Maricopas, die die konzentrischen Feldzüge erleichterten und mit für hohe Verluste bei den Indianern, für niedrige bei der Armee sorgten

und Betrügereien des »Großen Weißen Vaters« erheblich weniger auf bösem Willen oder gar Heimtücke, als vielmehr auf der simplen Unfähigkeit, die ganze chaotische Lage überhaupt zu überblicken oder gar irgendeinen wesentlichen Einfluß auf sie ausüben zu können. Die innenpolitische Lage hatte einen Grad von Instabilität erreicht, der gar nicht mehr zu überbieten war. Steuern konnte der Präsident seine Truppen und deren Strategie lediglich auf der Grundlage der Reservationspolitik. Diese wiederum richtete sich ganz nach den Schwächen des demokratischen Systems: der Präsident, seine Minister, die Senatoren, die Kongreßmitglieder, alle wichtigen Verantwortlichen unterlagen den Zwängen der Vierjahreswahlen, das heißt, alle vier Jahre entschieden Wählerstimmen im ganzen Land, und zunehmend immer mehr nun auch im Westen. Indianeragenten, Reservationslieferanten und viele andere mußten sich einerseits alle vier Jahre ihre Existenzberechtigung von der öffentlichen Meinung entweder bestätigen oder absprechen lassen, und die Geschäftemacher im Westen hatten nur knapp vier Jahre Zeit, ihr Schäfchen auf Kosten der Indianer ins Trockene zu bringen. Diese Schwächen haben die Korruption sehr gefördert, was heute Sozialpsychologen als die einzige, wirklich tiefe Ursache für die ununterbrochen zunehmende Gewalttätigkeit und Brutalisierung im American Way of Life bezeichnen.

Die Indianer haben diesen komplizierten Mechanismus niemals auch nur annähernd begreifen können und niemals verstanden, daß nicht nur der einzelne Amerikaner und einzelne Gruppen, sondern alle nicht privilegierten Bürger diesem chaotischen System der Kompetenzen hilflos und ohnmächtig ausgeliefert waren. Sie sahen im »Großen Weißen Vater« eine Art allmächtigen Gott, dessen Wort absolut bindend sein mußte.

Noch bis zum Ende der letzten Indianerkriege ging die US-Armee davon aus, daß ein Häuptling für seinen Stamm sprach. Die ganze Reservationspolitik beruhte auf der Vorstellung, daß ein Häuptling berechtigt sei, das Land seiner Nation zu verkaufen oder zu zedieren. Man konnte sich einfach nicht vorstellen, daß Indianer solche Häuptlinge niemals gekannt haben und daß schon die kleinste Familiengruppe vollkommen autonom für sich allein alle Entscheidungen traf, daß beim Kampf keine übergeordnete Strategie herrschte, kein Oberbefehlshaber oder -geber da war, sondern daß alle Krieger kämpften, wie sie es gerade und individuell für richtig hielten. Amerikaner haben niemals verstehen können, daß sich innerhalb eines Stammes, einer Nation oder zwischen verschiedenen Stämmen stets nur lose Interessengruppen bildeten, die manchmal sogar gegeneinander gerichtet sein konnten. Sie glaubten immer, dem großen Führer, König, Oberhäuptling oder Sachem zu begegnen, in dessen Hände alle Fäden zusammenliefen. Sie haben ihn nie gefunden, denn es gab ihn nie.

Die Weißen beriefen sich immer auf Aussagen und Unterschriften bestimmter Häuptlinge, und wunderten sich darüber, daß andere Häuptlinge mit solchen Unterschriften und Aussagen überhaupt nicht einverstanden waren, und sich darüber empörten, daß man sie überhaupt nicht gefragt hätte.

So standen sich also im amerikanischen Westen in der letzten Phase des Unterganges der Indianer zwei Gesellschaftsstrukturen höchster demokratischer Qualitäten gegenüber, in denen ein Höchstmaß an persönlicher Individualität herrschte, die aber in der gegenseitigen Beurteilung paradoxer Weise von der Annahme ausgingen, daß der andere autoritär beherrscht sei. Es bleibt die erschütternde Tatsache, daß beide Seiten nicht imstande waren (es nicht wollten?), sich mit der Gesellschaftsstruktur der anderen Seite eingehender zu befassen. Wirklich erkannt wurde dieses Paradoxon nur von Außenstehenden — von europäischen, unpolitischen Schöngeistern und Denkern, die die natürliche Individualität der Indianer als chaotische Wildheit primitiver Eingeborener sahen und die ökonomisch-soziale Individualität der von der technischen Revolution besessenen Amerikaner als chaotische (kulturelle) Verwilderung betrachteten.

Sie beurteilten (und tun es teilweise heute noch) das Geschehen und die Entwicklung mit überheblicher Ignoranz, ohne Einfühlung und Kenntnis der wahren Begebenheiten. Die Geschehnisse und Hintergründe werden einfach mit dem Begriff »Wilder Westen« (= individuelles Aggressionschaos) abgetan.

Der letzte Widerstand im Westen

Die einzelnen Stationen dieses indianischen Widerstandes im Westen nach dem Bürgerkrieg sind die eigentlichen Bezugspunkte der hollywoodschen Indianerfabeln, auch amerikanische Historiker und Pseudo-Historiker widmen ihnen übermäßiges Interesse. Sie sind die Essenz des weltweiten Geschichtsbildes und merkwürdigerweise im wesentlichen auch das historische Gerüst vieler Red Power-Bewegungen. Mehr als neunzig Prozent der Literatur nehmen darauf

Bezug — die Publikationen sind unübersehbar geworden. Es kann deshalb an dieser Stelle auf Schlachtenschilderungen verzichtet werden.

Der 1. Sioux-Feldzug

Die Niederlagen von General Patrick E. Connor bei Mud Springs und Platte Bridge ließen ihn nicht ruhen, unverzüglich einen neuen Feldzug vorzubereiten und diesmal durch eine Zangenbewegung die Sioux in ihrem Powder-River-Gebiet zu schlagen. Er setzte drei Truppenkolonnen in Bewegung, deren Aufgabe es war, Indianerdörfer und alle Wintervorräte zu zerstören, damit die den Winterkampf scheuenden Indianer einen Winterfeldzug nicht durchstehen konnten. Connor drang damit in regierungsamtlich anerkanntes Sioux-Gebiet vor. Am Crazy Woman Creek, einem Nebenfluß des Powder Rivers, erbaute er ein Fort.

Am 29. August 1866 griff er völlig überraschend Black Bears Arapahoe-Dorf am Tongue River an. Der Angriff kostete 50 Arapahoes das Leben. Die Indianer verloren nicht nur alle Zelte, alle Pelze und 30 Tonnen Dörrfleisch, sondern auch 2 000 Pferde und alle Vorräte an Blei, Pulver und Munition. Die beiden anderen Kolonnen gerieten im Powder-River-Gebiet in eine massive Abwehr der Sioux, Arapahoes und Cheyennes, daß Connor am 2. September gerade noch zurecht kam, seine total erschöpften Truppen vor der völligen Vernichtung zu retten. Er brach den Vernichtungsfeldzug mit hohen Verlusten ab und flüchtete nach Fort Laramie. Die beiden Kompanien von »galvanisierten Yankees«, die er in Fort Connor und in Fort Rice zurückgelassen hatte, wurden ständig belagert, waren von allem Nachschub abgeschnitten und erlitten große Verluste durch Unterernährung, Skorbut und Lungenentzündung.

Als im Mai 1866 eine Friedenskommission ein Vertragspalaver einberief, erschienen alle Sioux-Häuptlinge und stellten stolz und siegessicher Forderungen: Fort Connor und Fort Rice müssen unverzüglich abgebrochen werden, für den Weg zu den Goldfeldern Montanas (Bozeman-Trail) sollen hohe Entschädigungen gezahlt werden. Die US-Armee forderte, daß sie drei Forts zum Schutz eben dieses Bozeman-Trails erbauen dürfe. Noch mitten in diesen Verhandlungen erschien in Fort Laramie der Fortbautrupp des Colonel Henry Carrington mit Dampfmaschinensägen, Mähmaschinen, einer großen Werkstattkolonne und 700 Soldaten. Als er von Laramie weiter in Sioux-Gebiet zog, brach Red Cloud, Häuptling der Oglalla-Sioux, die Verhandlungen ab und versprach, daß er alle Truppen töten, alle Forts schleifen werde.

Dessen ungeachtet erbaute die US-Armee die Forts Phil Kearny und C. F. Smith im Vertrauen darauf, daß die Sioux im Winter keine Angriffe unternehmen würden. Aber Red Cloud, Crazy Horse, Spotted Tail, Gall und die anderen Kriegshäuptlinge der Sioux-Stämme beschlossen, die Taktik des weißen Mannes — ohne Pause Krieg zu führen — nachzuahmen. Von nun an wurde jeder Wagentreck auf dem Bozeman-Trail angegriffen, und den Westwanderern entstanden hohe Verluste. Ununterbrochen griffen die Sioux die Holzschlägerkolonnen Carringtons, die das Holz für den Bau von Fort Phil Kearny schlugen, an. Als am 21. 12. 1866 Captain William J. Fetterman mit 81 Soldaten und 2 Zivilisten eine angegriffene Holzschlägerkolonne zu befreien versuchte, wurde er von den Sioux bis auf den letzten Mann niedergemacht. Es war die vollständigste Niederlage der US-Armee im Westen und die erste, bei der es keine Überlebenden gab.

Im April 1867 berief General Alfred Sully erneut eine Friedenskonferenz ein, aber die Sioux forderten, daß die Forts Reno, Phil Kearny und C. F. Smith abgerissen, alle US-Truppen aus dem Powder-River-Gebiet entfernt würden, ehe man über Frieden verhandeln könne. Gleichzeitig begannen sie im Platte Valley den Bau der Union Pacific zu attackieren.

Am 1. August 1867 griffen 1 000 Sioux und Cheyennes bei Fort C. F. Smith 19 heumähende Soldaten an. Doch diese hatten neue Hinterlader-Gewehre erhalten und setzten sich erfolgreich zur Wehr. Ergebnis: Mehr als 130 tote Indianer, 6 tote Soldaten, 10 Verwundete.

Am 2. August 1867 griffen Red Clouds Oglalla-Sioux eine Holzfällerkolonne von 32 Soldaten und Zivilisten bei Fort Phil Kearny an, die sich verschanzten und etwa 2 000 angreifenden Indianern eine vernichtende Niederlage mit den neuen Gewehren bereiteten. 300 bis 400 Sioux wurden getötet, 500 bis 600 verwundet. Die Soldaten hatten 6 Tote.

Friedensverhandlungen am 19. September und 9. November führten zu keinem Ergebnis, weil die Sioux auf der Räumung der Forts und ihres Gebietes beharrten.

Am 29. Juli 1868 wurde Fort C. F. Smith geräumt, am 27. August 1868 Fort Phil Kearny, am 8. September Fort Reno, gleichzeitig der Bozeman-Trail militärisch für den Durchgangsverkehr gesperrt.

Sioux bei Fort Laramie, 1868. Von links nach rechts: Fox Tail, seine Frau, Yellow Bull, Yellow Top, Bull That Goes Hunting, Yellow Coat, seine Frau

Frederick Remington: »Indians Firing the Prairie« (»Indianer zünden die Prärie an«). Bei der Feuerjagd wurde das Präriegras halbkreisförmig angezündet — das fliehende Wild wurde an den feuerfreien Fluchtwegen abgeschossen (oben)

Frederick Remington: »Making Medicine Ponies«, erschienen erstmalig in der März-Ausgabe 1890 des »Century Magazins« als Illustration eines Artikels »Sun Dance of The Sioux« von F. Schwatre. Sioux-Sonnentänzer machen hier das Pferd eines Häuptlings durch zeremonielle Beschwörungen für die Schlacht „kugelfest" (rechts)

Frederick Remington: »Saving the Wounded«, 1899 Ölgemälde. Indianer pflegten grundsätzlich Verwundete — aber auch Getötete — noch während des Kampfes aus dem Kampfbereich zu schaffen, um die Verwundeten sofort in die Obhut der heilerfahrenen Frauen zu bringen und die Toten vor Skalpierung durch den Feind zu bewahren. Oft riskierten die »Retter« Kopf und Kragen, und alle Weißen haben die große Tapferkeit und Todesverachtung bewundert, mit der Indianer immer wieder Verwundete und Tote entfernten, selbst unter schwerstem Feuer

Robert Lindneux: »Das Sand Creek-Massaker« (links Seite)

Charles M. Russel: »Surprise Attack«, 1901, Ölgemälde. Blackfeets greifen eine vom großen Treiben nach Süden heimkehrende Cowboygruppe wegen ihrer Pferdeherde an. Die Cowboys haben sich zu einem Kreis zusammengestellt und kämpfen, die Gewehre über die Sättel gelegt, einen verzweifelten Kampf. Russell nahm für diese Szene ein Ereignis zum Vorbild, das sich 1887 im Norden der nördlichen Prärie, hart an der kanadischen Grenze zugetragen hatte. Die Indianer verloren 18 Krieger, von den 12 Cowboys blieben nur 2 am Leben

Frederick Remington: »*Hoch oben, wo der starke Wind bläst*«

Arapahoes. Sitzend Little Bear

Triumphierend erschien am 6. November 1868 Red Cloud zur Unterzeichnung eines neuen Friedensvertrages in Fort Laramie, nachdem er die verlassenen Forts niedergebrannt hatte.

»Die Weißen ruinieren unser Land. Wenn wir Frieden halten sollen, müssen die Armeeposten am Missouri River aufgegeben werden und die Dampfboote dürfen nicht mehr den Fluß hinauffahren. Ihr sprecht vom Frieden. Wenn wir Frieden machen, werdet ihr ihn nicht halten. Ihr habt mich angegriffen und ich habe mich gewehrt. Ich bin ein Krieger. Die Jahreszahlungen, von denen ihr sprecht, brauchen wir nicht. Es ist unsere Absicht, keine Geschenke anzunehmen.«
Häuptling Gall, Hunkpapa-Sioux, 1868 zu General Harney.

Der Cheyenne-Feldzug

Am 14. April 1867 erschien General Hancock mit einer Armee von 1 400 Soldaten, Infanterie, Kavallerie und Artillerie (Berghaubitzen und Gatling-Schnellfeuerkanonen) im Gebiet der Smoky Hill-Überlandstraße nach Colorado und forderte Cheyenne-, Comanchen- und Kiowa-Stämme auf, zu einem Friedens-Council nach Fort Larned zu kommen. Als Roman Nose und Black Kettle mit ihrer Cheyenne-Streitmacht nicht erschienen, ritt der General, in dessen

Truppe sich Lieutenant-Colonel Custer mit dem 7. Kavallerieregiment befand, zu den Cheyenne-Dörfern am Pawnee Fork. Als er diese in überstürzter Hast verlassen fand, begann er seine Friedens-Vorschläge damit, daß er 251 Zelte, 962 Büffeldecken, 436 Sättel, 1 200 Felle, Lassos, Matten, Pulver, Blei, Patronen, Kochgeräte und Geschirr verbrannte!

Am 16. Oktober 1867 erklärten sich die Stämme, zusammen mit den Arapahoes, im Friedensvertrag von Medicine Lodge bereit, ihren Lebensraum auf ein großes Reservat innerhalb des Oklahoma Territoriums und die Büffeljagd auf das Gebiet unterhalb des Arkansas Rivers zu beschränken. Nicht alle Häuptlinge dieser Stämme hatten unterzeichnet und führten deshalb ihre Angriffe in der südlichen Prärie und gegen texanische Grenzsiedlungen und Rancher fort.

Am 17. 9. 1868 geriet Major George A. »Sandy« Forsyth mit einer Scout-Spezialtruppe von ca. 50 hartgesottenen Indianerkämpfern in einen Hinterhalt, den ihm Roman Nose, der gefeierte Häuptling der »Dog Soldier Society« der Cheyennes, am Arickaree River stellte. Auf einer Flußsandbank gruben sich die Scouts ein und widerstanden eine ganze Woche lang den Angriffen der Cheyennes, deren Häuptling Roman Nose und 32 Krieger getötet wurden, während die Scouts 8 Tote verloren, darunter Lieutenant Frederick H. Beecher, nach dem der Überfall der »Beecher Island Fight« genannt wurde.

Zwei Monate später überfiel Custer mit seiner 7. Kavallerie am 27. November das Cheyenne-Dorf von Black Kettle am Washita River. Er machte die vollkommen überraschten Indianer, die den Medicine Lodge-Friedensvertrag unterzeichnet und sich an die Bedingungen gehalten

Links: Yellow Bear (Arapahoe), rechts: Little Robe. Zusammen mit einer Comanchengruppe unter Häuptling Towasi ergaben sie sich 1868 General Sheridan

hatten, in der gleichen brutalen Art nieder, wie vier Jahre zuvor Chivington am Sand Creek. Dieses Mal war Black Kettle unter den Toten und mit ihm starben 101 Cheyennes. Custer nahm 53 Frauen und Kinder gefangen und zerstörte alle Zelte, 1 000 Büffelhäute, 500 Pfund Pulver, 500 Pfund Blei und 4 000 Bogen und Pfeile. Er schoß 700 Pferde ab und verlor selbst nur 6 Tote.

General Philip Sheridan forderte die bedingungslose Kapitulation. Die Indianer wurden bei Fort Cobb in ein Ghettolager konzentriert und lebten von den Almosen der Armee. Im Frühjahr 1869 wies man den Comanchen ein Reservat bei Fort Sill an, den Cheyennes und Arapahoes eines bei Camp Supply. Wenig später entschieden sich 200 Cheyenne-Krieger mit ihren Familien unter ihrem Häuptling Tall Bull, sich nach Norden durchzuschlagen. Am 11. Juli 1869, als sie gerade bei Summit Springs den Platte River überqueren wollten, gerieten sie in eine Falle, die ihnen US-Major Frank North mit seinem Pawnee-Bataillon gestellt hatte. 52 Cheyenne-Krieger wurden erschossen, 117 gefangengenommen, alle Zelte und die Ausrüstung verbrannt, die Pferde erschossen. Die südlichen Cheyennes waren nun endgültig »gute« Indianer und beinahe ausgerottet.

Das Piegan-Massaker

Als sich diese Untergruppe der Blackfeet-Indianer gegen die Invasion ihrer kleinen Reservation am Marias River zur Wehr setzte, und hierbei einige weiße Goldsucher getötet und verwundet wurden, erhielt Colonel E. M. Baker den Befehl, die Piegans »hart zu treffen, so hart, daß sie nie wieder aufmucken werden«. Am 23. 1. 1870 traf er mit der 2. Kavallerie vor dem Dorf von Bear Chief und Red Horn ein, das aus 37 Zelten bestand. Die Piegans litten schwer unter Blattern, und viele lagen krank und fiebernd in den Zelten. Ohne Warnung griffen die Soldaten sofort an. Sie schossen in die Zelte, und als sich kaum Widerstand regte, rissen sie die Zelt weg und brachten 173 Indianer um. Nur 9 Personen konnten dem Massaker entkommen. Von den 173 Getöteten waren 33 Männer. 100 Frauen und Kinder wurden gefangengenommen, alle Zelte und Vorräte zerstört, alle Pferde erschossen. Als man merkte, daß die Gefangenen erkrankt waren, ließ man sie gnadenlos einfach im Schnee bei eisiger Kälte zurück, wo viele von ihnen zugrunde gingen. Der eigentliche Sinn dieser brutalen Aktion mag die Einschüchterung der Bergstämme des Nordwestens gewesen sein, unter denen das erfolgreiche Beispiel der Sioux den Willen zum Widerstand hervorgerufen hatte.

Der Kiowa-Comanchen-Feldzug

Nach dem Cheyenne-Massaker am Washita Ende 1868 erhielt Custer den Befehl, die Kiowas ins Ghetto bei Fort Cobb zu bringen. Custer entledigte sich dieser Pflicht in bewährter Manier.

2 000 Kiowas fanden sich 1869 im neuen Reservat um Fort Sill im Oklahoma-Territorium ein, und auch 2 500 Comanchen unter Kicking Bird und Ten Bears lernten unter der Anleitung des Quäker-Indianeragenten Lawrie Tatum den Maisanbau. Die erste Ernte der sich sehr schwer tuenden Prärieindianer erbrachte zwar 4 000 Scheffel Mais, aber das war für 4 500 Indianer und mehrere Tausend Pferde viel zu wenig. Im Sommer 1870 verließen sie das Reservat, um in der Prärie Büffel zu jagen. Doch die Büffel waren bereits so dezimiert worden, daß sie nur mit großer Mühe ein paar Dutzend fanden. Der Winter brachte den

Kiowa-Krieger mit Töchtern 1871

Indianern in der Reservation noch mehr Hunger. Im Sommer 1871 fanden sie nördlich des Red Rivers keine Büffel mehr, nur Tausende von verfaulenden Kadavern. Eine kleine Gruppe erboster Krieger griff einen Wagenzug an, der Mais und Büffelhäute geladen hatte. Sie töteten sieben Texaner, plünderten den Wagenzug und verschwanden wieder im Indianer-Territorium, wo Satanta, Big Tree und Satank verhaftet wurden. Auf dem Transport nach Texas, wo ihnen der Prozeß gemacht werden sollte, wurde der alte Satank erschossen. Am 5. 7. 1871 verurteilte ein texanisches Gericht Lone Wolf und Satanta zum Tod, der Gouverneur begnadigte sie zu lebenslänglicher Haftstrafe. Nachdem sie im texanischen Staatsgefängnis Huntsville eingeliefert wurden, lud die US-Regierung andere Häuptlinge samt ihren Familien zu einem Besuch nach Washington ein, wo man ihnen die Macht der USA demonstrierte und sie zur Unterzeichnung einer neuen Erklärung, daß sie die Reservation um Fort Sill nur noch mit Erlaubnis des Agenten verlassen würden, veranlaßte. Alle Comanchen und Kiowa-Gruppen, die keine Vertreter entsandt hatten, wurden als feindliche Indianer bezeichnet, die man von nun an unermüdlich jagen werde. Zu denen, die es verschmäht hatten, sich in Washington als »friedliche Indianer« feiern zu lassen, gehörten die Quahadi-Comanchen unter ihrem Häuptling Quannah Parker und Mo-wi. Colonel Ronald S. McKenzie mit dem 4. Kavallerieregiment entdeckte ihr 250 Zelte zählendes Dorf am 28. 9. 1872. Die Comanchen wurden überrascht. Sie hatten 23 Tote und 108 Gefangene. Der Rest floh, größtenteils unbewaffnet und zu Fuß, in die Hügel. McKenzie ließ alle Zelte, Waffen und Vorräte zerstören und den größten Teil der Reitpferde abschießen.
Am 6. Oktober 1873 entließ man Satanta in die Freiheit. Zwei Jahre Gefängnis hatten

einen anderen Menschen aus ihm gemacht. Er wollte sich rächen. Im Frühjahr 1874 hatte er die Kiowas und Comanchen der Fort Sill Reservation zum Kampf überredet. In den folgenden Monaten wurden von ihnen in New Mexico 40 Büffeljäger und Siedler, in Colorado 60 Büffeljäger und Siedler, in Texas beim Lone Wolf-Überfall 7 Büffeljäger, in Texas beim Big Bows-Überfall 4 Büffeljäger, zwischen Camp Supply und Dodge 5 Büffeljäger, in Adobe Walls in Texas 3 Büffeljäger, südwestlich von Camp Supply 3 Büffeljäger, zwischen Medicine Lodge und Sun City 12 Siedler, am Crooked Creek 2 Büffeljäger, auf dem Weg zur Cheyenne Agency 5 Büffeljäger, auf dem Santa Fe-Trail 4 Büffeljäger, in der Washita Agency und der Fort Sill Agency 14 Siedler, in der Cheyenne Agency Dr. Holloways Sohn, in Texas 30 Büffeljäger und Siedler umgebracht.

Einer der Hauptstützpunkte der Büffeljäger des Texas-»Pfannenstils« war Adobe Walls. Als mehr als 700 Comanchen und Kiowas versuchten, die hier übernachtenden 28 Büffeljäger zu überfallen, schlug ihnen am 27. 6. 1874 aus den schweren Weitschuß-Präzisionsbüchsen ein solch verheerendes Feuer entgegen, daß sie sich immer wieder zurückziehen mußten und schwere Verluste erlitten. Als die Zahl getöteter Indianer immer höher wurde, gaben die Indianer auf.

Das Schicksal ereilte Satanta, als er am 16. August in einem Kampf mit Soldaten gefangengenommen wurde. Nach der Niederlage bei Adobe Walls hatten die Indianer in Überfällen auf Büffeljäger und Siedler in Texas, Oklahoma, Kansas, Colorado und New Mexico mehr als 200 Weiße getötet. Die US-Armee rüstete zum Vernichtungsschlag. Colonel McKenzie

1875 war der Feldzug gegen die Comanchen, Kiowas und südlichen Cheyennes (Abbildung) beendet. Alle wichtigen Häuptlinge waren tot oder im Gefängnis. Die Indianer besaßen nur noch das, was sie auf dem Leib trugen und waren der amerikanischen Regierung ausgeliefert

entdeckte den Feind im Palo Duro Canyon, wo sie die letzten Büffel der südlichen Plains jagten. Der Canyon war eine einzige große Falle, und die Soldaten überraschten die Indianer, die sich hier sicher dünkten, weil noch kein Weißer den Canyon entdeckt hatte. Im ersten Angriff starben 50 Indianer, der Rest floh zu Fuß in die Prärie hinaus. Wieder wurden alle Zelte, frische Fleischvorräte, die meisten Waffen, alle Felle und Decken vernichtet. Den ganzen Pferdebestand von annähernd 2 000 Pferden erschoß man in einer sechs Stunden dauernden Vernichtungsaktion. Die Verwundeten, die Frauen und Kinder fing man in der Steppe ein.

Der Rest war für die US-Armee nur noch Routineangelegenheit: Am 9. 10. 1874 wurde in Salt Fork ein Kiowa-Dorf mit 300 Zelten zerstört. Die Indianer wurden gefangengenommen. Am 17. 10. 1874 ergab sich ein Kiowa-Dorf mit 160 Zelten. Am 24. 10. 1874 kapitulierte ein großes Comanchen-Dorf mit 400 Zelten. Am 28. 10. 1874 ergaben sich 91 Comanchen-Krieger, 300 Frauen und Kinder. Satanta kam wieder nach Huntsville in Einzelhaft, wo er 1877 Selbstmord beging.

Der 1. Apachen-Feldzug

»Ich empfehle den Truppen, Apachen zu fangen und auszurotten unter allen Umständen und sie zu jagen wie Tiere!«
Der Oberkommandierende des Department of California im September 1869.

Die Abberufung des unerbittlichen US-Generals Carleton nach dem Bürgerkrieg war eine Voraussetzung für Friedensbemühungen der US-Regierung mit den Apachen in New Mexico und Arizona. Als aber die durchaus friedenswilligen Apachen erfuhren, daß man sie in die berüchtigte Boque Bosque schicken wollte, flüchteten sie in die Berge zu Cochises Chiricahuas, die auf die offiziell sanktionierte Ausrottungspolitik mit blutigen Überfällen regierten. Im März 1871 erschien der Arivaipa-Häuptling Eskimenzin mit 500 Personen seiner Stammesgruppe und bot an, bei Camp Grant friedlich zu siedeln und die Garnison mit Mais und Heu zu versorgen, wenn man ihm Schutz vor der Ausrottungspolitik gewähre. Man sagte es ihm zu, aber am 30. April überfiel ein privates Kommando aus Amerikanern, Mexikanern und Papagos das Indianerdorf und machte 144 Arivaipa-Apachen in sadistischster Manier nieder. Es waren nur 8 Männer darunter! Am 4. 6. 1871 übernahm General George Crook das Oberkommando und erst als er erklärte, daß er keine Ausrottungspolitik betreibe, verhandelte Cochise mit ihm. Als Crook versprach, daß die Indianer nicht in die gefürchtete Tularosa Reservation (New Mexico) gehen müßten, sondern eine in ihrer Heimat erhalten würden, ergab sich Cochise im September mit 200 Chiricahuas. Aber wenige Monate später erhielt er den Befehl, sich mit seinen Leuten nach Tularosa zu begeben. Augenblicklich floh Cochise mit seinen Chiricahuas und 600 anderen Apachen in die Berge. Innerhalb eines Jahres verübte er 54 Überfälle, denen 3 Soldaten und 41 Zivilisten zum Opfer fielen.

In einem militärisch sorgfältig geplanten Winterfeldzug gegen Tontos, Coyoteros, Yampais, Hualapais, Pinalenos und White Mountain-Apachen gelang es General Crook diese Apachen zur Kapitulation zu zwingen.

Am 22. 4. 1873 ergaben sich die Del-Shays-Tontos bei Sierra Ancha, am 12. 6. die Jemaspies-Hualapais in den Santa Maria Mountains, am 16. 6. die Tontos unter Natatotel und die Naqui-Naquis, am 24. 6. 200 Yampais.

Apachen-Scouts General Crooks

General Crook war der erste US-Offizier, der bei seinen Kämpfen unnötige Verluste der Apachen vermied und sich auch nach der Aufgabe um ihre Wünsche kümmerte. Durch diese etwas humanere Politik gelang es ihm, in wenigen Monaten den Frieden in Arizona herzustellen.

Im August 1873 beschäftigten sich folgende Apachenstämme mit Ackerbau: In der San Carlos Reservation 800 Hualapais, 1 200 Pimalenos, Pinalenos, White Mountain-Apachen; in der Camp Verde Reservation 200 Yampais und Tontos.

Daß die White Mountain Coyotero-Apachen bereits im Jahre 1874 300 000 Pfund Mais und 5 000 Pfund Bohnen ernteten, 750 Tonnen Heu an die Garnison lieferten und 5 Meilen Bewässerungsgräben anlegten, bestätigte General Crooks humane Politik. Aber im gleichen Jahr übernahm das Indian Bureau die Kontrolle über die Arizona-Reservationen. Es führte Nummernmarken ein, die jeder Apache offen zu tragen hatte. Die Apachen wurden nur noch mit Nummern angeredet. Es bestand sogar die Absicht, jedem Apachen seine Nummer auf die Stirn tätowieren zu lassen! Damit nicht genug, verfügten die Bürokraten, daß alle Gruppen ihre Felder verlassen und in der Ebene in einer neuen Reservation zu siedeln hätten. Gleichzeitig wurde General Crook zum nördlichen Kriegsschauplatz versetzt, wo eine große Auseinandersetzung mit den Sioux kurz bevorstand. Selbst die kriegerischen Chiricahuas hatten sich inzwischen in ihrer heimateigenen Reservation akklimatisiert, und Cochise

Red Dog, Häuptling der Sioux

war hier in Frieden gestorben. Ohne die durch und durch tyrannischen Orders des Indian Bureaus wäre der 2. Feldzug gegen die Apachen wahrscheinlich nicht nötig gewesen. Diese neuerlichen Kämpfe besiegelten das Schicksal der Apachen (Seite 194ff.).

Der 2. Sioux-Feldzug

Trotz seiner Siege über die US-Armee wußte Red Cloud genau, daß er auf Zeit gesehen mit weiteren militärischen Siegen nicht rechnen durfte. Ebenso war er sich darüber klar, daß die Existenzmöglichkeiten seiner Sioux-Nation keineswegs gesichert waren. Amerikanische Freunde hatten ihm erklärt, daß sich die Amerikaner, die er im Westen kennengelernt hatte, von den Amerikanern im Osten allein schon durch ihre Interessen unterschieden, und daß er im Osten eher Verständnis für seine Anliegen finden könnte, als im Westen. Es begann mit einem Galaempfang einer großen Sioux-Delegation im Weißen Haus am 6. Juni 1870. Dabei waren Cloud, Spotted Tail, Red Dog, Brave Bear, Little Bear, Bear Skin, Yellow Bear mit Frau, Sitting Bear, Black Hawk und Frau, World Looker, Sword und Frau, White Cow Rattler und andere, weniger bedeutungsvolle Häuptlinge der Sioux-Nation; insgesamt 26 Indianer.

Der stolze Ernst, mit dem Red Cloud das Problem seines Volkes vortrug, die unpathetische Art, in der er den ganzen Werdegang der Beziehungen seines Volkes zu den Amerikanern schilderte, die vielen Friedensverträge und gebrochenen Zusagen und Versprechungen, sein Unverständnis für die hemmungslose Habgier der Siedler und Goldsucher, für ihre Lügen und für Betrug, für die Ignoranz der Armee, ihre unmenschliche Brutalität, für das verlogene Christentum, für die Heuchelei der US-Politiker, die Bescheidenheit, mit der er die Reaktionen der Indianer vortrug, die Gründe für ihre Gewaltanwendung, die maßlosen Übertreibungen der Westernpresse und Armee-Rapporte — das alles rief in den Zuhörern des amerikanischen Ostens ein tiefes Gefühl der Scham und Empörung hervor. Red Clouds »Friedenskreuzzug« wurde zu einem überwältigendem Erfolg. Die Ostpresse machte die US-Armee, die Regierung, das Indian Bureau, die wilden Siedler und Goldsucher für alle Schwierigkeiten verantwortlich und übte immer stärkeren Druck aus.

Red Cloud brachte etwas zuwege, was vorher noch keinem Indianer gelungen war: Die in den Oststaaten konzentrierte Mehrheit der amerikanischen Bevölkerung ergriff spontan die Partei der Sioux, die gesamte Ostpresse geißelte die Indianerpolitik der US-Regierung und die brutalen Praktiken der US-Armee, wobei man aber mit der gleichen Einseitigkeit, mit der die Amerikaner im Westen und ihre Presse die Ausrottung der im Wege stehenden »Wilden« forderten, übersah, daß das ganze demokratische System praktisch zu keinem Zeitpunkt der Besiedlung des Westens auch nur annähernd jemals eine Kontrolle über diesen historischen Vorgang ausüben konnte.

Neben diesen beiden konträren Lagern gab es darüber hinaus auch noch massive, ökonomische Interessen, deren Verzweigungen bis weit in das gesamte amerikanische Banken- und Industriesystem hineinreichten.

So war der Bau der Northern Pacific-Transkontinentaleisenbahn — im Vertrauen darauf, daß die Salamitaktik der Indianerlandnahme (Feldzug—Friedensvertrag—Landnahme) auch bei den Sioux funktionieren würde, bereits kurz nach Abschluß des Friedens von 1868 mitten durch dieses Sioux-Gebiet hindurch projektiert worden. Das US-Landoffice hatte der Eisenbahngesellschaft Sioux-Land geschenkt, die Eisenbahn war bereits an Siedler, Bankkonsortien, Maklerfirmen und Industriebetriebe verkauft worden. Als 1872 der Bahnbau den Missouribogen, der die Grenze des Sioux-Gebietes bildete, erreichte, drohte mit der Einstellung des Bahnbaues eine nationale ökonomische Katastrophe. Die Missouri-Dampfschiffahrtsgesellschaft hatte bereits Schiffe für eine Yellowstone Steamship Company gekauft (der Yellowstone River lag mitten im Sioux-Gebiet), Städtepläne projektiert, Konzessionen verkauft und Maklern den Landverkauf übertragen. Ein Kreditsystem über viele Milliarden Dollar, das alle

Two Strike, Häuptling der Brulé-Sioux, 1872. Die Stellung der Adlerfeder weist auf eine Tat des Trägers (»Coup«): Steht die Feder senkrecht am Hinterkopf, wurde dem Gegner der erste Schlag versetzt, neigt sich die Feder nach links, war es der zweite Coup auf den Gefallenen. Der Dritte steckt die Feder horizontal ins Haar. Wer den vierten Coup landet, trägt eine hängende Bussardfeder

amerikanischen Großbanken, Industriebetriebe und Millionen Aktienkäufer und Landkäufer erfaßte, beruhte allein auf der Spekulation, daß die Sioux bis 1872 den größten Teil ihres Gebietes verlieren würden! Aber der Friedenskreuzzug Red Clouds hatte allen Spekulationen einen dicken Strich durch die Rechnung gemacht. Über die »Untätigkeit der Regierung und der US-Armee« drohte die Regierung selbst zu stürzen, drohten die Köpfe prominenter Generäle zu rollen, drohte ein Bankkrach gewaltigen Ausmaßes und ein wirtschaftlicher Zusammenbruch. Alle geheimen Versuche, die Sioux zum Aufstand zu provozieren, damit die Armee einen Anlaß fände, einen neuen Feldzug zu unternehmen, scheiterten. Red Cloud hielt bei allen diesen Vertragsbrüchen, den Amerikanern den Vertragstext entgegen:

> »Das Landgebiet nördlich des Platte Rivers und östlich der Gipfel der Big Horn Mountains soll auf ewige Zeiten das alleinige Eigentum der vertragsschließenden Sioux-Nation sein. Keinen weißen Personen ist es gestattet sich innerhalb dieses Gebietes niederzulassen, oder irgendein Stück Land in Besitz zu nehmen. Jede weiße Person, die dieses Gebiet betreten möchte, hat vorher die Erlaubnis der Indianer einzuholen. Der Bozeman-Trail wird hiermit für den Durchgangsverkehr geschlossen, alle Forts in diesem Gebiet von der US-Armee werden verlassen.«

An der östlichen Grenze dieses Gebietes lagen die den Sioux geheiligten Black Hills, ihre besten und ergiebigsten Jagdgründe. Die US-Regierung hatte sich im Vertrag eindeutig verpflichtet, alle »weißen Personen, die das Indianergebiet ohne indianische Erlaubnis betreten, unverzüglich zu verhaften und zu bestrafen und dafür Sorge zu tragen, daß Schaden, der den Indianern durch solche Personen zugefügt worden ist, unverzüglich ersetzt wird.« Die US-Armee griff aber nicht ein, als die Sioux ihnen Verletzungen durch amerikanische Jäger und Siedler meldeten, und die Indianer, die sich an Red Clouds Friedenspolitik hielten, verursachten keine Massaker, um der Armee keinen Anlaß zum Einmarsch zu geben. Unermüdlich legte Red Cloud der Ostpresse Vertragsverletzungen durch Amerikaner vor. Hierdurch — und durch den immer stärker werdenden Druck der engagierten Banken und der Industrie — geriet die Regierung in immer größeren Zugzwang. Bis sie sich schließlich rigoros entschloß, den Vertrag von sich aus praktisch zu annullieren.

Als das investierte Kapital im Begriff war verlorenzugehen, marschierte Custer mit einem Expeditions-Korps von ca. 1 000 Soldaten und mit einer Geologen-Prospektorengruppe, bewaffnet mit neuen Repetiergewehren und Revolvern, Kanonen und Schnellfeuerkanonen am 2. Juli 1874 in das Sioux-Gebiet ein, ohne die Sioux um Erlaubnis zu bitten. In Eilmärschen gelangte man in die Black Hills, wo die Prospektoren angeblich Goldvorkommen fanden. Unmittelbar nach diesem Fund wurde ein Eilkurier nach Fort Lincoln geschickt, der aber den Fund nicht etwa als geheime Sache dem Oberkommandierenden meldete, sondern zuerst die Presse in Bismarck benachrichtigte, die augenblicklich von den größten Goldfunden der amerikanischen Geschichte berichtete. Gleichzeitig ließ der Eilkurier in Bismarck für General Custer den ersten Großclaim für Schürfrechte eintragen.

Damit war die Absicht der Expedition klar: Man wollte Gold finden, um einen Boom zu entfachen. Tausende und Abertausende Goldsucher würden in die Heiligen Berge der Sioux eindringen, die Sioux würden sich zur Wehr setzen und Goldsucher töten, und die

Red Clouds Friedensdelegation in Washington, 1872

US-Armee mußte eingreifen, um das Leben von Amerikanern zu schützen — das alte Rezept der Salamitaktik. Und General Custer vertrat seine eigenen finanziellen Interessen, indem er sich die Schürfrechte der erfolgversprechendsten Mine sicherte!
Der Goldboom in den Black Hills brach erwartungsgemäß los, in wenigen Monaten wimmelte es von Goldsuchern in den Heiligen Bergen, Städte wurden gegründet, Wild ausgerottet, ganze Wälder kahlgeschlagen. Aber die Sioux rührten sich nicht. Es gab den erwarteten Aufstand nicht, sondern Red Cloud wanderte wieder in den Osten und legte der Ostpresse die Tatsachen vor. Die US-Armee wusch ihre Hände in Unschuld und unternahm gegen die Invasion der Black Hills nichts!
Im Juni 1875 versuchte eine Regierungskommission die Black Hills den Sioux für 6 Millionen Dollar abzukaufen, zu einer Zeit, da allein Custers Mine bereits 20 Millionen Dollar Profit erbracht hatte. Die Sioux lehnten ab. Auch die Überlassung der Schürfrechte für eine Zeit »solange man Edelmetalle in den Black Hills finden würde«, lehnten die Sioux ab, sodaß die Emissäre der Regierung Ende September 1875 unverrichteter Dinge wieder zurückkehrten. Nun begann die Regierung unverblümt zu handeln: Am 9. 12. 1875 erklärte Edward P. Smith, Kommissar für Indianische Angelegenheiten alle Indianer, die sich nicht bis zum 31. 1. 1876 bei den am Rand des Gebietes eingerichteten Agenturen melden würden, zu feindlichen Indianern, die man mit militärischer Gewalt unter Druck setzen würde. Am

1. 2. 1875 bevollmächtigte das Kriegsministerium General Sherman, Aktionen gegen die Sioux einzuleiten. Am 8. 2. 1875 befielt General Sherman den Generalen Crook und Terry, Vorbereitungen für militärische Aktionen an den Flüssen Tongue, Rosebud, Powder und Big Horn zu treffen.

Offiziell erklärte die Regierung, daß man außerstande sei, die Black Hills von Goldsuchern zu räumen, daß sich die Sioux geweigert hätten, das Gebiet zu verkaufen, ja selbst die Schürfrechte vorübergehend zu gestatten. Deshalb sei zu befürchten, daß bald ein blutiger Aufstand losbreche. Zum Schutz der Amerikaner in den Black Hills müssen die feindlichen Kräfte der Sioux gebunden werden und die Indianer mit Gewalt veranlaßt werden, die Bedingungen zu akzeptieren.

Teton-Sioux auf dem Kriegspfad. Späher haben den Feind ausgemacht — die Häuptlinge formieren die Hauptgruppen zum Angriff

Nicht nur der auf Frieden eingestellte Red Cloud war sich klar darüber, daß dies den Untergang der Sioux-Nation bedeutet, sondern auch die Häuptlinge und erfolgreichen Kriegsanführer Crazy Horse, Gall und Sitting Bull, der erfahrene und weitsichtige Politiker, wußten, daß nun der Zeitpunkt gekommen war, entweder zu kapitulieren und das Terrordiktat des »Großen Weißen Vaters« anzunehmen, oder kämpfend unterzugehen. An den Ratsfeuern der 35 000 Sioux, die etwas mehr als 7 000 Krieger stellen konnten, wurde diese Alternative eingehend diskutiert. Man kannte die Erfahrungen aller anderen Indianerstämme bis zu diesem Zeitpunkt, von den Irokesen bis zu den Comanchen — das Ergebnis war immer gleich. Den amerikanischen Korrespondenten aus dem Osten gegenüber erklärten die Häuptlinge resignierend:

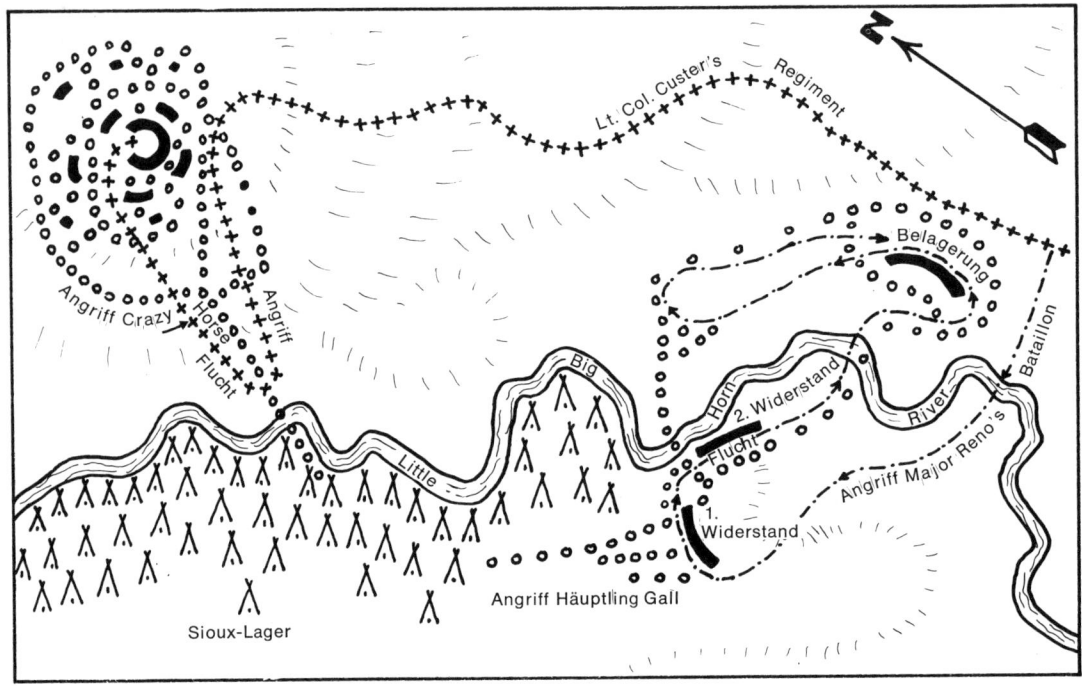

Schlacht am Little Big Horn River

Crazy Horse: »Es ist nur eine Frage, ob man wie ein Hund leben oder wie ein freier Mensch sterben möchte. Wir werden kämpfen und sterben.«

Sitting Bull: »Es gibt keine Chance, unter den Weißen anders als versklavt zu leben. Also werden wir sterben.«

Gall: »Ich habe genug gesprochen. Zeigt mir die Köpfe von Amerikanern, damit ich sie mit meinem Beil einschlagen kann.«

Red Cloud: »Die Weißen sind eine Pest. Nein, schlimmer als das: Ich bin müde vom vielen Kämpfen und Sprechen. Eins haben wir aber von ihnen gelernt, das wir vorher nicht wußten: den Tod zu lieben.«

Die nun folgenden Ereignisse besiegelten das Schicksal der Sioux in paradoxer Weise. Sie errangen überwältigende Einzelsiege, aber sie wußten, noch während sie die »Pferdesoldaten« skalpierten, daß diese Siege in Wirklichkeit Niederlagen waren: Colonel J. Reynolds griff am 17. 3. 1876 das Winterlager von Crazy Horse an. Zunächst gelingt der Überraschungsangriff, er kann alle Zelte und Vorräte zerstören und die Pferde der Sioux erbeuten. Dann aber bringt ihn Crazy Horse in solche Verlegenheit, daß er die Pferde wieder aufgeben und sich fluchtartig zurückziehen muß. Beinahe wäre Reynolds Truppe total vernichtet worden.

General Crook bietet Crazy Horse am 17. 6. 1876 am Rosebud River eine Schlacht an, wird aber von dem Sioux unversehens strategisch überrumpelt und kann nur durch totalen Rückzug seine Vernichtung verhindern.

Am 25. 6. 1876 griff Custer mit seinem 7. Kavallerie-Regiment die Sioux am Little Big Horn River an, und die US-Armee erleidet die schwerste Niederlage ihrer Geschichte mit 265 Toten und 52 Verwundeten. Unter den toten Offizieren sind General George Armstrong Custer, seine Brüder Tom W. Custer und Boston Custer und sein Neffe Armstrong Reed. Nach der Custerschlacht wußten die Sioux-Häuptlinge, daß die US-Armee sie nun auf Biegen und Brechen jagen würde. Sitting Bull setzte sich im Frühjahr 1877 mit einem Großteil der Sioux nach Kanada ab. Die Armee konzentrierte ihre ganzen Kräfte auf die Vernichtung der Sioux-Banden. Eine Gruppe nach der anderen ergab sich und unterschrieb einen neuen Vertrag. Die Black Hills und Big Horn hatten sie aufgegeben.

Der Nez Percé-Feldzug

Der Vorgang, den Indianerstämmen innerhalb kurzer Zeit ihre Reservationen wieder wegzu- nehmen, sie militärisch zu zwingen, andere, kleinere Reservate aufzusuchen, kaum daß sie sich an die vorhergehenden gewöhnt hatten, wiederholte sich auch bei den Nez Percé, die nicht nur mit den Amerikanern stets in Frieden gelebt haben, sondern ihnen auch in loyaler Freundschaft immer wieder Kriegerkontingente als Scouts zur Verfügung gestellt hatten. Der kleine Stamm mit knapp 1 000 Personen, davon 250 Kriegern, lebte ruhig im Wallowa-Tal, wo sie Pferde züchteten. Es gab keine Schwierigkeiten mit amerikanischen Nachbarn, und schon sehr früh nahmen sie die christliche Religion an. Dann wurde im Wallowa-Tal Gold gefunden, Goldsucher drangen in das Reservat ein, stahlen den Nez Percé Rinder und Pferde, die US-Regierung schickte sie in das Lapwai-Reservat (Idaho). Als sie sich weigerten, drohte General Howard, sie mit Gewalt auszusiedeln. Im Juli 1877 entschieden die Häuptlinge Joseph (In-mut-too-yah-lat-lat = Donner-der-über-die-Berge-grollt), White Bird und Looking Glass nach einer Volksbefragung, daß die Nez Percé lieber nach Kanada flüchten, als in den USA bleiben würden.

Nichts wäre für die USA leichter gewesen, als die 250 Krieger und 450 Frauen in Frieden ziehen zu lassen. Sie waren in Kanada willkommen. Aber am Beispiel dieser kleinen Gruppe bis dahin loyaler, freundlicher und unkriegerischer Indianer zeigte sich die Einstellung der US-Politik: Es ging nicht darum, sie aus einer Reservation zu vertreiben und sie in lebensfeind- lichere Landstriche umzusiedeln, es ging auch nicht darum, amerikanische Zivilisten oder Soldaten zu schützen. Die Indianer wären kein Problem mehr gewesen, hätten keinerlei Kosten mehr verursacht und hätten niemanden bedroht, verletzt oder getötet. Es ging ganz einfach um die Durchsetzung selbstherrlicher Vorstellungen. Die US-Regierung wollte ledig- lich durchsetzen, daß unterprivilegierte Bevölkerungsgruppen einmal gegebene Befehle unter allem Umständen auszuführen hätten.

Vier Armeen unter den Generalen Howard, Gibbon und Miles und dem Colonel Sturgis, versuchten mit 5 000 Soldaten, mit Kanonen, Schnellfeuerkanonen, Kavallerie, Infanterie und Artillerie die 250 Krieger und 450 Frauen und Kinder auf ihrem 4 000 Kilometer langen Gewaltmarsch unter ihre Kontrolle zu bringen. Aber Häuptling Joseph erwies sich als strategi- scher Genius, der die weit überlegenen Streitkräfte in 5 Schlachten verwickelte und eine Armee nach der anderen lahmlegte. 54 Kilometer vor der kanadischen Grenze, als er mit nur 87 Kriegern und 254 Frauen und Kindern erschöpft kampierte, wurde er von General Nelson Miles gestellt. »Chief Joseph« gab auf:

»Meine Leute sind in die Hügel geflüchtet und haben weder Decken noch Nahrung. Die kleinen Kinder frieren sich zu Tode. Ich möchte Zeit haben, mich um meine Kinder und Leute zu kümmern und zu sehen, wieviele ich finden kann. Vielleicht sind sie alle tot. Hört mich, Weiße: ich bin müde; mein Herz ist krank und voll Trauer. Von wo die Sonne jetzt steht gelobe ich: ich werde niemals wieder kämpfen!« Chief Joseph am 5. 10. 1877 zu General Nelson Miles.

Utes und Cheyennes

Die Utes in Colorado, die von den Gold- und Silbersuchern des Pikes Pike's regelrecht überrannt worden waren und 1859 aus blanker Existenzangst ein Friedensdiktat unterzeichnet hatten, waren in zwei Jahrzehnten zu hilflosen Bettlern geworden. Die Prospektoren hatten alles Wild ausgerottet, ganze Wälder kahlgeschlagen und die Lebensgrundlagen der Utes vollkommen ruiniert. Der Indianeragent N. C. Meeker wollte sie unbedingt zu zivilisierten Almosenempfängern machen. Er zwang ihre Kinder in die Schule, ließ die Pferderennbahn umpflügen, die Pferde beschlagnahmen und die Indianer zu Ackerbauern umerziehen. Schließlich schlug ihn ein Ute nieder und warf ihn aus seinem eigenen Haus. Meeker rief die Armee zu Hilfe. Als Major T. T. Thornburgh mit 3 Kompanien Kavallerie eiligst in die Reservation eindrang, bereiteten ihm die Utes unter Colorow und Jack eine Falle im Red Canyon. Zur gleichen Zeit überfielen sie unter Häuptling Douglas die Agentur, töteten alle Amerikaner und hielten drei Frauen gefangen. Als General Merrit die eingeschlossene Kavallerie im Red Canyon entsetzte, gaben die Indianer auf.

Mit den Sioux hatten auch die ihnen angeschlossenen, nördlichen Cheyennes 1877 kapituliert. Als der Agent von Häuptling Little Wolf für drei heimwehkranke, nach Norden entlaufene Krieger zehn Geiseln verlangte, die er solange einsperren wollte, bis die drei Entlaufenen wieder in der Reservation seien, waren schon viele Kinder verhungert. Am 8. 9. 1878 weigerte sich Little Wolf, zehn Geiseln zu benennen. Als der Agent daraufhin drohte, die Rationen ganz zurückzuhalten, erwiderte Little Wolf:

»Ich gehe zu meinem Lager. Ich möchte nicht, daß der Boden dieser Agentur blutig wird, deshalb höre: Wir werden diesen Ort verlassen. Wir gehen nach Norden zu unserem Land. Wenn du uns Soldaten nachschickst, so werden wir kämpfen. Und wenn du Kampf willst, so kannst du ihn haben und wir können diesen Boden hier rot von Blut machen.«

In der Nacht machten sich die letzten 79 Krieger der nördlichen Cheyennes mit ihren Familien auf den Weg nach Norden, wo ihnen 13 000 US-Soldaten in fünf Linien gegenüberstanden. Den Santa Fe-Trail bewachte General Popes Armee, an der Union Pacific-Eisenbahn befand sich General Crooks Armee, an den Ufern des Niobrara Rivers wartete die Armee von General Bradley, eine vierte Front stand entlang der Black Hills, eine fünfte unter General Gibbon befand sich am Yellowstone River. Und mehrere zehntausend Cowboys, Farmer, Siedler, Miner und Eisenbahner unterstützten die Armeen. In einem beispiellosen, schnellen Kampfmarsch überwanden die Cheyennes jeden Widerstand, ließen mit ihrem ungeheuren Tempo (manchmal 160 Kilometer täglich) alle Kavallerietruppen zurück und wichen den

Ute-Indianer 1878. Sie wurden in eine nördliche und südliche Gruppe geteilt und in Gebirgsghettos unter strenge militärische Bewachung gestellt. Ihre Anführer Persune, Douglas, Johnson, Colorow und Matagoras brachte man ins Staatsgefängnis Leavenworth

Fallen aus und umgingen alle Kampflinien. Als sie in ihren alten Jagdgründen angekommen waren, spalteten sie sich in kleine Gruppen auf. Der alte Häuptling Dull Knife bat in Red Clouds Reservation um Asyl, während Little Wolf mit seiner Gruppe in den Hügeln verschwand. Red Cloud bedauerte, daß er den alten Kampfgefährten nicht helfen konnte. Einen Tag später, am 23. 10. 1878 erschien Colonel J. B. Johnson mit zwei Kompanien der 3. Kavallerie und nahm Dull Knifes Kapitulation entgegen. Aber es waren fast nur alte Krieger und Frauen, die nach Fort Robinson gebracht wurden. Als man sie wieder nach Oklahoma bringen wollte, sagte Dull Knife, daß sie alle lieber sterben würden. Am 21. 1. 1879 fiel der letzte Cheyenne dieser Gruppe im Feuer der Soldaten, nachdem sie 43 Meilen weit geflohen waren.

Am 25. März 1879 erklärte Little Wolf dem US-Lieutenant W. P. Clark, daß auch sie lieber kämpfend sterben, als nach Süden zurückgehen würden. Dieses Mal hatte die US-Armee ein Einsehen.

Das Ende: der Tag an dem die Sonne starb

»Ich möchte nun gerne wissen, wer es war, der den Befehl gab, mich festzunehmen und zu hängen. Ich lebte friedlich dort mit meiner Familie im Schatten der Bäume und tat genau das, was General Crook mir geraten hatte zu tun. Ich habe oft um Frieden gebeten, aber Ärger kam immer von den Agenten und Dolmetschern. Ich habe nie Unrecht ohne Grund getan, und wenn ihr von Unrecht redet, oder auch nur an Unrecht denkt, so tätet ihr besser daran, an das Unrecht zu denken, das ihr dem Roten Manne zugefügt habt, und das tief und weit wie ein Ozean ist, durch den niemand mehr waten kann, ohne darin zu ertrinken. Mein Unrecht dagegen ist wie ein kleiner ausgetrockneter Bachlauf, den habgierige Weiße mit den Tränen meines Volkes gefüllt haben. Ich habe dieselben Weißen diese Tränen austrinken lassen, bis auf den letzten Tropfen, sodaß ich wieder durch den Bach gehen kann, ohne meine Mokassins mit Unrecht zu nässen. Sagt mir, was daran Unrechtes ist! Ihr sagt selbst, daß ein Mensch der einen anderen tötet, getötet werden muß. Seht, wie zahlreich der Rote Mann war, bevor ihr kamt, und seht, wieviele Rote Menschen ihr getötet habt. So dürft ihr nach eurem eigenen Gesetz heute nicht hier stehen, sondern müßtet alle tot sein, wenn Euer Gesetz wahrhaftig wäre!«
Geronimo am 25. März 1886 bei San Bernadino Springs zu US-General George Crook.

Nachdem General George Crook aus dem Südwesten abberufen wurde, um die Sioux im Norden zu »pazifizieren«, gewannen in den Apachen-Reservationen rasch korrupte Kontraktoren, Indianeragenten, fahrende Händler, die billigen Schnaps illegal an die Indianer verkauften, und die sich in einem mächtigen »Tucson-Ring« zusammengeschlossen hatten, die Oberhand. Das Leben wurde für die Apachen unerträglich. Victorio verließ eines Tages die Reservation, und viele kleinere Apachenbanden der verschiedensten Stämme schlossen sich ihm an. Seine kleine Truppe spielte in den Wüstengebieten Arizonas, New Mexicos und Mexikos Katz und Maus mit US-Truppen, mexikanischen Soldaten und Texas-Rangers. Da er nur dann kämpfte, wenn Kampf nicht mehr zu vermeiden war, versagten ihm die Soldaten eine gewisse Hochachtung nicht und nannten ihn »Old Vic«. Zwei Jahre dauerte es, ehe ihn vereinigte mexikanische Truppen in einem Canyon der Tres Castillos Mountains stellen und in einem harten Kampf besiegen konnten. Seine Nachfolge übernahm Nana, ein siebzig Jahre alter Apachenhäuptling, der vom Juli 1881 bis April 1882 der Armee 8 Schlachten lieferte, sie 1 000 Meilen weit durch die Wüste hinter sich herzog, bis die US-Soldaten vor Erschöpfung, Hunger und Durst nicht mehr kämpfen konnten. Hinter sich ließ Nana einen blutigen Pfad mit getöteten Ranchern, Prospektoren und Siedlern zurück, ehe er sich in Mexiko mit Geronimo, dem Anführer einer kleinen Chiricahua-Bande vereinigte. Auf dem Höhepunkt des Apachen-Krieges berief man 1882 General Crook als Oberkommandierenden zurück nach Arizona, und der General rekrutierte sofort eine Truppe von 500 Apachen-Scouts nach der alten Grenzererfahrung »Apachen sind nur von Apachen aufzuspüren«. Er beendete die Korruption in den Reservaten, entfernte mit sanfter Gewalt alle Miner, Squatter und Rancher vom Gebiet der Reservationen, setzte eine Art Selbstverwaltung und indianische Polizei ein und beendete mit diesen verhältnismäßig einfachen Mitteln die allgemeine Revolte.

Die meisten Apachen kehrten wieder zu ihren Feldern zurück, nur etwa 500 Krieger und ihre Familien unter der Führung von Geronimo, Chatto und Natchez, die eine Art Felsenfestung in den mexikanischen Bergen bezogen, kämpften weiter. Crook schloß 1883 mit Mexiko eine Vereinbarung, die es ihm gestattete, mit seiner Armee und 285 Apachen-Scouts die Grenze zu überschreiten und tief in die Apachenfestung einzudringen. In den drei Jahren Kampf verlor Geronimo soviele Krieger, daß er schließlich am 4. September 1886 kapitulierte. Die US-Offiziere Miles und Crook trauten ihren Augen nicht: Es waren nur noch 36 Apachen, die ihre Waffen auf den Boden legten.

Gemeinsam mit den Scouts, die ihre Kapitulation erst möglich gemacht hatten, wurden die Apachen in die Verbannung nach Fort Pickens nach Pensacola in Florida geschickt, wo sie am Sumpffieber langsam zugrunde gingen. Die Überlebenden schaffte man nach Mount Vernon in Alabama, schließlich nach Fort Sill in Oklahoma, wo Geronimo am 17. 2. 1909 an Lungenentzündung starb.

»Nimm diese Botschaft an meine roten Kinder entgegen und erzähle sie ihnen, wie ich es sage. Ich habe die Indianer für viele Monde vernachlässigt, aber ich will sie wieder zu meinem Volk machen, wenn sie meiner Botschaft folgen. Die Erde wird alt, und ich werde sie für mein auserwähltes Volk neu erschaffen, für alle Indianer,

Die Chiricahua-Apachen Geronimo (links zu Pferd) und Naiche auf dem Kriegspfad. Ganz rechts Geronimos Sohn

und unter ihnen werden auch ihre Vorfahren sein, die gestorben sind, ihre Väter, Mütter, Brüder, Schwestern, Frauen und Verwandte — alle, die meine Stimme und meine Worte durch die Zungen meiner Kinder vernehmen. Ich werde die Erde mit neuem Boden bedecken in der fünffachen Höhe eines Mannes, und unter diesem neuen Erdboden werde ich alle Weißen begraben und alle Vertiefungen und verrotteten Senken werden mit ihnen angefüllt sein. Das neue Land wird mit süßem Gras bedeckt sein, mit laufenden Wassern und Bäumen, mit Herden von Bisons und Pferden, sodaß meine roten Kinder essen und trinken, jagen und sich erfreuen können. Und die Seen im Westen werde ich auffüllen, sodaß keine Schiffe sie mehr passieren können und auch die anderen Seen werde ich unpassierbar machen. Und während ich die Erde neu erschaffe, werden die Indianer, die meine Botschaft vernommen haben und die tanzen und beten und glauben, hoch in die Luft gehoben zu werden, wenn die Welle neuen Erdbodens kommt und sich niedersenkt. . . .«

Der Paiute-Indianer Wovoka gründete 1888 in Utah den Geistertanz-Kult, der die radikale Entfernung des Weißen Mannes aus Amerika, die Rückkehr der Büffel und Getöteten beschwörte. Innerhalb von nur zwei Jahren verbreitete sich diese fanatische Geistertanz-Religion über den gesamten amerikanischen Westen, und Kicking Bear ein Minneconjou-Sioux-Häuptling, machte sich zum Medium, dem der Große Geist eine frohe Botschaft verkündet habe. Kicking Bear nutzte die Sonnenfinsternis vom 1. Januar 1889, um diesen »Tag an dem die Sonne starb« als den zu bezeichnen, an dem ihm der Große Geist erschienen ist.
Sitting Bull und Gall, die inzwischen mit ihren Hunkpapa-Sioux aus Kanada in die USA zurückgekehrt waren und sich den Reservationsdiktaten angepaßt hatten, gaben dieser sich rasch ausbreitenden Geistertanz-Bewegung ihren Segen. Als am 14. Dezember 1890 der Geistertanz in der Sioux-Reservation stattfand, dem Tausende fanatisierter Siouxkrieger huldigten, verschreckte das den puritanischen US-General Nelson Miles so sehr, daß er 40 uniformierten Sioux-Polizisten gebot, Sittig Bull zu verhaften. Als sich die Geistertänzer dieser Verhaftung widersetzten, gab es einen kurzen Schußwechsel, und der Polizist Red Tomahawk tötete Sitting Bull mit einem Revolverschuß ins Genick. General Miles schickte hierauf am 28. 12. 1890 alle verfügbaren Truppen in die Sioux-Reservation, wo sich die Geistertänzer in größere Gruppen auflösten und zu den Badlands strömten. Eine dieser Gruppen unter dem Häuptling Big Foot, wurde von der 7. Kavallerie eingeholt, entwaffnet und aufgefordert, zur Reservation zurückzugehen. Colonel James W. Forsyth erhielt bei der Entwaffnung nur eine Handvoll alter Karabiner. Eine Durchsuchung des Lagers förderte aber Waffen und Munition zu Tage, sodaß der Colonel nun anschließend die Durchsuchung der Decken anordnete, um auch die letzten noch verborgenen Waffen sicherzustellen. Plötzlich fielen ein paar Schüsse und dann war das Lager in Rauch und Flammen gehüllt. Die Sioux flohen in alle Himmelsrichtungen. Forsyth ließ sie verfolgen und niedermachen. Am Ende waren 30 Soldaten tot, 34 verwundet, 143 Sioux ließen ihr Leben, 33 wurden verwundet. Viele Schwerverwundete starben in einem Schneesturm.
Wie sich herausstellte, waren die meisten Soldaten von den Geschoßen ihrer eigenen Kameraden getroffen worden. An Waffen wurden bei den gefallenen Sioux, von denen mehr als 70% Frauen und Kinder waren, nur 4 Gewehre und ein Revolver gefunden!

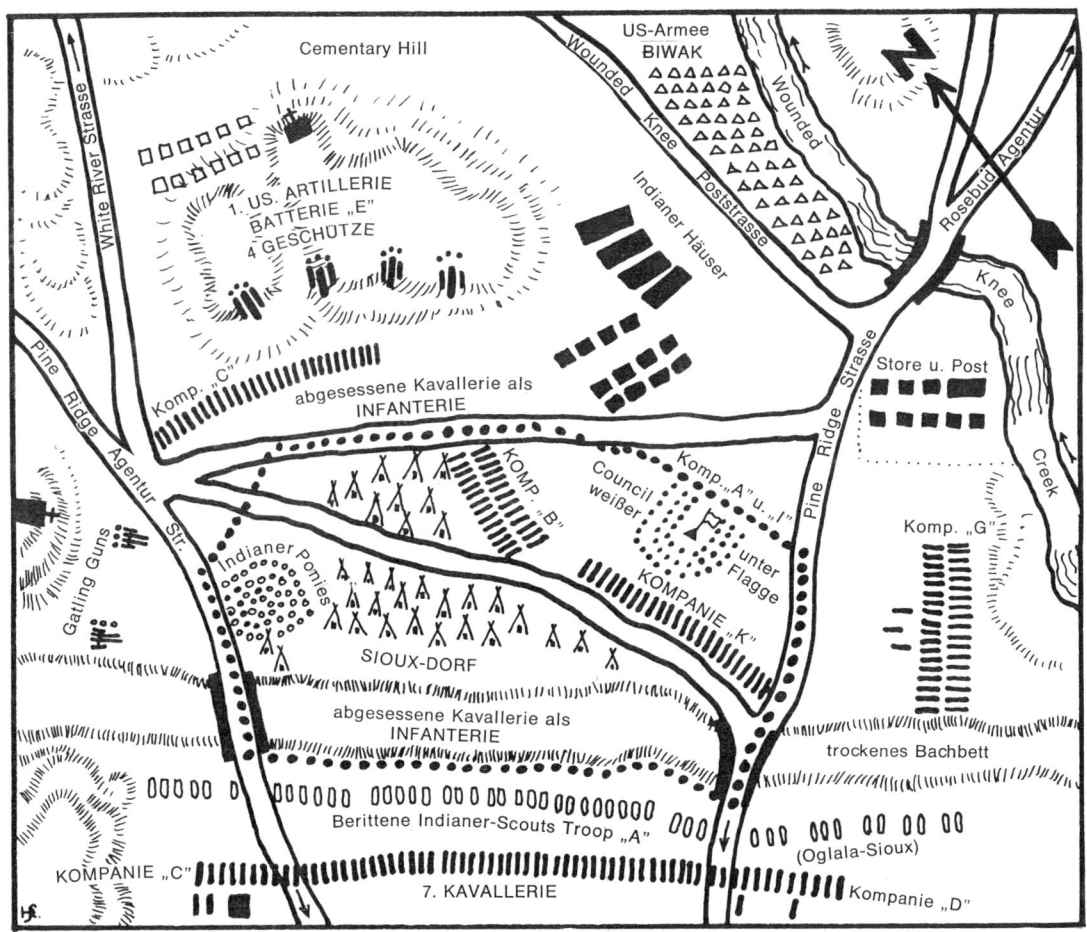

Am Wounded Knee Creek-Massaker waren beteiligt: 120 Männer und Knaben und 230 Frauen und Kinder vom Stamm der Miniconjou-Sioux unter den Häuptlingen Big Foot und Yellow Bird. Auf Seiten der US-Armee das 7. Kavallerie-Regiment mit der 1. Schwadron (Kompanien A, B, I, K — 229 Mann) und die 2. Schwadron (Kompanien C, D, E, G — 181 Mann); das 1. Artillerie-Regiment mit 22 Mann, 4 Hotchkiss- und 2 Gatling-Kanonen. Dazu 20 Oglalla-Sioux als Indianer-Scouts. Indianer-Verluste: 52,3%, 84 Männer und Knaben, 44 Frauen, 18 Kinder; dazu 37 den Verwundungen erlegene Menschen. US-Armee: 5,4%, 7 Offiziere, 18 Soldaten. Verwundet wurden 51 Indianer und 39 Soldaten

Dieses Massaker am Wounded Knee Creek beendete den Geistertanz-Kult, der versprochen hatte, alle, die ihn tanzten, gegen die Waffen der Weißen kugelfest zu machen. Den Besonnenen unter den versammelten Sioux in der Pine Ridge-Reservation gelang es, überzeugend darzustellen, daß Krieg nur die Ausrottung der gesamten Sioux-Nation bedeuten würde.

Die Indianerkriege waren zu Ende, der letzte Widerstand gebrochen.

Sie sind ein kraftvolles Volk, stark und zäh. Sie fliegen auf in die Luft, in den Himmel, sie schwimmen im Wasser, sie graben sich in die Erde. Über der Erde töten sie alle Bäume und alles Gras und alle Früchte, und stecken ihre eigenen Bäume, ihr eigenes Gras hinein, bringen ihre eigenen Früchte hervor. Sie töten alle Tiere und setzen ihre eigenen Tiere an ihre Stelle. Aber die gute Erde ist tot, die guten Bäume, das gute Gras, die guten Früchte und die guten Tiere sind tot. Sie kommen immer näher, unaufhaltsam. Dort hinten, New York, und all diese Orte, dort ist die Erde verschwunden. Sie nehmen den Donner, diese elektrische Kraft des Himmels, und beleuchten ihre Häuser, wenn es Nacht ist. So töten sie die Nacht mit totem Licht. Vielleicht sind sie sogar fähig, den Mond zu ergreifen, oder die Sterne, einen oder zwei, und mit ihrem Tod den Himmel zu erfüllen. Unsere alte Nahrung, die wir aßen, war gut. Das Fleisch des Büffels und des Wildes war gut. Es machte uns stark. Wir wußten nicht, was Krankheiten und Siechtum sind. Ihre Kühe, die so krank sind, daß sie ununterbrochen Milch geben, ihre Vögel, die so krank sind, daß sie ununterbrochen Eier legen, ihre Tiere, die so krank sind, daß sie ununterbrochen fetter und fetter werden, nicht mehr laufen, liegen oder sitzen, sondern nur noch essen können, immer nur essen, essen, essen, sind gut zu essen, ihr Fleisch ist weich und zart, aber man wird krank davon an Seele und Körper. Man will auch ununterbrochen Dinge hervorbringen, viel mehr als man braucht und als je gebraucht werden. Man will nicht mehr laufen, nicht mehr frei atmen, nicht mehr spüren, was gesund ist, weder Hunger, noch Durst, noch Erschöpfung, noch Hitze oder Kälte.
Unser Volk kannte einst nur lange Leben. Heute essen wir des weißen Mannes Nahrung, und wir leben nicht mehr so lange, wir sind nicht mehr gesund, weder im Körper noch im Geist. Wir erleben vielleicht sechzig Jahre, vielleicht sogar siebzig Jahre, aber keine hundert oder hundertzwanzig mehr. Ihre süße Medizin hat uns dies gebracht. Sie sagte, der weiße Mann sei zu stark. Sie sagte, seine Nahrung sei süß, und nachdem wir diese Nahrung kosteten, würden wir nur noch sie haben wollen und unser altes Leben vergessen. Wildkirschen und Prärieppflaumen, wilde Wurzeln und den Honig der wilden Bienen.
Aber diese andere Nahrung ist zu süß. Wir essen sie und mit ihr, was eines Menschen unwürdig ist: das Vergessen.

Fred Last Bull
Bewahrer der Heiligen Pfeile
im September 1957 zu Busby, Montana

LEXIKON

Nicht als Stichwörter vorkommende Begriffe finden Sie über das Register

A

Aatsosni (»Aa-tro-sni« = enge Schlucht), eine der großen Sippen der →Navahos.

Ababco Stamm oder Unterstamm der →Algonkin; 1741 notierte die engl. Kolonialverwaltung, daß die A. das südl. Ufer des Choptank River in Maryland für sich in Anspruch nähmen. Keine 100 Jahre später gab es kaum noch Mitglieder dieses Stamms.

Abayca Tequesta-Dorf am südl. Ende von Florida; von dem span. Conquistador Ponca de Leon erwähnt.

Aberginier diesen Namen gaben die Siedler von Massachusetts den Indianern der Region. Sie gehörten wahrscheinl. dem Unterstamm der Wippanap an, die wiederum der Nation der Abnaki zugesprochen wurden. Aberginier (engl.: Aberginian) war möglicherweise eine Ableitung von dem Wort Abnaki.

Abihka Stadt der Creeks am Oberlauf des Coosa River in Alabama.

Abikudshi frühe Stadt der Creeks am rechten Ufer des Tallahatchee Creek in der Nähe des Coosa River im Talladega County von Alabama. Die Abihka-Indianer sprachen zum großen Teil den Chikasaw-Dialekt.

Abiquiu von den Spaniern 1747 gegründeter Pueblo, der im gleichen Jahr von Utes überfallen und danach ein Jahr lang nicht mehr bewohnt wurde. 1748 siedelten sich von neuem 20 Familien dort an, wurden wieder von den Utes und Navahos überfallen und verließen den Pueblo nochmals, um erst 1754 wieder zurückzukehren.

Abmoctac frühe Costanier-Stadt bei der Mission Dolores in San Francisco, Kalifornien.

Abnaki Algonkinstamm, dessen Name von den franz. und engl. Kolonialverwaltungen zur Klassifizierung jener Indianerstämme benutzt wurde, die in der Region des heutigen Staates Maine ansässig waren. 1604 besuchte Champlain eine kleine, aus Rinderhütten bestehende Stadt an der Mündung des Penobscot River, dort, wo heute die Stadt Bangor, Maine, liegt. Die Abnakis kämpften auf der Seite der Franzosen.

Accomac (»Acco-mac« = Land oder »das Land dahinter« oder »auf der anderen Seite des Platzes«), früher Stamm der sog. Virginia-Konföderation, zur Algonkin-Sprachfamilie gehörend. Nach 1812 vermischte sich der Stamm mit anderen Gruppen.

Achougoula (aus dem Choctaw-Wort »ash-un-ga« = Pfeife gebildet, das sog. »Pfeifenvolk«), eine von 9 Städten (1699) der sog. Natchez-Konföderation.

Acoma Pueblo großer, nahezu unversehrter Pueblo, wegen seiner Keramikfunde berühmt geworden. Der Name »acóme« bedeutet »Leute der weißen Felsen«. Dieser Pueblo befindet sich auf einem Felsplateau in 115 m Höhe, etwa 90 km westl. des Rio Grande del Norte im Valencia County von New Mexico. Er wurde 1540 von Coronados Expedition besucht, der die Stadt »Acuco« nannte. Acoma Pueblo ist die älteste bewohnte Siedlung der USA. Die Indianer dieses Pueblos bewässerten ihre Äcker und züchteten Mais, Melonen u. Bohnen. Sie hielten Truthähne als Haustiere.

Acoti auf einer Indianerkarte des Jahres 1865 als »Geburtsort von Montezuma« genannter Ort westl. von Taos, New Mexico.

Adai Indianerstamm mit einem dem »Anadarko«-Dialekt verwandten Sprachausdruck. Die Adais waren Mitglieder der sog. Caddo-Konföderation. 1529 wurde dieser Stamm von span. Conquistador Cabeze de Vaca besucht. Später wurden die Adais den Franzosen in dem von diesen okkupierten Louisiana in der Abwehr weiterer span. Eroberungspläne sehr nützlich (um etwa 1719). Der Weg, der die Adai-Städte miteinander verband (die zu einem Teil auf franz., zum anderen auf span. Kolonialgebiet lagen), wurde als der sog. »Schmuggel-Trail« bekannt, der von Händlern beider Kolonien gleichermaßen gerne benutzt wurde. Eine ihrer Städte lag in der Nähe von San Antonio de Bexar, einem span. Fort. Der Stamm befand sich sowohl unter span. wie auch unter franz. Kontrolle und litt unter den Sanktionen beider Kolonialmächte schwer.

Adirondack Ausdruck der Mohawksprache, der »sie essen Bäume« bedeutet. Der Unterstamm der Mohawks, der in Notzeiten Baumrinden als Nahrung verwendete, war ein der Algonkinfamilie zugehöriger Stamm und bewohnte ein Gebiet nördl. des St. Lorenz-Stroms.

Adlerfedern der Adler war eine Art heiliges Wappentier für fast alle Indianer; dies drückte sich in zahlreichen symbolischen Tänzen, Riten und Zeremonien aus. Die Federn dienten als Schmuck an Kriegshauben, Rasseln, Schildern, Pfeifen, Körben und Gebetsstöcken, aber auch an Kleidung, Zelten und Wigwams. Durch ihren Beschnitt, durch Färbung und spezielle Hinzufügungen, aber auch durch die Art der Anbringung und Zueinanderordnung bildeten sie ein ablesbares System von Rangordnungen und Aussagen.

Adobe-Fachwerkhaus →Jacal.

Adoette Kiowa-Häuptling, auch »Big Tree« (= Großer Baum) genannt. Sein Jagdgebiet war der südwestliche Teil von Oklahoma. Von hier unternahm er mit seinen

Assiniboin-Adlerjäger

Kriegern viele Überfälle auch auf texanischem Gebiet. Er wurde von der US-Armee gefangengenommen und nach Fort Sill gebracht. Man steckte ihn so lange ins Gefängnis, bis er versprochen hatte Christ zu werden und sich mit seinem Stamm in einer Reservation friedlich zu verhalten.

Adoption alle Indianerstämme Nordamerikas kannten die A.; gefangene Kinder, hauptsächlich Knaben, wurden in der Regel von einer Familie an Kindesstatt angenommen, aber auch Erwachsene erhielten auf diese Weise neue »Familien«. Während der Kriege mit den Amerikanern war der Verlustausgleich der Hauptgrund, warum geraubte Kinder, erwachsene Gefangene und Armee-Deserteure adoptiert wurden.

Adz Holzbearbeitungsinstrument mit einer Stein-, Knochen-, Muschel- oder Kupferklinge von geringer Schärfe, das an eine keltische Axt erinnert; hauptsächlich von den Indianern der Nordwestküste zum Schälen von angekohltem Holz verwendet.

Agaihtikara Untergruppe der Paviotso-Indianer; als »Fischesser« bekannt. Sie lebten zwischen Walker- und Carson-River in Nevada. Unter ihrem Häuptling Oderie wurde der 1 500 Personen-Stamm bekannt. Sie trieben Tauschhandel mit Siedlern und Goldsuchern. Nach 1866 ging der Stamm im Zug der Reservationspolitik unter.

Agave (lat.: Agave americana; engl.: Agave; mexikan.: Maguey), Herkunft griech. (agaue = edel), zu den sog. Sukkulenten gehörende Pflanzengattung, die sich besonders an Trockenheit und Hitze anpaßt und in vielen 100 Arten in Mexiko und den südl. Staaten der USA weitverbreitet vorkommt. Aus den Wurzelknollen gewannen Indianer und Mexikaner den hochprozentigen *Pulque*- und *Mescal-Schnaps;* die hartfaserigen Blätter wurden zum Korbflechten und für Sandalen verwendet. Die cremeweißen Blüten der oft 10 m hohen, kerzenartigen Stauden

ergaben gekocht ein schmackhaftes Gemüse, getrocknet und mit Honig kandiert süße Leckerbissen. Das Mark der Blütenstaude wurde zu Mehl gemahlen und aufbewahrt, oder es wurden hieraus Fladen in heißer Asche geröstet. Agavewurzelknollen dienten den Apachen in der Wüste als Hauptnahrungsmittel.

Agawano Pueblo der Nambe-Indianer New Mexicos, etwa 7 Meilen östlich vom Rio Grande.

Agua Caliente kaliforn. Reservation mit um 1880 etwa 560 überlebenden Indianern des Wüstenstammes der *Cahuilla,* die sich von Gras und Würmern ernährten. Helen Jackson 1880: »Es ist Wüstenland mit nur einer einzigen warmen Quelle darin. Es liegt in einer viele Meter unterhalb des Meeresspiegels gelegenen, glühendheißen Mulde, und diese Indianer sind die armseligsten, die man sich vorstellen kann.«

Aguacay großes Dorf am Washita River in Arkansas, von De Soto 1542 besucht; bedeutsam als Handelszentrum und wegen des Salzabbaus.

Ahle beim Nähen von Gewebe und Häuten benutzt um Löcher zu bohren; auch als Werkzeug zum Kratzen und Zeichnen in der Töpferei verwendet. Sie wurde aus Dornen, Kaktusnadeln, Feuersteinsplittern, Bären- oder Truthahnknochen gefertigt.

Ahorn-Sirup (engl.: Maple Syrup), eingedickter Saft des Zuckerahorns, eine zähe, braune, stark süßende, nahrhafte Flüssigkeit, die die Waldindianer durch Anzapfen der Bäume gewannen. Der Saft wurde in große Einbaumtröge gegossen und in Birkenrindenkesseln über kleinem Feuer gekocht, bis ein dicker Sirup entstand.

Ahorn-Zucker (engl.: Maple Sugar), durch Einkerben des Stammes des Zuckerahorns (Acer saccharinum, engl.: Sugar-Maple) gewannen die Irokesenstämme den süßen Saft, den sie durch Einkochen zu Ahorn-Sirup eindickten. Bei weiterem Kochen und Rühren kristallisierte diese Masse zu festem braunem Kornzucker aus. Die Menominees erzählen eine Legende, daß Nokomis, die alte »Menschen-Urgroßmutter«, Manabusha, dem großen Helden und Menschenfreund, zeigte, wie man Ahornstämme einzuschneiden hatte, um den »süßen Lebenssaft« zu gewinnen. Als der Saft in Form dicken, konzentrierten Sirups hervorquoll, dachte der weise Manabusha, daß dies schlecht sei, weil die Menschen zu wenig zu tun hätten, wenn Zucker so leicht zu machen sei. Es müsse schwieriger sein, damit sie beschäftigt blieben und nicht in Müßiggang verfielen. Also kletterte Manabusha in die Spitze des höchsten Ahornbaums und ließ aus seiner Hand Regen in den Stamm fließen, sodaß sich der Sirup verdünnte. Seither müssen die Indianer hart arbeiten, um Zucker zu gewinnen.

Akasquy ausgestorbener Stamm am Brazos River in Texas, der seine Kleidung aus Bisonhaaren und mit Vogelfedern schmückte. Die letzten — friedfertigen — Akasquys wurden 1858 von Texas-Rangern in einem »Schlachtfest« (laut Texas-Ranger Big Foot Wallace) »genüßlich abgemurkst«.

Akonye eine Apachen-Horde aus der San Carlos- und Fort Apache-Reservation in Arizona. Der Name bedeutet: »Das Volk das im Canyon lebt.«

Alaun Rohalaun dient den Navahos als Beize beim Färben von Stoffen und Leder.

Alawahku Sippenclan der »Elche« der Pecos-Indianer von New Mexico.

Algonkian Ausdruck für das Felsgestein in der Region des Oberer Sees in Nordamerika. Es wurde zwischen paläozoischen und archäozoischen Erdformationen gefunden. Das Wort geht auf eine Bezeichnung der indian. Sprachfamilie (Algonkin) zurück, deren Stämme in diesem Gebiet ansässig waren.

Algonkin *Algonquian,* indian. Sprachfamilie, die die Volksgruppen der Cheyennes, Arapahoes, Atsinas, Piegans, Blackfeets, Bloods, Chippewas und Crees im Westen umfaßt, und der im Osten zahlreiche Bauern und Waldjägervolksgruppen bis an die atlantische Küste angehörten, wie z. B. die Delawaren und die Winnebagos an den Seen. Die indian. Sprachfamilie ist nach einem kleinen algonkianischen Volksstamm, den *Weskarini* benannt. Diese lebten an einem Nebenfluß des Ottawa Rivers, in der Nähe des heutigen Ottawa, Kanada. Nachdem sie im Kolonialkrieg Frankreichs gegen England an der Seite Frankreichs kämpften, wurden sie von den mit den Engländern verbündeten Irokesen so zersplittert, daß sie sich nie wieder zu einem Stamme vereinigten. Die Stämme dieser Sprachgruppe waren über ein größeres Gebiet verbreitet als jede andere Sprachfamilie. Die typische Behausung der Algonkinstämme war oval und bestand aus Birkenrinde. Die Stämme Virginias bauten langgestreckte Häuser, während die Algonkins des Nordens ihre Häuser aus Baumstämmen errichteten. Die Delawaren und Chippewas benutzten eine Art gezeichneter Symbolschrift, die auf Rindeninnenflächen gemalt oder eingeritzt wurde. Die östl. Algonkins erfreuten sich zwar hoher Intelligenz, sie waren auch furchtlos und tapfer, jedoch fehlte ihnen — wie fast allen Indianern — Organisationstalent. Unter der Leitung von Führern wie Pontiac, Tecumseh, Philip, Powhatan und Opechancanough erreichten sie zwar zeitweise viel, aber niemals genug, um sich des hemmungslosen Eroberungswahns der Weißen erfolgreich erwehren zu können, zumal sie untereinander uneinig waren. Dies lag in der Hauptsache an der durch und durch demokratischen Struktur ihrer Gesellschaft, die besagte, daß gegen die Mehrheit niemals ein Entschluß gefaßt werden konnte. Lediglich die Algonkins Virginias machten hier unter Powhatan eine Ausnahme: sie widerstanden geschlossen den Weißen, bis sie nahezu ausgerottet waren.

Algonquian →Algonkin.

Alter Rotstock →Hornotlimed.

American Horse Häuptling der Oglalla-Sioux, der mit Sitting Bull im Sioux-Krieg kämpfte und am 29. 9. 1875 in der Schlacht bei Slim Buttes in Süddakota getötet wurde. Er war einer der Unterzeichner des Friedensvertrags, den General Crook der Sioux-Nation abtrotzte.

Amerind 1899 erfand ein amerikanischer Lexikograph dieses Wort für die Ureinwohner von Amerika. Es taucht zwar hin und wieder in der Fachliteratur auf, ist aber weitestgehend vergessen und wird normalerweise nicht verwendet.

Anadarko Regierungsagentur im Indianerterritorium Oklahomas, von der aus ab 1880 die in Reservationen konzentrierten Überreste der Comanchen, Kiowas und Wichitas mit Lebensmittelrationen versorgt wurden. Der erste Mann, der diese Agentur und einige Armeestationen auf private Rechnung mit dem Nötigen versorgte, war W. S. »Buffalo« King, nach dem Tagebuch Oliver Nelsons als »ein Mann geschildert, über 6 Fuß groß, 305 Pfd. schwer und mit einer Stimme, die einem den Hut vom Kopf blies«.

Andesit eine Gesteinsart von grauer bis schwarzer Farbe, in und bei Vulkankratern im amerikanischen Westen vorkommend, die von Indianern für Steinwerkzeuge verwendet wurde.

Anker-Steine große, etwa 40 Pfund schwere Steine mit einer Rille rundherum versehen, um die ein Bastseil gewunden war. Von Fluß- und Küstenfischer-Stämmen verwendet.

Apachen Volksstamm der südlichen Athapasken-Sprachgruppe mit den Aravapais, Chiricahuas, Cocoteros, Gilenos, Jicarillas, Kiowas, Lipans, Mescaleros, Mimbrenjos, Mogollons, Pinalenos, Tontos. Sie bewohnten hauptsächl. die Wüsten- und Steppengebiete des amerikan. Südwestens und hatten von allen Indianerstämmen Amerikas die vollkommenste Anpassung an die Wüste erreicht, was sie nicht nur in die Lage versetzte, ihr Leben selbst dort noch zu fristen, wo Wüstentiere kaum noch Lebenschancen hatten, sondern vor allem den Spaniern und später auch den US-Truppen den erbittertsten Widerstand zu leisten. Alle diese Apachenstämme waren ausgesprochene Wüstenwanderer u. Jäger auf einer steinzeitlichen Kulturstufe. Das Pferd war ihnen für ihre Raubzüge bis tief nach Mexiko hinein unentbehrlich. Sie kämpften möglichst aus dem Hinterhalt und riskierten so wenig wie möglich. Mannestugenden und Ehrbegriffe wie die Reitervölker des Prärie- und Steppengürtels kannten sie nicht, die kulturelle Kunstfertigkeit beschränkte sich auf Korb- und Mattenflechten. Fähigkeiten des Einzelnen allein genügten für den Führungsanspruch. Erbfeinde eines jeden Eindringlings in der Wüste, bekämpften sie 300 Jahre lang Spanier, Mexikaner, Texaner und Amerikaner und töteten ihre Feinde nicht nur die Männer, sondern auch Frauen und Kinder. Später, als ihre Verluste an Kriegern immer höher wurden, nahmen sie oft auch weiße Knaben zunächst als Sklaven

Ein Cree-Indianer lockt mit dem Horn den »Moose«, ein dem skandinavischen Elch ähnliches Tier

auf, um sie dann als vollwertige Krieger in ihre Horden zu übernehmen. Cowboys, die großen Respekt und Hochachtung vor den Reiterstämmen der Comanchen und Sioux empfanden, verachteten die Apachen und töteten sie, wo immer sie Gelegenheit dazu fanden. 1886 kapitulierte Geronimo nach dreijährigem Kampf mit 36 überlebenden Apachen. Er hatte sich mit 500 Kriegern in den mexikanischen Bergen verschanzt.

Apacheria → Querechos.

Apaches del Perillo diese Bande von Apachen lebte eine Zeitlang am Rio Grande del Norte im südl. New Mexico und wurde von den Spaniern dieser Region »Apachen des kleinen Hundes« genannt, weil einer ihrer Hunde ausgerechnet auf dem Höhepunkt einer Dürre eine Quelle fand und die Spanier so vor dem Verdursten rettete.

Apishamore eine Redewendung aus dem Algonkianischen und dem Chippewa: »auf etwas liegen«. Gewöhnlich bezeichneten die Plainsstämme damit eine Satteldecke aus der Haut eines Bisonkalbs.

Arapahoe-Häuptling Powder Face im Kriegsanzug

Appalousa Lewis und Clark fanden 1805 bei ihrer Suche nach der Nordwestpassage bei dem →Nez Percé-Indianerstamm der Palouse weiße und cremefarbene Pferde, deren Fell von eirunden, schwarzen, braunen und rotbraunen Flecken bedeckt war und solche, deren Vorderseite bis an die Flanken einfarbig und der Rest mit großen, deckenartigen weißen Flecken bedeckt war. »A Palouse« = einen Palouse zu haben, galt lange Zeit wegen der edlen Rasse dieser Pferde, ihrer Klugheit, Ausdauer und Schnelligkeit als Wunschtraum des Reiters. 500 v. Chr. war diese Pferderasse in China geheiligtes Eigentum der Dynastien nach Kaiser Wu Ti. In der pers. Kunst des 14. Jh. sind diese gefleckten Pferde dargestellt und von Afrika kamen sie wahrscheinlich nach Spanien, von dort nach Süd- und Mittelamerika und mit den Conquistadores nach Nordamerika. Cowboys nannten sie gewöhnlich »Apple Lucy«, »Polka Dot« und »Leopard Blanket Hip«. 1877 nahm die →US-Armee nach einem ebenso brutalen wie unrühmlichen Kriegszug den Nez Percé ihr Gebiet in den Staaten Oregon, Washington und Idaho weg und erschoß dabei von 1 100 Appalousa-Pferden deren 800. Der Rest verlor sich in den Bergen der Rocky Mountains und wurde später von Mustangjägern nahezu ausgerottet. In jüngster Zeit haben amerikan. Pferdezüchter aus kärglichen Überresten wieder eine stark anwachsende Appalousa-Zucht begonnen.

Apsaroka →Crows.

Arapahoe (wahrscheinl. abgeleitet von dem Pawnee-Wort »Tirapihu« oder »Larapihu« = Händler), algonkinscher Stamm, bis in die Mitte des 18. Jh. Ackerbauern am Minnesota und Cheyenne River, der von den uto-aztekischen Comanchen von seinen Farmen vertrieben wurde und sich dann in einer Wanderung über den Big Horn River (1781—1792), North Platte River (1793—1812), Arkansas River (1812—1842) südl. des Saskatchewan und in den Black Hills als nomad. Reiter niederließ, wo er sich mit den Cheyennes und Sioux gegen die weiße Einwanderung und die US-Armee verbündete. Er teilte sich in 5 große Stammesgruppen: 1. Nördliche Arapahoes, 2. Südliche Arapahoes, 3. Atsina oder Gros Ventres, 4. »Holzhüttenvolk« (engl.: »Woodlodge people«) oder »Großes Hüttenpfahlvolk« (engl.: »Big lodge pole people«), 5. »Felsenmenschen« (engl.: »Rock men«). Zahlreiche kleine Gruppen oder Banden nannten sich: »Bösegesichter« (engl.: »Bad Faces«), »Schmiergesichter« (engl.: »Greasy Faces«), »Schlechte Pfeifen« (engl.: »Bad Pipes«), »Flußleute« (engl.: »River Men«), »Wächter« (engl.: »Watchers«), »Wölfe« (engl.: »Wolves«), »Bären« (engl.: »Bears«). Der Indianeragent Thomas Fitzpatrick schrieb 1849: »Unter den Indianern, die Wagenkarawanen des Santa Fe-Trails überfallen, sind die Arapahoes die zahlenmäßig überlegenen und die gefährlichsten.« Um diesen überlegenen Überfällen zu begegnen, wurde 1851 ein Friedensvertrag geschlossen, in dem die US-Regierung den A. ihre Jagdgründe garantierte und zusagte, daß kein Wagentreck dieses Gebiet durchqueren dürfte. Natürlich war dieses Versprechen nicht zu halten. Im Vertrag von 1860 erklärten sich die A. bereit, sich am Arkansas River in Colorado als seßhafte Ackerbauern niederzulassen, wenn die Regierung sie mit allem nötigen Saatgut und Gerätschaften versähe. Als

Caddo-Häuptling Sam Houston, 1868

das zwar versprochen, aber nicht gehalten wurde, und weiterhin weiße Siedler das garantierte Ackerland der A. besetzten, begaben sich die Arapahoes nach Fort Lyon, um dort gegen den Bruch des Vertrages zu protestieren. Hier wurde ein kleiner Teil von ihnen, Männer, Frauen und Kinder, am 29. 11. 1864 von einem Kontingent der freiwilligen Colorado-Milizarmee unter der Führung des ehemaligen Methodistenpredigers Colonel Chivington niedergemacht. Jene, die dem »Sand Creek-Massaker« nach Norden entkamen, verbündeten sich mit den Sioux und führten einen blutigen Guerillakrieg gegen alle Weißen. 1869 lebten die meisten A. mit den Cheyennes und Gros Ventres in Montana und begaben sich 1870 unter dem Druck der US-Armee in die Red Cloud Agency Reservation. Weil dort die Rationen auf dem Weg zu den Indianern in den Händen geldgieriger Beamten hängenblieben, gab es 1874 einen blutigen Aufstand, der 1877 mit der Verlegung der überlebenden Arapahoes in das Indianerterritorium von Oklahoma endete. 1930 lebten noch 4 000 Arapahoes in Schutzgebieten in Oklahoma (Blaine und Canadian County) und im Fremont County von Wyoming. Noch immer gilt jene 1879 vom Kongreß der USA aufgestellte Definition: »Weder Cheyennes noch Arapahoes haben irgendein legales Recht auf Landbesitz.«

Aridian Klassifizierung der künstlerischen Handarbeiten der Indianer des südlichen Arizona, die auch teilweise auf Handarbeiten der Indianer anderer Wüstenregionen des amerikanischen Südwestens angewendet wird.

Arikaras (»Ari-ca-ri« = Elchgehörn oder gehörnter Elch), Angehörige der Caddo-Sprachfamilie, von den Franzosen in den frühen Jahren der Besiedlung auch »Weiße Pawnees« genannt, die im mittleren und oberen Missourigebiet beheimatet waren und von den Amerikanern als »gute Indianer« ihrer Friedfertigkeit wegen sehr oft als Scouts beschäftigt wurden. So waren es u. a. Arikara-Scouts, die in den Schlachten der US-Armee gegen die Sioux den Amerikanern wertvolle Späherdienste leisteten. Dies mag daran liegen, daß die »Weißen Pawnees« in den Jahrzehnten vor der Inbesitznahme des

Westens durch die Weißen — primitiv und schlecht bewaffnet — zu oft von Nachbarstämmen mit franz. Feuerwaffen abgeschlachtet worden waren. Major Eno, der General Custer nicht vor der totalen Vernichtung bewahren konnte, sagte über seine Arikara-Späher: ». . . sie sind anspruchslos, treu und zuverlässig wie gute, abgerichtete Jagdhunde.«

Arosguntacook kleiner Neuengland-Stamm.

Assiniboines (Chippewa-Wort »Assi-nibo-in« = Steinkocher, was etwa bedeutet: »einer, der auf Steinen kocht«, auch »die Steinigen« in Kanada, von den Engländern »Felsen-Sioux« genannt). Der Sioux-Sprachfamilie zugehörig, von der sie einen Dialekt sprechen, befanden sie sich nahezu ständig im Kriegszustand mit den Sioux, seit sie sich von diesen in prähistorischen Zeiten getrennt, nordwärts gewandert und mit den Crees verbündet hatten, deren Kleidung, Zelte und Gebräuche sie annahmen. George Catlin, der große Indianer-Maler, schreibt: »Sie sind eine treffliche und edle Rasse, gute Jäger und wohl mit Reitpferden versehen, was sie im Büffelland zu wohlhabenden Menschen macht. Ihre Tänze, mannigfaltig in ihrer Art und häufig zelebriert, sind im allgemeinen die gleichen wie die der Sioux.« Das Hauptfest der A., der »Medicine Lodge«-Tanz, heute oft fälschlich als »Sonnentanz« bezeichnet, wurde während des Frühlings sorgfältig vorbereitet, um dann Mitte Juni stattzufinden. Während der 2 Tage und 2 Nächte andauernden Zeremonie wurde streng gefastet. An jedem Tag betete man zum »Donnervogel«, dem Regengott, bedankte sich für vergangene erwiesene Wohltaten und

Assiniboin-Krieger

bat um langes Leben und Kriegsglück. Manchmal wurden hierbei vom Medizinmann Kranke behandelt. Bevor dann am letzten Tage die letzten Gruppengesänge absolviert wurden, betete der Zeremonienmeister lauthals um Regen und ertragreichen Sommer und Herbst und brachte dem Donnervogel alle Opfergaben dar. Wenn nach dem Tanz tatsächlich Donner, Blitz und Regen zur Erde niederfuhren, flüsterten sich die Menschen zu: »Lauscht, der Donnervogel und seine Gehilfen holen sich unsere Opfergaben.« Später gewann der »Pferdetanz«, in dem um viele gute Pferde gebetet wurde, ähnliche Bedeutung. Unter rituellen Gesängen wurde die Zeremonienpfeife gegen Erde, Sonne und Donnervogel geraucht. Im 20. Jh. gewann der von den Sioux übernommene, aber geänderte »Grastanz« wesentliche Bedeutung. Das Gebiet der A. reichte von den Saskatchewan- und Assiniboine-Flüssen in Kanada bis zum Milk und Missouri River in Montana. Die Hälfte des Stammes lebt heute in einem Schutzgebiet zwischen Calgary und Banff in Alberta, Kanada, die andere Hälfte in den USA in den Fort Belknap- und Fort Peck-Reservationen, Montana.

Assumption 1728 gegründete Mission (heute befindet sich Detroit an dieser Stelle), die in späteren Jahren zum anderen Seeufer verlegt wurde und bis 1781 existierte.

Assuti Unterstamm der Nez Percé, die am Assuti River in Idaho lebten und 1877 als Verbündete des Nez Percé-Häuptlings Joseph am Krieg gegen die USA teilnahmen.

Atakapans Choctaw-Wort für »Menschenfresser«, Dialektgruppe innerhalb der Caddo-Sprachfamilie, die mit den Stämmen der Karankawas, Akokisas (= Flußmenschen), Bidais (= Buschgehölz), Patiris und Deadoses das südwestl. Louisiana und die Golfküste von Texas bis an die Quelle des Sabine River bewohnte. Sie lebten von der Jagd, Beerensammeln und Fischfang und dienten während der Zeit der span. Kolonialherrschaft den Franzosen als Zwischenträger für die Bewaffnung der Lipan-Apachen und Comanchen mit Franz. Feuerwaffen. Da die Atakapans den Spaniern stets friedlich gegenübertraten, ansonsten aber auf einer sehr primitiven Kulturstufe standen, ließen die Spanier sie unbehelligt. Erst die Texaner begannen um 1830 die Indianer zu verfolgen. Simars de Bellisle war Zeuge: »Als sie zurückkehrten, warfen sie den Gefangenen zu Boden. Einer schnitt ihm den Kopf ab, ein anderer hackte ihm die Arme ab, während ihn die übrigen abhäuteten. Einige von ihnen aßen das rohe, gelbe Fett und 2 Stunden später waren von ihm nur noch Knochen und Sehnen übrig.« J. O. Dyer beschreibt sie als »von kleiner Statur mit großen Köpfen und dunkler Haut, großen Ohren, aufgeworfenen Lippen, breiten Backenknochen, schmutzigen schwarzen Haaren und faulen Zähnen.« 1922 lebten 96 Nachkommen der Überlebenden in der Alabama Coushatta Reservation des Polk County von Texas.

Atepua ein Pueblo am Unterlauf des Rio Grande del Norte Rivers in New Mexico, das um etwa 1598 erbaut wurde.

Athapasken indian. Sprachfamilie, die zur weitestverbreiteten in Nordamerika gehört. Sie reichte von Alaska bis nach Mexiko, vom Pazifik bis zur Hudson Bay, vom Rio Colorado bis zur Mündung des Rio Grande del Norte im Süden.

Atlatl (deutsch etwa: Speer-Wurfstock), ein kurzer Hartholzstock, der an einem Ende eine tassenartige Vertiefung besaß und am anderen Ende mit einer Lederschlaufe am Handgelenk befestigt wurde. Der Speerwerfer legte das Speerende in die tassenartige Vertiefung, gab dem Speer mit der anderen Hand seine beabsichtigte Führung und katapultierte den Speer mit dem Hebeldruck des geschwungenen Stocks erheblich weiter, als dies mit einem einfachen Wurf möglich gewesen wäre. Der Trapper Jeremiah Shennan berichtet: »Diese mit einem Atlatl geworfenen Speere haben eine ungeheure Wucht. Ich habe gesehen, wie solch ein Speer auf 80 Yards Entfernung einen Mann so glatt durchbohrte, daß die Spitze drei Handbreit an seinem Rücken herausragte.«

Atsina (Blackfeet-Wort »at-se-na« = mutiges Volk), nächste Verwandte der Arapahoes und wie diese ein Algonkin-Stamm). Sie hießen bei der Eroberung des Westens durch die Weißen »Gros Ventres« = Großbäuche, nicht weil sie große Bäuche hatten, sondern weil sie am Big Belly (Großbauch)-Fluß lebten, der heute den Namen Süd-Saskatchewan führt. Sie waren mit den Arapahoes und Blackfeets (Schwarzfüßen) verbündet, nomad. Büffeljäger und lebten im nördl. Felsengebirge Montanas, wo sie 1870 gemeinsam mit den Arikaras und Mandans zwischen Yellowstone und Powder River eine Reservation bezogen. Sie waren den Weißen gegenüber freundlich und wurden von der US-Armee als »gute Indianer« bezeichnet. 1879 lebten von ihnen etwa 1 700 in der Dakota-Reservation, 1937 waren es in Oklahoma noch 809.

Attucks Chrispus, er war halb Indianer, halb Neger und hatte den Namen von seiner indianischen Mutter erhalten. Attucks bedeutete soviel wie »kleines Reh« — eine etwas irreführende Namensgebung, denn Attucks war ein hünenhafter Seemann, einer der Anführer des amerikanischen Aufstands in Massachusetts gegen kolonialenglische Willkür. Er wurde beim sogenannten »Boston-Massaker« am 5. 3. 1770 von Kolonialtruppen erschossen. Allgemein ist man der Ansicht, daß dieses Massaker die amerikanische Revolution entfachte, mit der die Amerikaner ihre Unabhängigkeit erfochten.

Aux Arcs →Ozark.

Avavares möglicherweise eine Untergruppe des Caddo-Stammes in Texas, die von dem spanischen Konquistador Cabeza de Vaca 1527 auf der Suche nach den »Sieben Goldenen Städten von Cibola« entdeckt wurde; sie waren berühmt für ihre Jagdbogen und Pfeile.

Avoyelles (deutsch: Die Vipern), ein Stamm der Caddo-Familie, der in der Nähe des Red Rivers (im heutigen Louisiana) in Dörfern wohnte. Als die Biloxi-Indianer in ihr Gebiet eindrangen, begann ein langandauernder Vernichtungskrieg, dem viele A.-Krieger zum Opfer fielen. Mit der Besiedlung Louisianas durch die Weißen rotteten Krankheiten den Rest des Stamms innerhalb von wenigen Jahrzehnten fast aus, sodaß es 1805 nur noch drei alte Frauen gab.

Awani Stamm, der in 9 Dörfern im Yosemite Valley Kaliforniens lebte, bevor der Goldrausch losbrach. Zehn Jahre nach Beginn des Goldrauschs (1848) gab es nur noch ein paar Dutzend Awanis.

Awatobi ein Hopi-Pueblo auf einer Mesa, 14,4 km süd-
östlich von Walpi im nordöstlichen Arizona. Die spanischen Unterleutnante Tobar und Cardenas des Konquistadors Coronado besuchten erstmals 1540 dieses Pueblo. Aber erst 1629 etablierten Franziskanermönche
unter Padre Porras hier eine Mission. 1700 griffen Indianer aus Walpi und Mashongnovi die Mission an und
zerstörten sie. Die Spanier haben keine neue mehr errichtet.

Awokanak →Ettchaottin.

Axol ein Pueblo der Tewa-Pueblos in New Mexico,
das erstmals von dem spanischen Konquistador Juan
de Onate entdeckt wurde.

Azalea (lat.: Rhododendron oblongifolium, auch ce-
nescens, auch serrulatum; engl.: Bush Azalea, Hammock
Sweet Azalea, Pinxter Flower, Texas Azalea, Thicket
Azalea, White Azalea, White-bush Honeysuckle), ein in
Arkansas, Florida, North Carolina, Louisiana, Tennessee und Texas vorkommender Felsenstrauch mit schön-
farbigen Blüten, aus denen die Lipan-Apachen und Tonkawas einen narkotisch-giftigen Absud gewannen. Der
Cowboykoch verwendete die frischen Astsprossenansät-
ze zum Einpökeln.

Backhook kleine Untergruppe des Hook-Stamms, der
in Süd-Carolina am Pee Dee River lebte (um 1700) und
allmählich von den Santee-Stämmen, die über beide Carolinas verteilt waren, ausgerottet wurde.

Backsteine rechteckig zubehauene Steine von etwa 3 cm
Stärke und etwa 30 cm Länge, die aus sog. »Seifenstein«
bestanden und in der Mitte eine Bohrung besaßen, mit
der man sie aus dem Feuer holte und in einen Topf
legte. So konnte man Flüssigkeiten zum Kochen bringen.
B. wurden hauptsächlich von den Stämmen Süd-Kalifor-
niens verwendet; die Pueblos benutzten sie zum Backen
von Fladenbrot.

Bagiopa eine kleine Untergruppe des Shoshonen-
Stamms, der an den Quellen des Colorado Rivers lebte.
Das Wort stammt wahrscheinlich aus der Pima-Sprache
und bedeutet »Volk«.

Bahekhube ein Dorf der Kansas-Indianer am Blue River.

Balkon-Haus Steilwand-Felsengebäude mit 25 Räumen
in Mesa Verde im südlichen Colorado. Der Name rührt
von den balkonartig über Haus- und Felswand hinausra-
genden Bodenbalken des ersten Stockwerks her.

Ballspiel es war das populärste Männerspiel der Indianerstämme des östlichen US-Amerika. Normalerweise spielten 8—10 Männer miteinander, aber manchmal
befanden sich auch Hunderte auf dem Spielfeld. Dieses
besaß je ein Tor an beiden Enden. Der Ball bestand
aus Hirschleder und war mit Haaren oder Moos gefüllt.
Jeder Spieler benutzte einen Schläger, im Süden wurde
mit zwei Schlägern pro Mann gespielt. Vor Beginn eines

Spiels wurden Feste und Zeremonien abgehalten und
einschüchternde Tänze veranstaltet. Die Weißen haben
das Spiel in etwas abgewandelter Form — mit 12 Spieler
pro Partei — unter dem Namen »La Crosse« übernommen, unter dem es heute noch in Kanada gespielt wird.

Bandelier-National-Monument National Denkmal, das
sich — südlich von Los Alamos und westlich von Santa
Fe/New Mexico — im Frijoles Canyon befindet; es besteht aus einer ungewöhnlich großen Anzahl von Fels-
klippenhäusern und ist von Mai bis Oktober für den
Publikumsverkehr geöffnet.

Bannack (Shoshonen-Wort »Banakwut«), Neben-
stamm der nördl. Paiutes innerhalb der uto-aztekischen
Sprachfamilie, der im Gebiet des westl. Wyoming, südl.
des Salmon River in Idaho und am Ufer des Schlangen-
flusses vom südl. Montana bis ins östl. Oregon lebte.
Die ersten Weißen, die mit ihnen in Berührung kamen,
waren Lewis und Clark 1805. Danach drangen Johann
Jacob Astors Trapper in ihre Region und zählte 1814
am Bosie River bis auf den letzten Mann vernichteten.
Hierauf schloß die Hudson's Bay Company einen
Tauschhandelsvertrag (1824) mit ihnen und Alexander
Ross. Ein Trapper beschrieb sie 1827 als »Räuber und
Plünderer, die jedermann angriffen und von jedermann
angegriffen wurden«. Am 29. 1. 1863 wurden sie von
General P. E. Connor am Bärenfluß (Bear River) in Idaho vernichtend geschlagen und 1869 in die Fort Hall-Re-
servation in Idaho überführt. Weil die Hungersterblich-
keit in der Reservation über jedes Maß hinaus hoch war,
gaben sie die Versuche, sich vom Ackerbau zu ernähren,
auf und fanden wieder zu ihrem Nomadenleben in dem
Felsengebirge zurück. Als die US-Armee 1877 ihren
Feldzug gegen die Nez Percé unternahm, dienten die
Bannacks ihr als Späher, und bis zum Jahre 1878 war
das Verhältnis zwischen Bannacks und Weißen ein
durchaus ungestörtes, bis der Irrtum eines Buchhalters
und die Starrsinnigkeit der US-Regierung, diesen Irrtum
einzugestehen, zum Ausbruch des Bannack-Kriegs führte: Die sog. »Camas-Prärie« trug diesen Namen, weil
in ihrem Boden in großer Zahl jene »Camaswurzeln«
vorkamen, die das Hauptnahrungsmittel der Bannacks
waren. Der Buchhalter aber verwechselte bei einer von
der Regierung angeforderten Beschreibung der Bannack-
reservation das Wort für die eßbare Wurzel mit »Kansas-Prärie«, was man in Washington als »eine der Gras-
prärie von Kansas ähnlichen Weideregion« auffaßte.
Man gab deshalb das Bannack-Land für die Besiedlung
durch Weiße frei und weigerte sich, den Irrtum aufzuklä-
ren und die Besiedlungsfreigabe rückgängig zu machen.
Die Schweine der Siedler wühlten die nahrhaften Wurzeln aus dem Boden, und bald bedeckten Rinderherden
der Weißen die Camas-Prärie. Als alle Beschwerden
nichts nützten, die US-Regierung zur Respektierung des
Fort Bridge-Vertrages von 1867 zu veranlassen, rüstete
Häuptling Büffelhorn zum Aufstand. Aber nur ein geringer Teil der Bannack-Krieger folgte ihm. Nachdem
Büffelhorns Streitmacht durch nördl. Paiutes, Shoshonen
und Umatillas verstärkt worden war, töteten die Indianer
jeden Weißen, dessen sie habhaft wurden und brand-
schatzten Siedler und Rancher. Vom 23. 6. 1878—12.
9. 1878 kämpften 10 US-Regimenter in kleinen Schar-

mützeln die Bannacks nieder. Das Resultat dieses »Krieges« war: 9 Soldaten tot, 24 verwundet, 24 Zivilisten tot, 34 verwundet, 78 Indianer tot, 66 verwundet.

Bannersteine auch *Schmetterlingssteine* (engl.: Butterfly stones) genannt, die angeblich von indianischen Würdenträgern als Amtszeichen getragen wurden. Sie haben die verschiedensten Formen, darunter häufig die einer kleinen zweiblattigen Axt. Häufig bestanden sie aus Muscheln, aber auch aus Ton. Sie waren längsweise in der Mitte durchbohrt und am Kopfschmuck, am Gürtel oder an einer Halskette befestigt. Den genauen Sinngehalt dieses Schmucks kennt man nicht. Unter vielen Theorien erscheint diese am wahrscheinlichsten: Man nimmt an, daß in gewissen Zeiten ein Stamm oder eine Gruppe unter einem Motto bestimmte Handlungen vornahm und der Verantwortliche für die zeremonielle Durchführung dieser »Motto-Handlungen« zum Zeichen seiner besonderen Würde den entsprechenden Bannerstein trug.

Baton gewöhnlich ein Zeremonien-Stock zur Betonung der Autorität, der meistens vom Häuptling oder Schamanen getragen wurde; er bestand aus Knochen, Rehgeweih-Stöcken, manchmal auch aus Feuerstein.

Bayberry (lat.: Myrica; engl.: Waxmyrtles = Wachsmyrthe), es gibt sieben Arten in den USA, davon sechs an der Atlantikküste, eine an der Pazifikküste vorkommend. Die kleinen, grauen Beeren enthalten einen starken Wachsüberzug, den die Indianer und Kolonisten zur Herstellung von Kerzen benutzten: Indianer kochten die Beeren in Wasser, wobei sich das Wachs löste und an die Oberfläche des Wassers kam, von wo es aufgesammelt und zu Bayberry-Kerzen verarbeitet wurde. Hauptsächlich von den Indianern der Neuengland-Staaten praktiziert.

Bayogoula ein Unterstamm der Muskhogees, der einige Kilometer entfernt von der Mündung des Mississippi Rivers lebte. Der Name entstammt der Choctaw-Sprache und bedeutet soviel wie »Bayou-Volk« (Bayou = sumpfiger Nebenarm eines Flusses). In der Schlacht von Tonic wurde 1706 der Hauptteil des Stamms ausgerottet. Der Rest fiel 1721 einer Pockenepidemie zum Opfer.

Behälter seßhafte Indianerstämme, die in waldreichen Regionen wohnten, fertigten als Aufbewahrungsbehälter Holzkisten. Die Bewohner der Atlantikküste machten Kisten aus Birkenrinde, die der pazifischen Nordwestküste solche aus Zedernholz. Die Plains-Indianer verwendeten B. aus Tierhäuten, die sie →Parfleche nannten. Die Indianer Kaliforniens stellten runde Holzbehälter für die Bewahrung von Federn her. Die Pueblovölker hatten B. aus sonnengebranntem Ton und Korbflechtwerk.

Bemalung Indianer waren sehr auf farbige, symbolische Markierung ihres Körpers bedacht und verwendeten eine Skala von Pflanzen- und mineralischen Farben, Holzkohle, Knochenkohle, farbige Sande und Blut, um sich für Tänze, Zeremonien, aber auch für den Kriegszug — für jedermann erkennbar — zu bemalen. Bei den Comanchen z. B. war Schwarz die Farbe der Kriegsbemalung. Apachen verwendeten weiße und blaue Streifen im Gesicht.

Beothuk (dt.: Rote Indianer), Europäer nannten die Eingeborenen von Neufundland so, weil sie sich ständig mit rotem Ton anmalten.

Berg-Tipi-Kultur Zeltform der Utes, von den Comanchen im Winter verwendet. Das Zelt bestand aus 16—18 Kiefern- oder Zedernholzstangen. Darüber wurden 20 aneinandergenähte Bisonfelle mit der Hautseite nach außen gelegt. Dieses Zelt war in 15 Minuten auf- und in 5 Minuten abgebaut.

Bestattung Die Bestattungsformen waren sehr differenziert. Die Zentral-Eskimos wickelten die Toten in Felle u. setzten sie in der Tundra aus, wo sie von Wölfen gefressen wurden; die Häuser wurden gereinigt u. verlassen. Die Irokesen kannten Erd-, Baum- oder Gerüstbestattung; die gesäuberten Knochen wurden bei alle 12 Jahre stattfindenden Totenfesten nochmals beigesetzt. Diese Art der Bestattung war auch bei den Indianern West- u. Südalaskas u. bei den Prärie- u. Plains-Indianern verbreitet. Tote wurden auch auf Hügeln mit Steinen zugedeckt oder in Felsspalten gelegt. Bei den Pueblos u. Navahos war Krankheit u. Tod ein böser Zauber — die Toten wurden sofort begraben, das Eigentum verbrannt, die Überlebenden unterzogen sich strengen Reinigungsriten, zerfleischten ihre Körper, schoren das Haupthaar oder bemalten sich das Gesicht.

Bibel die erste indianische Bibelübersetzung erfolgte 1661 von John Eliot in die Sprache der Massachusetts-Indianer. Sie war 1863 beendet. Später wurde diese Übersetzung als Grundlage für weitere Übersetzungen in andere Indianersprachen benutzt.

Big Bow (»Zepko-eete« = großer Kriegsbogen), Kiowa-Häuptling, er hatte sich geweigert, für seine Stammesgruppe den Medicine Lodge-Frieden zu unterzeichnen und führte von 1872—1875 zahlreiche Überfälle in Texas aus. Als US-Colonel Davidson ihm 1875 Straffreiheit zusicherte, wenn er den flüchtigen Häuptling Lone Wolf gefangen nähme und den Militärbehörden übergebe, brachte er wenig später Lone Wolf. Damit war die Freiheit der Kiowas zu Ende.

Big Bowlegs (dt. Große O-Beine, Säbelbeine, Krummbeine; indianisch: »Holatamico«), einer der letzten großen Häuptlinge der Florida-Seminolen, der sich 1858 bereit erklärte, mit seinem Stamm in eine westliche Reservation zu gehen.

Big Foot (= Großfuß), wurde 1890 mit einer Gruppe von Hunkpapa-Sioux am Wounded Knee Creek in South Dakota von amerikanischen Truppen bis auf wenige Überlebende zusammengeschossen.

Big Hill Osage *Big Hill Joe* →Gouverneur Joe.

Big Jim Vollblut-Shawnee, *1834, Enkel von Tecumseh; wanderte mit Mitgliedern seines Stamms nach Mexiko, um den Repressalien der Texaner und der Ausrottungskampagne der Texas-Rangers zu entgehen. Er starb 1900 in Mexiko an den Blattern und hinterließ einen Sohn *Tonomo* (*1875), der »niemals wieder einen Fuß in die Nähe von Amerikanern« setzte.

Big Tree (»A'do-eete« = Mächtiger Baum), Häuptling der Kiowas, *1845, †1930; Anführer zahlreicher Überfälle in Texas. Er wurde 1871, zusammen mit Satanta und Satank gefangengenommen und mit Satanta zum Tod verurteilt, 1873 begnadigt, 1875 kurzfristig wieder verhaftet, dann wieder freigelassen. Er ließ sich als Christ taufen und diente anschließend 30 Jahre lang als Diakon der Rainy Mountain Indian Mission Church (Regengebirgs-

Indianermissionskirche) bei Fort Sill. Distriktankläger Lanham sagte über ihn bei seinem Anklageplädoyer 1871:»In Big Tree begegnet uns der Tiger-Dämon, der Blut geschmeckt hat und es liebt, der vor keinem Verbrechen zurückschreckt und sei es noch so schwarz. Er skalpiert, quält und mißhandelt seine wehrlosen Opfer mit allen Superlativen menschlicher Grausamkeit, ohne daß es ihn rührt.« Big Tree antwortete ihm: »Du hast genau 11 Minuten gebraucht, meine Grausamkeiten aufzuzählen, dann wußtest du keine mehr. Wenn ich die Grausamkeiten aufzähle, die Weiße begangen haben, müßte ich von diesem Augenblick an mehr als 500 Jahre alt werden, und ich würde ununterbrochen reden.«

Bisonlecke Natursalz-Depots, auch Senken mit hohem Salzgehalt. Bisons, Pferde, Antilopen, Hirsche u. a. decken ihren Salzbedarf durch Lecken am salzigen Gestein oder Sand.

Bissasha (dt.: »die Brombeeren sind reif dort«), Choctaw-Stadt im Newton County/Georgia.

Bithahotshi (Navaho-Wort für »Der Rote Platz«), eine Hochplateaufläche (Mesa) bei Holbrook, Arizona. Die Navahos meinten damit aber auch die Hopi-Dörfer und eine vorgeschichtliche Pueblo-Ruine in der gleichen Region.

Bitterball heilige Pflanze der Navahos, die sowohl als Heilmittel wie auch als Grundlage zur Herstellung eines grünen Farbstoffs verwendet wurde.

Black Beaver (= Schwarzer Biber), Scout und Dolmetscher zwischen Amerikanern und Comanchen, Kiowas und Wichita-Stämmen von 1865— 1879, †8. 5. 1880 Anadarko, Oklahoma.

Black Dirt →Foke-Luste-Hajo.

Black Drink sog. »Carolina Tee«, von den Catawba-Indianern Süd-Carolinas aus den Blättern der Stechpalme (»Ilex cassine«) gesiedeter, koffeinhältiger Abführ- und Blasenreinigungstee; auch von zahlreichen anderen südlichen Stämmen verwendet.

Blackfeet (»Siksika« = Schwarzfüße), der Name *Schwarzfuß-Indianer* stammt wahrscheinlich von der Schwarzfärbung der Mokassins durch die Asche der Präriefeuer, möglicherweise aber wurden sie auch absichtlich schwarz gefärbt. Algonkinstamm, dessen Untergruppen, die Blackfeet (Siksika), Blood (Kainah) und Piegans, einst den ganzen nordwestlichsten Teil der großen Ebene östl. der Rocky Mountains bis tief hinein nach Alberta in Kanada souverän besetzt hielten und sich erbittert gegen die Einwanderung der Weißen zur Wehr setzten. Die Konföderation der Schwarzfüße hat geschichtlich stets nur auf der Büffel- und Antilopenjagd beruht. Sie kannten keine Dauerbehausungen und keinen Ackerbau (bis auf das Sammeln von Tabak für Zeremonien). Ihre Lebensweise geht auf jene Zeit zurück, da sie zwischen den Quellflüssen des Saskatchewan River lebten, weder Kanus noch Pferde besaßen und mit primitiven Waffen jagten. Pferde erhielten sie erst um 1730 von den →Shoshonen, als diese die Piegans angriffen. Seitdem galt erfolgreicher Pferdediebstahl als höchste aller Tugenden, und bald waren die Schwarzfüße bekannt für ihre großen Pferdeherden, die sie »Elchhund«-Herden nannten. Als ein rastloses, tollkühnes Reitervolk unternahmen sie lange Raubzüge nach Norden und nach Süden bis an die Grenze von Mexiko und befanden sich gleichzeitig in ständigem Kriegszustand mit den Engländern, Franzosen und Amerikanern sowie den Crees, Sioux, Assiniboines, Kräheninindianern, Cheyennes und Shoshonen. Sie bekämpften sogar die Kutenais und Flatheads auf den Felsengebirgsplateaus und die Trapper der Hudson's Bay Company, der schott. Northwest Company und der American Fur Company, also praktisch alles, was ihnen auf zwei Beinen über den Weg lief. »Wo immer der Weißer habhaft werden«, schrieb 1829 der Franziskanerpater De Smet, »schlachten sie sie in grausamster Weise ab.« Und der deutsche Völkerkundler Maximilian stellte 1833 fest:

Weasel Head, Medizinmann der Blackfeets

»Sie sind als die gefährlichsten Indianer und als die blutrünstigsten hinreichend bekannt.« Doch kaum war es einigen Weißen gelungen, unter den Schwarzfüßen zu leben wie unter ihresgleichen, so stellten sie fest, daß sie »überaus gastfreundlich waren, herzenswarm und das Eigentum des Gastes mit Argusaugen bewachten« (John Stanley 1853). Die Männer waren von apollonischer Statur, mit großen Augen und langem schwarzem Haar. Sie kleideten sich in weiche Lederanzüge. Jeder Stamm bestand aus verschiedenen Unterstämmen, von denen jeder einen Häuptling und einen Sonnenpriester (mina maska) wählte. Jeder Unterstamm wurde darüber hinaus von einer Hauptratsversammlung geführt (Exkinoya), die einmal im Jahr während der religiösen Zeremonien des →Sonnentanzes (Sun Dance) zusammentrat. Alle Männer unterlagen einer Klassifizierung in 7 Rängen, wobei der 7. als der qualitativ höchste allein Einlaß in die Ratsversammlung erlaubte. Der 6. Rang wurde von den Bandenhäuptlingen und Unterhäuptlingen gebildet, die über die exekutive »Polizeigewalt« in der Ausführung der legislativen Ratsbeschlüsse verfügten. Der 5. Rang war für die Jagd, die Auswahl und den Wechsel des Stammeslagers verantwortlich. Die 4 untersten Ränge bildeten, je nach ihren Taten und Fähigkeiten, die Krieger. Jeder Mann mußte mindestens 4 Jahre in jedem Rang verbracht haben, um in den nächsthöheren aufstei-

Tipis eines Blackfeet-Lagers

gen zu können. Häuptlinge und Ratsmitglieder wurden durch Wahl ermittelt. Die Schwarzfüße beteten das Sonnenlicht (Napea) an, dem sie in früheren vorkolumbianischen Zeiten einmal im Jahr eine Jungfrau zum Opfer brachten. Dieser Brauch wurde aber durch die selbstgewählte Marter des Sonnentanzes ersetzt, der bis ins 20. Jh. erhalten blieb. 1832 überfielen die Schwarzfüße das große Trapper-Rendezvous bei Pierre's Hole mit dem Erfolg, daß ihnen die unglaublich genau schießenden Trapper mit ihren Weitschußbüchsen vernichtende Verluste beibrachten. Nachdem die Überlebenden die Kunde verbreitet hatten, hüteten sich die Schwarzfüße 20 Jahre lang, Weiße anzugreifen. 1855 unterzeichneten sie mit den Gros Ventres, Flatheads, Pend d'Oreilles, Kutenais, Nez Percé und Gouverneur Stevens (Montana) einen Friedensvertrag, der erst um 1864 durch Einzelscharmützel gestört wurde, weil Weiße den jungen Kriegern Whisky gegen Felle und Geld verkauft hatten. Am 23. 1. 1870 schlug Colonel E. M. Baker mit seiner 2. Kavallerie aus Fort Ellis zu: Im Morgengrauen wurden 37 Zelte der Piegans unter Bear Chief und Red Horn im Mariastal unter Beschuß genommen. Nur 9 Menschen entkamen dem Massaker. 173 Männer, Alte, Frauen und Kinder wurden getötet. Danach wanderten die meisten Schwarzfüße nach Kanada, und die in den USA verbleibenden wurden in die Piegans-Reservation in Montana evakuiert.
1937 lebten in Kanada (Alberta) noch 2 236 und in Montana noch 2 242 Blackfeets.

Black Hawk (= Schwarzer Falke, »Makataimeshekiakiak« = Schwarzer Sperber), *1767, †1838; verlor im Frieden von 1804 alles Land der Sauk u. Fox-Stämme an die USA. 1812 kämpfte er auf britischer Seite gegen die USA. 1832 verlor er einen weiteren Krieg um die Stammesgründe in Illinois. Sein Leichnam wurde in der Burlington Historical Society in Illinois beigesetzt. Als das Gebäude 1855 abbrannte, gingen auch seine Gebeine im Feuer verloren.
Black Indians *Seneca-Irokesen,* so genannt, da ihre Hautfarbe deutlich dunkler war als die der anderen Irokesenstämme.
Black Kettle Häuptling der südlichen Cheyennes, †27. 11. 1869 (gefallen in dem von General Custer inszenierten »Washita-Massaker«); nach dem Bürgerkriege versuchte er, sein Volk davon zu überzeugen, daß es Ackerbau treiben müsse, wenn es überleben wolle. Er begab sich unter den Schutz der US-Armee und wurde 1864 von einer Colorado-Milizarmee überfallen (→Textteil: Sand Creek Massaker). Während der Häuptling White Antelope starb, konnte B. K. entfliehen.
Black Snake (= Schwarze Schlange), Häuptling der Seneca-Irokesen, *1760, †1859; trieb um 1856 mit den Holländern am Schuykill-River Handel; kämpfte am 17. 8. 1813 auf der Seite der Amerikaner gegen die Engländer.
Black Tortoise (= Schwarze Schildkröte), mythologischer »Schildkröten«-Indianerstamm, der in den Legenden der Indianer im Mississippi-Tal gesiedelt haben und von den Elk-Indianern vertrieben worden sein soll.

Blanket-Indianer (engl.: Blanket = Decke), so nannte man in den Reservationen — im Gegensatz zu den »Farmer Indians«, die willens waren, sich »auf Ackerbau umschulen« zu lassen — jene sich allen zivilisatorischen Bemühungen widersetzenden Indianer (engl.: Recalcitrants = Widerspenstige), weil ihnen Pferd und Satteldecke zum Leben genug erschien.

Blasrohr   obwohl man das Blasrohr hauptsächlich nur mit primitiven Indianerstämmen Südamerikas in Verbindung bringt, verwendeten die Irokesen, Cherokees und Muskhogee-Stämme in frühgeschichtlicher Zeit sehr häufig Blasrohre.

Blood   →Algonkin, →Blackfeet.

Bloody Tanks   im Gila County am Kopf des »Bloody Tanks' Wash« gelegen, eines Flüßchens, das vor der Schlacht von »Bloody Tanks« als der westl. Nebenfluß des Pinal Creek bekannt war. Am 24. 1. 1864 schlug oberhalb der »Tanks« (brunnenartige Vertiefung am Flußufer) King S. Woolsey mit seinen Männern aus Prescott und 15 Maricopa-Indianern sein Lager auf. Auf einem benachbarten Hügel befand sich das Lager von Apachen. Woolsey lud diese eines Abends zu sich ins Lager ein, und man hielt ein Palaver. Plötzlich eröffneten Woolsey's Männer das Feuer auf die Gäste. Ihr Blut lief in Strömen in die Tanks und vermischte sich dort mit dem Wasser. Seit dieser Zeit existiert der Name, den auch die kleine Stadt angenommen hat.

Blount-Indianer   eine Stammesgruppe der Seminolen, die am Apalachicola River in Florida lebten, von wo sie nach den Seminolenkriegen zum Chattahoochee River in Alabama, und schließlich 1870 in eine Reservation im Polk County/Texas ausgesiedelt wurden.

Boalkea   Hauptdorf der Pomo-Indianer am Clear Lake, Kalifornien.

Bogen   hauptsächliche Abwehr-, Angriffs- und Jagdwaffe der Indianer Nordamerikas bis etwa 1850; dann verdrängten ihn allmählich die kurzläufigen Repetiergewehre. Er wurde aber noch bis etwa 1880 — besonders von den Plainsstämmen — verwendet. In der Ära der Steinschloß- u. Perkussionsvorderlader-Gewehre war der Bogen auf Nahentfernungen (bis 100 Meter) den Feuerwaffen weit überlegen. Die Indianer verstanden es, rasch und zielgenau zu schießen (2 Pfeile in 3 Sekunden). Bei den nordamerikanischen Indianern unterscheidet man 3 verschiedene Grundtypen: 1. den *glatten Bogen* (Self- oder Plain-Bow). 2. den *verstärkten Bogen* (Reinforced oder Backed Bow). 3. den *zusammengesetzten Bogen* (Composite oder Compound Bow). Der glatte Bogen besteht aus einem Stück Holz, vorzugsweise dem Holz der Osage-Orange (lat.: Maclura pomifera). Man unterscheidet hier zwei Arten: den *Flach-Bogen* (Flat Bow) und den *Langen Bogen* (Long-Bow). Die üblichen glatten Bogen waren bei den Indianern »Flach-Bogen«. Diese wiederum unterschieden sich, je nach Art ihrer Bogen-

Cherokee mit Blasrohr

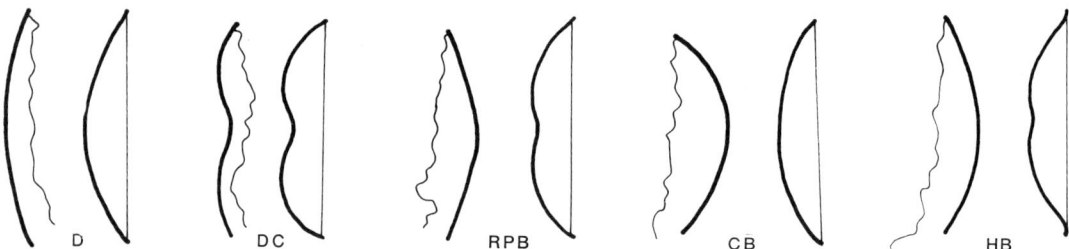

Bogen: D = Double Bow, DC = Double Curved Bow, RPB = Reinforced Plains Bow, CB = California Bow, HB = Horn Bow

krümmung, in einfach-gekrümmte Flach-Bogen (»D«; engl.: Single Curved Flat Bow, auch: »D«-Bow) und doppelt-gekrümmte Flach-Bogen (»DC«; engl.: Double Curved Flat Bow, auch: »DC«-Bow). Der *verstärkte Bogen* besteht aus Holz mit flach-elliptischem Querschnitt, dessen Rücken durch eine dünne Schicht aufgeleimter Sehnen verstärkt ist. Seine Leistung ist höher als die des glatten Bogens. Der *zusammengesetzte Bogen* besteht aus 2 zusammengefügten und verleimten, mit mehreren Sehnenschichten verstärkten Bogenarmen aus Hirsch- oder Bergschafhorn. Berühmtester Typ ist der sogenannte »Elkhorn«-Bogen der nördlichen Plains-Stämme. Durchschnittlich waren die Bogen der nordamerikanischen Indianer etwa 50 Inches = 1,27 Meter lang, die optimale Pfeil-Zuglänge betrug etwa 26 Inches = 60 Zentimeter. Amerikanische Pioniere maßen die »Stärke« eines Bogens (Stärke = eine Kombination aus Schußweite und Durchschlagskraft) am »Pfeilzuggewicht«. Wenn ein Bogen einen »24-Inch-Zug« und ein »Gewicht von 45 Pfund« hatte, so bedeutete dies: Man benötigte, um einen Pfeil um 24 Inches = 60 cm gespannt zu ziehen, ein »Gewicht« von 45 Pfund = 20,430 kg. Werte:

1. Glatter Bogen: Zug = 24 Inch, Gewicht = 43 Pfund.
2. Verstärkter Bogen: Zug = 28 Inch, Gewicht = 50 Pfund.
3. Zusammengesetzter Bogen: Zug = 30 Inch, Gewicht = 60 Pfund.

Die Reichweite betrug etwa:
1. Glatter Bogen: 160 Yards = 144 Meter.
2. Verstärkter Bogen: 190 Yards = 171 Meter.
3. Zusammengesetzter Bogen: 220 Yards = 198 Meter.

Durchschlagskraft nach C. Renshaw (1887):

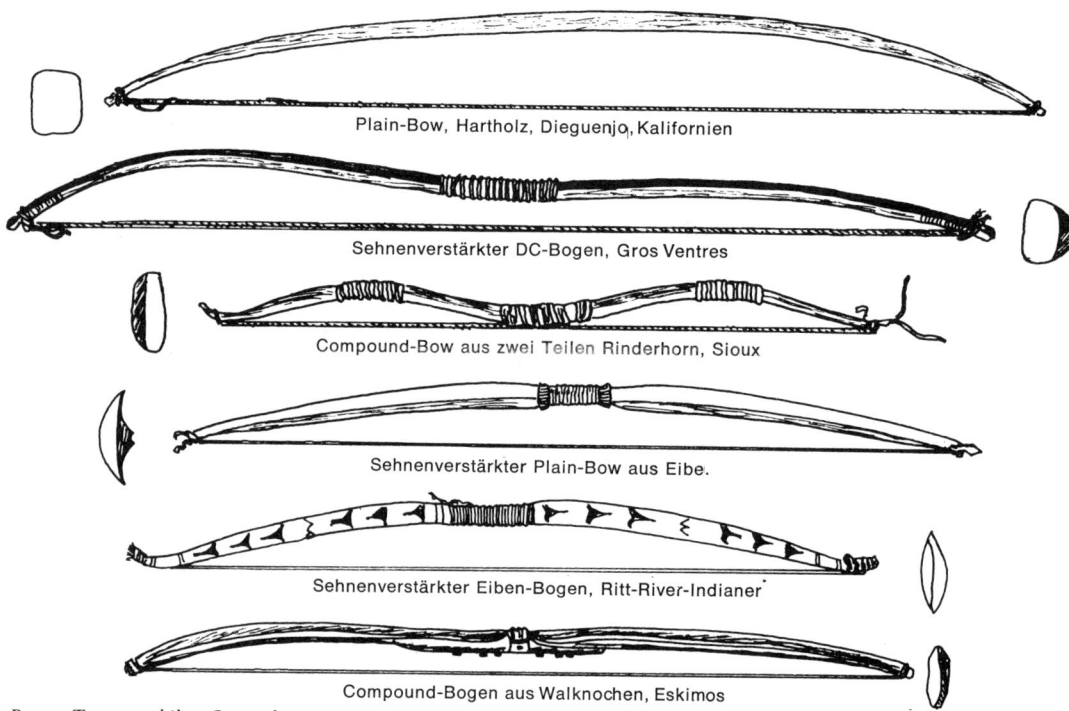

Plain-Bow, Hartholz, Dieguenjo, Kalifornien

Sehnenverstärkter DC-Bogen, Gros Ventres

Compound-Bow aus zwei Teilen Rinderhorn, Sioux

Sehnenverstärkter Plain-Bow aus Eibe.

Sehnenverstärkter Eiben-Bogen, Ritt-River-Indianer

Compound-Bogen aus Walknochen, Eskimos

Bogen-Typen und ihre Querschnitte

1. Glatter Bogen: bis 70 Meter glatter Durchschuß durch einen nackten Menschen.
2. Verstärkter Bogen: bis 80 Meter glatter Durchschuß durch einen nackten Menschen.
3. Zusammengesetzter Bogen: bis 90 Meter glatter Durchschuß durch einen nackten Menschen.

Diese Werte entsprechen etwa den gesammelten zeitgenössischen Berichten. Der beste Bogen war der Elkhorn-Bogen der Nez Percé und der Yaqui-Bogen. Sioux und Comanchen, die normalerweise den Elkhorn-Bogen verwendeten, stellten aber auch aus Bisonrippen den sogenannten *Rip Bow* her, der mit der Einführung des Pferdes allmählich verschwand, weil er sehr lang war. Er muß noch eine erheblich höhere Reichweite gehabt haben als der Elkhorn-Bogen, konnte aber nie getestet werden, da es kein Exemplar mehr gibt. Die »Bogensehne« bestand meistens aus einer Tiersehne.

Bogensehnen-Männer *Himatanohis,* Name für die »Kriegergesellschaft der Cheyennes«.

Boguechito Choctaw-Indianergruppe, die im heutigen Neshoba County/Mississippi wohnte. Der Name bedeutete »Große Bucht« (engl.: Big Bayou).

Bohnapobatin Name der Pomo-Indianer, die am Clear Lake, Kalifornien, lebten. Hauptdorf Boalkea.

Bonnet (dt.: Haube), Federkopfschmuck der Indianer vieler Stämme, der ursprüngl. von den Stämmen der Sioux getragen und später von anderen Stämmen übernommen wurde. Das Material der Haube war ein stumpenähnlicher, randloser Hut aus weichem Leder, auf den ein Band mit Adlerfedern aus Flügeln und Schweif und Flaumfedern aufgenäht wurde. Manchmal trug man auch zu den Bonnets sog. »Trailor«, d. h. Federbandschleppen, die das Kopfschmuckband beiderseits bis fast auf den Boden fortsetzten.

Bosomworth Mary (Maria Busenwert), eine Creek-Indianerin, die dem Gouverneur von Georgia, Oglethorpe, wegen ihres hervorragenden Englisch als Dolmetscherin diente. Sie war mit Reverend Bosomworth (ihr 3. Ehemann) verheiratet und ebenfalls unter den Namen Mary *Musgrove* und Mary *Mathews* bekannt.

Bozeman-Trail →Sioux.

Brant Joseph (Mohawk-Sachem »Theyendanegea«), auch *Captain Brant,* *1742, †24. 11. 1807; großer Diplomat und Redner, christianisiert in der Episcopal Kirche, kämpfte auf der Seite Englands gegen die Amerikaner als überlegener militärischer Stratege. Er nahm auf der Seite der Engländer im Pontiac-Krieg gegen die Ottawas teil, übersetzte zahlreiche religiöse Bücher in die Mohawksprache. Nach seinem Tod wurde er in einer kleinen Kirche in Brantford, Ontario beigesetzt. 1879 öffnete ein Pathologe mit seinen Studenten das Grab und stahl die einbalsamierte Leiche.

Breechcloth (dt. etwa: Lendenschurz), auch *Breech-Clout,* langes schmales Tuch (auch aus weichem Büffelkalbsleder), das zwischen den Beinen durchgezogen und — vorne und hinten — am Körper über den Leibgurt geschlagen wurde, sodaß lange Tuchlappen vom solcherart verdeckten Gürtel herabhingen. Sie wurden entweder allein, oder mit Leggings getragen.

Breech-Clout →Breechcloth.

Bruneau-Shoshonen eine Stammesgruppe der Shoshonen, die am Bruneau Creek im südöstlichen Idaho lebten.

Bucker Womans Town Seminolen-Dorf bei Long Swamp in Zentral-Florida.

Buckongahelas Oberhäuptling der Delawaren in Ohio, †1805(?); er kämpfte auf der Seite Englands gegen die amerikanischen Kolonisten. 1794 wechselte er wegen des Verhaltens der Engländer in der Schlacht bei Presque Isle, Ohio, die Seiten und kämpfte nun für die Amerikaner. Er unterzeichnete für sein Volk einige Friedensverträge (1803: Fort Wayne, Indiana, 1795: Greenville, Ohio, 1804: Vinvennes, Indiana).

Buena Vista (span.: Gute Aussicht), prähistorisches Pueblo am Gila River im heutigen Graham County des südöstlichen Arizona.

Büffelsoldat (engl.: Buffalo Soldier), Indianername für Negersoldaten. Ihr krauses Kopfhaar erinnerte die Prärieindianer an das Krauskopfhaar der *Büffel.* Man skalpierte nie einen Büffelsoldaten, weil das als »schlechte Medizin« galt.

Buli Schmetterlings-Clan der Hopi-Indianer.

Bull-Boot →Kanu.

Bullenbrüller (engl.: Bullroarer; auch »Rhombus«, »whizzer« — Rassel, Knarre, »lightning stick« — Blitzschlag-Stock), ein Geräuschinstrument, das aus einer rechteckigen Holzlatte (15—60 cm lang, 1,2—2,5 cm dick) besteht, an der an einem Ende eine Schnur befestigt ist, deren Länge die Entfernung vom Herzen bis zur rechten ausgestreckten Hand des Benützers beträgt. Das Brett wird an der Schnur mit raschen, kreisenden Bewegungen über den Kopf des Benützers gewirbelt. Das entstehende grollende Geräusch soll Wind, Donner und Blitzschlaggrollen nachahmen. Die Holzlatte ist aus Pinien- oder Fichtenholz gefertigt, in das der Blitz eingeschlagen hat.

Bullets Town (dt.: Geschoß-Stadt), Delawaren-Stadt beiderseits des Walhonding Rivers im heutigen Coshocton County, Ohio. Der Name rührt daher, weil sich beim ersten Kanonenangriff die überaus starken Palisadenmauern tatsächlich als kanonenkugelfest erwiesen u. nicht zu überwinden waren.

Busk (= Grün-Mais-Tanz), jährliche Reinigungs-Zeremonie der Creeks, die 4—8 Tage dauerte. Man nahm starke Abführ- und Brechmittel, um den Körper zu entschlacken. Das »Windrichtungsfeuer« der vorjährigen Zeremonie, das ununterbrochen ein Jahr lang gebrannt hatte, wurde gelöscht und ein neues aus vier Stämmen, die in die Himmelsrichtungen wiesen, entzündet. Alle größeren Gebrauchsgüter, wie Möbel, Wäsche, Kleidung etc. wurden öffentlich verbrannt und neu gemacht. Man vergab sich gegenseitig alle Sünden, und nach diesem Fest der »Erneuerung« begann man das neue Jahr moralisch und körperlich gestärkt. Den Amerikanern erschien die Zerstörung von Gebrauchsgütern verrückt, aber so verhinderten die Creeks, daß persönlicher Besitz angesammelt werden konnte. Heutige Soziologen behaupten, daß das »Grün-Mais-Fest« der Creeks »eine der großartigsten praktischen Lösungen soziologischer Probleme darstellt.«

Buzzard Roost zwei Creekstädte am Flint River in Georgia und Chattahoochee River westl. von Atlanta.

C

Cache (»caché« = kaschieren, verdecken, verbergen), Versteck, verborgenes Depot. **1.** Nomadische Indianer, die nicht immer ihre ganze Ausrüstung und Vorräte mit sich führen konnten, legten Verstecke an, meist Erdgruben. Oft verwendeten sie auch Felshöhlungen, oder türmten Felsen über Vorratslagern auf und pflanzten meisterhaft bereits ausgewachsene Pflanzen zwischen die Felsbrocken; auch hohle Bäume, Felswände hinter Wasserfällen und Sandmulden wurden solcherart als C. verwendet. Apachen verstanden es meisterhaft, Wasserquellen hinter Felsen zu verbergen. **2.** Archäologen nennen die unterirdischen Ausgrabungsfundstätten prähistorischer Funde C.s.

Caddo einst mächtiger Volksstamm indian. Ackerbauern, der in dem fruchtbaren Gebiet von Louisiana und Mississippi beheimatet war, 1835 nach Nordost-Texas vertrieben und von dort 1872 in die Caddo-Reservation in Oklahoma umgesiedelt wurde. Das Caddo-Volk setzte sich aus sehr vielen Einzelstämmen zusammen: Adais, Anadarko, Cahinnios, Eyeish, Hainai, Kadohadachos, Nabedache, Nacagdoches, Nacono, Namidish, Nanatsoho, Nasoni, Natchitoches, Neches und Yatasi. In vorkolumbian. Zeit nach Norden gewanderte Caddo-Stämme sind die Wichitas in Kansas, die Kitsai und Pawnees in Nebraska und die Arikaras in Norddakota. Für die meisten Texaner liegt die histor. und völkerkundl.

Warloupe (Na-Ah-Sa-Nah) im Jahr 1872, Caddo-Häuptling, geboren 1825 bei Natchitoches in Texas

Bedeutung der Caddos in der Tatsache, daß der Name ihres Bundesstaates die Abwandlung eines Caddo-Wortes ist: Die Mitglieder der Unterstämme nannten sich gegenseitig »Tayshas«, was etwa »Verbündete« oder »Freunde« bedeutete. Die span. Eroberer und Kolonisten bezeichneten das ganze Gebiet nördl. des Rio Grande del Norte zunächst als »Land der Tayshas«, dann als »Land Tayshas«, schießlich als »Taychas« und dann als »Texas«. 1930 wurden in Oklahoma noch insg. 630 Caddo-Indianer gezählt.

Caddo George Washington, Caddo-Indianer; besaß bei Anadarko ein Lagergeschäft und verkaufte heimlich an die Kiowas und Comanchen Brandy. Er wurde Zeuge, als eine Militäreskorte Satanta, Satank und Big Tree, in Eisen gekettet, nach Texas zu ihrem Prozeß brachte. Als die Wagen Fort Sill verließen, rief Satank ihm zu: »Bring diese Nachricht meinem Volk, sage ihm, daß ich am Rande der Straße starb. Man wird meine Gebeine dort finden. Sag meinem Volk, es soll sie aufsammeln und wegbringen...«

Caddo-Sprachfamilie Konföderation von Stämmen, die beiderseits des Red River und seiner Nebenflüsse im heutigen Texas, Louisiana, Colorado und Arkansas lebten.

Cahuilla →Agua Caliente.

Caliche harte Kalziumkarbonat-Kruste, die in den halbwüstenartigen Regionen des amerikanischen Südwestens den Erboden bedeckt.

Calumet →Friedenspfeife.

Calusa-Indianer Ureinwohner des südwestl. Teils von Florida, die 1513 den spanischen Eroberer Ponce de Leon mit einer Flotte von 80 Kanus angriffen und den Spanier in einer eintägigen Schlacht zum Rückzug zwangen. Sie besaßen große Goldvorräte, die sie aus spanischen Schiffswracks geborgen hatten, brachten Menschenopfer und töteten grundsätzlich jeden Gefangenen. Unter den frühhistorischen C. war Kannibalismus weit verbreitet.

Canada Huronen-Wort, bedeutet »Dorf«; in der amerikan. Frühgeschichte benutzte man den Begriff »Canada« für alle Indianer, die nördlich des St. Lawrence Rivers beheimatet waren.

Zwei Frauen der Caddo-Wichita-Indianer

Canarsee einer der 14 Stämme, die auf Long Island (New York) an der heutigen »Jamaica-Bucht« lebten und Tribut an die Irokesen entrichten mußten.

Cannetquot New-York-Stamm, der bis 1683 auf Long Island lebte.

Capotes →Utes.

Captain Brant →Brant, Joseph.

Carises Sammelname für eine Indianer-Stammesgruppe, die in frühhistorischer Zeit in den Bergen der Sierra Nevada und an der Küste Kaliforniens lebte und sich von den Shoshonen oder Mariposas abgespalten hatte.

Carlanes Untergruppe der südöstlichen Jicarilla-Apachen, benannt nach ihrem Häuptling »Carlana« in der Frühzeit der spanischen Kolonialherrschaft. Sie bildeten später mit den Querechos- und Paloma-Apachen den Stamm der Lipan in Texas.

Carleitas mexikan. Satteldecke aus gewebter flauschiger Schafwolle, die, in der Form der indian. Navaho-Schweißdecke nachgebildet, ein Pferd am besten vor Satteldruckverletzungen schützt.

Cassapecock Powhatan-Stamm, der in Virginia am York River bis etwa 1616 lebte.

Castahana von Lewis u. Clark 1805 in ihren Berichten erwähnte Jägergruppe der »Schlangen-Horde«, den Arapahoes nahe verwandt.

Castro →Lipan-Apachen.

Catahecassa * um 1740; machtvoller Shawnee-Häuptling, der bis 1795 ununterbrochen Krieg gegen die Weißen führte, aber schließlich von US-General Anthony Wayne vernichtend geschlagen wurde. Von da an blieb er ein loyaler Verbündeter der Amerikaner und verhinderte, daß sich die Shawnees den Briten anschlossen.

Catawba auch »Esaw«-Flußvolk, östlicher Stamm der Sioux-Sprachfamilie in Südkarolina; seßhafte Maisbauern am Catawba River zwischen Alleghenies und Atlantik (Virginia, Carolina), die sich bis 1760 in ständigem Kriegszustand mit den Irokesen und Ohiostämmen befanden; sie waren sehr loyal der englischen Kolonialverwaltung gegenüber und drängten immer zum Krieg gegen die Franzosen in Louisiana. Durch die vielen Kriegsverluste und durch Schwarze Blattern verlor der Stamm um 1817—1820 mehr als 60% seiner Mitglieder. 1841 »kaufte« Süd-Carolina das gesamte Gebiet der Catawba — bis auf eine Quadratmeile — um 68 Dollar.

Catlin George, US-amerikan. Maler, *26. 6. 1796 Wilkesbarre, †23. 12. 1871 Jersey City: seit 1832 um Wirklichkeitstreue bemühter Schilderer des indian. Lebens an der Westgrenze der USA. Seine Gemälde wurden in Europa auf Wanderausstellungen zusammen mit lebenden Indianern gezeigt.

Caddo George Washington (links). — Tawakoni Jim, 1893, Häuptling der vereinigten Stämme der Wichita, Waco und Tawakoni (rechts)

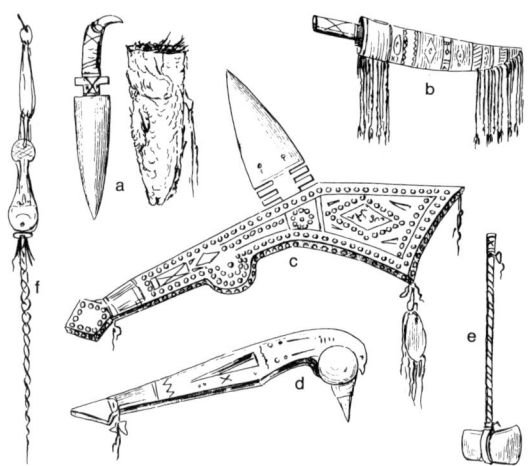

*George Catlin, naturgetreue Zeichnungen von Indianer-
waffen: a. Kampfmesser und Scheide. b. Skalpmesser in
der Scheide. c. Kriegskeule aus Hartholz und einer 25 cm
langen Stahlklinge. Mit Messingnägeln verziert. d. Kriegskeule. e. Kriegsbeil aus Feuerstein. f. Reitpeitsche*

Catlinit roter Pfeifenstein aus Kalkstein, den die Min-
nesota-Indianer als Material für ihre Calumetköpfe verwendeten, nach dem Maler George Catlin benannt, der
zum ersten Mal auf dieses Gestein aufmerksam machte.
Die Fundstellen dieses Gesteins galten als heilig, sodaß
selbst Feinde dort unbelästigt Steine sammeln konnten.

Cayuga →Irokesen-Bund.

Cayuse Unterstamm des Waiilatpua-Volkes in Oregon,
Washington; nahe verwandt mit den Wallawallas und
Nez Percé. Berühmt wegen ihrer »Cayuse«-Pferdezucht
(besonders von Cowboys als »Cutting-Horses« wegen
ihrer präzisen Bewegungen geschätzt). 1855 unterzeichneten sie einen Friedensvertrag und zogen in die Umatil-
la-Reservation. Kriegsverluste und Schwarze Blattern
rotteten diesen Stamm vollständig aus.

Cazazhita Untergruppe der Dakotas unter Häuptling
Shonka. Der Name bedeutet: »Schlechte Pfeile« oder
»zerbrochene Pfeile«.

Cegiha-Sioux Untergruppe der Sioux, die zwischen
Ohio- und Wabash-River lebten, ehe sie nach Westen
wanderten.

Chaouacha Indianerstamm, der in historischer Frühzeit
oberhalb des heutigen New Orleans lebte. Nach dem
Natchez-Massaker, das mit der Ausrottung der feudali-
stischen Natchez-Indianer endete, kamen die C.s unter
französische Kontrolle. Obwohl sie bisher loyal alle Kriege der Franzosen mitgefochten hatten, setzten die Franzosen nun eine Negersklaven-Armee in Marsch, in der
Hoffnung, Indianer und Neger würden sich gegenseitig
dezimieren. Der Kampf führte fast zur Ausrottung.

Chattooka Dorf der Ne-use Indianer (nahe dem heuti-
gem Newbern, Nordkarolina), das von den Indianern
1710 verlassen wurde, als in der Nähe eine deutsche Kolonie gegründet wurde.

Cheis →Cochise, →Chiricahuas.

Cherokees (Choctaw-Wort »Chi-luk-ki« = Höhlen-

volk), zur Irokesenfamilie gehörende Nation, die in hist.
Zeit im Appalachengebirge der Atlantikküste in den späteren Bundesstaaten Tennessee, Georgia, Nord- und
Südkarolina siedelte und ein hochziviliertes, in festen
Städten wohnendes Volk war. Die Cherokees hatten ein
demokratisches Präsidial-Zweikammersystem, Botschaf-
ter am Hofe König Georgs II., ein Parlament, in dem
Frauen auch als Abgeordnete wirkten, Schulen, Akademien, eigene Ärzte und Wissenschaftler, eine geschriebene Verfassung und ein eigenes Alphabet. Sie gaben eine
Staatszeitung heraus, besaßen Aktiengesellschaften, hatten fortschrittliche Agrarwirtschaftler, und viele ihrer
hochgebildeten Intelligenzler blickten in der Zeit engl.
Kolonialherrschaft voll Verachtung auf die »primitiven
und barbarischen« amerikan. Ansiedler herab. Sie hatten eigene Zivil- und Strafgesetze, Richter, Staatsanwälte
und Polizeiorgane, ein oberstes Appellationsgericht und
konnten zur Zeit der Staatsgründung der USA als durchaus höher zivilisiert und kultiviert gelten als die Amerikaner. Dennoch betrieb der Bundesstaat Georgia mit
dem Argument, daß »alle Indianer Wilde sind«, ihre Austreibung. Zwar setzten sich die Cherokee-Politiker, -Juri-
sten, -Journalisten und -Wissenschaftler mit den besten
Argumenten zur Wehr, doch die Regierung der USA
ließ ihre Armee unter General Scott aufmarschieren und
das ganze Volk zwangsweise nach Oklahoma umsiedeln.
Der »Marsch der Tränen« (1838/39) ist als eine der übelsten politischen Grausamkeiten der USA in die Geschichte eingegangen. Auf dem Marsch starben 20% aller
Cherokees an Hunger, Kälte, Durst, Cholera und Typhus. Schon 1848 hatten die Cherokees aus der wüsten
Öde Oklahomas ein Paradies blühender Zivilisation gemacht, viele Städte mit Schulen und Gymnasien und
eine landwirtschaftliche Akademie gegründet. Zwar betrieben sie die Anerkennung ihres Volkes und ihres neuen
Landes als selbständigen Bundesstaat »Sequoyah«, doch
der Antrag blieb so lange beim Kongreß liegen, bis die
mehr als 300 000 weißen »Gastsiedler« — von den Cherokees freundlich in ihr geordnetes Staatswesen aufgenommen — im Jahre 1906 die Tatsache, daß sie von 70 000
Cherokees regiert wurden, als »unerträglich« empfanden.
Der Antrag der Gastsiedler, Oklahoma zum selbständigen — natürlich weißen — Bundesstaat zu erklären, wurde innerhalb der Rekordzeit von nur wenigen Monaten
vom Kongreß angenommen. 1907 unterzeichnete Präsident Roosevelt die Proklamation, die Oklahoma zum
Bundesstaat machte und die Cherokees auf kaltem Wege
enteignete. Von nun an sorgten Habgier und sozialer
Machtanspruch der Amerikaner dafür, daß die hohe Zivilisation der Cherokees in wenigen Jahrzehnten ausgelöscht wurde.

Cheyenne Prärieindianerstamm der Algonkin-Sprachfamilie, der zu den großen indianischen Reitervölkern
gehörte. Die nördl. Cheyennes waren mit den Sioux verbunden, die südl. Cheyennes mit den Comanchen und
Kiowas. Obwohl sich beide Unterstämme gegen die Eroberung ihres Landes durch die Weißen heftig zur Wehr
setzten und daher besonders den Eisenbahn und der US-
Armee starken Widerstand leisteten, empfanden die
Cowboys ihnen gegenüber eine Art widerwilliger Sympa-
thie, die von den Indianern so lange erwidert wurde,

wie Cowboys ihr Land lediglich mit großen Herden durchquerten und dafür »Wegezoll« entrichteten, indem sie einen geringen Prozentsatz Rinder an sie abgaben. Erst als Viehzüchter damit begannen, auch das Weideland in Wyoming, Nebraska, Kansas und Colorado in Besitz zu nehmen, kam es auch zwischen Cheyennes und Cowboys zu harten und blutigen Auseinandersetzungen. Auf die Dauer konnten die Cheyennes aber dem vereinten Druck von Eisenbahn, US-Armee, Besiedlung und Cowboys nicht standhalten. Die Verluste an Kriegern waren schließlich so hoch, daß sie notgedrungen den Kampf aufgeben mußten und sich in einer permanenten Reservation in Oklahoma wiederfanden. Hier lehnten sie sich ein letztes Mal gegen die Korruption der US-Indianeragenturen auf, und 1878 leitete ihr Häuptling Dull Knife den Aufstand gegen die US-Armee. Diese Cheyennes brachen nach Kansas aus und brachten einer weit überlegenen Armee-Streitmacht vernichtende Niederlagen bei, ehe sie schließlich kapitulieren mußten und in ihre Reservation zurückgetrieben wurden.

Chicago Name eines Illinois-Häuptlings, der an der Stelle der heutigen Stadt ein Stinktier erlegte (»Platz des Skunks«).

Chicora Indianerstamm, der 1521 von den Spaniern entdeckt an der Küste beider Carolinas lebte und von Spaniern und englischen Sklavenhändlern gegen Ende des 17. Jahrhunderts vollständig ausgerottet wurde.

Chief →Joseph.

Chikasaws →Zivilisierte Nationen, →Muskhogee-Familie.

Chikasaw-Städte waren: Cabusto Hykehah, Latcha Hoa, Pontotoc.

Chinook 1. Ausgestorbener Indianerstamm am Columbia im nordwestl. Nordamerika; auch eine Verkehrssprache, die aus Bestandteilen europ. u. indian. Sprachen entstand. 2. Schwülheißer Nordwestwind, der zu Beginn des Frühlings über die Rocky Mountains und die Prärien weht, jähes Tauwetter in den schneebedeckten Bergen verursacht und oft von wolkenbruchartigen warmen Regenfällen begleitet ist.

Chippewa (oder »Ojibway« von »ojib« = runzeln und »ub-way« = rosten, was sich auf die gefurchte Naht ihrer Mokassins bezieht), Algonkinstamm, der in weiten Gebieten nördl. und südl. des Michigan- und des Huron-Sees in Kanada, Wisconsin und Minnesota wohnte und den Fischfang in großem Ausmaß betrieb. Er lebte von der Jagd, ernährte sich von wildem Reis und wohnte in festen Wigwams. Der Pelzhandel mit Franzosen und Engländern verschaffte ihm sehr früh Feuerwaffen. Dadurch waren die Chippewas den benachbarten Bauernstämmen so überlegen, daß sie sie — u. a. die Sioux — nach Westen und Süden vertrieben. Bei dem Vordringen der Weißen ins Innere Nordamerikas hatten die Chippewas mehr Glück als die anderen Indianer. Die Weißen verschmähten ihr für den Ackerbau wenig geeignetes Gebiet und umgingen sie. Deshalb sind sie als

George Lowrey, 1741

Cunne Shote, Cherokee-Delegierter in London 1762

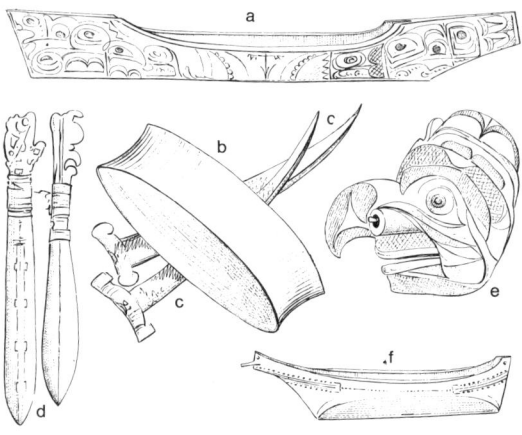

George Catlin, Chinook-Geräte: a. Na-as, Mannschafts-Kriegskanu, b. Lippen-Tellerpflock. c. Wapito-Grabspieße. Mit ihnen gruben die Chinook-Frauen die Wapitos (knollenartige Wurzeln einer Tulpenpflanze, von den Franzosen »Weißäpfel« genannt) aus. d. Pautomaugons, Pokomokons, kurzschwertartige Kriegskeulen. Links: Klinge aus Pottwal-Knochen; rechts: Kupferklinge. e. Sti-keen, Ratsfeuer-Maske. f. Chinook-Kanu

Volk mit vielen Unterstämmen erhalten geblieben. Sie leben heute zerstreut in Reservationen in Kanada und in den amerikan. Staaten Minnesota, Wisconsin, Nord-Dakota, Michigan und Montana.

Chiricahua der Name bezeichnet das geograph. Gebiet, in dem dieser Apachenstamm wohnte, nämlich die Chiricahua-Bergkette im südöstl. Arizona. Als 1848 nach dem amerikan.-mexikan. Krieg im Frieden von Guadelupe Hidalgo die nördl. Provinzen Mexikos an die USA fielen, betrachteten die Chiricahuas unter ihrem Häuptling *Cochise* (Cheis) die Amerikaner zunächst als Freunde und Verbündete gegen die verhaßten Mexikaner. Als aber in Arizona Edelmetallerz gefunden wurde, und ein Run der Amerikaner auf Gold und Silber einsetzte, kam es

zu Spannungen und schließlich 1861 nach einem Mordanschlag der US-Armee auf Cochise zum offenen Krieg. 1872 schloß Cochise Frieden mit General Howard. Er starb 1874, und sein ältester Sohn »Taza« willigte ein, den Stamm in die San Carlos Reservation an den Ufern des Gila River umzusiedeln. 1879 ergaben sich auch die letzten Gruppen den US-Truppen und ließen sich in der San Carlos Reservation nieder. Nach dem Tode von Taza (1880) übernahm der jüngste Sohn von Cochise die Führung, aber der kraftvollere Bandenführer Geronimo brach mit den ihm folgenden Kriegern und deren Familien 1881 aus und flüchtete nach Mexiko. Als seine Überfälle sowohl in Mexiko wie in den USA unerträglich wurden, schlossen beide Staaten 1882 eine Vereinbarung, nach der indianerjagende Truppen und Polizeieinheiten beider Länder das Recht hatten, die Verfolgung bis zu 200 Meilen in das Hoheitsgebiet des anderen Staates fortzusetzen. Damit schien das Schicksal von Geronimos Bande besiegelt zu sein. 1883 überschritt General Crook mit einem großen Expeditions-Corps und 193 ausgebildeten Apachen-Scouts die mexikan. Grenze und zwang die Chiricahuaführer Chatto, Natchez, Chihuahua und Geronimo zur Aufgabe. Wiederum wurden die Apachen in die San Carlos Reservation zurückgebracht, von wo aber 1885 Geronimo erneut mit Nana, 42 Kriegern, 92 Frauen und Kindern ausbrach. General Crook nahm mit 2 000 Soldaten aus den Forts Bowie, Thomas, Huachuca, Grant und Bayard die Verfolgung auf. Aber erst bei einem zweiten Aufmarsch im März 1886 gelang es ihm, in Canyon de los Embudos (12 Meilen südl. der Grenze) Geronimo zu Verhandlungen zu zwingen. Am 27. 3. 1886 kapitulierte Geronimo, floh aber wenige Tage später erneut mit 20 Kriegern und 13 Frauen in die Berge. Anfang September 1886 stellte General Miles nach zermürbender Jagd die Flüchtigen und brachte sie in die Reservation zurück. Von dort wurden alle Chiricahuas nach Florida in die Verbannung geschickt, die Männer nach Fort Pickens, die Frauen nach Fort Marion. Nach alarmierenden Sterbequoten verlegte dann schließlich die Regierung die überlebenden Chiricahuas 1894 nach Fort Sill in Oklahoma, wo 1913 noch 187 von urspr. 382 Stammesangehörigen mit den Mescaleros zusammenlebten.

Chittee Yoholo (dt.: Schlange-die-sich-bewegt), Seminolen-Häuptling, ein ruheloser Mann unbestimmbarer Herkunft, der versuchte, mit den machtvollen Creeks eine militärische Allianz gegen die USA zu schließen, sich aber schließlich der US-Armee ergab und seine Loyalität kundtat; hierauf wurde er mit seiner Familie in Arkansas angesiedelt.

Choctaws →Zivilisierte Nationen, →Muskhogee-Familie. Choctaw-Städte waren: Ayanabi, Cahawba, Chishafoka, Cushtuska, Ebita Poocola Chitto, Escooba, Etuck Chukke, Haanka Ulla, Inkillis Tamaha, Kaffetalaba, Nanihaba, Okalusa, Oony, Schekaha, Shanhaw, Wiatakali, Yowani.

Chumash indianische Sprachfamilie an der kalifornischen Südküste. Die Ch. waren bekannte Seefahrer und Seefischer. Ihre Großkanus bestanden aus Plankenwänden, die mit Pechsehnen zusammengehalten wurden. Auch als *Santa Barbara-Indianer* bekannt.

Cochise (links). — Chatto (rechts)

Chunkey Männerspiel der Mississippi-Tal-Indianer, das auf Spezialplätzen innerhalb einer Stadt mit einem steinernen Diskus und einem Stock mit halbrund geschwungenem Ende gespielt wurde. Der Diskus wurde gerollt und wenn er fast zum Stillstand gekommen ist, wurde der Stock so geworfen, daß der Diskus innerhalb der Endrundung des Stocks stehen blieb.

Coaque kleine Gruppe von Indianern, die vor der Küste von Texas die Insel Malhado Island bewohnte, als das Schiff des spanischen Konquistadors Cabeza de Vaca dort strandete.

Cochees in den 1860er Jahren unter den Siedlern Arizonas gebräuchl. Name für die Chiricahua-Apachen (nach Häuptling Cochise).

Cochise →Chiricahua.

Cocopa →Yuma.

Cocotero-Apachen →Apachen.

Coeur d'Alênes →Flatheads.

Colbert William, Chikasaw-Häuptling, General, kämpfte im Unabhängigkeitskrieg 1775—1783 und im Krieg von 1812 auf der Seite Englands und unterzeichnete 1816 den Friedensvertrag, der das Landgebiet der Chickasaws an die USA brachte.

Colonche →Nopal.

Comanchen Indianer der uto-aztekischen Shoshonen-Sprachfamilie; bevor die Weißen Amerika betraten, standen die Comanchen auf der primitiven Kulturstufe von steinzeitlichen Sammlern und Jägern, die nie einen Baum gefällt, nie ein Haus gebaut, nie Ackerbau betrieben hatten und deshalb von kulturell entwickelten Nachbarn verachtet wurden. Sie lebten in den östlichen Rocky Mountains und nannten sich selbst »Ne'me'ne« (Volk). Die Cheyennes nannten sie »Shishin-ohto-kit-ahn-ayoh« *(Schlangenvolk)*, die Sioux »Pah-doo-kah« oder *Padouca*, die Utes »Koh-mahts« (Feinde, oder: Die gegen uns sind). Männer wurden selten größer als 1,65, Frauen hatten eine Durchschnittsgröße von 1,50 m. Die Spanier wandelten die Ute-Bezeichnung Koh-mahts in *Komántcia*, diese in Comantz um, und schließlich wurde Comanche daraus. Historiker unterscheiden 13 eigenständige Stammesgruppen: Die fünf wichtigsten und zahlreichsten sind: 1. *Penateka* (»Pehnahterkuh«), auch *Pehnahner* = Honigesser, Wespen, auch *Hoh'ess* = Waldvolk. Die Spanier ordneten diese Gruppe als *Südliche Comanchen* ein. Sie kontrollierten die westliche Hochebene und südlichen Waldgebiete des Edwards Plateau in Texas. 2. *Nokoni* (»Nawkohnee« = Jene, die zurückschlagen), mit den Untergruppen *Tanima* (Leberesser) und *Tenawa* (Die flußabwärts Wohnenden). Sie kontrollierten den Norden zwischen den Cross Timbers westlich vom heutigen Fort Worth und den neumexikanischen Bergen. Die Spanier nannten sie *Westliche Comanchen*. 3. *Kotsoteka* (»Kuhtsoo-Teekuh« = Büffelesser), sie kontrollierten das Gebiet nördlich der Nokoni im westlichen Oklahoma und am Canadian River. 4. *Yamparika* (»Yampahreekuh« = Kümmelwurzelesser), sie kontrollierten die höheren Lagen der südlichen Plains nördlich bis über den Arkansas River hinaus. 5. *Kwahari,* auch: *Kwahadi, Quahadi* (»Kwerhar-rehnuh« = Antilopen oder Sonnenschatten auf dem Rücken — weil sie Sonnenschirme aus Bisonhäuten machten), sie kontrollierten die westlichen Llanos Estacados. Jede dieser Gruppen zählte 2 000 bis 2 500 Menschen, davon 500—700 Krieger. Kleinere selbständige Gruppen nannten sich »Verbranntes Fleisch« *(Kethato)*, »Stromaufwärts«, »Am Mittellauf«, »Unteres Ufer«, »Wasserpferd«, »Die Unzüchtigen« *(Nahmal-er-er-nuh)*, »Maden am Penis« *(Waw-ah-hees)* — wegen angeblichen Inzests. — Mit der Verbreitung des Pferds in den Plains und Prärien entwickelten sich die C. zu einem der mächtigsten und gefürchtetsten Reiterstämme. Sie übernahmen die Pferdekultur beinahe ganz von den Spaniern: Zügel, Sättel, Lanzen und das Aufsitzen von rechts. Als einzig Neues führten sie die *Halsschlinge* aus Rohhaut ein, die es dem Reiter erlaubte, im rasenden Galopp das dahinjagende Pferd als volle Deckung zu benutzen, während er sich nur mit einem Bein am Sattel und einem Arm an der Schlinge hielt und unter dem Pferdehals her Pfeile auf den Gegner

Otter-Belt, Comanchen-Häuptling; Silver Brooch, Penateka-Oberhäuptling; Shaking Hand (Mow-Way), Kotsoteka-Häuptling, ergab sich 1869 in Fort Bascom; Grey Leggings (Esa-Tou-Yett, Asa-Toyeh), Comanchen-Krieger (von links nach rechts)

verschoß. Ursprünglich hatten die Einzelgruppen wenig Verbindung miteinander, sie trafen sich nur gelegentlich. Erst im Kampf gegen die Amerikaner vereinigten sie sich. Die Kontrolle, die sie über ihr Gebiet ausübten, war so vollkommen, daß die Spanier diesen Teil des Südwestens *Comancheria* nannten.

Sowohl Spanier wie Amerikaner nannten die Comanchen die »beste leichte Kavallerie der Welt«. Die kleinen, krummbeinigen und etwas zur Fülle neigenden Krieger waren die gefürchtetsten Indianer überhaupt. Sie hatten ihre Reitkultur so hoch entwickelt, daß ihrer unglaublichen Mobilität praktisch kaum jemand gewachsen war. Ihre Pferde waren ohne Gewaltanwendung darauf dressiert, auf den geringsten Schenkeldruck zu reagieren und »Wache zu stehen«, wenn die Jäger Büffel abhäuteten. Tapferkeit galt zwar als die höchste Tugend, doch riskierte ein Krieger niemals unnütz sein Leben. Den Federschmuck der Cheyennes und Sioux kannten die C. nicht. Sie trugen im Krieg Schlachthauben aus Büffelkalb-Skalps aus denen furchterregend die Hörner herausragten. Ihre Kriegswaffen waren Pfeil und Bogen, Lanze, Kriegsbeil und Repetierkarabiner, sowie Revolver. Wie viele Indianer, besaßen auch die C. geringen Bartwuchs, aber sie zupften die Haare stets aus, weil sie eine Abneigung gegen Gesichtshaare hatten. Ihre Kriegsbemalung war schwarz (die Farbe des Todes), sie verlief in Streifen über Gesicht und Stirn. Gewöhnlich trugen die Krieger nur *Leggings.* Im Sommer genügte ihnen ein Lendenschurz, im Winter hüllten sie sich in Bisonpelze. Im Kampf gaben sie keinen Pardon und erwarteten auch keinen. Als einziges echtes indianisches Reitervolk hatten sie Kampfestaktiken zu Pferd entwickelt, deren Überlegenheit erst durch Repetier-Feuerwaffen und Kanonen gebrochen werden konnte. Ihre Wohnkultur war die typische →*Berg-Tipi* (Zelt)-*Kultur* der Utes. Sie benutzten aber die Tipis nur im Winter.

Comancheria →Comanchen.

Comancheros mexikan.-amerikan. Händler, die vorzugsweise mit den Comanchen einen mehr oder weniger illegalen Handel trieben, gestohlenes Gut (vor allem Pferde und Rinderherden) im Tausch gegen Brandy, Gewehre und Munition aufkauften und zwischen US-Armee und Indianern als Verhandlungspartner für den Loskauf von weißen Gefangenen und Sklaven — meistens Frauen und Kindern — auftraten. Manche Comancheros bedienten sich, um ihren Handel zu forcieren, recht krimineller Praktiken: so z. B. gaben sie den Indianern Tips, wo man Gefangene machen und Pferde und Rinder stehlen konnte, kauften die Beute auf und gaben sie dann den Geschädigten gegen hohes Entgelt wieder zurück.

Comantz →Comanchen.

Comeya kleine Stammesgruppen von Indianern, die zwischen San Diego und dem Colorado River ein kümmerliches Dasein fristeten, weder Ackerbau, noch Jagd, noch Viehzucht kannten und ihre Kinder verkauften, um leben zu können.

Conestoga 1. Kleiner Indianerstamm der Irokesen-Konföderation, der in Pennsylvania lebte. →Irokesen-Bund. **2.** Stadt in Pennsylvania. **3.** *Conestoga-Wagen,* robuste Planwagen, von einer Wagenschmiede in Conestoga hergestellt.

Cornplanter

Coonti auch *Kunti* oder *Koontie,* eine Brotsamenpflanze der Seminolen in Florida. Die reifen Samen wurden leicht geröstet, dann zu Mehl gemahlen und daraus Brot gebacken.

Copehan indianische Sprachfamilie Zentralkaliforniens.

Cornplanter (»Ki-on-twog-ky, dt.: Maispflanzer), berühmter Seneca-Häuptling (Sachem), auch als *John O'Bail* bekannt, *1732, †1836; sein Vater war ein irischer Händler John O'Bail oder O'Beel. Zuerst ein Freund der Weißen, später verachtete er sie. Rivale von Red Jacket. Er unterzeichnete für die Senecas zahlreiche Friedensverträge (1784, 1789, 1797, 1802). Nach einer Englandreise kleidete er sich fortan nach englischer Sitte. Er besuchte 1790 Präsident George Washington und versuchte, ihm das Problem seines Volkes zu erklären, und eine Besserung der Situation herbeizuführen.

Corn pone (Corn = Mais, pone = Powhatan-Wort für »backen«), Maisbrot, kleines, flaches, rundes Brot aus Mais, Samenmehl oder Mais und Eiern, manchmal auch aus süßen Kartoffeln (Trockenmehl), Zucker und Kräutern.

Costanoa-Familie indianische Sprachfamilie der zentralen Küstenregion Kaliforniens. Die Menschen erbauten ihre Häuser aus Teichbinse (lat: Scirpus lacuster u. C. californicus). Sie fertigten Korbflechtarbeiten und kannten keine Töpferkunst.

Coup Handstreich, Bravourstück (»to count a coup = einen Handstreich erzielen, ein Bravourstück persönlicher Tapferkeit leisten), bezog sich bei vielen Indianerstämmen im Kampf hauptsächlich auf direkte, persönliche Berührung eines Feindes. Ein Krieger führte ein regelrechte »Tatenliste« solcher Bravourstücke, die Bestandteil seiner Reputation waren, wie etwa für Soldaten Orden und Tapferkeitsauszeichnungen. Als Coup 1. Ranges galt es einen Feind im Kampf (persönliche Berührung) zu töten, als Coup 2. Ranges einen lebenden Feind zu skalpieren, als Coup 3. Ranges, einen Feind zu berühren (zu verwunden), als Coup 4. Ranges, einen toten Feind zu skalpieren, als Coup 5. Ranges, das Pferd eines Feindes zu stehlen. Die Anzahl der »C.s« bestimmten den Rang eines Kriegers. Der Rang des eigenen Coups richtete sich aber auch nach dem Coup-Rang des Gegners. So wäre es z. B. ein höherer Coup, einen Gegner wie Crazy Horse zu verletzen, als einen coupniedrigeren einfachen Krieger zu töten.

Coyotero-Apachen (span.: »Garroteros« = Keulenmänner, »Coyotero« = Kojotenesser), in Nordarizona in den White Mountains nördl. des Gila River ansässiger Apachenstamm, der 1864 wegen seines von US-Colonel King S. Woolsey erschossenen Häuptlings »Par-a-muck-a« einen kurzen Krieg führte und dann um 1871 in die Bosque Redondo Reservation in New Mexico verlegt wurde; Unterstamm *Tonto-Apachen*.

Crazy Horse (Dakotaname: Ta-Shunka-Witko, in seiner Jugend »Curly« = Der Lockige genannt), * etwa 1840, als Mann Kriegshäuptling der Oglalla-Sioux, von seinem Volk »Der Andere« genannt. Der berühmteste und gleichzeitig geheimnisvollste Kriegshäuptling der Oglalla-Sioux, ein blendender Reiterschlachtenstratege, der der US-Kavallerie zahlreiche Schlappen beibrachte, gleichzeitig seine eigenen Truppen schonte und Verluste niedrig hielt. Er hatte braune Haare, eine etwas hellere Haut und blaue Augen. Im Gegensatz zu allen anderen Indianern blieb er sämtlichen zeremoniellen Feiern fern. Er war der tatsächliche Anführer und Anfeuerer der vereinigten Stämme, die General Custer am Little Big Horn vernichteten. Für die Weißen ist er eine der geheimnisvollsten Indianergestalten überhaupt geblieben, dessen Name »Crazy Horse« stets falsch übersetzt wird mit »Verrücktes Pferd«. Die wirkliche indian. Bedeutung kann in keine Kultursprache übersetzt werden. Annähernd bedeutet der Name etwa »der Mann, der ein lebensfrohes, durchgehendes Pferd gesehen hat«. Am nächsten käme der Wahrheit etwa »Übermütiges Pferd«. Nach der Custerschlacht am 25./26. 6. 1876 zog sich Crazy Horse mit seinen Oglalla- und Cheyennekriegern zum Rosebud River zurück. General Ronald Mackenzie gelang es, ihn aus einem Lager an einem Nebenfluß des Tongue Rivers zu vertreiben. Dann übernahm General Nelson A. Miles einen Feldzug gegen C. H. in dessen Verlauf er sich nur durch den massiven Einsatz von Artillerie vor der Vernichtung durch den Sioux-Strategen retten konnte. C. H. wurde nicht mit Waffen besiegt, sondern von Hunger, Durst, Erschöpfung und Hoffnungslosigkeit. Er ergab sich am 7. 5. 1877 mit etwa 1 000 Kriegern und wurde bei Fort Robinson interniert. Anfang September 1877 verhaftete man ihn und am 5. 9. 1877 wurde er bei einem angeblichen Fluchtversuch von einem Soldaten durch einen Bayonettstich erstochen.

Creeks alle sog. →*Muskhogee*-Stämme aus dem früheren Alabama; der Name wird von dem heutigen Ocmulgee-Fluß hergeleitet, der früher »Ocheese Creek« genannt wurde. Creek-Städte waren: Abihka, Abikudshi, Cayomulgi, Chananag, Chatoksofki, Chattahoochee, Chawakli, Chegoli, Eufaula, Fife's Village, Finhalui, Fusihatshi, Ghuaclahatche, Guaxule, Hatcheuxhau, Hillabi, Hlaphlako Town, Hogologes, Huhliwahli, Ikanhatki, Ipisogi, Istapoga, Kaihta, Kailaidshi, Kawitha, Kitchopataki, Littefutchi, Ltahasiwaki, Oakfuskee, Ocmulgee, Old

Mad Town, Osonee, Osotchi, Puckna, Taladega, Talapoosa, Tchataksofka, Telmokresses, Tohopeka, Tukabatchi, Tukpafka, Yamacaw.

Crees →Algonkin, →Assiniboines.

Croatan-Indianer eine Stammesgruppe von Indianern, die behaupteten, als Mischlinge zwischen Weißen und Indianern, Nachkommen der »verlorenen Kolonie von Roanoke Island« zu sein. Sie wurden viele Jahre als »freie Neger«, bzw. als »freie Farbige« innerhalb der rassistischen Einstufung der sklavenhaltenden Weißen Nordamerikas, eingestuft, wehrten sich dagegen und wurden schließlich offiziell als Abkommen der »verlorenen Raleigh-Kolonie« anerkannt.

Crows *Krähenindianer*, die Übersetzung des Wortes »Ap-sa-ru-ke« oder »Ap-sa-ro-ke«, das dieser Stamm für sich selbst verwendete, war ursprünglich der Name eines krähenartigen Vogels, der zur Zeit, als sie mit den Weißen in Berührung kamen, ausgestorben war. »Krähen« ist also eine etwas irreführende Übersetzung. Sie bildeten einen Stamm der Sioux-Sprachfamilie, der während des 19. Jh. einer der mächtigsten in Montana war. Fast ununterbrochen im Kriegszustande mit den Sioux, Cheyennes, Arapahoes und Blackfeets liegend, waren sie lange Zeit den Amerikanern gegenüber recht friedlich gesinnt, was den Gouverneur von Montana veranlaßte, die Regierung zu bitten, sie mit Feuerwaffen zu versehen, »weil sie schwerbewaffnet für die hiesigen Siedler von größerem Wert sind als alle Armeeforts zusammen.« Die Regierung bewaffnete die Krähen zwar nicht offiziell, aber sie nahm in den Kriegszügen gegen die Sioux, Blackfeets und Nez

Crazy Horse, einziges existierendes Foto

Crow-Krieger kehren 1878 nach einem Pferdediebstahl heim. Bei den Indianern galt Pferde-»Diebstahl« nicht als ein Verbrechen, sondern das »Erbeuten« von Pferden war eine Tat, deren sich jeder Krieger rühmen konnte

Percé gerne die Hilfe der zahlreichen Krähen-Scouts in Anspruch und war deren Wünschen nach guter Bewaffnung gegenüber sehr aufgeschlossen. Unter ihrem Häuptling »Plenty-coups« (»Aleek-chea-ahoosh« = »viele Heldentaten«) dienten sie offiziell als Scouts der Armee und unterrichteten die US-Heeresführung stets über bevorstehende Sioux- und Cheyenne-Angriffe, so z. B. vor dem Hayfield Fight 1867, der Schlacht am Rosebud 1876 und am Little Big Horn 1876.

Cumumbah Indianergruppe, die zwischen dem Großen Salzsee und dem Ogden-Valley in Utah lebte und angeblich eine Mischung aus Utes und Shoshonen war.

Custer George Armstrong. Obwohl in zahllosen amerikan. Geschichtsbüchern so vermerkt und auch von der heutigen US-Armee »General« genannt, war Custer nie in seinem Leben ordentlicher General und auch nie ordentlicher Kommandeur des 7. Kavallerie-Regiments! Nach dem Kriege, als der größte Teil der Truppen demobilisiert wurde, erhielt er den Rang eines Kapitäns des 5. Kavallerie-Regiments. Er trat als Lieutenant Colonel (Oberstleutnant) dem 7. Kav.-Reg. in Fort Riley, Kansas, bei. Da gegen ihn einige Disziplinarverfahren abgewickelt worden waren, wurde er unter die Oberaufsicht von Major John W. Davidson, 2. Kav.-Reg., gestellt. Kommandeur des 7. Kav.-Reg. war Colonel Andrew J. Smith. Custer wurde erst am 26. 3. 1876 vom Major General Hancock, der das Prärie-Department »Missouri« befehligte, als Lieutenant Colonel zum »vorübergehenden« Kommandeur des 7. Kav.-Reg. ernannt, und

zwar laut Tagesbefehl »für die Dauer der Expedition gegen die Sioux-Stämme«. Custer hätte nach Beendigung dieses Feldzuges das Kommando wieder abgeben müssen, da er aber ein Disziplinarverfahren erwartete, das mit seiner völligen Kaltstellung als Offizier zu enden drohte, mißachtete er einen Befehl seines vorgesetzten Generals (Terry), sich bei Feindbefühlung sofort zurückzuziehen und Verstärkung abzuwarten, und griff am Little Big Horn die vereinte Streitmacht der Sioux-, Cheyenne- und Arapahoe-Stämme an, um in der denkwürdigen Schlacht vollkommen bis auf den letzten Mann aufgerieben zu werden.

Custer war als Oberstleutnant fast bis auf den Tag genau drei Monate Kommandeur des 7. Kav.-Reg., das bis zu dem Tage genau 120 Monate existiert hatte. 117 Monate lang wurde das Regiment von anderen Kommandeuren befehligt.

Custer Massaker Am 25. 6. 1876 um 12 Uhr mittags erreichte Lieutenant Colonel (Oberstleutnant) George Armstrong *Custer* mit seinen 4 Abt. des 7. Kav.-Reg. (1. Abt. Custer Bataillon, 2. Abt. Benteen Bataillon, 3. Abt. Reno Bataillon, 4. Abt. Pack Train) einen Hügelkamm zwischen den Tälern des Rosebud und Little Big Horn River in Montana. Es war die militärische Aufgabe dieser insg. 29 Offiziere und 637 Soldaten starken Truppe, eine gemeldete unbekannte Anzahl von Sioux, Arapahoes und Cheyennes zu lokalisieren und in die Enge zu treiben, bis nahe Verstärkungen von General Crook's Hauptstreitmacht herangeführt waren. Custer teilte sein

Regiment in drei Kampfgruppen auf (Custer, Benteen u. Reno) und geriet mit seiner Kampfgruppe auf einem Hügel in eine Falle. Die Schlacht vom 25/26. 6. 1876, in der Custer's Kampfgruppe (214 Soldaten und 11 Offiziere, Quelle: Capt. E. S. Luce in »Keogh, Commanche and Custer«) von mehr als 3 000 Indianern angegriffen wurde, dauerte von 16.40 Uhr bis 17.35 Uhr. Danach war das gesamte Custer-Kommando tot. Die Gesamtverluste des 7. Kav.-Reg. betrugen an diesem Tage 246 Soldaten und Offiziere.

D

Dakota (Santee-Dialektwort = Verbündete), wichtigste Gruppe der machtvollen Sioux-Sprachfamilie.

Deadoses kleiner Stamm, der 150 Meilen von der Küste entfernt flußaufwärts am Brazos River in Texas lebte und 1777—1778 von einer Blatternepidemie vollständig ausgerottet wurde.

Decke (engl.: Blanket), Indianerdecken wurden aus Schafwolle, aber auch aus Wollhaaren 'des Bisons und anderer Tiere gewebt. Indianer gebrauchten sie als Bett, Überzug, Türvorhang, Unterteilung, Sonnenschutz, Satteldecke, Tragbeutel, Vorratsbehälter, Kindertrage, Mantelumhang; zusammengerollt als Sitzbank, Kopfkissen, Sargbehälter, Tragbahre, Schleppbahre, Segel für Kanus etc. Viele Decken enthielten Mustersymbole und Ornamente, die eingewebt, aber auch aufgemalt sein konnten. 1831 wurde in Buffalo, New York, eine Deckenfabrik eröffnet, die die im Westen berühmten *Mackinaw-Decken* herstellten, die als begehrteste Tauschhandelsobjekte der späten Pelzära galten. Indianer, die sich in Reservationen gegen Kleidung sträubten, nannte man »*Blanket*«-*Indianer* (Decken-Indianer). Bekannt wurden vor allem die Decken der Navahos.

Dekanawida Irokesenprophet und Staatsmann, Mitbegründer der Konföderation der »Fünf Nationen«.

Delawaren (Name nach Lord de la Warre), Algonkinstamm, der sich selbst *Lenape* = Wir, das Volk, nannte. Als Untertanen der mächtigen Irokesen bewohnten sie bis 1770 ein Gebiet innerhalb der jetzigen Staaten New Jersey, Ostpennsylvania und Delaware. Um 1770 zogen sie nach Miami, Florida, und siedelten sich später in Missouri und Ontario an. Die Masse ließ sich 1867 in Oklahoma nieder, wo sie seither in der Wichita-Reservation lebt. Delawaren dienten in den Indianerkriegen nach dem Bürgerkrieg vielen Generalen der US-Armee als loyale Scouts.

Delawaren-Städte: Beavertown, Coshocton, Eriwouec, Frankstown, Greentown, Jacobs Cabins, Jeromestown, Katamoonchink, Kaunaughton, Killbuck Town, Kiskiminetas, Lawokla, Macocks, Mahoning, Meniolagomeka, Mosilian, Neskopeck, Newcomer, Pakataghkon, Passayonk, Playwickey, Pohkopophunk, Punxsutawny, Salem, Salt Lick, Sapohanikan, Sawcunk, Shackamaxon, White Woman's Town.

Des Chutes →Palouse, →Wallawalla.

Destchin-Apachen eine Gruppe der Fort-Apachen um 1881.

Didzeh Navaho-Wort für Wildpflaume. Die Wurzeln wurden zur Herstellung eines stark roten Farbstoffs verwendet.

Dieguenjo nannte man alle Indianer, die in der Umgebung von Diego, Kalifornien, lebten.

Digger-Indianer zuerst nannte man einen kleinen Unterstamm der Paiutes so, weil sie von Wurzeln und Engerlingen lebten. Allmählich aber bezeichnete man alle Stämme und Gruppen als D. (Ausgräber), deren Hauptnahrungsmittel Wurzeln waren. Gemeint waren zahlreiche westliche Stämme von Kalifornien bis Idaho.

Digger-Stämme →Digger-Indianer.

Ditsakana (Yampawurzel-Esser), Unterstamm der Yamparika-Comanchen. D. ist die Wurzel der Yampa.

Dogi eine um 1670 ausgerottete Stammesgruppe von Indianern, die in der Piedmont-Region, Virginia, lebte.

Dog Soldiers (dt.: Hundesoldaten), franz. Trapper (sog. Voyageurs), die zum ersten Male mit den Cheyennes in Berührung kamen, nannten diesen Indianerstamm wegen seiner Vorliebe, Hunde zu essen, »chiennes« (franz.: chien = Hund). Die ersten engl. Trapper übersetzten dieses franz. Wort einfach in D. S.

Donnervogel (engl.: Thunderbird), indianisches Fabelwesen, das den Donner und Blitz macht und im Kampf mit einer fliegenden Riesenschlange die Stürme erzeugt.

Ds'ah Navaho-Wort für Basin-Sagebrush, der als Heilmittel und zur Herstellung eines hellgrünen Farbstoffs benutzt wird.

Dweller Among Leaves ein Stamm der Sioux-Sprachfamilie.

Eastman Charles Alexander, Santee-Dakota Indianer, bekannter Arzt, der für das BIA tätig war und einige Bücher über sein Volk schrieb (Indian Boyhood, Red Hunters, The Animal People).

Einbaum →Kanu.

Einreiten, indianisches (engl.: indian gentled). Ein indianisch eingerittenes Pferd stand bei den Cowboys im höchsten Kurs, weil durch diese sanfte Dressur der starke Geist und Charakter eines Pferdes ungebrochen geblieben war im Gegensatz zur allg. üblichen harten Dressur, die dem Pferd charakterlich »das Rückgrat bricht« und es in eine solche Abhängigkeit vom Menschen brachte, daß seine natürlichen Instinkte allmählich verkümmerten. Ein indian. eingerittenes Pferd witterte Wasservorkommen auf viele Meilen, bemerkte Präriebrände lange vor dem Reiter, erkannte frühzeitig heraufziehende Stürme. Es wußte genau, wann es keinen Laut von sich geben durfte, um den Reiter nicht zu gefährden, und es hatte eine Vielzahl von Instinkten und Eigenschaften, die ein hart eingebrochenes Pferd nicht mehr besitzt.

Einsamer Wolf (engl.: Lone Wolf), Häuptling der Kiowas, unversönlicher Feind der Amerikaner, auch Regenmacher seines Stammes; Anführer zahlreicher Überfälle in Texas und Oklahoma, wurde 1875 in die Verbannung nach Fort Marion, Florida, geschickt, 1879, kurz nach seiner Rückkehr in die Oklahoma-Reservation, starb er an den Entbehrungen, die er in der Verbannung erlitt.

Elkhorn-Bogen →Bogen.

El Morro prähistorisches Pueblo auf der El Morro Felsmesa (auch »Inscription Rock« = *Inschrift-Felsen*), 35 Meilen östlich von Zuni in New Mexico, 1605 erstmalig von Juan de Onate besucht.

Emistesigo Sachem der Oberen Creeks, der die Briten in Georgia bekämpfte, eine große britische Armee angriff, sich ihrer Kanone bemächtigte und diese gegen die Briten selbst einsetzte. Er fiel in dieser Schlacht mit 17 seiner Krieger im Alter von 30 Jahren.

Enmegahbowh Methodisten-Indianerpriester, geborener Ottawa, wurde als Kind von den Chippewas aufgenommen und erzogen. Seine Bildung erhielt er in der Methodisten-Missionsschule in Jacksonville, Illinois, wo er die Priesterwürde und den Namen *Reverend John Johnson* erhielt. Er begründete die erste Indianer Missionsschule in Gull Lake, Minnesota, 1873.

Erdhütte (engl.: Earth Lodge), Behausungen zahlreicher Stämme, hauptsächlich der Pawnee, Omaha, Ponca und Osage. Der Grundriß war rund mit einem Durchmesser von ca. 10—20 Metern. Eine kreisrunde Grube von etwa 1—1,2 m Tiefe wurde am Rand mit überragenden Baumstämmen umgeben, ein etwa 3 Meter hoher Kamin aus Baumstämmen in der Mitte gebaut, Querbalken als Dachkonstruktion aufgelegt und miteinander verflochten. Sodann dichtete man Dach und die aus dem Boden herausragende Außenkonstruktion mit Grassoden ab und überdeckte das Ganze mit Erde. Jede Erdhütte besaß einen — zumeist nach Osten gerichteten — dielenartigen Vorraumeingang, der mit Häuten verhängt wurde. Der Innenraum wurde häufig, wenn mehrere Familien das Haus bewohnten, mit Wandgestellen aus Ästen und Häuten abgeteilt.

Erie (irokesisch: Langschwänzige), Irokesenstamm, der in Dörfern auf der Südseite des Eriesees wohnte, den Beitritt zum berühmten Irokesen-Bund der 6 Nationen verweigerte und deshalb (von den Franzosen »Neutrale« genannt) von den 6 Irokesennationen bis auf den letzten Mann ausgerottet wurde.

Eskimos (indian., »Rohfleischesser«), eigener Name *Inuit* (»Menschen«), mongolides Polarvolk von der asiat. Tschuktschenhalbinsel über Alaska entlang der kanad. Eismeerküste bis nach Grönland; Untergruppen: *Guit* oder *Asiat. E., Pazifik-E., Alaska-E., Mackenzie-E., Kupfer-E.* (Victoria Island, Coronationgolf), *Netsilik-E.* (Adelaidehalbinsel), *Karibu-E.* (westl. der Hudsonbai), *Iglulik-E.* (Hudsonbai), *Baffinland-E., Labrador-E., Polar-E.* (Nordwestgrönland) u. *Grönländer.* Sie lebten nomadisch in Jagdhorden vom Fang wilder Rentiere (Karibu), der Seesäugetiere (Jagd am Atemloch) u. von Fischen. Pfeil u. Bogen, Speer, Harpune u. Speerschleuder waren Jagdwaffen. Männer u. Frauen trugen zweckmäßige Jacken, Hosen u. Stiefel aus Pelzen. Lederzelte im Sommer, Erd- oder auch Schneehäuser *(Iglu)* im Winter dienten als Wohnung (von Tranlampen erhellt u. erwärmt), Hundeschlitten u. große Fellboote *(Umaik)* zum Transport, *Kajaks* zur Jagd.

Esquipomgole Algonkin-Wort für die →*Kinnikinnik* genannte Mischung aus Tabak und Rinde.

Etchareottin Stamm der Athapaskischen Sprachgruppe, der am Großen Sklavensee und in den Rocky Mountains lebte und von den Crees *Awokanak* genannt wurde; sie raubten von diesen viele Gefangene und machten sie zu Sklaven. Von den Crees übernahmen die Franzosen die Bezeichnung »Sklaven« und benannten hiernach Stamm und See.

Ettchaottin (= Leute, die in entgegengesetzter Weise handeln), Stamm der Nahanes, der entlang des Francis-Sees in British Columbia lebte und wegen seiner aggressiven Kriegsbräuche gefürchtet war.

Eulachon Chinook-Wort für den sog. »Kerzenfisch« (engl.: Candle Fish), der entlang der Nordwestküste wegen seines Fett- und Ölgehalts gefangen wurde.

Exkinoya →Blackfeet.

Eyeish →Caddo.

Einsamer Wolf

Fackeljagd Jagdmethode zur Nachtzeit von einem Kanu aus. 2 Jäger fahren dicht am Ufer entlang geräuschlos flußabwärts. Am Bug des Boots ist eine brennende Fackel befestigt, deren Schein mit einer Matte gegen den knienden Schützen abgeschirmt ist. Die geblendeten Tiere kann der Schütze leicht erlegen.

Farmer's Brother Seneca-Sachem, *1719, †1814; oft zusammen mit →*Red Jacket* genannt. Er nahm in den Kämpfen bei St. George, New York, im Alter von über 80 Jahren teil und versuchte stets zu friedlichen Vereinbarungen mit den Weißen zu kommen.

Das Innere einer Mandan-Häuptlingshütte

Fasten stark reduzierte Nahrungs- und Flüssigkeitsaufnahme während einer bestimmten Zeit war für die Indianer von großer Bedeutung; so gab es zum Beispiel während der Pubertät oder vor bestimmten Kriegshandlungen ausgedehnte Fastenperioden. Die Fastenzeiten und ausgedehntes Hungern »reinigten Geist und Körper«. Es wurde aber auch gefastet um Vorräte zu sparen. Bei vielen Erkrankungen, z. B. Fieber, unterwarfen sich die Betroffenen entweder absolutem Fasten, oder einer sehr strengen Diät.

Fest der Toten ein von den Huronen alle 12 Jahre begangenes Fest, zu dem man die seit dem letzten Fest bestatteten Toten von den Bestattungsgestellen nahm, die Gebeine in Säcke lud und zu einer bestimmten Bestattungsgrube, oft weit von Dörfern entfernt, trug. Bei Feuerlicht wurden über die Gebeine Maiskörner und Geschenke gestreut und Pelzhäute ausgebreitet.

Feuerjagd in den Plains übliche Treibjagdart. Man zündete in einem weiten Halbkreis, je nach Windrichtung — und möglichst kurz bevor Regen zu erwarten war, was der Medizinmann bestimmte — das Präriegras an; das fliehende Wild konnte leicht aus nächster Nähe an den feuerfreien Fluchtwegen abgeschossen werden.

Feuervolk →Potawatomi.

Flach-Bogen →Bogen.

Flandreau-Indianer eine kleine Gruppe, die sich von den Santee-Sioux abspaltete und in Nebraska niederließ.

Flatheads (dt.: Flachköpfe). Die Definition, daß diese Indianer sich durch harte Bandagen im Säuglingsalter die Köpfe abflachten, trifft auf die Flatheads (eigener Name: *Salish* = Vergessenes Volk) nicht zu. Sie sind ein Volksstamm im nordwestl. Felsengebirgsgebiet der USA, der von allen Historikern überschwenglich als »intelligent, extrem sauber, gastfreundlich, friedfertig, von edler Gesinnung, Lügen verabscheuend, treu und aufrecht« geschildert wird, und der mit den Nationen der *Kalispells* (franz.: Pendants d'Oreilles = Ohrringvolk) und *Coeur d'Alênes* (dt.: geiziges Herz), die sich selbst *Skitswish* nannten, der großen Sprachfamilie der »Salish« des Nordwestens Amerikas angehörte. In Sprache und Sitten sind die Flatheads eng mit den anderen Stämmen der Salishfamilie des Rocky Mountain Plateau und mit den zahlreichen Stämmen der Nordwestküste verwandt. Alle 3 Stämme sind schon 1830 von Jesuiten-Missionaren zum Christentum bekehrt worden. Über die instinktlose falsche Beurteilung einer komplizierten Lage durch US-amerikanische Militärbehörden kam es 1858 zu einem Aufstand der Yakimas und Spokanes, an dem sich die Flatheads, Coeur d'Alênes und Kalispells mit halber Kraft und halbem Herzen beteiligten. 1859 wurde ein akzeptabler Frieden geschlossen, an den sich die Flatheads auch hielten, als wenig später die großen Vernichtungsfeldzüge der US-Armee gegen die Nez-Percé und Sioux unternommen wurden, und die bedrohten Nach-

Flathead-Häuptling

barstämme sie um Unterstützung baten. »Wir haben das Kriegsbeil begraben«, sagte ein Flathead-Häuptling, »und wir sind gewöhnt, unser Wort zu halten«. Dieser Bescheid war knapp, ließ an Deutlichkeit aber nichts zu wünschen übrig.

Flußindianer   →Mahican.

Foke-Luste-Hajo *Black Dirt* (dt.: Schwarzer-rauher-Dreck), Seminolen-Sachem, gehörte zu den 7 Seminolen-Sachems, die die USA einluden, sich das Land anzusehen, das man für sie vorgesehen hatte. Er war gegen Kampfhandlungen u. floh bei Kriegsausbruch mit 450 Menschen nach Fort Brook u. versuchte, die Kämpfe diplomatisch zu beenden.

Fort Ancient   (dt. etwa: Fort Uralt), ein berühmtes Indianer-Fort im heutigen Warren County, Ohio, das sich über 6 240 m entlang des Little Miami Rivers erstreckte und zwischen 2 und 6 Meter hoch war.

Francisco   Häuptling der Yumas; als Apachen in Gila Bend die Kinder der Familie Royse Oatman, Olive und Mary, geraubt und sie als Sklaven an die Mohaves verkauft hatten, erbot sich Francisco, der gerade in Fort Yuma war, als eine amerikanische Suchgruppe eintraf, die Kinder von den Mohaves zu befreien. Es gelang ihm tatsächlich, die Mohaves zur Herausgabe von Olive Oatman zu überreden (Mary war inzwischen gestorben) und so einen Ausrottungskrieg der Amerikaner gegen die Yumas und Mohaves zu verhindern. Man machte ihn deshalb zum Häuptling. Kurze Zeit danach wurde er in einem Kampf getötet.

Friedenshütten   Dorf christianisierter Indianer am Susquehanna River in Pennsylvania.

Friedenspfeife   *Calumet*, die heilige Tabakspfeife der Indianer am oberen Mississippi, mit einem Pfeifenkopf aus dem Mineral *Catlinit* u. langem verziertem Rohr, geschmückt mit bunten Federn (rot für den Krieg, weiß für den Frieden); sie diente als Ausweis für Gesandte, als Schmuck bei Kulthandlungen u. -tänzen u. ging bei Friedensverhandlungen in der Runde reihum.

Fünf Indianische Kantone   →Irokesen-Bund.

Fünf Nationen-Bund   →Irokesen-Bund.

G

Gabrieleno   Untergruppe der Shoshonen, die in der Gegend von Los Angeles siedelten und ihren Namen von spanischen Missionaren erhalten haben.

Gad   (»bididze'doo bilatxahi bileeshch'iih bixtoo«), Navaho-Farbbeize aus der Asche von Wacholderbüschen. Nur die grünen Nadeln wurden in Pfannen solange erhitzt, bis sie zu Asche zerfielen. Gemischt mit Wasser und dann filtriert ergab die Flüssigkeit eine orange-braune Farbbeize.

Galena   kubisch-kristallines Bleierz, das die Indianer in Illinois und Missouri bei Zeremonien verwendeten.

Gall   Hunkpapa-Siouxhäuptling, *1840, †5. 12. 1894; wird von manchen Historikern als der »imposanteste Siouxhäuptling« bezeichnet. Er war einer der Anführer des Custer Massakers am Little Big Horn, 1876. 1889 wurde er Oberrichter des Indianergerichts der Standing Rock Reservation. Am 5. 12. 1894 starb er an den Folgen schwerer Verletzungen, die ihm US-Soldaten mit Bayonetten beigebracht hatten, als sie ihn verhaften wollten. G. war ein unversöhnlicher Gegner der Weißen: »Man kann nicht geld-, macht- und geltungsgierig und gleichzeitig ehrenhaft und anständig sein. Die Weißen sind ein übles Volk.«

Gambels Oak   die Rinde dieser Eichenart verwendeten die Navahos zur Herstellung eines braunen Farbstoffs.

Ganahadi   Unterstamm der *Tlingit* in British Columbia.

Garakonthie   Häuptling der Onondaga, †1676.

Gärung   Vergärung von pflanzlichen Produkten zur Herstellung berauschender Getränke war bei den Indianern verhältnismäßig selten. Das *Tiswin* der Apachen, wahrscheinlich aber nicht von ihnen entdeckt und eingeführt, sondern von anderen Südwest-Stämmen übernommen, ist ein Beispiel: Mais wird in Wasser gelegt, bis die Körner sprießen, anschließend getrocknet und gemahlen, dann wieder mit Wasser bedeckt und an einer warmen Stelle aufbewahrt, bis der Gärungsprozeß beendet war. Hieraus ergab sich eine Art Bier mit geringem Alkoholgehalt. Die Zuni kauten Maismehl und behielten es eine Stunde lang im Mund, Speichel und Mehl entwickelten hierbei eine hefeartige Mischung, die man als Treibmittel für Brotteig verwendete. Mit Salz und Lehm vermischt bewahrten sie es monatelang auf.

Gaspesien   Untergruppe der Micmac-Indianer der Gaspé Bay am St. Lawrence Golf, auch *Micmacs von Gaspé* genannt.

Gawunena   kleine Gruppe der Arapahoes.

Geheimgesellschaften   →Waldkulturen.

Geistertanz-Bewegung   (engl.: Ghost Dance Movement), religiöse, beschwörende Bewegung, die — um 1888 von dem Paiute Wovoka begründet — sehr rasch alle Plainsstämme erfaßte. Im westlichen Nevada behauptete der Paiute-Prophet, daß er der von Gott gesandte Messias der Indianer Nordamerikas sei. Seine Botschaft beinhaltet folgendes: »Der Tag ist nah, an dem es kein Elend und keine Krankheit mehr gibt. Die Toten werden aus der Geisterwelt zurückkehren und alle Indianer werden in einem Glück vereinigt sein, das keinen

Tod mehr kennt. Die Erde wird erneuert werden, alle Weißen werden verschwunden sein, Bisons und Mustangs, Antilopen und Biber werden zurückkehren und Erdbeben werden den Tag der Erneuerung ankündigen. Ihr müßt euch der Erneuerung würdig erweisen, fügt niemanden Verletzungen zu, handelt gerecht, seid ehrenhaft und lebt mit den Weißen in Frieden, denn Gott allein wird bestrafen und beschenken. Der Tag ist nahe, er wird in einem Frühling kommen. Deshalb sollt ihr den Tanz des Geistes auf Erden tanzen, den heiligen Tanz, den Gott Christus geboten hat, Christus, der als Indianer erschienen ist, wie er vor vielen Jahren als Weißer erschien. Aber die Weißen richten den Menschen und die Erde zugrunde. Gott zürnt mit seinen weißen Kindern und wendet sich jetzt den roten Kindern zu, damit sie seinen Willen erfüllen.« Soweit das seherische Bekenntnis des Sioux-Apostels der Geistertanz-Bewegung Tatanka-Ptecila (Kleiner Bulle). Der Paiute-Messias Wovoko, der »mit Gott gesprochen« hatte, ernannte 11 Apostel verschiedener Stämme, die die »frohe Botschaft und den Ritus des Tanzes mit seinem Gesang« in ihren Stämmen verkünden und in jedem Stamm 7 Priester ernennen sollten. Im Nordwesten war es der Apostel *Smohalla*, am Pudget Sound *John Slocum*, bei den Cheyennes *Porcupine*, bei den Crows *Sword-Bearer* und bei den Sioux war es *Kicking Bear*, der unter anderen Sitting Bull und Short Bull zu Priestern ernannte. Zu einer Zeit, da Bisons und Mustangs, Biber und Wild ausgerottet schienen, da alle ehedem starken Plainsstämme dezimiert in den Reservationen dem Untergang entgegendämmerten, da sie hungerten und tatenlos auf die Gnade der US-Regierung angewiesen waren, verbreitete sich die religiöse Kunde wie eine Feuersbrunst unter den Stämmen des Westens. Viele warfen ihre Waffen und alle Gegenstände aus Metall weg und tanzten sich fanatisch in jenen Trancezustand, in dem sie glaubten, die Welt der Lebenden mit der der Verstorbenen vereinigen zu können. Die Tänzer bewegten sich mit ergriffenen Händen und langsamen Schritten im Kreise und sangen

Gall

unter rhythmischen Schwingungen des Körpers den Gesang des Geistertanzes, während ein Tänzer nach dem anderen aus dem Ring der Tanzenden herausstolperte und in Trance zu Boden fiel. Was der solcherart Betroffene in der »Zwischenwelt« erlebt hatte, besang er in Halbtrance innerhalb des Kreises der unentwegt Tanzenden.

Der Gesang des Geistertanz-Zyklus war in der Bedeutung überall gleich, wurde aber — natürlich — in den jeweiligen Stammessprachen gesungen. Er ist durch den Sioux-Zyklus erhalten und lautet:

Wana'gi Wacipi Olowan (gesungen von Tatanka-Ptecila)

Ateyapi kin	Und so sagte der Vater,
Maka owancaya	Ich gebiete nun,
Lowan nisipe-lo	allen auf Erden zu singen,
Heya-po	jetzt zu singen,
Oyakao-he!	so hat er gesprochen!
Oyakapo-he!	Und verbreitet die Botschaft!
Ina, hekuye!	Mutter, komme zurück,
Ina, hekuye!	Mutter, komme zurück,
Misunkala ceya-ya omani,	Kleiner Bruder weint, wenn er dich sucht,
Misunkala ceya-ya omani,	Kleiner Bruder weint, wenn er dich sucht,
Ina, hekuye,	Mutter, komme zurück,
Ina, hekuye!	Mutter, komme zurück!
Ate heye-lo,	sagte der Vater,
Ate heye-lo!	sagte der Vater!
He, he, wanna wawate,	He, he, fröhlich wollen wir jetzt feiern,
He, he, wanna wawate,	He, he, fröhlich wollen wir jetzt feiern,
Wasna watinkte,	und Pemmikan essen,
Wasna watinkte!	und Pemmikan essen!

Als der Geistertanz 1890 am Grand River im Oktober begann, erschreckte eine dramatische Geste *Sitting Bulls* den Sioux-Indianeragenten McLaughlin. Der große Sioux-Seher zerbrach eine Friedenspfeife, die er 9 Jahre lang bewahrt hatte. Als ihn McLaughlin fragte, warum er das getan habe, soll Sitting Bull geantwortet haben: »Ich möchte sterben! Ich möchte kämpfen!«

Die Amerikaner, die sich nicht der Mühe unterzogen, die Beweggründe der Geistertanz-Bewegung zu verstehen, handelten in Angstreaktionen, wie sie es Indianern immer gegenüber getan hatten — immerhin befanden sich mehr als 25 000 Sioux in Reservationen. Bei der Verhaftung der Geistertänzer wurde Sitting Bull am 15. 12. 1890 erschossen. Die Geistertänzer flüchteten in die Bad Lands, wo eine Gruppe unter *Big Foot* am *Wounded Knee Creek* mit Hotchkiss Schnellfeuerkanonen vernichtet wurde. Nach diesem Massaker wurde der Geistertanz von der US-Regierung verboten. Er wird aber seitdem dennoch — allerdings mit rein spritueller Bedeutung — von manchen Stämmen fortgeführt.

Gelelemend (= Anführer), auch: *Killbuck*, christlicher Taufname: *William Henry*, weißenfreundlicher Delawaren-Sachem, der 1782 von einer Bande Weißer angegrif-

Geronimo (links), Chihuahua, Nana, Chief Loco, Ulzana; in der Verbannung in Florida (Fort Pickens), nach 1886

fen wurde. Seine kleine Stammesgruppe wurde — bis auf ihn selbst — getötet. Er schloß sich später den *Moravian Indianern*, christlich getaufte Indianer Pennsylvanias, an und starb im Januar 1811.

Genega's Band (= Tänzer-Gruppe), kleine Untergruppe der Paviotsos im westlichen Nevada.

Gens de la Mer (dt. etwa: Völker des Meeres), diese Bezeichnung gaben die Franzosen den Algonkinstämmen, die an der Hudson Bay in Kanada lebten.

Geronimo (»Heeh-rooh-nee-moh«), Chiricahua-Apachen-Anführer (auch eine Art Medizinmann), *1829, †17. 2. 1909; widersetzte sich immer wieder der US-Reservationspolitik und flüchtete mit Gruppen von Chiricahuas in die Berge. Von hier aus terrorisierte er die amerikanischen und mexikanischen Siedlungen, verübte zahllose Überfälle, und zwang der US-Armee den längsten und fruchtlosesten Feldzug ihrer Geschichte auf. Als er am 4. 9. 1886 mit 36 Apachen kapitulierte, hatten ihn jahrelang mehr als 5 000 Soldaten gejagt. Er wurde nach Fort Pickens, Florida in die Verbannung geschickt, dann nach Fort Marion, Alabama, schließlich nach Oklahoma, wo er 1903 zum Christentum konvertierte. 1905 war er ein Mitglied der Inaugurationsparade für Präsident Theodore Roosevelt. Er starb an Lungenentzündung und wurde auf dem Friedhof von Fort Sill bestattet.

Gesellschaft der Gesichter →Waldkulturen.

Getötete Töpfe (engl.: Killed Pottery), Töpfereiwaren, die während der Begräbnis-Zeremonien zerbrochen wurden, weil man glaubte, daß zerbrochene Gebrauchsgegenstände des Toten seine Seele aus dem Körper befreien würden.

Gift →Pfeilgift.

Gila-Apachen *Gilenjos,* Untergruppe der westl. Apachen in Arizona, die am Gila River ansässig waren und 1854 von Dr. Michael Steck für den Ackerbau gewonnen wurden. 1862 nach Beginn des Bürgerkrieges nahmen die Gilas teil an den Überfällen auf Siedlungen, weil die US-Armee ihre Fortbesatzungen zurückgezogen, und die Überland-Post ihren Dienst eingestellt hatte. Im Verein mit Pimas und Marikopas kämpften die »Arizona-Volunteers« die Gilas nieder; seitdem versanken sie in Bedeutungslosigkeit.

Gilenjos →Gila-Apachen.

Gileno-Apachen →Apachen, →Navahos.

Gimiels Untergruppe der Yumas, die im nördlichen Teil des südlichen Kalifornien lebte.

Glaglahhecha (= Die Schlampigen), Untergruppe der Sihasapa-Teton-Sioux; so wurden auch die Miniconjou-Teton-Sioux genannt.

Glasperlen unbekannt bei den Indianern Nordamerikas. Sie wurden erst von den Weißen eingeführt und von den Indianern zu ihrer berühmten Perlenstickerei benutzt; auch →Wampum.

Glikhikan berühmter Delawarenkrieger, der 1769 in einem Streitgespräch mit Moravier-Missionaren und christianisierten, seßhaften Delawaren versuchte, die »abtrünnigen Stammesmitglieder« zurückzugewinnen, um sie wieder der Delawaren-Konföderation zuzuführen. Das Streitgespräch endete mit seiner Taufe! Er gehörte zu den friedfertigen christlichen, unbewaffneten Delawaren, die am 8. 3. 1782 auf bestialische Weise von amerikanischen Kolonisten abgeschlachtet wurden.

Gnadenhütten Sammlung von Moravier-Missionen im Carbon County von Pennsylvania, in der eine große Anzahl friedlicher, christianisierter Indianer siedelten.

Gouverneur Joe (»Pa-l'm-No-Pa-She« = Fürchtet Langhaarige nicht), †1883; Häuptling der Osage-Indianergruppe, die sich *Big Hill Osage* nannten. Er trug deshalb auch den Namen *Big Hill Joe*. Hatte im Gegensatz zu allen anderen Prärieindianern das Haar kurzgeschoren; galt als erfahrener Satiriker mit »stacheliger Zunge« und legte Wert auf Frieden mit den USA.

Grand River Indians Irokesenstamm am Grand River in Ontario, Kanada.

Grand Saux Sammelbegriff für die Indianerstämme der Plains und Nord- und Süd-Dakotas.

Grattan-Massaker im Spätsommer 1854 wartete eine große Anzahl Krieger der Brulé-, Oglalla- und Minneconjou-Sioux bei Fort Laramie auf die Ausgabe der Jahresrationen, die sich aber so verzögerte, daß *Mah-to-I-o-wa* (Der Bär), Häuptling der Brulés, nach ergebnislosen Mahnungen einem vorüberziehenden Mormonentreck einen Ochsen abnahm, um sein Fleisch an seine hungernden Männer zu verteilen. Der Fortkommandant ließ Lieutenant Grattan mit 18 Soldaten und 2 Haubitzen ausrücken, um den Bruléhäuptling zu bestrafen. 8 Meilen vom Fort entfernt marschierte der Leutnant mit seinen Kanonen auf, forderte den Häuptling zur Kapitulation auf und ließ, als diese verweigert wurde, in das Brulé-Zeltdorf hineinschießen. Die Sioux, etwa 2 000 an der Zahl, erwiderten das Feuer; nur ein Soldat konnte schwerverwundet entkommen.

Grigras kleiner Stamm, der 1720 in der Natchez-Konföderation aufging.

Großer Lebensgeist →Waldkulturen.

Gros Ventres →Arapahoes, →Atsina.

Grün-Mais-Tanz →Busk.

Guess, George →Sequoyah.

Haanatlenok (»Bogenschützen«), Unterstamm der Kwakiutls.

Haartracht das Kopfhaar hatte für alle männlichen Indianer eine ähnlich wichtige Bedeutung wie die Genitalien, weshalb sie größten Wert auf ihre Haartrachten legten, die von Region zu Region verschieden waren. Die Pawnees (dt. etwa: Horn) scherten ihr Haupthaar kurz und ließen in der Mitte des Schädels einen langhaarigen Kamm stehen (oder eine Langhaarsäule = Skalplocke), den sie so stark fetteten, daß er Ähnlichkeit mit einem steifen Horn hatte. Viele Oststämme hatten ähnliche Haartrachten. Die Dakotas scheitelten ihr Haar in der Mitte, flochten es zu Zöpfen, die sie mit Haut- oder textilen Verzierungen versahen. Die Nordweststämme, wie z. B. die Nez Percé trugen ihr Haar ungescheitelt lang und locker herabhängend. Im Südwesten trugen viele Indianer das Haar mit kurz gestutztem Stirnhaar und gebundenem Pferdeschwanz. Hopifrauen trugen das Haar in Schnecke über einem Ohr, was die *Squash-Blüte* symbolisierte (Symbol der Unberührtheit) bis sie verheiratet waren. Als Verheiratete trugen sie es in zahlreichen Zöpfen. Das Haar wuschen sie mit Seife aus der Yuccawurzel.

Haida Völkerschaften der Nordwestküste bei den Queen Charlotte Islands von British Columbia; auch auf Völkergruppen angewendet, die sich der Haidasprache bedienten; sprachlich verwandt mit den *Tlingit* und *Tsimshia*. Sie waren bekannt als Holzschnitzer, Boots-, Holzhaus- und Totempfahlbauer.

Haiglar Oberhäuptling und Sachem der *Catawba*-Indianer von Süd-Carolina, von den Briten *King Haiglar* genannt, der 1759 im Krieg der Engländer gegen die Cherokees seine Hilfe den Engländern anbot und 1762 von den Shawnees getötet wurde.

Halsschlinge →Comanchen.

Häuptling bei Naturvölkern der anerkannte Führer einer Gemeinschaft (Lokalgruppe, Dorf, Stamm). Bei primitiven Jäger- u. Feldbauernstämmen bildet sich seine Stellung kraft seiner Persönlichkeit ohne besondere Autorität u. ohne Despotismus heraus. Bei höherstehenden Naturvölkern gilt der H. als Träger einer besonderen myst. Kraft. Zuweilen finden sich zwei H.e nebeneinander (Krieg—Frieden; weltlich—kultisch).

Hematit Eisenoxyderde, von den Indianern als »Rotokker«-Farbe verwendet.

Hendrick Sachem der Mohawks, von den Engländern *King Hendrick* genannt; kämpfte auf der Seite der Engländer gegen die Franzosen und wurde am 8. 9. 1755 in der Schlacht am Lake George, New York, getötet.

Herkunftsfarben die Hopis bemalten ihre →*Kachinas* mit bestimmten Farben, die ihre Herkunft indizieren; Rot bedeutete, daß der Kachina aus Süden oder Südosten kam, Gelb signalisierte die Herkunft aus Norden oder Nordwesten, Blaugrün aus Westen oder Südwesten, Weiß aus Osten der Nordosten, Schwarz wies auf die Unterwelt. Wenn alle Farben enthalten waren, so deutete dies auf die Geisterwelt.

Hiawatha erblicher Name und Titel der Führerschaft im *Schildkröten-Clan* der Mohawks; der erste H. lebte um 1570 und war einer der Mitbegründer der *Fünf Nationen-Konföderation* des Irokesen-Bunds. Er galt als großer Spötter und Reformer, und noch zu Lebzeiten rankten sich zahllose Legenden um ihn. Bei den Engländern machte ihn der Dichter Longfellow berühmt.

Hidatsa (»Weide«), Stamm der Sioux-Sprachfamilie, der in geschichtl. Zeit aus der Minnesota-Region (Teufelssee) zum oberen Missouri wanderte und sich dort eng an die ebenfalls der Siouxfamilie zugehörenden Mandans anschloß, die das Gebiet um die Mündung des Heart River in den Missouri bewohnten. Sie lebten in kuppelartigen Erdhäusern, fertigten Keramiken und waren hervorragende Maisbauern, die viele Sorten Mais kultivierten. Als 1837 fast der gesamte Stamm der

Mandans von einer Blatternepidemie dahingerafft wurde, schlossen sich die wenigen Überlebenden den Hidatsas an, die nach Ankunft der Weißen in die Prärie zogen
und berittene Büffeljäger wurden. Hier nahmen sie auf
der Seite der Sioux und Krähenindianer an den Indianerkriegen teil und wurden schließlich in die Fort Berthold
Reservation in Norddakota überführt. Im Jahr 1937 wurden in dieser Reservation noch insgesamt 731 indian.
Nachkommen vom Stamm der Hidatsa gezählt.

Hillis Hadjo Prophet und Häuptling der Seminolen in
Florida, der 1817 von den Amerikanern wegen seiner
Parteinahme für England umgebracht wurde.

Himatanohis →Bogensehnen-Männer.

Hishkowits bekannt auch als *Harvey Whiteshield*, Dolmetscher der südlichen Cheyennes, der ein Wörterbuch
der Cheyenne-Sprache verfaßte.

Hodénosaunee →Irokesen-Bund.

Hogan typische Navaho-Hütte. Sie besteht aus Bal-
ken-, Brettern- oder dicken Ästen-Rahmen, die mit Lehm
und Ton, auch mit Adobeziegeln, ausgefüllt sind. Der
H. hat einen kreisrunden Durchmesser und die Form
eines halbierten Eis.

Hominy *Homony*, Maisnahrung; aus gekochten und ge-
schälten Maiskernen, gemischt mit Fleisch oder Fisch.
Heute unter Indianer als *Hominy Grits (Maisschrot)*
bekannt.

Honetaparteen →Hunkpatina.

Hopnuts (= Hopfennüsse), auch: *Hopnis, Hobenis* (lat:
Orontium aquaticum), Sumpfpflanze, deren Wurzelab-
sud Algonkin und Irokesen als Desinfektionsmittel und
äußerliches Hautanregungsmittel verwendeten.

Hornotlimed (engl.: Old Red Stick = Alter Rotstock),
Häuptling im Seminolenkrieg von 1817.

Hunkpapa Unterstamm der Teton-Dakota-Indianer
(→Sioux), Glied der *Sieben Ratsfeuer*.

Hunkpatina eine Untergruppe der Yankton-Sioux in
South Dakota. Sie wurden 1804 von der Lewis u. Clark
Expedition besucht und danach *Honetaparteen* genannt.

Huronen *Huron, Wyandot*, Indianerstamm der *Irokesen;* ehem. Mais- u. Tabakpflanzer am St.-Lorenz-Strom,
1649 nach langjährigem Kampf vom *Irokesen-Bund* als
Stamm vernichtet. Die Überlebenden schlossen sich den
Algonkin in Michigan an u. wurden 1867 nach Oklahoma
umgesiedelt; Reste auch in Kanada (rund 1 500).
Huron-Städte waren: Cahiaque, Junqueindundeh, Ma-
guaga, Roundhead, Sandusky.

*Nez Percé-Häupt-
ling auf dem
Kriegspfad*

Iglakatekhila (»Die-sich-weigern-ihr-Lager-abzubrechen«), Untergruppe der Oglalla-Teton-Sioux.
Iglu halbkugeliges, aus Schneeblöcken errichtetes Schneehaus der Eskimos mit windgeschütztem Eingang unter einem Vorbau, erwärmt durch Tranlampen; bei Zentral- u. Labrador-Eskimos Winterwohnung, sonst Jagd- u. Reiseunterkunft.
Indianerkorn →Maize.
Indianer-Mais →Maize.
Indianersommer der Altweibersommer in Nordamerika.
Indianerzeitungen die erste gedruckte Zeitung in einer Indianersprache war der Cherokee Phoenix, erstmals in Cherokee- und englischer Sprache gedruckt am 21. 2. 1828. Am 1. 3. 1835 erschien als zweite Zeitung die Shawnee Sun, eine halbmonatlich erscheinende Zeitung in Shawneesprache.
Indianide nach der letzten Eiszeit Amerikas von Nordostasien nach Amerika eingewanderte *Mongolide* mit gelbl.-bräunl. Haut u. straffem, dunklem Haar, oft mit Mongolenfalte u. Mongolenfleck. In geograph. u. klimat. verschiedenen Gebieten variieren diese mehr oder weniger mongoliden Merkmale. E. von *Eickstedt* unterscheidet danach als Rassen, nach ihren Kerngebieten benannt, in N o r d a m e r i k a *Pazifide* (Nordwestküste Nordamerikas), *Zentralide* (Urbewohner Mittelamerikas), *Silvide* (nordamerikan. Wald- u. Prärie-I.) u. *Margide* (Kalifornien, Sonora, Florida), in S ü d a m e r i k a *Brasilide* (brasilian. Urwaldrasse), *Lagide* (Ostbrasilien, Feuerland), *Andide* (Hochlandrasse), *Patagonide* u. *Fuegide* (Feuerland). Die Silviden, Margiden, Brasiliden u. Lagiden werden als *Langkopfgruppe* zusammengefaßt, die anderen als *Kurzkopfgruppe*.
indianische Literatur Die Indianer kannten keine Schrift. So übernahm das Gedächtnis die Rolle des Bewahrens, durch das Wort wurde Erleben u. Erfahrung von Generation zu Generation weitergereicht. Nirgendwo lassen sich Spuren des asiatischen Erbes feststellen. Der geistige Besitz der Indianer bestand aus Mythen, Legenden, Märchen, Kultdramen u. Gesängen, die sich auch nach der Christianisierung unverfälscht erhalten haben. Die Mythen wurden zu besonderen Anlässen vorgetragen, Legenden u. Märchen betrachtete man als Geschenk u. als Eigentum einzelner Personen u. sie wurden nur von diesen oder ihren Erben vorgetragen. Immer wieder kommt in der Dichtung die Einheit von Erde, Pflanzen, Tieren zum Ausdruck. Alle Lebensbereiche der Indianer sind von Poesie tief durchdrungen. Nach dem Einbruch der Weißen kam mit der wirtschaftlichen Stagnation auch eine geistig-seelische Resignation. Erst 1934, als den Stämmen das Recht auf eigene Verfassung und Selbstverwaltung zugestanden wurde, in den Jahren der Befreiung und Besinnung also, fallen die Anfänge einer spezifisch-indianischen Literatur. Ist die Sprache auch das Englische, so zeigt die Dichtung durchwegs indianischen Geist. 1835 hat Black Hawk die Geschichte seines Lebens diktiert. Grundlegend wurde 1902

die »Indian Boyhood« des Sioux Charles Eastman. Autobiographie u. die Erzählung waren die Hauptgattungen der Literatur, die immer vergangenheitsorientiert war. Die Diktion ist einfach und klar. Bedeutsam war u. ist die historische Erzählung, auch der Roman spielt in den letzten Jahrzehnten eine immer größere Rolle (Mari Sandoz »Cheyenne Autumn«, Oliver La Farge »Laughing Boy«). Auch die Lyrik beginnt sich immer mehr zu entfalten. Sie entspricht am ehesten der Einstellung des Indianers.
Die Jagd stand im Mittelpunkt der kultischen Feste der Eskimos. Es bestand auch eine mündlich überlieferte ethische Tradition. Mythen, Heldensagen, Jagdgeschichten u. Reiseberichte waren sehr beliebt. Eine große Bedeutung kam auch den eskimoischen Zauberformeln zu. Eine wichtige Rolle im Leben der Eskimos spielten die Streitlieder, begleitet von Trommeln, übrigens die einzigen Musikinstrumente der Eskimos.
Erst die Dänen, die das lutherische Christentum nach Grönland brachten (1712), vermittelten den Eskimos eine eigene Schriftsprache. 1851 erschien S. »Grammatik der grönländischen Sprache«, 20 Jahre später existierte bereits ein grönländisch-dänisches Wörterbuch. Die von H. E. Rinks 1857 begründete Zeitschrift »Atpuagatdliutit« brachte auch alte und neue Erzählungen Grönlands. Rink gab 1874 auch eine Sammlung »Grönländische Erzählungen« heraus. Der wichtigste grönländische Schriftsteller ist Knud Rasmussen (1879—1933). Ihm ist die unschätzbare Sammlung zur eskimoischen Volkskunde u. -literatur zu verdanken. Auf Grönländisch schrieb er u. a. »Die äußersten Nordländer« (1910), »Rundfahrt durch die Länder der Eskimos« (1928). Seine »Mythen u. Sagen aus Grönland« (dänisch 1921—1925) hatten große Verbreitung. Matthias Storch verfaßte 1914 den utopischen Roman »Der Traum«, der eine Zukunftsvision bis ins Jahr 2105 entwirft. Zur Nationalhymne Grönlands wurde das Lied von Hendrik Lund (1875—1948) »Nunarput, utorqarssuangoravit« (Unser Land, so uralt du bist). In der Nachkriegszeit verfaßte Hans Lynge Dramen, die auf alteskimoisches Erzählgut zurückgreifen.
indianische Musik Die Indianer Kanadas, Nord-, Mittel- u. Südamerikas, von deren Musik wir aus Reiseberichten u. durch Beobachtung ihrer in Reservaten lebenden Nachkommen wissen, haben stark magisch u. kultisch gebundene Gesänge. Sie unterscheiden »gute« u. »schlechte« Musik, d. h. wirksame oder unwirksame Gesänge, die der *Schamane* zur Krankenheilung oder zum Regenmachen singt. Es gibt Jagd- u. Kriegslieder oder -tänze, Ernte-, Wiegen-, Hochzeits-, Initiations- u. Trauerlieder. Charakteristisch für die indian. Melodik ist der hohe, emphat. betonte Einsatz der Stimme u. der langsame, stufenweise Abfall der Melodielinie, bes. ausgeprägt bei nordamerikan. Indianern. Dem entspricht in der Dynamik große Lautstärke am Beginn, dann Entspannung u. bis zum Murmeln herabgehende Verringerung der Lautstärke. Solistisch vorgetragenen Liedern stehen im Unisono gesungene Chöre gegenüber. Die Tonleitern sind meist pentatonisch.
Die mexikan. Nachkommen der Azteken haben nur wenige oder gar keine Reste der alten Musik aufzuweisen.

Die ältesten Quellen der Volksmusik in Peru u. Bolivien scheinen bis ins 16. Jh. zurückzugehen, jedoch ist überall span. Einfluß festzustellen. Von der alten Inkamusik haben sich nur andeutungsweise archaische Elemente im Tanz- u. Liebeslied erhalten. Bei den Maya in Guatemala jedoch ist bes. im Instrumentarium u. in manchem alten Brauch, bei dem auch musiziert wird, die Tradition noch ungebrochen lebendig.

Die i. M. kennt mit wenigen, lokal beschränkten Ausnahmen (Musikbogen, mexikan. »Bettlerharfe« als europ. Import) keine Saiten-, sondern nur Perkussions- (Idiophone u. Membranophone) u. Blasinstrumente. Zu den Idiophonen der Indianer gehören die ehem. heiligen Rasseln (heute *maracas*), Schrapinstrumente, Tanzschmuck u. Tanzbaum, zu den Membranophonen bes. große Kesseltrommeln, runde Rahmentrommeln, später auch große zweifellige Trommeln, zu den Aerophonen Tuben aus einem ausgehöhlten Baumstamm, Rohr oder Ton, Schneckenhörner, Panflöten, Flöten aus Rohr oder Vogelknochen *(Kena),* Block- u. Gefäßflöten. Viele dieser Aerophone sind Tabuinstrumente. Sie finden sich vorwiegend in Süd- u. Mittelamerika, während die nordamerikan. Indianer ihre Gesänge u. Tänze mit Vorliebe durch Rassel- u. Trommelspiel begleiteten.

Die Musik der Indianer Nordamerikas ist die bekannteste Musik aller Naturvölker, da die Wissenschaftler hier die Möglichkeit hatten, sie an Ort u. Stelle in den indian. Reservaten leicht zu erforschen. Die Indianermusik Lateinamerikas ist stark mit Elementen der europ. Musik durchsetzt. Die Musik der kulturell noch am wenigsten beeinflußten Indianerstämme, vor allem in den Urwäldern Brasiliens, ist bisher kaum systemat. erforscht worden.

Indianismus *Indianismo,* eine Strömung in der iberoamerikan. Literatur, die Themen bevorzugt, bei denen Indianer eine Rolle spielen. Der I. im engeren Sinn beschreibt die Unterdrückung u. Ausbeutung des Indianers in Südamerika.

Indio (zu *Indien,* nach der irrigen Meinung des *Kolumbus),* span. u. portugies. Bezeichnung für den *Indianer* Lateinamerikas. Im Sprachgebrauch u. in der Statistik der lateinamerikan. Länder selbst wird der Begriff jedoch kulturell definiert: Alle noch im Status von Ureinwohnern befindl. Indianer u. Mischlinge (Mestizen, Caboclos, Ladinos) sind I.s; gebildete zählen zu den Weißen (Kreolen).

Inkpa Untergruppe der Wahepeton-Sioux am Big Stone Lake in Minnesota.

Inochuochn (dt.: Bären-Beere), Apachengruppe bei Fort Apache um ca. 1881.

Inschrift-Felsen →El Morro.

Iowa →Sioux-Sprachfamilie.

Irokesen-Bund das Wort *Irokesen* ist französischen Ursprungs (Iroquois, Hiroquois, Irocois, Yroquois, Yrocois), die Holländer nannten sie *Maquas* (Mackwaas, Mahakuase), die Delawaren *Mengwe,* Engländer und Schweden in der Delawarenregion *Mingos,* womit aber speziell die vom Irokesen-Bund abgesprengten Gruppen der *Senecas,* vornehmlich die *Susquehannocks* (auch *Conestoga)* bezeichnet wurden. Die Algonkin nannten die Irokesen gewöhnlich *Nadowa* (auch *Nottoway),* die Virgi-

niastämme bezeichneten sie als *Massawómekes* (auch *Massawomacs, Massawomecks).* Etwa zwischen 1559 und 1570 gründeten die Völker der *Seneca, Onondaga, Cayuga, Mohawk* und *Oneida* nach verlustreichen Kriegen mit den Algonkinstämmen eine Liga, die sie selbst *Hodénosaunee* (»Das Volk des langen Hauses«) nannten. Die Engländer der Kolonialära nannten die Vereinigung *Fünf Nationen-Bund* oder *Fünf Indianische Kantone* oder kurz nur die Konföderierten; als 1722 die *Tuscaroras* in den Bund aufgenommen wurden, nur noch *Die Sechs Nationen.* Die politische Organisation dieser Liga war eine Konföderation aus fünf Oligarchien (Herrschaften kleiner Gruppen), in der jede Nation ihre selbständige staatliche Einheit behielt, aber von einem Senat von insgesamt 50 Sachems (Onondaga: 14, Cayuga: 10, Mohawk: 9, Oneida: 9, Seneca: 8) regiert wurde, wobei allerdings bei endgültigen Beschlußfassungen jede Nation nur 1 Stimme besaß. Der präsidierende »Obersachem« wurde *Tadodáho* (»Er, dessen Haus den Pfad versperrt«) genannt. Der Senat vereinigte alle legislative und exekutive Macht im Bund, ihm stand eine Art Repräsentantenhaus, dessen Mitglieder sich aus rangniedrigeren Sachems der einzelnen Nationen zusammensetzte, beratend zur Seite, wobei auch Frauen-Abgeordnete Einfluß besaßen. Diese Institution des Irokesen-Bunds verhalf zu einer dominierenden Stellung gegenüber den Nachbarn und den Kolonialmächten. So wie das System, in dem Männer hauptentscheidend waren, die Macht nach Außen sicherte, so sicherte das auf Mutterfolge und Mutterrecht begründete Clansystem, der überwiegende Einfluß der Frauen im sozialen Bereich, Bestand und andauernde Blüte des Irokesenstaates. Die Kinder folgten dem Totem der Mütter, Erben des Mannes waren die Kinder seiner ältesten Schwester. Der Besitz der Familie verblieb im Eigentum der Frau, und besonders im kommunalen Bereich waren die Frauen führend. Dieses Gleichgewicht der Machtverteilung zwischen den Geschlechtern führte zu einer außerordentlich stabilen inneren Harmonie. Insgesamt 12 Clans waren in allen Bundesnationen vertreten. Jedes Clanmitglied einer Nation betrachtete sich als blutsverwandt mit dem des gleichen Clans in einer anderen Nation. Heiraten und Geschlechtsverkehr innerhalb eines Clans war unmöglich. So wurde nicht nur Inzucht, sondern auch Krieg vermieden. Jeder Clan innerhalb einer Nation wurde von der »Matrone«, der »Clanmutter« geführt. Sie schlug beim Tod eines Sachems den Frauen ihres Clans den von ihr gewählten Nachfolger vor und überreichte dem Gewählten ein Rehgeweih als Zeichen seiner neuen Würde. Wenn sich der neue Sachem nicht bewährte, warnte ihn die Matrone dreimal und beantragte schließlich beim Rat, ihm die Würde wieder abzuerkennen, was in der Regel geschah. Diese Struktur verbürgte kontinuierliche Stabilität über lange Zeit. Es gibt Indizien dafür, daß Benjamin Franklin die politische Struktur der US-Präsidialverfassung dem Irokesenvorbild entnahm.

Die Angehörigen des I. lebten nicht in Wigwams, sondern in sogenannten *Langhäusern,* die aus einem Pfahlgerüst mit angeschlagenen Birkenrinden in der Frühzeit, später aus Blockhauskonstruktionen bestanden. 4—5 Familien des gleichen Clans bewohnten ein solches Langhaus, in

Ute-Musikanten erzeugen mit gezackten Rehknochen Fiedeltöne, indem sie diese gegen eine zwischen zwei Baumstümpfe gespannte, feuchte Büffelhaut schlagen

dessen Spitzdach sich für jedes Familienfeuer ein Kaminabzug befand. Nach diesem Wohnsystem wurde auch die Liga benannt. Je eine Familie in der Wohngemeinschaft hatte den Auftrag, eine der Türen zu behüten. Es gab in jeder Himmelsrichtung eine Tür.

Eine andere Familie war dafür verantwortlich, daß das in der Mitte des Hauses brennende Feuer immer brannte.

Irokesenstädte: Ganeraska, Ganeious, Hagonchenda, Hochelaga, Jedakne, Kanatiochtiage, Kittanning, Kuskuski, Mohanet, Niagara, Rononvea, Susquehanna, Tioga. *Seneca:* Canadasaga, Canandaigua, Caneadea, Cashong, Catherine's Town, Cussewago, Dyosyowan, Gaandowanang, Ganagweh, Ganawagus, Ganedoutwan, Ganosgaggomg, Gaousge, Gasgosada, Geneseo, Gwaugweh, Jennesedaga, Jolee, Kahesarahera, Kanagaro, Kygen, Mahusquechikoken, Middle Town, Newtown, Nondas, Oatka, Onaghee, Oponays, Skahasegao, Venango, Yoroonwago. *Mohawk:* Canajoharie, Caughnawaga, Nowadaga, Onekagoncka, Saratoga, Schenectady. *Oneida:* Ganadoga, Tolungowon. *Onondaga:* Kanatakowa, Tavenho, Tueadasso. *Cayuga:* Ganogeh, Gewauga, Kiohero, Oneniote, Owego. *Tuscarora:* Ganasarage, Harutawaqui, Kate009as, Kentanuska, Nyuchirhaan, Shawiangto, Unanauhan.

J

Jacal *Adobe-Fachwerkhaus,* Haus aus Holzbalken und Adobe.

Jacobs, Captain Delawaren-Sachem, der gegen General Braddocks Armee und gegen die Grenzsiedlungen Pennsylvanias kämpfte. Am 8. 9. 1756 wurde Captain Jacobs bei Kittanning von Colonel John Armstrong vernichtend geschlagen.

Japazaws Häuptling der Powhatans, der 1611 Pocahontas, die Tochter Powhatans, überredete, an Bord eines englischen Schiffs zu gehen, wo man sie als Geisel festhielt, um Powhatan zu einer englandfreundlichen Haltung zu zwingen.

Jemez-Indianer →Pecos-Indianer.

Jet Gesteins-Kohlenart, die von zahlreichen Indianerstämmen für kleine schwarze Figurenschnitzereien und gemahlen als schwarze Farbe verwendet wurde.

Jicarillas (in der Apachensprache »Xicarillas«, »Hikkorias«, selbst »Ipa-n'de« = Volk), Apachenstamm, der im heutigen West- und Südwest-Texas und in Nordost-New Mexico als Ackerbauern und Korbmacher in puebloartigen Dörfern mit bewässerten Maisfeldern wohnte.

Joseph

Im 18. Jh. suchte er vor den aus der Steppe anstürmenden Comanchen, Wichitas und Utes Schutz bei den Pueblos. Auch die Jicarillas betrachteten die Amerikaner als Befreier vom span.-mexikan. Sklavenhandel, wandten sich aber gegen sie, nachdem 1849 die ersten amerikan. Siedler ihr Land besetzt hatten. Kit Carson bekämpfte sie mit einer kleinen Truppe und erzwang 1851 einen Friedensvertrag. Die Jicarillas wurden in eine Reservation bei Fort Webster gebracht. 1853 verließen sie die Reservation und ernährten sich durch Raub und Überfall. Schließlich ritt General Garland sie nieder, und am 30. 7. 1853 wurde erneut Frieden geschlossen.

Joseph Chief (= Häuptling), indianischer Name: »Inmut-too-yah-lat-lat« = Donner, der über die Berge grollt; Nez Percé, *1840, †21. 9. 1904 Nespelem (Colville-Reservation, Washington); erblicher Häuptlingsnachfolger seines Vaters *Old Chief Joseph;* ein ruhiger, intelligenter und friedfertiger Mann; leitete den spektakulären Exodus seines kleines Volks (250 Krieger, 450 Frauen, Alte und Kinder) nach Kanada, den die US-Armee 1877 zu verhindern versuchte. In 11 Wochen führte er seine Gruppe kämpfend etwa 1 600 Meilen durch 4 US-Armeegruppen hindurch und legte durch eine geradezu geniale Guerilla-Kriegsstrategie (die heute noch in West Point Military Academy gelehrt wird) eine Armeegruppe nach der anderen lahm. J. hatte nie zuvor Kriege geführt. Er galt als redebegabter Philosoph.

Kachina heilige Tänzer der Hopis im Südwesten; Puppen dieser heiligen Tänzer werden in mannigfaltigen Größen und Kostümen gefertigt. Häufig sind sie aus Holz geschnitzt mit Kostümen aus Stoff, Leder und Federn.

Kajak das einsitzige Jagdboot des Eskimomänner (im Unterschied zum größeren Reise- oder Frauenboot *Umiak*): U-förmige Spanten aus Holz oder Walrippen, mit Seehundshäuten überzogen, durch Doppelruder fortbewegt. Die Bootsöffnung, in der der Ruderer sitzt, ist so eng, daß sie vollkommen von ihm ausgefüllt wird; da seine Pelzjacke an der Öffnung festgeschnürt ist, kann auch bei starker See kein Wasser in das Boot eindringen.

Kalender Das Jahr, unterteilt in Sommer u. Winter, wurde nicht numeriert sondern nach wichtigen Ereignissen benannt. Menschenalter gab man in »Wintern« an. Die Monate wurden von Neumond zu Neumond gerechnet. Unterschiedliche Monatsnamen entstanden dadurch, daß die Namen den Umweltverhältnissen angepaßt waren. Ein Monatsnamen-Beispiel gibt nebenstehende Zeichnung. Der Übergang der Monate war fließend. Eine Gliederung in Wochen bzw. Tage gab es vielfach nicht, Stämme, die eine solche Unterteilung kannten, ritzten die Tage in *Kalenderstöcke* ein.

Kalispells →Flatheads.

Kalumet →Calumet.

Kanapima Häuptling der Ottawas, *1813, katholisch getauft unter dem Namen *Augustin Hamelin Junior;* besuchte das katholische Seminar in Cincinnati, Ohio, wurde anschließend zum Studium der katholischen Theologie nach Rom geschickt, und kehrte dann zu seinem Stamm zurück. Er hatte wesentlichen Anteil am günstigen Friedensvertrag von 1835.

Kannibalismus manche kanadischen und New-York-Stämme zwangen im Verlauf von Torturen Gefangene, ihr eigenes Fleisch zu essen oder das von Gefährten. In der Frühzeit der Eroberung des Kontinents durch die Weißen wurden zahlreiche Stämme angetroffen, die gelegentlich Menschenfleisch aßen.

Kanu (engl.: Canoe), das Birkenrinden-Kanu war hauptsächlich unter den nordöstlichen Stämmen verbreitet. In Waldregionen mit großstämmigen Bäumen wurde der *Einbaum* verwendet, in den Plains-Regionen mit geringem Waldwuchs das sogenannte *Bull-Boot,* ein waschschüsselartiges Gefährt, das aus Weidengeflecht und darüber gezogenen Häuten bestand.

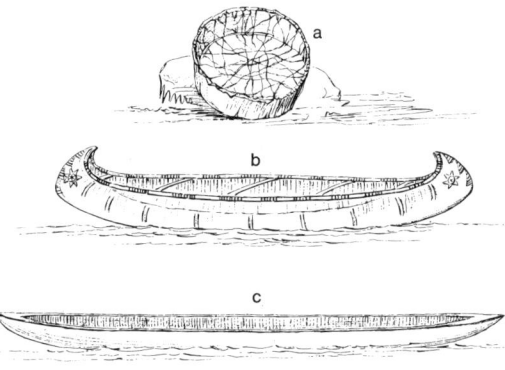

a. Bisonhaut-Boot, Mandan. Die Paddel für diese »Bullboats« waren mannshoch. b. Birkenrinden-Kanu, Chippewa. c. Einbaum-Kanu, Sioux

Januar	Februar	März	April	Mai	Juni
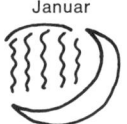					
Schnee-Mond	Hunger-Mond	Krähen-Mond	Gras-Mond	Pflanz-Mond	Rosen-Mond

Juli	August	September	Oktober	November	Dezember
					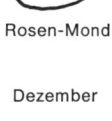
Hitze-Mond	Donner-Mond	Jagd-Mond	Blattfall-Mond	Biber-Mond	Lange Nacht-Mond

Indianische Kalendermonate

Keokuk Sauk-Häuptling, *1780, †1848; ein von der amerikanischen Macht und Stärke so beeindruckter Mann, daß er sich dem Black Hawk-Krieg nicht anschloß. Nach *Black Hawks* Tod wurde er dessen Nachfolger. Er starb in der Kansas Reservation der Sauk u. Fox. 1883 wurden seine Gebeine zur Stadt Keokuk in Iowa geschafft.

Kichai Stamm der Caddo-Sprachfamilie, dessen Sprache eng mit der der Pawnees verwandt war. Die Franzosen trafen die K. 1701 am Red River in Louisiana und am Trinity River in Texas an. Vor den Texanern flohen sie zu den Wichitas und gingen in ihnen auf.

Kicking Bird (»T'ene-Angopte«, auch: Striking Eagle = Schlagender Adler), Häuptling der Kiowas, der friedfertigste und unkriegerischste der Kiowa-Häuptlinge. Er trat für Frieden ein, und als man ihn der Feigheit beschuldigte, leitete er einen Überfall in Texas, um sein Ansehen wiederzugewinnen. Er überbrachte die Kapitulation der Kiowas 1875 nach Fort Sill und erhielt von der US-Armee den Auftrag, unter seinen Häuptlingen 26 Geiseln auszuwählen, die man in die Verbannung nach Florida schickte, um sie dort für den Fall, daß die Kiowas wieder auf den Kriegspfad gehen würden, zur Hinrichtung bereit zu halten. Nachdem Kicking Bird notgedrungen 26 Krieger genannt hatte, verlor er allen Respekt bei seinem Stamm und wurde am 4. 5. 1875 vergiftet.

Killbuck →Gelelemend.

Killhag Schlagfalle aus Holz für Waschbären, Füchse, Wildkatzen, Ottern etc., die von den Wald- und See-Stämmen des Nordostens verwendet wurde.

King Haiglar →Haiglar.

King Hendrick →Hendrick.

Kinnikinnik (Algonkin-Wort für: »Gemischtes«, »Was-gemischt-ist« oder »Der, der gemischt ist«), Indianertabak, der — je nach Stamm und Region aus den verschiedensten Ingredienzien gemischt — im allgemeinen aus einer Mischung von 60% Indian Tobacco (kleine, unkultivierte, wildwachsende Tabakart), 28% »Sumach«-Blätter (Färberbaum, lat.: Toxicodendron) und 12% der inneren Bastrinde des »Roten Hartriegels«, auch »Blutrute« (amer.: Dogwood, lat.: Cornus stolonifera) bestand. Es wurde auch die Rinde der roten Weide

verwendet. Die Zeugnisse von Weißen über den Geschmack sind sehr verschieden: So meinte »Seine Ehren, Oberrichter J. K. Standish« aus Boston 1817: »Es dreht sich einem der Magen um.« Der Trapper und Mountain-Mann Jim Baker 1826: »Den besten K. machen die Ojibwas. Man macht drei Züge und behält den Rauch 1 Minute im Mund, bevor man ihn langsam ausstößt, dann inhaliert man drei Züge, und-so-weiter, bis einem der Kopf ungeheuer frei wird, Gedanken werden kristallklar, und man erkennt Dinge bis auf den Grund.«

Kiowa-Apachen (nach la Salle: »Gattackas«, in der eigenen Sprache »Nadi-isha-Dena« = fürstl. Volk), Apachenstamm der athapaskischen Sprachfamilie, der vom North Platte River herkommend, schon um 1680 Pferde erhielt und mit den uto-aztekischen Kiowas gemeinsam vor den Sioux und Cheyennes über den Präriegürtel nach Süden wanderte, hier auf die kriegerischen Comanchen stieß und so viele Jahrzehnte lang einen mörderischen Zweifrontenkrieg führte. Erst gegen Ende des 18. Jh., als sie die Steppengebiete des nordwestl. und nördl. Texas erreichten, arrangierten sie sich mit den Comanchen.

Keokuk (links). — Kicking Bird (Striking Eagle. T'ene Angopte)

Standing Sweathouse (Tape-Day-Ah)

Frieden mit den USA. George Catlin, der Indianermaler, beschreibt die Kiowas: »Sie sehen edler aus als die Comanchen oder Pawnees. Sie sind groß, schlank, aufrecht und tragen das Haar lang, manchmal bis auf den Boden. Sie haben ein geradezu klassisch-römisches Profil.«

Die Kiowas waren eine Reiternation, die von der Büffeljagd, Pferdefang und Pferdehandel lebte. 1837 wurde der 1. Friedensvertrag mit den USA geschlossen (in Fort Gibson), der es den Amerikanern erlaubte, die Jagdgründe der Kiowas zu passieren und den Kiowas gebot, Frieden mit Mexiko und Texas zu bewahren. 1840 schlossen sie Frieden mit den Cheyennes, Arapahoes und Comanchen, der nie gebrochen wurde und zunächst eine starke Barriere gegen die westwärts vordringenden Präriestämme und die südwärts drängenden Sioux, aber auch gegen die Invasion der Weißen und ihrer Armee bildete. Während die Kiowas bei den Amerikanern als »freundlich und ehrlich« galten, beschrieben die Texaner sie als »heuchlerisch und hinterhältig«. Immerhin: Texas hat allen Indianern gegenüber immer eine brutale und gnadenlose Ausrottungspolitik betrieben, was natürlich zu beiderseitigem abgrundtiefem Haß führte. Hierin machten nur die Cowboys eine Ausnahme, weshalb sie in der Regel mit Kiowas und Comanchen in gegenseitiger Achtung lebten.

Von 1740—1840 erlebten die Kiowas ihr »Goldenes Jahrhundert«. Danach setzten die großen weißen Völkerwanderungen über den Santa Fe-Trail (1836—1850) nach den Goldfeldern von Kalifornien (1849), den Silberfunden in Colorado (1859) und die große mörderische Büffel-

1837 schlossen ihre Häuptlinge »Hen-tonte« (Eisenschuh), »A-ei-kenda« (Der sich ergibt) und »Cet-ma-ni-ta« (Schreitender Bär) mit den USA Frieden und ließen sich an den Quellwassern des Arkansas, Canadian und Red River nieder. Wie allen anderen Stämme des Südwestens, waren ihnen die Texaner verhaßt. Als Texas der Union beitrat, und die Texaner damit Amerikaner wurden (1846), begannen die mörderischen Überfälle aufs neue. 1867 schlossen Kiowas und Kiowa-Apachen bei Medicine Lodge einen Friedensvertrag und erklärten sich einverstanden, eine Reservation im Oklahoma-Territorium zu beziehen. Eng mit den Kiowas und Comanchen verbündet, machten sie alle deren Überfälle und Kriege mit, bis 1874 die endgültige Niederlage besiegelt war, und die Überlebenden in die Reservation bei Fort Sill gebracht wurden. Heute leben noch 193 Nachkommen der Kiowa-Apachen.

Kiowas (vorzeitlich »Tépdà«; Dacotaname: »Wetapâhâtoes« = »Volk der Inselhügel«, Quichuans, Datamis; Cheyennewort: »Witapatu«; englisch: »Manrhoats«), zur uto-aztekische Sprachfamilie gehörig, aus dem NW von den Shoshonen in die nördl. Ebenen gedrängt, von den Sioux und Cheyennes allmählich nach Süden getrieben, bis sie etwa um 1830 die Staked Plains, das nördl. Texas, das südwestl. Oklahoma und das nordöstl. New Mexico erreichten. Bei ihrer ersten Berührung mit 200 US-Soldaten unter Colonel Dodge schließt ihr Häuptling »Teh-toat-sah« (engl.: Dohasan) »ewigen«

Stumbling Bear (Set-Imkia), Kiowa-Apache

jagd auf den südl. Prärien (1864) ein, die das Land und die Lebensgrundlage der Indianer bedrohten. Zahllose blutige Überfälle waren die Folge. 1859 wurden sie nach einer US-Strafexpedition in eine Reservation im Norden Oklahomas eingewiesen. Bei Beginn des Bürgerkrieges kehrten sie in ihre ehemaligen Jagdgründe zurück. 1863 hatten die Reiterstämme der Kiowas, Kiowa-Apachen, Comanchen, Cheyennes und Arapahoes ihre Machtstellung in der Prärie wieder hergestellt. Im Oktober 1864 überfielen sie das texan. Besiedlungsgrenzgebiet und die Region um den Elm Creek, wobei viele Amerikaner ihr Leben verloren. Kit Carson brachte ihnen bei Adobe Walls empfindliche Verluste bei, so daß sie 1866 bereit waren, in die Oklahoma-Reservation zurückzukehren. Als ihr weiser Häuptling Dohasan im gleichen Jahre starb, zerfiel der Stamm in Gruppen, die von Satanta, Lone Wolf und Kicking Bird angeführt wurden und jede für sich Krieg führte. Unter dem Druck von Kanonen kehrten sie 1867 wieder in die Reservation zurück. Aber noch kein Jahr später brachen die Kiowagruppen unter Satanta, Lone Wolf und Kicking Bird wieder aus und überfielen Wagentrecks und Ortschaften. General Custer und die 7. Kavallerie schlug die Cheyennes am Washita und nahm später Satanta und Lone Wolf gefangen. Er drohte, sie aufzuhängen, falls die Kiowas sich nicht ergäben. Sie ergaben sich. Aber nach dem Fest des Sonnentanzes im Mai 1869 verließen sie die Reservation wieder und schlossen sich den Quahadi-Comanchen an, die gegen die Armee, Büffeljäger und Siedler kämpften. Die Überfälle konzentrierten sich auf Nordwest-Texas, den alten Feind. 1870 kehrten sie wieder in die Reservation zurück, wo sich 1 896 Kiowas, 300 Kiowa-Apachen, 2 742 Comanchen und ca. 1 000 Quahadi-Comanchen befanden. Aber stets verließen kleine Banden unter Lone Wolf, Satank und White Horse die Reservation, um texan. Siedlungen zu überfallen und dann wieder zurückzukehren. Nachdem 1871 ein Wagenzug in Nordwest-Texas überfallen und Texaner getötet worden waren, wurden Satanta, Big Tree und Satank in der Reservation festgenommen und, in Eisen geschmiedet, nach Texas zur Aburteilung gebracht. Auf dem Transport wurde Satank auf der Flucht erschossen, Satanta und Big Tree in Jacksboro, Texas, vor Gericht gestellt und zum Tode verurteilt. Im Staatsgefängnis Huntsville, Texas, wurden sie vom Gouverneur zu lebenslänglicher Haft verurteilt, aber 1873 zu ihrem Stamm entlassen. Doch auch hierdurch waren die Kiowas nicht davon abzuhalten, sich mit kleinen Banden immer wieder den in Texas einfallenden Comanchen anzuschließen und sich an Überfällen zu beteiligen, so auch an dem Comanchenüberfall auf Adobe Walls unter Quannah Parker. Als General Nelson A. Miles in dem Büffeljägerlager eintraf, sah er, daß die Büffeljäger den getöteten Indianern die Köpfe abgehackt und diese auf den Palisaden aufgespießt hatten. Erst 1875 kapitulierten die Kiowas endgültig vor General Miles. 1879 wurden Kiowas, Comanchen, Wichitas, Caddos und andere Stämme in der Anadarko-Reservation zusammengelegt und die Kiowa-Indianerpolizei organisiert, der Sankedoty als Captain vorstand. Er hatte zwei Leutnants, 4 Sergeanten und 22 Polizisten, die für Ordnung sorgten. 1892 traten die Kiowas einer indian. Ka-

vallerietruppe bei (Troop »L«), die in Fort Sill von Lt. Scott kommandiert wurde. 1951 gab es in Oklahoma noch 2 800 Kiowas und 400 Kiowa-Apachen.

Kitchawank (= Am großen Berg), Stamm der Wappinger-Konföderation, die am Ostufer des Hudson Rivers wohnten und nach einem Vertrag vom 30. 8. 1645 an die Holländer Manhattan Peninsula verloren.

Klamaths →Modocs.

Klebstoffe (engl.: Glue, Cement), von vielen Indianerstämmen zur Befestigung von Pfeilspitzen, Pfeifenköpfen und für Reparaturen an Kanus verwendet. Indianer der

Kleiner Rabe

Atlantikküste fertigten Leim aus den Geweihspitzen von Rehwild. Die Völker des südlichen Arizonas und Kaliforniens verwendeten Bitumen, die Waldbewohner Baumharz (heiß verarbeitet) und die verschiedenen Indianerstämme der Wüstenregionen den gummiartigen Saft von Mesquite und Greasewood.

Kleiner Donner (Little Thunder), Häuptling der Brulé-Sioux, 196 cm Körpergröße, der 1854 das sogenannte *Grattan-Massaker* leitete, als ein vorwitziger Armeeoffizier den Brulé-Häuptling »*Singender Bär*« (Singing Bear) tötete.

Kleiner Rabe (engl.: Little Raven), Oberhäuptling der Arapahoes, *1820, †1889; ein hochgeachteter Politiker. Nach seiner Ansprache vor der Medicine Lodge Friedenskommission 1867, sagte Taylor: »Turmhoch allen anderen an Intelligenz und Sprachbegabung überlegen war K. R. Seine Rede über Schäden, geschuldete Jahreszahlungen und Kriegsgründe hätte einem hervorragenden Staatsmanne zur Ehre gereicht.« (Chronicles of Oklahoma, 1924). K. R. versuchte, sein Volk aus den Ausrottungskriegen der US-Armee und den Plainsstämmen herauszuhalten, was ihm zum großen Teil auch gelang.

Kleine Schildkröte (Little Turtle, »Michikinikura«), Miami-Sachem, *1747, †14. 7. 1812; das wahrscheinlich größte militärisch-strategische Genie, das Indianer jemals hervorgebracht haben. Er brachte den Amerikanern die vernichtendste Niederlage der Geschichte bei. Auch als Redner hinterließ er großartige Zeugnisse seiner Fähigkeiten. Als Politiker war er klug genug zu wissen, daß nach Sieg und Friedensvertrag Loyalität zu den USA der einzige Weg war, sein Volk zu erhalten. Als der Frieden von Greenville, Ohio, geschlossen wurde, übertrugen die am Vertrag beteiligten Indianervölker ihm das gemeinsame Schlußwort.

Knieflechse Indianer und mexikan. *Ciboleros* zerhieben mit Messern oft die Sehne eines Hinterlaufs eines großen Wildes wie Büffel, Elch oder Braunbär, um das Tier am schnellen Davonlaufen zu hindern. So verkrüppelt, war es ein leichtes, ihm den Garaus zu machen. Wölfe zerbissen Großwild, Rindern und Pferden ebenfalls die Knieflechsen, um danach erst zu den auf der Flucht zurückbleibenden verletzten Tieren zurückzukehren und sie zu töten.

Komántcia →Comanchen.

Koontie →Coonti.

Kotsoteka →Comanchen.

Krähenindianer →Crows.

Kreislager (engl.: Camp Circle), die meisten Plainsstämme legten ihre Lager in Kreisform an, innerhalb der jede Familie nach ihrem Stammesstatus einen bestimmten Platz innehatte. Das Familieneigentum gehörte in der Regel der Frau, der Mann besaß nur Waffen und Pferde. Größere Stämme oder Stammesgruppen legten ihre Lager in mehreren Kreisen an, die oftmals einen Durchmesser von 400—500 Metern besaßen.

Kriegsbeil →Tomahawk.

Kuntie →Coonti.

Kürbis Indianer züchteten eine Vielzahl von Kürbisarten. Neben dem Fleisch und den Samenkörnern benutzten sie die Schalen als Löffel, Schüsseln, Schöpfkellen etc. auch als Wassereimer oder Flaschen, aber auch als Gesichtsmasken, Rasseln und Vorratsbehälter. Oft banden sie die K. während des Wachstum so ein, daß sie eine gewünschte Form erhielten.

Kutchin Athapasken-Stamm in Alaska; Jäger mit ursprüngl. athapaskischer Kultur.

Kwahari *Kwahadi,* →Comanchen.

Langhäuser →Irokesen-Bund.

Lappawinze Sachem der Delawaren, der den berühmten »Spazier-Kaufvertrag« (engl.: walking purchase) mit den Engländern 1737 in Philadelphia schloß, nach dem den Engländern alles Land gehören sollte, daß ein Mann im Durchmesser vom Neshaming Creek westwärts in anderthalb Tagen abgehen konnte. Der Gouverneur mietete einen trainierten Geher der in 36 Stunden 281 Kilometer (!) zurücklegte, was den Delawaren-Sachem »mächtig ergrimmte«.

Leatherlips (= Lederlippe, Ledermund), Häuptling der Huronen, der den Frieden von Greenville, Ohio, im August 1795 unterzeichnete. Der Shawnee-Orator *Tecumseh* ordnete seine Ermordung an, und im Sommer 1810 wur-

de L. nachts in seinem Lager 14 Meilen nördlich von Columbus, Ohio, von einem gedungenen Mörder mit einer Kriegskeule erschlagen. Der Wyandotte-Club von Columbus errichtete dem »Freund des Weißen Mannes« 1888 ein Denkmal.

Lebensgeist-Felsen →Menominee.

Leggings →*Mokassins* mit verstärkten Büffelhautsohlen, deren Schäfte bis zu den Hüften reichten und dort mit einem Gürtel zusammengebunden wurden.

Lenape →Delawaren.

Leschi Yakima-Häuptling, der am 29. 1. 1856 mit tausend Kriegern Seattle, die Hauptstadt des Nordweststaates Washington, angriff und von einem Kriegsschiff im Hafen zurückgeschlagen wurde. Seine eigenen Stammesgenossen nahmen ihn wegen der für ihn ausgesetzten Belohnung fest, lieferten ihn an die Amerikaner aus, die ihn am 19. 2. 1857 zum Tode verurteilten.

Lipan-Apachen *Llaneros,* Apachenstamm, der im 16. Jh. aus dem Zusammenschluß von Querechos-, Paloma- und Carlana-Apachen entstand; lebten im NO von New Mexico und im NW und SW von Texas. Sie galten als die hervorragendsten Pfeilschützen unter allen nordamerikan. Indianern. Charakteristisch für die Männer war ihre Haartracht: Sie schnitten die linke Hälfte des Haares über dem Ohr ab, während sie die rechte Hälfte des Kopfhaares frei herabhängen ließen. Unter ihrem Häuptling *Castro* wurden sie bis kurz nach dem Bürgerkrieg von den Texanern nahezu ausgerottet. Einen Rest von Überlebenden brachte man 1864 in die Bosque Redondo-Reservation in Ost-New Mexico; etwa 1880 führte man noch 350 in die Reservation von Fort Stanton (N. M.).

Little Raven →Kleiner Rabe.

Little Thunder →Kleiner Donner.

Little Turtle →Kleine Schildkröte.

Llaneros (span.: Männer der Hochebene), Bezeichnung der Spanier für alle Indianer, die ihnen auf der Hochebene des Llanos Estacados im westlichen Texas und östlichen New Mexico begegneten.

Logan Irokesen-Sachem der Cayuga-Nation, *1725, †1780; bekannt als *Mingo,* eine Bezeichnung, die allen Irokesen gegeben wurde, die von ihrer eigenen Region entfernt, für fremde Interessen kämpften. L. wurde 1780 von einem Verwandten getötet. Auf dem Fair Hill Friedhof von Auburn, New York, wurde ihm ein Denkmal errichtet.

Logan, James →Spemicalawba.

Lone Wolf →Einsamer Wolf.

Long Sioux Häuptling einiger Dakotabanden, die 1872 Montana durchstreiften.

Lumbee-Indianer am 22. Mai 1956 beschloß der US-Senat, einen speziellen Indianerstamm mit der offiziellen Bezeichnung L.-I. zu gründen, der sich auf etwa 4 000 Indianer bezieht, die im Robeson County von Nord-Carolina leben. Diese Indianer behaupten, Abkömmlinge jener Indianer zu sein, die 1584 Sir Walter Raleighs erste englische Kolonie auf amerikanischem Boden ausgerottet, beziehungsweise, wie diese Indianer heute behaupten, assimiliert (einverleibt) hätten. Ihr Sprecher, John Witchcraft: »Wir sind nicht nur die ersten Urindianer Amerikas, sondern auch die ersten Ureuropäer, die Amerika besiedelten.«

M

Macaque *Mocuck,* Zuckerbehälter aus Birkenrinde der Indianer des nordamerikanischen Nordwestens und Nordwest-Kanadas zum Aufbewahren von Ahornzucker.

Macinaw **1.** Pelzhandelsposten zwischen dem Huron- und dem Michigan-See.
2. Eine Art große Seeforelle.
3. Schwere Schlafdecke.
4. Flaches Boot oder Floß.

MacIntosh **1.** Chilly, Häuptling der Creeks, der von Häuptling Menewa getötet wurde, weil er Creekland an die Weißen verkauft hatte, ohne die Einwilligung der Nation eingeholt zu haben.
2. William, Häuptling der Unteren Creeks, der die Creektruppenverbände auf der amerikanischen Seite gegen die Engländer anführte und 1812 einer der Strategen der Schlacht bei Horseshoe Bend in Alabama war, bei der ungefähr tausend Soldaten getötet wurden. Für seine Zusage, den Amerikanern Creek-Landgebiete zu verkaufen, wurde er von einer Ratsversammlung der Nation zum Tode verurteilt. Am 1. 5. 1825 wurde dieses Urteil von einem Exekutionskommando vollstreckt.

Mackinaw-Decken →Decke.

Madokawando Sachem der Penobscots um 1630, der von einem Kennebec-Sachem adoptiert wurde, sich zuerst den Engländern gegenüber freundlich verhielt, aber, als sie das Land seines Volkes beanspruchten, Krieg gegen sie begann und 1691 die Stadt York in Maine mit einer großen Indianerarmee angriff und 77 Bewohner tötete. Er wurde von den Franzosen in seinem Krieg gegen England unterstützt und starb 1698. Eine seiner Töchter wurde als Frau des Barons Castine eine französische Adelige.

Mahican *Mohegan,* großer Volksstamm am oberen Teil des Hudson Rivers, bekannt als *Flußindianer* (River Indians), die Franzosen nannten sie *Wolfsvolk* (Loups). Sie waren Erbfeinde der Mohawks und wurden 1664 gezwungen, nach Osten umzusiedeln. 1730 wanderte ein Großteil zum Susquehanna River in Pennsylvania, später nach Ohio, wo er in Bedeutungslosigkeit versank.

Mahto-Iowa Brulé-Sioux-Häuptling, der 1854 am Grattan-Massaker bei Fort Laramie beteiligt war.

Mais-Kultur mehr als 500 Sorten Mais wurden von Indianern kultiviert. Die Unterscheidungsmerkmale waren verschiedene Kolbenlänge, Kolben mit 8, 10 und 12 Reihen Körner, verschiedene Kornhärte, verschiedene Farben (weiß, gelb, rot, schwarz, blau, braun, gefleckt, gestreift), verschiedene Schalenhärten, verschiedener Geschmack (von salzig bis hochsüß). Maximilian zu Wied beschrieb allein über 80 verschiedene Sorten, die die Mandans kultivierten, u. a.: Weißer Mais, Gelber, Roter, Gefleckter, Schwarzer, Süßer, sehr harter Gelber, Weißrot gestreifter und sehr zarter Gelber Mais. Üblich waren Mischkulturen: Abwechselnd Mais und Sonnenblumen, am Boden zwischen den Reihen Kürbisse, deren große Blätter die Bodenfeuchtigkeit bewahrten, und Bohnen (weiß, schwarz, rot, gelb, gefleckt).

Maisschrot →Hominy.

Maize (Irokesen-Wort; dt.: »Unser Leben«), *Indianerkorn, Indianer-Mais,* eine Art Wildmais, wildwachsende Getreidepflanze, ursprünglich in den Andentälern Perus beheimatet, wurde als Getreidekorn verwendet.

Mandan hochkultivierter Ackerbauernstamm der Sioux-Sprachfamilie, der in kuppelförmigen Erdhäusern und bestimmten Dörfern am Missouri in Norddakota wohnte, runde Büffelhautboote besaß und geschichtl. Ereignisse auf Büffelhäuten aufzeichnete. Die Mandans waren nach den Berichten von Lewis und Clark außerordentl. gastfreundlich, liebenswürdig, friedfertig, mitteilsam und hatten den reichsten Schatz an kult. Tänzen der westl. Indianer (z. B. Tanz der Weißen Büffel-Gesellschaft, Büffeltanz, Sonnentanz u. v. a.). 1837 wurde der Stamm von insgesamt 1 600 Köpfen durch eine Blatternepidemie bis auf 150 Überlebende ausgerottet.

Mangas Coloradas *Mangus Colorado* (span.: Rotärmel), Häuptling der Mimbrenjo-Apachen, *1797, †1863; Anführer der südlichen Chiricahua-Apachen von ungewöhnlicher Körpergröße (2 m), der zwar völlig normal lange Beine, aber einen »ungeheuren Leib« gehabt haben soll. Als General Stephen Watts Kearny 1846 die Kontrolle über New Mexico (damals mit Arizona eine Ein-

Junger Mandan Indianer. Illustration K. Bodmer

heit) übernahm, töteten Bergarbeiter eine Gruppe Apachen, die sie zum Essen eingeladen hatten. Mangas wiederum überfiel einige der Mörder und brachte sie um. Als amerikanische Prospektoren Mangas öffentlich auspeitschten, um den Fundort von Nuggets zu erfahren, verbündete sich Mangas mit *Cochise* gegen die Amerikaner und führte einen vernichtenden Guerillakrieg gegen Siedlungen und Armeepatrouillen. 1863 wurde er gefangen und im Gefängnis durch Bayonettstiche getötet.

Maninose zweischalige, eßbare Muschel mit weichen Schalen, die sich an der Ostküste der USA, speziell im Norden, findet. Wort der Algonkin-Sprache.

Manitu *Manito,* bei den Algonkin-Indianern eine unpersönliche, außerordentl. wirksame Kraft, die in allen Wesen, Dingen, Tätigkeiten u. Erscheinungen enthalten ist. Bei den östl. Indianern der USA wurden diese Kräfte zur »großen Zauberkraft« zusammengefaßt, dem »Großen Geist« der Indianergeschichten. M. entspricht dem *Orenda* der Irokesen wie dem *Wakanda* der Sioux u. ähnelt dem *Mana* der Polynesier. Der Glaube an M. ist eine Form des *Dynamismus.*

Manuelito Navahohäuptling, †1893.

Maquas →Irokesen-Bund.

Maricopas Stammesgruppe der Yuma-Sprachenfamilie, die mit den Pimas verbündet und mit den Yumas und Mohaves verfeindet war. 1857 wurden die Maricopas von den Yumas und Mohaves so vernichtend geschlagen, daß sie ihre Jagdgründe auf der Arizonaseite des Mündungsgebietes des Colorado River aufgaben und zu den Pimas flüchteten.

Mascoutens so bezeichneten frühe Siedler alle Indianerstämme, die auf den Ebenen von Wisconsin lebten. Champlain erwähnte den Hauptstamm erstmals 1616 und nannte ihn »Asistagueroüon«.

Massachusetts (= Am-großen-Hügel), starker Algonkinstamm an der Massachusetts Bucht, der 1620 durch Seuchen, die Engländer eingeschleppt hatten, fast ganz ausgerottet wurde.

Massawómekes *Massawomacs, Massawomecks* →Irokesen-Bund.

Mathews, Mary →Bosomworth, Mary.

Matoaks →Pocahontas.

Mazakutemani Sisseton-Sioux-Häuptling, *1826, †1880; berühmt wegen seiner Freundschaft zu den Amerikanern, wurde 1855 Christ; unterzeichnete 1851 und 1858 für seinen Stamm die Friedensverträge.

McGillivray Alexander, Häuptling der Creeks, *1739, †17. 2. 1793; Sohn eines reichen Schotten und einer Creek-Indianerin. Kämpfte auf britischer Seite gegen die Amerikaner und wurde mit seinem Creek-Heer von US-General James Robertson geschlagen, worauf er einen »vorläufigen Geheimfrieden mit den USA in New York« abschloß, gleichzeitig aber von Spanien und England Offiziersgehalt bezog.

Medizinbündel mit magischen Kräften behaftete Gegenstände (Pfeifen, Vogelbälge u. a.), die der einzelne im Krieg oder auf der Jagd zu seiner Unterstützung in einem Lederbeutel bei sich trägt.

Medizinmann →Schamane.

Melcocha →Nopal.

Mengwe →Irokesen-Bund.

Menominee (Chippewa-Wort für Wildreis), der Franzose Nicolet traf diesen großen Stamm zum ersten Mal 1671 am Menominee River, im sogenannten »Green Bay« Areal; Algonkinstamm mit Wildreis-Birkenrinde-Ahornzucker-Basiskultur und »emotionalen Lebensimpulsen« wie z. B. die Geheimbünde der *Midéwin* und dem sogenannten »Juggler's lodge« (dt. etwa: »Zauberkünstlers Hütte«). Sie waren ein verhältnismäßig friedfertiger Stamm und überzeugt davon, daß die Lebenskraft des Stammes in einem *Lebensgeist-Felsen* (Spirit-Rock) konzentriert sei, der sich als Heiligtum auf Stammesgebiet befand. Heute lebt der Stamm in Wisconsin in einem dichten Waldgebiet, und der Lebensgeist-Felsen (1,20 m hoch, aus Granit) wurde in diese Reservation mitgebracht.

Mento diesen Namen gaben die Franzosen und die frühen Entdecker des 17. und 18. Jahrhunderts allen Indianern am Arkansas River (z. B.: Wichitas, Tonkawas, Caddos, Comanchen, etc.).

Mescalero zu den östl. Apachen gehöriger Unterstamm, der in New Mexico zwischen dem Rio Pecos und den Sacramento Mountains wohnte und in der Frühzeit span. Kolonialherrschaft aus dem Zusammenschluß der »Faraones«-, »Cuartelejos«- und »Vaquero«-Apachen (zum Schutz gegen die Comanchen) hervorging. Im 18. Jh. sind sie erbitterte Feinde der Spanier, die sie als Wegelagerer und Pferdediebe fürchten. Sie rauben Frauen und Kinder von Pueblos und sog. »Apache-Mansos« (dt.: gezähmte Apachen), die zwischen Tubac und Tucson in Arizona Ackerbauern und span. Vasallen sind, und werden nach der Einverleibung der nördl. mexikan. Provinzen in die USA 1855 in der Schlacht bei Penasco von US-Lieutenant Ewell mit 180 Dragonern geschlagen. Als ihr alter Häuptling »Palanquito« im gleichen Jahre stirbt, machen sie mit den USA Frieden und beziehen eine Reservation. Bis kurz nach Ausbruch des Bürgerkrieges bleiben sie friedfertig. Dann ziehen die Amerikaner die westl. Fortbesatzungen ab, und Truppen aus Texas fallen in New Mexico ein. Die »Mescaleros« (so benannt, weil sie das Fruchtfleisch der Mescalagave aßen und aus ihr ein berauschendes Getränk, den »Mescal«, herstellten) verlassen daraufhin die Reservation und kämpfen gegen die Texaner. Sie greifen aber gleichzeitig mit 200 Kriegern die Bergwerkstatt Pino Alto an und werden danach von der Freiwilligentruppe der Arizona Guards geschlagen, woraufhin sie sich mit den Mimbrenjos und Chiricahuas verbünden, die Krieg gegen alle Weißen führen. Um sowohl den nach Westen vordringenden konföderierten Truppenverbänden wie auch den raubenden Apachen Einhalt zu gebieten, rücken nun von Norden die Colorado Volunteers, von Westen General Carleto mit 300 Kaliforniern und von Süden die Arizona gegen die Apachen vor, denen sie am Apache-Paß eine vernichtende Niederlage beibringen. Das von der US-Armee verlassene Fort Stanton in New Mexico wird von den Kaliforniern besetzt, und Kit Carson greift die Mescalero-Zuflucht im Dog Canyon an. Die Mescaleros kapitulieren und werden anschließend (1863) in die Bosque Redondo Reservation gebracht, die sie aber 1865 unter ihrem Häuptling »Ojo Blanco« (Weißauge) verlassen, weil sie nicht mit den dort ebenfalls angesiedelten Navahos harmonierten. 1873 bezogen sie ihre eigene Reservation im angestammten Heimatgebiet zwischen Pecos und Sacramento Mountains.

Mescal-Schnaps →Agave.

Mesquite (engl.: Honey-Mesquite, lat.: Prosopis juliflora und glandulosa), Dornbusch-Baumart, die ca. 10 m hoch wird, mit bizarr gekrümmten Ästen und runder Krone. Der Stamm teilt sich mehrfach kurz über dem Boden, die Wurzeln gehen sehr tief in den Boden. Die bohnenartigen Hülsenfrüchte haben einen Zuckergehalt von 30% und bildeten (getrocknet und gemahlen) ein Mehl, das die Indianer *Pinole* nannten, aus dem sie sehr nahrhaftes *Pinolebrot* machten.

Mesquites kleine Gruppe von Indianern, die um 1716 in Texas am Rio Grande, Rio Brazos und bei San Antonio de Bexar lebten und ihren Namen von dem »Mesquite«-Dornbuschgebiet erhielten, in und von dem sie lebten.

Metate (abgeleitet vom spanischen Wort für »Hand«), indianische Steinmühle für Mais. Das Unterteil besteht aus einem flachen Stein mit einer kleinen kreisförmigen Mulde, in die die Fruchtkörner gelegt wurden. Mit einem kleineren »Handstein« (ebenfalls flach und rund) wurden die Körner in einer kreisenden reibenden Bewegung allmählich zu Mehl zermahlen.

Metate-Ruinen Pueblo-Ruine im Apachengebiet von Arizona, benannt nach den zahlreichen Steinmühlen, die man dort fand.

Metea Potawatomi-Häuptling, †1827 Fort Wayne; einer der Anführer der Indianer, die das Massaker von Chicago verursachten; nahm an den Friedensverhandlungen in Chicago (1821) und am Wabash (1826) teil.

Metoac (indianischer Name für »Das-Land-der-Seeohrschnecke«, auch »Das-Land-der-Meerschnecke«), Bezeichnung für alle Stämme, die auf Long Island lebten, z. B. die Shinnecock, Setauket, Secatoag, Rockaway, Patchoag, Nesaquake, Montauk-Merric, Matinecoc, Massapequa, Manhasset, Canarsee und Corchaug. Diese Stämme stellten die begehrten Wampum-Perlen her, die sie den Irokesen des Nordens verkauften. Die Shinnecock-Reservation liegt im Osten von Long Island.

Miami Algonkin-Stamm, ursprünglich am Ohio, jetzt in Oklahoma u. in Indiana.

Miantonomo Narragansett-Sachem, der 1632 Boston besuchte und den englischen Kolonisten gegen die Pequots beistand, aber nicht unbedingt den Engländern so treu ergeben war, wie diese es erwarteten. Nach einer Schlacht zwischen Narragansetts und Mohegans wurde M. gefangen und den Engländern übergeben, die ihn in Hartfort (Kolonie Connecticut) zum Tode verurteilten, weil er sich nicht christlich taufen lassen wollte. Der Mohegan-Häuptling *Uncas* vollstreckte das Todesurteil. 1841 errichtete man M. ein Denkmal und der Platz wurde als »Sachem's Plains« bekannt.

Mich →Powhigwava.

Michigamea (Algonkinsprache: »Großes Wasser«), Indianerstamm; nach diesem Wort wurde der Staat »Michigan« benannt. Die M.s wurden gegen Ende des 17. Jahrhunderts von den Chickasaws aus ihrem Land vertrieben. Um 1818 existierten nur noch 3 männliche Mitglieder.

Michilimackinac (Algonkin-Wort für »Die-Stelle-der-großen-verwundeten-Person«), Insel in Michigan mit gleichnamiger Indianerstadt. Das Algonkindorf wurde von den Irokesen zerstört und später von den Chippewas besetzt (1671). Um 1700 lebten nur noch Ottawas und Chippewas in diesem Gebiet. Die Briten erbauten zwischen oberem und unterem Michigan ein besonders stark befestigtes Fort gleichen Namens. Als im Pontiac-Krieg die kleineren englischen Forts St. Joseph, Miami und Fort Quiatenon fielen, blieb nur noch Fort M. übrig. Die Chippewas eroberten es mit einer List: Ende Mai 1763 spielten sie vor dem Fort das Ballspiel *Lacrosse*. Die ganze Fortbesatzung schaute auf den Palisadengängen zu und feuerte begeistert die Parteien an. Die Indianer warfen den Ball durch das offene Forttor, liefen dem Ball nach, holten im Fort versteckte Waffen hervor und verursachten unter der Fortbesatzung ein schreckliches Gemetzel.

Micmac (= Unsere Verbündeten), Algonkinstamm an den Großen Seen, deren Gebiet im Osten bis nach Neuschottland und Neu-Brunswick reichte. Man nimmt an, daß es diese Indianer waren, die die ersten Europäer unter Sebastian Cabot 1497 zu Gesicht bekamen und daß die drei Indianer, die Cabot nach England brachte, um sie dort am königlichen Hof vorzuführen, M.-Indianer waren. Die M. wurden loyale Freunde und Verbündeten der Franzosen und bekämpften bis 1779 die Engländer in New England.

Microlite kleine scharfkantige Steinklingen, die an einer Speerspitze, beidseitig aneinandergereiht, versenkt wurden, aber auch einseitig in einen Hartholzast-Stab, um diesen als Säge zu benutzen. M. wurden auch zur Verschärfung von Keulen und als Pfeilspitzen verwendet.

Midéwin →Menominee.

Migichihiliniou Bezeichnung der Chippewa-Gruppen, die am Eagle Lake, nordöstlich des Lake of the Woods lebten.

Milwaukee (= Feines Land), frühere Stadt im heutigen Wisconsin, in der eine gemischte Bevölkerung von Potawatomis, Fox und Mascoutens lebte.

Milly Hado, Tochter eines Seminolen-Häuptlings, die das Leben des Amerikaners McKrimmon rettete, indem sie ihren Vater bat, dafür ihr eigenes zu nehmen. Der Häuptling verzichtete auf die Hinrichtung und verkaufte den Schotten an die Spanier als Sklaven. Wenig später wurde Milly und ihr Vater von Amerikanern gefangengenommen, und diesmal war es McKrimmon, der den Vater vor der Festungshaft bewahrte und Milly heiratete.

Mimbrenjos (auch »Mimbres«, abgeleitet aus dem span. »Miembres« = Weide), Apachenstamm, der in Ostwest-Arizona und Südwest-New Mexico beheimatet war und zu den westl. Apachen gehörte. Als 1832 der kluge und auf Frieden mit Spaniern und Mexikanern bedachte Häuptling »Juan José« den Mexikanern erlaubt, in Santa Rita del Cobre Kupfererz abzubauen, fallen viele junge und ungestüme Krieger seines Stammes unter der Führung von »Black Knife« (»Schwarzes Messer«) von ihm ab. 1835 hat der Häuptling »Mangas Coloradas« (»Rotärmel«) so viele Krieger, daß er die Kupfermine angreift, um sie zurückzuerobern. Der Gouverneur von der Durango-Provinz Mexikos setzt daraufhin für jeden

Apachenskalp eine Belohnung von 30 $ aus, was den Pelzhändler James Johnson dazu veranlaßt, die Mimbrenjos zu einem Fest einzuladen, um bei diesem mit einer verborgenen Kanone die meisten von ihnen, darunter Häuptling Juan José, zu töten und ihnen die Skalpe zu nehmen. »Mangas Coloradas« gelingt die Flucht, und dieses Massaker sowie die brutale Taktik des mexikan. Gouverneurs sind der Grund für einen mehr als 30jährigen erbitterten und blutigen Krieg der Apachen gegen die Mexikaner. Der Skalppreis läßt sehr bald in den Provinzen Chihuahua und Sonora Skalpmärkte erblühen, bei denen z. B. der kaliforn. Bandit John Gallantin mit seiner Bande ungeniert mehr als 300 Mexikanerskalpe in 9 000 $ verwandelt. Während des amerikan.-mexikan. Krieges schließen »Mangas Coloradas« und seine Unterhäuptlinge »Delgadito« und »Victorio« Waffenbrüderschaft mit US-General Kearny. Sie vertreiben die Mexikaner aus der Kupfermine und bauen sie zur Bergfestung aus. Aber 2 Jahre nach dem Friedensschluß 1848, in dem Mexiko Arizona, Kalifornien, Nevada, Utah, Colorado, Wyoming und New Mexico an die USA abtritt, ergreifen die Amerikaner Besitz von der Mimbrenjofestung. 1859 wird am Gila River Gold und in den Palo Alto-Bergen Silber gefunden. Als »Mangas Coloradas« durch Verhandlungen versucht, die Prospektoren davon abzubringen, das Land seines Stammes zu besetzen, ergreift man ihn und peitscht ihn aus. Er verbündet sich mit Cochise und den Navahos und entfesselt mörderische Überfälle gegen die Amerikaner. 1863 wird »Mangas« von US-Truppen gefangengenommen und (im Alter von 70 Jahren) auf der Flucht erschossen. Nachfolger des hünenhaften »Mangas Coloradas«, der mehr als 2 m groß war, werden Victorio, Acosta und Mangas Söhne Pasquin, Cassari und Salvador, die aber 1865 unter dem Druck der US-Armee nachgaben und — unter Vorbehalten — die San Carlos Reservation akzeptierten. Bei dem von den Chiricahuas unter Victorio, Loco, Cochise und Geronimo fortgeführten Kriege gab es Mimbrenjos, die sich nicht an den Kämpfen beteiligten und in den Reservationen blieben; es gab welche, die sich nur vorübergehend beteiligten und jedesmal wieder zurückkehrten, und es gab solche, die sich den Chiricahuas anschlossen.

Mingo →Logan.

Mingos →Irokesen-Bund.

Mishtawayawininiwak die Chippewas gaben diesen Namen ihren Stammesgenossen, die in Kanada lebten, um sie von denen in Michigan und Wisconsin unterscheiden zu können.

Missionsindianer Name für jene Indianer aus verschiedenen Stämmen, die in Kalifornien in 21 Franziskanermissionen zwischen 1769 und 1823 lebten. Diese M. betrieben unter der Anleitung der Mönche Ackerbau und theoretisch waren sie sogar Eigentümer ihrer Äcker, aber die Ernten gehörten den Padres.

Missouri (Algonkin: »Der Große Schlammige«), so nannten die Missouri-Indianer den großen »Vater aller Ströme«.

Missouri-Indianer Bezeichnung für Iowas und Otoes, die am Missouri lebten. 1850 wanderten sie nach Westen und ließen sich in Nebraska nieder, von wo sie später in eine Reservation nach Oklahoma gebracht wurden.

Miwok der größte Indianerstamm Zentralkaliforniens; der Name bedeutet »Mensch«.

Moache Untergruppe der Utes, die im südlichen Teil von Colorado und nördlichen New Mexico nomadisch umherwanderten und auch *Taos-Utes* genannt wurden, weil sie sich häufig in großer Anzahl um das Taos Pueblo in New Mexico versammelten. Am 2. 3. 1868 schlossen sie einen Vertrag mit den USA ab, der ihnen eine Reservation zuwies.

Mocho, El (= Der Abgeschnittene), Apachen-Häuptling in Texas des 18. Jahrhunderts, der bei einem Kampf ein Ohr verloren hatte (spanischer Säbelhieb) und den die Spanier vergeblich durch Intrigen und Komplotte zu töten suchten. Nachdem sie einen Friedensvertrag mit ihm geschlossen hatten, ließ ihn die Regierung des Vizekönigs von Mexiko hinrichten.

Moctobi kleiner Volksstamm, der nahe der Küste des Golfs von Mexiko in Mississippi lebte und zur Sioux-Sprachfamilie gehörte. Etwa um 1700 rottete eine Pockenepidemie nahezu alle Stammesmitglieder aus.

Mocuck →Macaque.

Modocs (Modocwort »Maotokni« = die Südlichen). Die mit den »Klamath« eng verwandten Modocs lebten beiderseits der heutigen Grenze zwischen Kalifornien und Oregon als primitive Jäger, Sammler und Korbflechter. Ihre Nahrung bestand (einmalig in der Welt) zu einem großen Teil aus Wasserliliensamen. Kulturell ein Volk, waren die Modocs und Klamaths Sklavenjäger, die mit Sklaven einen lebhaften Tauschhandel mit den Nachbarstämmen trieben. Sie lebten in Erdhäusern, von denen nur die runddeckelförmigen Dächer über den Boden ragten, jagten am Lost River und Tule Lake mit Gabelspeeren, Reusen und Netzen Fische und weigerten sich 1872 unter ihrem Häuptling Captain Jack, sich in der Klamath-Reservation niederzulassen. Als die US-Armee mit 650 Soldaten und einer Batterie Feldhaubitzen gegen 50 Modoc-Krieger und 75 Frauen und Kinder marschierte, die sich in ihrer sog. »Lavabett«-Festung an der südl. Seite des Tule Lake verschanzt hatten, versuchten General Canby und Reverend Dr. Thomas, die Modocs zum Einlenken zu bewegen. Sie wurden beide erschossen. Der Doppelmord zwang die US-Armee, den General Jefferson Davis mit insg. 3 000 Soldaten und 4 Batterien Artillerie gegen die 50 mit Vorderladern bewaffneten Modocs vorzugehen. 5 Monate dauerte der Kampf, und die Modocs brachten nicht nur der US-Armee eine Niederlage bei, sondern ihr Häuptling Captain Jack konnte sogar noch vom Schlachtfeld fliehen. Wenig später aber wurde er nach einer pausenlosen Hetzjagd gefangengenommen, des Mordes angeklagt und mit seinen Unterführern am 3. 10. 1873 in Fort Klamath öffentlich gehenkt. Die Nachkommen der Modocs lebten bis 1961 in der Klamath-Reservation.

Mogollons (auch »Mogayones«), kleine Gruppe der westl. Apachen, die in den Mogollonbergen Arizonas ein Wüstenplateau bewohnten.

Mohave (= Drei Berge), großer Volksstamm der Yuma-Gruppe, der am Colorado River in Arizona lebte und mit Flößen aus Schilfgras-Bündeln den Fluß befuhren, bekannt wegen ihrer Tätowierfreudigkeit, deren Muster oft den gesamten Körper bedeckten; seßhafte primi-

Apachen-Haube, White Mountain-Apachen, Arizona; gefertigt aus Fell, Menschenhaaren und Antilopenhörnern (oben)

Perlenverziertes Männerhemd, White Mountain-Apachen, Arizona (links)

Bogen und bemalter Köcher der White Mountain-Apachen, Arizona (unten links). — Bemalter Schild der White Mountain-Apachen, Arizona; aus Bisonbullen-Nackenrohhaut, gehärtet mit Bisonhufleim (unten rechts)

Ray Naha: »Zuni Corn Dance«, ein Tanz der Zuni-Indianer (sie bildeten mit den Hopis die westliche Gruppe der Pueblos). Die maskierten Tänzer heißen Katchinas, regenbringende Ahnengeister (oben)

Adlertanz. Der Adler ist das Symbol der Unantastbarkeit, Glücksbringer neben anderen Tieren und Bote der Gottheit. Er steht in der Dreiheit Himmel-Adler-Mann, (rechte Seite oben)

Karl Bodmer: »The Dog Dancer«, 1839. Ein Tänzer des »Hunde-Bundes«. Große Bedeutung hatten die Geheimbünde. Ihre Stellung in der Gesellschaft war von unterschiedlichem Einfluß (rechte Seite)

Fred Kabotie: »The Snake Dance«, Schlangen-Tänzer der Hopi-Indianer. Im August fand diese 9 Tage dauerne Zeremonie zur Ehre der Schlangengötter statt, verbunden mit der Bitte um Regen und gute Ernte. Die Schlangen (Klapperschlangen) wurden von den umstehenden Frauen mit Mais-Mehl bestreut und von den Männern sogar im Mund gehalten. Der Medizinmann berührte die Schlangen mit einer Feder. Schlangenbisse sollen bei dieser Zeremonie sehr selten vorgekommen sein (rechts)

Navaho-Frau mit ihren Kindern

Navaho-Indianer mit seinem Pferd

Navaho-Familie bei einem zeremoniellen Tanz. Im Hintergrund zwei »Hogans«

tive Ackerbauern. 1859 kämpfte die US-Armee den kleinen Stamm nieder, errichtete am Colorado River Fort Mohave und nahm 5 ihrer Häuptlinge gefangen, die auf der Flucht erschossen wurden. Von nun an verblieb der Stamm in einer Reservation, und einige seiner Krieger betätigten sich nur noch gelegentlich als Späher der US-Armee.

Mohave-Apachen →Yavapai.

Mohawk (»Sie-essen-lebendes-Fleisch«, auch »Menschenfresser«), der östlichste große Volksstamm des →*Irokesen-Bunds,* der schon früh mit den Holländern Handel im großen Umfang trieb und deshalb sehr früh in den Besitz von Feuerwaffen kam, was sie gegenüber ihren Nachbarn (Delawaren und Munsee) unüberwindlich stark machte. Die Hauptdörfer der M. befanden sich rund um den Lake Mohawk im Staate New York.

Mohegan dieses Algonkinvolk lebte in der Nähe der Region, in der heute New London, Connecticut liegt. Nach dem Tode von König Philip 1676 blieben die M. die einzigen Indianer, die in New England eine gewisse Stärke behielten.

Mohock Ausdruck unter den Siedlern New Englands, mit dem man aggressive Stadtstreicherbanden bezeichnete, ähnlich dem heutigen Begriff »Rowdy« oder »Gangster«. Das Wort ist eine Ableitung von *Mohawk.*

Mohongo Frau des Osage-Sachems Kihegashugah, die mit zwei anderen Häuptlingsfrauen 1827 von New Orleans nach Paris fuhr und dort mit königlichen Ehren am Hofe des Königs von Frankreich empfangen wurde. Auf der Rückkehr nach Amerika starben alle drei an Blattern.

Mohuaches Unterstamm der →Utes.

Mokassin *Moccason, Moccasin, Mockason,* indianische Fußbekleidung aus Hirsch- oder Büffelkalbleder. Ihre höchste Entwicklungsstufe fand der M. im Mackenzie-Becken und im Waldland des amerikanischen Ostens. Die Waldindianer trugen M. mit weichen Sohlen, die der Prärien solche mit harten Büffelledersohlen. Die Indianer von Texas und der Nordwestküste gingen meistens barfuß, ebenso verschmähten es viele Frauen, Fußbekleidung zu tragen. M. konnten Schuhe mit sehr kurzen Schäften sein, aber auch Stiefeln (Apachen) mit hohen Schäften, und auch an Leggings genäht sein. Das Aussehen war von Stamm zu Stamm unterschiedlich, eben so die Verzierungen mit Perlen, Borsten, Klauen, Zähnen etc. Manchmal hatten die Verzierungsmuster symbolische Bedeutung, manchmal wiesen sie auf den Rang des Trägers hin, manchmal erfüllten sie rein zeremonielle Aufgaben.

Mokassin-Leute →Tewa.

Mormonentee (Navaho: »Dl'oh'azihih«), eine Pflanze, aus der die Navahos eine hellbraune Farbe herstellen.

Mörser Haushaltsgerät zum Zerkleinern und Mahlen, von nahezu allen Stämmen in ganz Nordamerika in verschiedenster Form und aus verschiedenartigsten Materialien verwendet. M. aus Holz wurden hauptsächlich im Nordosten verwendet, aus Knochen und Häuten von den Stämmen der Plains, aus Stein von den Indianern des Südwestens.

Mosquito-Indianer Untergruppe der Seminolen, die an der Mosquito Lagune (Ostküste Floridas) unmittelbar nördlich von Cape Canaveral lebten und im Seminolen-Krieg von 1835—1842 als Heckenschützen eine große Rolle spielten.

Mozeemlek legendäre Indianer, die angeblich Bärte und Kleidung wie Weiße trugen und Kupferwaffen besaßen. Sie sollen (vor Ankunft der Weißen in den Plains) im westlichen Dakota und Wyoming an einem Fluß beheimatet gewesen sein, der in einen Großen Salzsee mündete.

Mugg Häuptling eines kleinen Neuenglandstamms *(Arosguntacook),* der 1675 gegen die Engländer kämpfte, Gefangene machte und sich mit großer Mühe bei den Ratsversammlungen dafür einsetzte, daß die Gefangenen verschont wurden. Er bot — obwohl er die Engländer geschlagen hatte — Frieden an, brachte zu den Friedensverhandlungen die Gefangenen mit, und wurde anschließend von den Engländern eingesperrt und gefoltert. Er konnte aus dem Gefängnis entfliehen, kehrte zu seinem Stamm zurück und überfiel die englische Siedlung Black Point. Dieses Mal machte er alle Engländer, deren er habhaft werden konnte, nieder und folterte die Gefangenen vor den Augen der Verteidiger zu Tode. In einem Scharmützel wurde er am 16. 5. 1877 getötet.

Mugwump (Ableitung eines Algonkin-Worts: »Mann-großer-Fähigkeiten«), die Massachusetts nannten so einen Mann, der seine Gruppe aus Protest verläßt und lieber alleine bleibt, oder sich gar einer feindlichen Seite anschließt. Die Neu-Engländer wendeten den Begriff auf einen Mann an, der sich besser dünkt als der Rest seiner Mitmenschen. Da diese frühen Neu-Engländer äußerst bigott und engstirnig waren, wendeten sich nicht wenige von ihnen ab, um in die Wälder zu gehen, wo sie unabhängig waren — und das waren durchaus oft tatsächlich bessere Männer, sodaß das Wort M. bei den Engländern einen negativen Charakter hatte, bei den Indianern aber einen positiven.

Mummychog (Narragansettdialekt der Algonkin-Sprachgruppe, Bedeutung: »Jener-der-mit-anderen-wandert«), Fischart, die entlang der Nordostküste vorkommt.

Mundua Algonkin-Wort: »Jener-der-in-einem-fortschreit«, dt.: Schreiender Ziegenmelker.

Muruam kleine Indianergruppe, bestehend aus Tonkawa- und Ticmamare-Indianern, die um 1720 in den Missionen von San Antonio de Bexas (Texas) katholisch getauft wurden.

Musgrove, Mary →Bosomworth, Mary.

Mushalatubbee Choctaw-Häuptling, ein Freund Lafayettes, der im Krieg von 1812 seine Krieger mit Jackson gegen die Creeks führte und am 30. 9. 1838 an Blattern starb.

Muskeg (Algonkin-Wort, in Chippewa: »mus'kig«, in Kickapoo: »mas'kyag« = grasbedeckter Sumpf, Morast, Schlammsenke), von den Indianern der Großen Seen für trügerische Grasdecken über Sumpfgebieten angewendet.

Muskhogee-Familie die Stämme der Muskhogee-Familie waren kulturell nicht so hochstehend wie die Cherokees, aber sie zählten dennoch zu den Zivilisierten Nationen. Die Choctaws lebten am unteren Mississippi, die Chickasaws nördl. davon bis zum Tennessee River, die

Creeks in Alabama, Georgia und Südcarolina. Als die Algonkin-Stämme von Indiana und Ohio zum Endkampf gegen Präsident Washington rüsteten, versuchte deren Häuptling Tecumseh, auch die kriegserprobten Creeks als Verbündete zu gewinnen. Die Creeks jedoch, die vielleicht schlachtentscheidend gewesen wären, verhielten sich neutral. Nach der Niederlage erhielten sie von der US-Regierung den Dank hierfür: Im Kriege von 1813/14 wurden sie von den Amerikanern vernichtend dezimiert, 1836 mit den Choctaws, Chickasaws und Seminolen zwangsweise nach Oklahoma deportiert, wo sie mit den Cherokees 1839 die sog. Fünf Zivilisierten Nationen des Indianerterritoriums bildeten, bis Oklahoma zum weißamerikan. Bundesstaat erklärt wurde. Seit nahezu einem halben Jahrhundert tauchen diese Indianerstämme in Filmen, Büchern und Groschenheften stets beim Durchmarsch der Herdentrecks von Texas durch das Indianerterritorium als tomahawkschwingende Wilde auf, die sich wie Steinzeitmenschen gebärden. Alle Indianer dieser fünf Nationen waren voll christianisiert und trugen christlich-anglikanische Namen. Sie waren Akademiker, Kaufleute, Bauern, Viehzüchter, Beamte, Politiker und Pädagogen, genau wie die Amerikaner in Neu-England. Lange bevor der Cowboy aus Texas nach Norden aufbrach, beschützten die Indianerpolizei (sog. »Lighthorses«), Indianerrichter und Indianersheriffs weiße Überlandfahrer auf dem Wege nach Oregon und Kalifornien (1846—1866) nicht etwa vor indianischen, sondern vor weißen Banditen in Oklahoma.

Mustang Amerikanisierung des span. Wortes »Mesteño«, was soviel wie »verwildertes Haustier« bedeutet, »das in den Bergen geboren, menschenscheu und mißtrauisch ist«. Im Dt. wird der Begriff Mustang als »Wildpferd in Amerika« übersetzt, was nicht ganz richtig ist. Der Mustang ist ein heute fast ausgestorbener Abkömmling der Pferde der span. Eroberer, der, seit über dreihundert Jahren wild lebend, zeitweilig zu Abertausenden die nordamerikanischen Prärien bevölkerte, vor allem am Fuß der Rocky Mountains (Texas, Arizona, Wyoming, New Mexico). Der Mustang ist ein unveredelter verwilderter Pferdetyp, bei dem alle Farben vorkommen, Scheckung häufig, Größe selten über 147 cm Stockmaß. In jüngster Zeit sind Bestrebungen zur Rettung der letzten Bestände im Gange. Nur der weitaus geringste Teil der Millionen zählenden Herden war zum Reiten u. für Herdenarbeit zu verwenden. Allerdings sind auch während der 300 Jahre währenden Inzucht Mutationen entstanden, die wieder zu reinrassigen Merkmalen zurückführten. Das waren dann die Pferde, derer sich die indian. Reiterstämme für die Aufzucht wertvoller neuer Rassen bedienten. Scharf unterschieden wurde zwischen dem völlig wertlosen Mustang und →»Wildpferd« (Wild Horse), aus dem sehr wertvolle Sattelpferde zu erzielen waren. Dementsprechend wurde der Mustang zu einer Zeit, da Reitpferde knapp waren und viel Geld kosteten (100 bis 150 $) abgeschossen, wo immer man sie antraf denn sie weideten das für die Rinderherden lebensnotwendige Gras ab, sie dezimierten die kargen natürlichen Wasservorkommen, sie machten Zuchthengste rebellisch und Reitstuten unruhig, sie brachten Unruhe in Rinderherden und traten in solchen Massen auf, daß man sie regelrecht als Plage empfand. Was letztlich dazu geführt hat, daß aus den hochrassigen span. Vollblutpferden in der Frühzeit der Entwicklung der minderwertige Mustang wurde, glauben heute Wissenschaftler herausgefunden zu haben: zu viele der bestveranlagten Hengste sind während der Brunstzeit an den durch Kämpfen erlittenen Verletzungen eingegangen, so daß schon bald die weniger kämpferischen und schwachen Hengste, die erst gar keinen Kampf riskierten, die Überhand bekamen. Die zweite und bedeutendere Ursache ist wohl die Jahrhunderte während Unterernährung durch den Schraubenwurmbefall, dem die zahlreichen Herden in New Mexico und Arizona ausgesetzt waren. Auch die zunehmende Besiedlung dezimierte den Mustangbestand. Die US-Truppen, die Indianer, die Siedler u. die Wagenkarawanen verloren immer wieder Pferde an die Wildnis. Diese entlaufenen ausgesuchten und wertvollen Pferde vermischten sich mit den Resten der Mustangs und brachten jenes begehrte »Wildpferd« hervor, das von »Mustangern«, professionellen Wildpferdfängern, bis ins 20. Jh. hinein gefangen und mit hohem Gewinn verkauft wurde.

Nacachau Stamm in Texas, der von dem spanischen Entdecker Francisco de Jesús Maria 1691 erwähnt, und für den wenig später eine Mission errichtet wurde, die unter dem Namen Mission San Francisco de los Neches bekannt wurde.

Nacaniche von den Franzosen 1690 entdeckter Caddo-Stamm, der am Trinity River in Texas lebte, und der im 19. Jh. unter das Regiment der Nacagdoches kam.

Nacheninga (»Kein-Herz-für-Furcht«), Iowa-Häuptling von sprichwörtlicher Courage, dessen Sohn gleichen Namens, als er Washington besuchte, von dem Maler George Catlin gemalt wurde, und dessen Bild sich jetzt im National Museum in Washington D.C. befindet.

Nacogdoche größerer Stamm von Texas, dessen Hauptdorf dort stand, wo sich heute die texanische Stadt gleichen Namens befindet.

Nadowa (»Jene-die-suchen-und-Fleisch-essen«), viele Indianer nannten die Sioux, Irokesen, Iowas, Dakotas und andere nach der »Klapperschlange«, weil sich diese Stämme in ständiger Ausdehnung und Suche nach neuen und besseren Jagdgründen befanden. →Irokesen-Bund.

Nagonub Häuptling der Fond du Lac-Chippewas, der US-General Lewis Cass in Washington vorstellte; wegen seiner höflichen Manieren, seines guten Aussehens, seiner Würde und seines Charms Favorit der Damenwelt. Schloß am 4. 10. 1842 in La Pointe, Wisconsin, einen Friedensvertrag für seinen Stamm mit den USA.

Nahaydi (»Jene-die-ihre-Absätze-nach-außen-stellen«), eine Gruppe der White Mountain-Apachen (Western Apachen), die nur aus gefangenen Mexikanern und deren Nachkommen bestanden.

Nah'che *Naiche* (»Der-Böses-im-Schilde-Führende«),
zweiter Sohn des Chiricahua-Apachenhäuptlings Cochise; in den Apachenaufständen gegen die amerikanische
Besiedlung spielte er eine führende Rolle; von US-General Nelson Miles gefangengenommen, wurde er ins Gar-
nisongefängnis von Fort Sill, Oklahoma, gebracht.

Na'kai (Navaho-Wort:»Weißer Fremdling«), so nannten die Navahos die spanischen Eroberer und die Kinder,
die von Utes mit weißen Frauen gezeugt wurden.

Nakasinena (Arapaho:»Salbeibuschvolk«), eine Untergruppe der Arapahoes, die in der Region des heutigen
Colorado Springs, Colorado, lebten. Die frühen Siedler
kannten sie unter der Bezeichnung *Nördliche Arapahoes.*
Sie selbst behaupten, die Ur-Arapahoes zu sein, von denen alle anderen Untergruppen abstammen.

Nakhpakhpa (Siouxwort:»Nimm-deine-Leggings-ab«),
Gruppe der Brulé-Teton-Sioux.

Nakuimana (Cheyenne:»Bärenvolk«), Gruppe der
südlichen Cheyennes.

Naltunnetunne (= Volk-unter-den-Pilzen), athapaskischer Stamm an der Nordwestküste Oregons.

Namaycush *Mackinaw-Forelle,* Forellenart der Großen
Seen.

Nambe Bewohner des Tewa-Pueblo am Nambe River,
New Mexico. Im 17. Jh. Schwerpunkt der Franziskanermissionen. Das Pueblo ist heute noch bewohnt.

Namen die Namensgebung der Indianer war eine Aus-
drucksweise an sich, beladen mit den verschiedensten
Bedeutungen realer oder übernatürlicher Art. Ein In-
dianerbaby erhielt in der Regel kurz nach der Geburt
einen Namen, gewöhnlich von einem Medizinmann oder
väterlichen Verwandten. Mädchen behielten diesen Kindernamen meistens ein Leben lang — wenn sich in ihrem
Leben nichts besonders Bedeutungsvolles ereignete.
Knaben behielten in der Regel die Kindernamen bis zu
Pubertät, die sie in reinigender Abgeschiedenheit ver-
brachten. Von nun an wechselten sie ihre Namen. Zuerst
mochte ein Traumbild während der Pubertäts-Fastenzeit
einen neuen Namen bestimmen, dann konnte er durch
eine bedeutende Tat wieder einen neuen Namen erhalten.
Namen, entstanden aus körperl. Gebrechen oder tier-
bezogen, wurden meistens das Leben lang behalten. Der
Oglala-Sioux-Häuptling *Crazy Horse* erhielt seinen Namen, weil gerade bei seiner Geburt ein durchgehendes
Pferd durchs Zeltlager lief und Aufregung verursachte.
Naturereignisse konnten für die Namensgebung wesentlich sein. So erhielt »Rote Wolke« seinen Namen, weil
er eine Vision von angreifenden Sioux-Kriegern hatte,
die wie eine »Rote Wolke« dem Feind entgegenliefen.
Übersetzungen geben meistens einen falschen Eindruck
von der Bedeutung des Namens. Der Kiowa-Name »Ta-
kaibodal«, der soviel wie »Übelriechende Satteldecke«
bedeutet, verursacht in der Übersetzung den Eindruck,
als handele es sich beim Träger dieses Namens um einen
unsauberen Dreckfink, der nie seine Satteldecke wäscht.
Für den Indianer aber bedeutet er, daß er soviel auf
dem Kriegspfad war, daß er gar keine Zeit hatte, seine
Satteldecke zu waschen, also ein außerordentlich tapferer
Krieger ist. Häufig übernahmen auch würdige Söhne die
Namen ihrer Väter, wie z. B. der Sohn von Red Cloud,
der sich Jack Red Cloud nannte.

*Plenty of Horses, Cheyenne-Häuptling. Der Brustschmuck
ist aus Röhrenknochen (»Hair pipes«) hergestellt. Durch
die Röhren sind Lederschnüre gezogen, zwei vertikale Le-
derstreifen dienen zur Versteifung*

Namontack (= Studentenaustausch), ein Powhatan-In-
dianer, der im Sommer 1608 von Captain Newport nach
England gebracht wurde, um hier ein Jahr lang die soziale
Ordnung, das Universitätswesens, Zeitungen, Theater,
Handel und Gewerbe und die Armee zu studieren. Im
Austausch ging der englische Student Thomas Savage
für ein Jahr lang zu den Powhatans, um dort ähnliche
Studien zu machen. Als Namontack zu seinem Volk zu-
rückkehrte, sagte er:»Alle Indianer werden untergehen.«
Daraufhin wurde er von einem Stammesangehörigen ge-
tötet.

Nana Unterhäuptling der Chiricahua-Apachen, der mit
seiner Bande zahlreiche blutige Überfälle, besonders in
Mexiko, verübte.

Nanabozho schöpferischer Lebensgeist, der nach Al-
gonkinglauben die Erde und alle Lebewesen schuf und
im hohen Norden im »Lande des Eises« wohnte.

Nanawonggabe Oberhäuptling der Chippewas am
Oberer See in Kanada, Vater der »Chippewa«-Prinzessin,
die als einzige weibliche Person des Großstammes ein
Krieger war, das Waffenhandwerk verstand, Kriegerklei-
dung trug und an Kriegs-Zeremonien teilnehmen durfte.

Nanepashemet Nipmuc-Häuptling (Massachusetts),
der 1619 getötet wurde, und dessen Frau die Häuptlings-
stellung als Squaw-Sachem übernahm.

Nanticoke Algonkinstamm am Nanticoke River in Maryland, der in einer losen Interessengemeinschaft mit den Delawaren und Conoys lebte und 1748 — nach vielen Schwierigkeiten mit der vorrückenden englischen Besiedlung — den Susquehanna River nach Norden wanderte und sich dem Irokesen-Bund (im Staate New York) anschloß.

Nanuntenoo Narragansett-Sachem, der als erster den Friedensvertrag von 1675 unterzeichnete, danach König Philip in seinem Krieg gegen die Briten tatkräftig unterstützte, von den Engländern 1676 gefangengenommen und nach Stonington (Connecticut) gebracht wurde, wo man ihn tötete, den Kopf abschnitt und diesen den Stadtvätern von Hartford als Geschenk überreichte.

Napeshneeduta erster Dakota-Indianer, der sich am 21. 2. 1840 christlich taufen ließ und den Namen *Joseph Napeshnee* annahm. Jahre später ließ er sich bei Fort Snelling in einem Sioux-Dorf nieder, erkrankte schwer, und seine Stammesgenossen weigerten sich, ihn zu pflegen. Er gesundete und wendete sich 1862 gegen seinen Stamm und kämpfte auf der Seite der Amerikaner. Er starb im Juli 1870.

Narragansett führender Algonkinstamm in Rhode Island und am Providence River, der hauptsächlich auf Inseln lebte und deshalb von Seuchen weniger heimgesucht wurde als andere Völker dieser Nordostregion. Während des *König Philip-Kriegs* kämpften sie hartnäckig gegen die Engländer. Am 19. 12. 1675 allerdings verloren sie in einer verheerenden Schlacht mehr als 1 000 Krieger. Dieser Verlust brach ihre Stärke. Nachdem die Engländer ihre großen Sachems hinrichtet hatten, versanken die N. in Bedeutungslosigkeit. Jüngste Forschungen haben ergeben, daß die N. wahrscheinlich von den Wikingern abstammten. Sie waren größer als die übrigen Indianer, viele hatten blaue Augen und rötliches Haar, ihre Haut war fast weiß und voller Sommersprossen. Ihre Sprache enthielt zahlreiche Wikinger-Wortstämme, und in ihren Legenden kehren immer »Götter mit flammendem Haar und windgetriebenen Sturmschiffen« wieder, die »aus dem Morgenrot übers Meer kamen«.

Nascapi der nordöstlichste der Algonkinstämme, der am St. Lorenz-Strom bis nach Labrador hinein lebte.

Nashua Unterstamm der Massachusetts-Indianer, der im *König Philip-Krieg* gegen die Briten kämpfte und nach dem Krieg fast vollständig von den Engländern gefangengenommen und in die Sklaverei (Bermudas) verkauft wurde.

Navahos *Navajos,* populärer Name für die Yutagenne-Indianer, die wie die artverwandten Apachen von der südl. athapaskischen Sprachfamilie abstammen, aber im Gegensatz zu den nomadischen Wüstenwanderern der Apachenstämme in halbseßhafter Lebensweise in heutigen Nordost-Arizona und nordwestl. New Mexico in festen Asthüttendörfern lebten, Mais und Gemüse anbauten und Schafzucht betrieben. Große Fertigkeit haben sie seit vielen Jahrhunderten in der Herstellung von Webteppichen und Decken. Lange Zeit hielten sich die Navahos zwischen den Utes im Norden, den Gilenos- und Chiricahua-Apachen im Süden, den Moquis (Hopi-Pueblos) im Westen und den span. Missionen und Ansiedlungen im Osten neutral. Während der amerikan.

Ausrottungs- und Reservationspolitik machten die Navahos Front gegen die stückweise Eroberung ihres Landes durch die weiße Besiedlung und fielen über Siedler, Rancher, Transportwege und Depots her. Die US-Armee machte dem Kampf unter Colonel Kit Carson bis Herbst 1863 ein Ende: Im Canyon de Chelly unterwarf sich die Navaho-Nation der bedingungslosen Kapitulation und wurde mit Apachen zusammen bei Fort Sumner in New Mexico in der Bosque Redondo Reservation (für die wenige Jahre später J. S. Chisum und Charles Goodnight die Fleischrationen lieferten) konzentriert. Pest, Blattern, Cholera, Lungenentzündung und Unterernährung ließen nur einen kleinen Rest übrig, der dann später, als das Indianerproblem keines mehr war, wieder zu den alten Jagdgründen zurückkehren durfte. Für Cowboys waren die Navahos selten Anlaß zu Kampf und Ärger. Heute ist die Navahonation nicht nur mit 100 000 Seelen der zahlenmäßig stärkste Indianerstamm, sondern durch Ölvorkommen auf ihrem Land und Ausnutzung des florierenden Fremdenverkehrs auch der reichste. Im 2. Weltkrieg wurden Navahos hauptsächlich als Funker im Krieg gegen Japan eingesetzt. Als es beim amerikan. sog. »Inselspringen« im Pazifik den Japanern gelungen war, den amerikan. Geheimkodex zu entziffern, setzten die Amerikaner Navaho-Funker ein, die Nachrichten in ihrer Stammessprache durchgaben. An dieser komplizierten Sprache scheiterten alle Bemühungen der japan. Kode-Experten. Hierdurch gewitzt geworden, haben die Sowjets ein Fremdsprachenseminar der Universität in Moskau und auch einen Sprachkurs in Navaho eingerichtet.

Neamathla erster Seminolen-Sachem, geborener Creek, ein hochintelligenter, energischer Mann, der in seinem Volk strikte Disziplin einführte und jeden Übergriff gegen Amerikaner hart bestrafte. Er stand bei den US-Behörden als Politiker in hohem Ansehen. Als der erste Seminolen-Krieg auszubrechen drohte, machte er klar, daß ihm an einem Frieden mit den USA gelegen ist, woraufhin ihm die US-Behörden ein schönes Haus, erheblich abseits der Seminolen-Dörfer, schenkten, was

White Bird, Häuptling der Nez Percé

Häuptlinge der Nez Percé auf dem Kriegspfad, 1877

sich als folgenschwerer Fehler erwies. Die Seminolen wählten N. als Sachem ab und begannen den Guerillakrieg. N. ging mit seiner Familie zu den Creeks zurück.

Netop kolonialenglisches Begrüßungswort für Indianer, es bedeutete »Freund«, »Kamerad«, »Gefährte«, aber auch »Sei-meine-Frau«.

Neutrale Bezeichnung für eine Stammesgruppe der Irokesen, die am Seneca Lake (New York) lebten und während der Kriege zwischen Irokesen und Huronen neutral blieben.

Nez Percé (dt.: durchbohrte Nase oder Ringnase; Lewis und Clark nennen sie »Chopunnish«, sie selbst bezeichneten sich als »Nimipu, Kaminu oder Tsupeli«), im Herzen des jetzigen Montana und an der Ostgrenze von Oregon im Felsengebirge lebender Volksstamm der Penuti-Familie, der der Sahaptin-Sprachfamilie angehörte, urspr. Gebirgsjäger und Steinkocher, dann ein Reiterstamm war, der vornehml. von der Büffeljagd und von Camas, einer Zwiebelart, lebte. Die Camas wurden geröstet oder auch zu Brot verarbeitet. 1840 errichtete der Missionar Marcus Whitman eine Mission bei Wallawalla, die aber später niedergebrannt (und Whitman getötet) wurde. Berühmt wurden die Nez Percé durch ihren Häuptling *Joseph,* der sich der amerikan. Ausrottungspolitik widersetzte und 1877 die US-Armee unter General Oliver Howard in einem strategisch blendenden Kriegszug bis auf die Knochen blamierte. Dieses allseits als edelmütig, tapfer und intelligent beschriebene Volk wur-

de aber schließlich doch durch die außergewöhnl. brutale (und primitiv-einfallslose) Machtpolitik der US-Armee unterworfen, Häuptling Joseph als Gefangener nach Oklahoma verbracht und die Nez Percé in Reservationen in Idaho, Oregon und Washington zwangsevakuiert. Joseph starb 1904, und sein Ausspruch bei Unterzeichnung der Kapitulation am 5. 10. 1877 ist Geschichte geworden: »Unsere Häuptlinge sind tot, die besten unserer jungen Krieger sind tot, unsere alten Männer, viele Frauen und Kinder sind tot. Die Überlebenden werden erfrieren, wir haben keine Decke, keine Nahrung, keine Munition mehr. Ich möchte Zeit haben, nach meinen Kindern zu suchen und sehen, wieviele ich von ihnen noch finden kann. Vielleicht sind sie unter den Toten. Mein Herz ist schwer und krank. Ich werde nie wieder kämpfen.«

niederhetzen (engl.: Run Down) indianische Jagdmethode des Niederhetzens mag auf die hochnordische Schneeschuhjagd zurückgehen, bei der sich im Schnee große Tiere nur sehr langsam fortbewegen können. Für den Jäger der Plains war es aber auch eine hochsportliche Angelegenheit, einen Bären einfach niederzurennen, indem er ihn viele Stunden lang ohne Unterbrechung hetzte, bis der Bär aufgab und sich stellte. Auch Hirsche, Elche, sogar einsame »Renegaten«-Wölfe sind auf diese Art niedergehetzt worden, indem der Jäger dem Tier tagelang folgte, es nicht zum Fressen, Saufen oder Schlafen kommen ließ, bis es eines Tages »dastand und wußte, daß es verloren hatte«.

Nimham Sachem der Wappinger-Konföderation am Hudson River, der 1762 nach England reiste, um von den Briten Stammesland zurückzuerhalten. Er soll bindende Zusagen erhalten haben, kämpfte aber im Unabhängigkeitskrieg auf der Seite der amerikanischen Kolonisten, die ihm ebenfalls feste Zusagen gemacht hatten. Er wurde am 3. 8. 1778 in der Schlacht von Kingsbridge getötet.

Nocake frühkolonistisches Wort für eine Indianerspeise, die aus geröstetem Maismehl bestand, das man mit etwas Wasser oder Milch versetzt hatte. Die Kolonisten übernahmen diese Speise, verfeinerten sie mit Rosinen und getrockneten Früchten und nannten sie »No Cake« (Kein-Kuchen). In der Narragansettsprache hieß diese Speise *Nokehick*.

Nokehick →Nocake.

Nokoni →Comanchen.

Nopal (lat.: Opuntia lindheimeri, engl.: Prickly Pear, dt.: Feigenkaktus), unter den Indianern des Südwestens auch bekannt unter den Namen: Nochtli, Culhua, Cancanopa, Pacal, Potzotz, Toat, Pare, Caha und Xantha. Die Frucht, *Tuna* genannt, wurde roh gegessen, gekocht gab sie süßen Sirup, den vergorenen Fruchtsaft nannte man *Colonche*, ein dickes Kraut aus eingekochtem Saft *Melcocha*. Die gekochten Sprossen wurden mit Pfeffer gegessen, aus dem Samenbrei *Queso de Tuna* (Tunakäse) gemacht. Ein Teeabsud aus den Früchten trank man gegen Gallencholiken, die zu Brei geriebenen Sprossen galten als entzündungshemmend. Aus dem Saft der Sprossen zusammen mit Talg wurden Kerzen hergestellt.

Nördliche Schwarzfüße →Siksika.

Norridgewock (»Das-Volk-das-am-Stillen-Wasser-zwischen-den-Stromschnellen-wohnt«). Unterstamm der Abnakis; loyale Freunde der Franzosen, die 1724 überraschend von der englischen Armee überfallen wurden und sich danach auf andere Stämme verteilten.

Nottoway →Irokesen-Bund.

Nußsteine Tassensteine mit halbrunden Vertiefungen, die möglicherweise zum Öffnen von Nüssen, aber wohl auch zum Mischen von Farben etc. verwendet wurden.

O'Bail, John →Cornplanter.

Obsidian meist schwarzes, bräunliches oder auch graues vulkanisches Gesteinsglas, oft in Verbindung mit Liparit, entsteht durch schnelles Erstarren vulkanischer Schmelzflüsse und wurde von den nordamerikan. Indianern zur Herstellung von Speer- und Pfeilspitzen, aber auch als Basismaterial für Skulpturen verwendet.

Occaneechi kleine Siouxgruppe am Roanoke River in Virginia und Nord-Carolina, die 1670 ersten Kontakt mit Engländern bekam.

Oderie Häuptling der →Agaihtikara.

Oglalla Unterstamm der zur Sioux-Gruppe gehörenden *Tetonindianer;* Glied der »Sieben Ratsfeuer«.

Jacob Scott, Sheriff der »Osage Indian Police«, 1884

Omaha (»Jene, die gegen den Wind gehen«), einer der Hauptstämme der Sioux-Sprachfamilie, der vom Ohiotal nach Westen wanderte und am 16. 3. 1854 auch ihr Gebiet westlich des Missouri der US-Regierung zur Verfügung stellte. Sie wohnten in Erdhütten aus Grassoden und verwendeten Hautzelte nur, wenn sie wanderten. Nach einer verheerenden Pockenepidemie 1802 blieben nur noch 300 von ihnen am Leben.

Oneida →Irokesen-Bund.

Oneota Sioux-Stamm in Nebraska bis 1700.

Onondaga →Irokesen-Bund.

Oraibi (= Felsenplatz), größtes Dorf der Hopis auf der sogenannten »Black Mesa« im nordöstlichen Arizona. Es ist die älteste, heute noch bewohnte Indianersiedlung Nordamerikas.

Orejones (= Großohren), so nannten die Spanier die Indianer der Nordwestküste wegen ihrer Sitte, große Ornamentscheiben in aufgeschlitzten Ohrläppchen zu tragen. Wahrscheinlich ist der Staat Oregon nach diesem spanischen Ausdruck benannt.

Osage westliche Gruppe der Sioux, die in Kansas, Missouri und Illinois lebte und etwa 1673 ersten Kontakt mit Weißen bekam.

Osagen (aus dem Osage-Wort »Wazhazha« = Name eines der Unterstämme), Stamm der Sioux-Sprachfamilie, der am Osage-Fluß in Montana lebte, als erbitterter Feind der südl. Reiterstämme und durch seine militärgesellschaftl. Ordnung berühmt geworden. Die Osagen lebten von 1839 an in einer Reservation des sog. »Indianerterritoriums« (das spätere Oklahoma). Sie stellten schon sehr früh eine uniformierte Polizeitruppe — die »Osage Indian Police« — auf. Bekanntester Sheriff dieser Osage-Polizeitruppe war der Vollblut-Osage Jacob Scott, der sein Amt von 1876 bis 1893 innehatte, ein Mann, dem man hohe Intelligenz und diplomatisches Temperament ebenso nachsagte wie Kunstfertigkeit im Reiten und Schießen. Als in der Osage-Reservation in Oklahoma Erdöl gefunden wurde, waren die Osagen intelligent und clever genug, sich diesen Boom rechtzeitig zu sichern.

Osceola *Asseola, Oceola, Osinola, Assini-Yahola* (Asse = Black Drink, Ola = ein Wasserfall; »Einer-der-den-Schwarztrank-in-Strömen-trinkt«), auch *Powell* genannt, nach einem Schotten, der seine Mutter heiratete; Seminolen-Sachem; impulsiv, jähzornig, ehrgeizig, gnadenlos, energisch, schlau und ausdauernd, ungeduldig, intolerant und rachsüchtig wurde er erst zum Anführer des Seminolenaufstandes, als die Versuche anderer Sachems, mit dem Amerikanern Frieden zu halten, scheiterten. Als diese Sachems sich einverstanden erklärten, daß nach dem Frieden von Payne's Landing, die Seminolen Florida aufgeben und im Creekgebiet westlich des Mississippi siedeln sollten, ging er mit einem Großteil der Seminolen in den Untergrund und führte den schlimmsten Guerillakrieg, den die US-Armee je erlebt hatte. Schließlich wurde Osceola unter der Weißen Flagge gefangengenommen und ins Gefängnis gesteckt, wo er 1838 starb.

Oto (= Die Wollüstlinge), Siouxstamm, der in Wisconsin beheimatet war.

Ottawa (= Die-mit-Anderen-Handelnden), Waldindianerstamm, der an den Großen Seen lebte und erstmals 1615 mit Champlain in Berührung mit Weißen kam.

Ouray Häuptling der Uncompahgre-Utes (†24. 8. 1880), der fließend Spanisch und Englisch sprach und auf freundschaftliche Beziehungen zu den Amerikanern bedacht war. Er erhielt wegen seiner Haltung von der US-Regierung ein »Spezial-Gehalt«.

Ozark Unterstamm der Quapaws von Missouri und Arkansas, von den Franzosen *Aux Arcs* genannt.

P

Pacer (Essa-queta, auch »Peso« = Schreitender), langjähriger Häuptling der Kiowa-Apachen. Am 6. 8. 1873 war er kriegsmüde und ließ dem Gouverneur von Texas, Davis, mitteilen: »Wir werden einen neuen Weg gehen und den alten verlassen... ich habe hart gearbeitet, den Frieden zu bewahren und werde weiter hart arbeiten... wir sind noch Indianer, aber unsere Söhne und Sohnessöhne werden weiße Männer sein. Erbaut uns Häuser, lehrt unsere Kinder zu schreiben und zu lesen...« 1875, im Jahre seines Todes, erbauten die Quäker die gewünschte Schule.

Padouca →Comanchen.

Pahnis →Pawnee.

Paiute (= Echtes Wasser), Stamm der uto-aztekischen Sprachfamilie. Die P. sollen von den Shoshonen abstammen und lebten in Utah, Arizona und Idaho.

Pajutes (Pah-Utes, Paiutes; auch »Wasser-Utes«, »Monos« und »Washoes«), Unterstamm der →Utes.

Palouse (auch »Pelus«, »Pelouse«, »Palus«), im nordwestl. Felsengebirge lebender Unterstamm der »Wallawallas«.

Pamlico ein kleiner Algonkinstamm, der früher im heutigen Beaufort County von North Carolina lebte und 1696 durch eine Blatternepidemie um mehr als die Hälfte dezimiert wurde. Später kämpften sie gegen die Briten und Tuscaroras. Der Stamm ging 1711 unter.

Panikjagd →Stampedejagd.

Papago (Papago-Worte: »Pahpah« = Bohnen, und »ootam« = Volk), ein ackerbautreibendes Volk der uto-aztekischen Sprachfamilie, das südl. des Gila River-Tals in Arizona wohnte und eine kulturelle und sprachl. Verwandtschaft mit den nördl. wohnenden Pimas bildete. Die Papagos waren sehr anpassungsfähig und übernahmen während der span. Kolonialzeit rasch Christentum, Sitten und Gesellschaftsformen und arbeiteten danach auch mit den Mexikanern und schließlich mit den Amerikanern eng zusammen. So stellten sie z. B. 1865 eine ständige Polizeitruppe von 150 Mann auf, die den Amerikanern im Kampf gegen die Apachen zur Verfügung

Pacer (Peso, Paco)

stand. 1871 war es eine Truppe aus Papago-Indianern und Tucson-Siedlern, die den Aravaipa-Apachen im »Camp Grant Massaker« am San Pedro River hohe Verluste beibrachten. 1874 siedelten sie sich in der San Xavier Reservation an, zu der 1884 noch die Gila Bend Reservation hinzukam. Um 1890 waren viele Papagos Rancher und Cowboys. 1960 wurde das Reservationssystem für die Papagos aufgegeben, weil sie als Lohnarbeiter vollständig ins amerikan. Leben integriert waren.

Papago-Städte waren: Boca del Arroyo, Caca Chimir, Chioro, Cubac, Cujant, Cumaro, Elegio, Fresnal, Joajona, Junostaca, Llano, Macombo, Oopars, Tacquison.

Papoose (auch »Pappoose«, »Papouse«, »Papeississu«), Kleinkind, Säugling, Kriechling; Kinder bis zu etwa 3 Jahren.

Parfleche Falttasche der Prärie-Indianer aus ungegerbtem Büffelleder, farbig bemalt; zur Aufbewahrung des *Pemmican*.

Parker Eli Samuel, Seneca-Indianer des Wolf-Clans seines Stammes. Er studierte Technik und wurde Ingenieur und Offizier unter US-General Ulysses S. Grant. 1863 wurde er Generaladjutant und nach dem Bürgerkrieg 1865 Präsident Grants Sekretär. General P. entwarf die Kapitulationsbedingungen, die dann bei der Kapitulation bei Appomatox Court House der geschlagene General Lee und der siegreiche General Grant unterzeichneten. P. wurde 1869 zum Kommissar für Indianische Angelegenheiten bestellt, widmete sich dieser Aufgabe zunächst mit größtem Enthusiasmus, mußte aber dann erkennen, daß die Schwerfälligkeit der Bürokratie und die Engstirnigkeit der Bürokraten alle Bemühungen, das Indianerproblem zu lösen, unmöglich machten. Er starb in Fairfield, Connecticut, am 21. 8. 1895.

Patchcoag (= Wo-sie-sich-teilen; auch »Poosepatuck«), kleine Stammesgruppen im Südosten von Long Island.

Patron Saint of America →Tammany.

Paviotso (auch »Mono-Paviotso«), eine der drei großen Shoshonenstammesgruppen, bestehend aus den Monos (Kalifornien), Snake (Oregon) und Paiute (Nevada).

Pawnee (Pawnee-Wort »Pariki« = Horn für die Skalplocke der sonst kahlgeschorenen Schädel) zur Caddo-Sprachfamilie gehörender großer Volksstamm von seßhaften Ackerbauern und Büffeljägern, der ursprünglich im Südosten wohnte, dann nach Westen wanderte und sich im 17. Jahrhundert in Zentral-Nebraska in zahlreichen Dörfern ansiedelte, die von den französischen Kolonisten »Pawnee-Republiken« genannt wurden. Ein Teil der P. wanderte weiter nach Norden und ließ sich am Missouri River nieder, wo er hinfort »Arikara« oder »Ree« genannt wurde. Sie wohnten in festen Kuppeldachhäusern und befestigten Dorfgemeinschaften und hatten einen Kalender und eine Mythologie, die mit der der Griechen und Ägypter vergleichbar ist. Bekanntester Häuptling war »Petalasharo«, *1797, der die Menschenopfer und den Kannibalismus abschaffte und für ein friedliches Zusammenleben mit den Amerikanern eintrat. Die P. haben nie gegen die USA gekämpft, sondern der US-Armee unter Major Frank North das berühmt-berüchtigte »Pawnee-Bataillon« gestellt, eine reguläre uniformierte Einheit der US-Armee, die in vielen Kriegen gegen die Prärieindianer entscheidend Beistand leistete (1865—1885). Als aber die USA ihrer Dienste nicht mehr bedurfte, wurde das Bataillon aufgelöst und der gesamte große Stamm der P. in eine Reservation in Oklahoma evakuiert, wo mehr als 70% an Hunger und Entbehrungen starb, so daß schließlich von dem ehedem 10 000 Personen zählenden Stamm nur 1 000 übrigblieben.

Peag Siedlerausdruck für →Wampum, weil ihnen das korrekte indianische Wort »Wampampeag« zu lang war.

Pecan (lat.: »Carya illinoensis«, engl.: »Illinois Walnut«, »Illinois Nut«), die »Illinois-Walnuß« oder »Illinois-Nuß«, die größte aller Hickory-Baumarten. Sie wird bis 50 Meter hoch und 300 Jahre alt; ein mittlerer Baum trägt etwa 100 Pfund Nüsse, die außerordentlich wohlschmeckend und nahrhaft sind. Die Rinde und Blätter wurden als Mittel gegen Diarrhoe verwendet. Weitere Pecan-Arten: Shellbark Hickory (Carya laciniosa), »Muschelrinden-Hickory«; Shagbark Hickory (Carya ovata), »Weißer Hickorynußbaum«, auch »White Walnut« genannt; Water Hickory (Carya aquatica), auch »Bitter Pecan«.

Pecos-Indianer populärer Name für Jemez-Indianer, die in »Pecos«, einem der größen Pueblos am Pecos River in New Mexico, 48 km südöstl. von Santa Fe, lebten. 1540 berichtete der span. Eroberer Coronado von 2 500 Einwohnern, 1790 waren es nur noch 17.

Pehnahner →Comanchen.

Pemmican sonnengetrocknete und gemahlene, mit Talg vermischte und in Rohhautbeuteln verpackte Fleischpa-

Petalasharo, 1857

ste, die — auch in kleinen Ballen gestapelt — den Indianern und Trappern als Winternahrung diente. Als eiserne Ration wurde sie auch vorübergehend von Cowboys geschätzt, wenn sie von den seßhaften Halbblutindianern der Red River Region im Norden von Texas hergestellt war. Gebratener Speck, allseitig mit dem eigenen Schmalz bedeckt, wurde allerdings von den Cowboys mehr geschätzt.

Penateka   →Comanchen.

Pennacook   ein Algonkinbund, der in New Hampshire und Massachusetts zwischen den Engländern und Franzosen beiderseits den Merrimac River besetzt hielt und solcherart als neutraler Puffer zwischen den Kolonialmächten diente.

Penobscot   größerer Volksstamm der Abnakis, die bis auf den heutigen Tag in ihrem angestammten Landgebiet in Maine leben.

Pensacola   (= Das-haarige-Volk), Stammesuntergruppe der Choctaws in Pensacola, Florida. Die P. waren schon vor Ankunft der Spanier 1696 ausgerottet.

Peoria   (»Er-kommt-mit-einer-Packen-auf-dem-Rükken«), ein Stamm der Illinois-Gruppe, der am Mississippi und Wisconsin River lebte.

Pequot   (= Die Zertrümmerer), zeitgenössische Historiker haben diesen Volksstamm für den gewalttätigsten und gefährlichsten aller Neuenglandstaaten gehalten. Die Dörfer der P. befanden sich dort, wo heute Groton, New London und Stonington/Connecticut stehen. Die P. befanden sich ständig im Krieg mit Nachbarstämmen, bis sie 1638 nach verlorenen Schlachten »pazifiziert« auf die Bezeichnung P. verzichten mußten, damit keine »schlafenden Hunde geweckt« würden.

Persimmon   (lat. »Diospyros virginiana«, engl.: »Jove's fruit«, »Winter-plum«), die »Götterpflaume«, »Persimone«, »Dattelpflaume«. Indianer verwendeten die Persimonen-Früchte auf vielerlei Weise: getrocknet, gekocht, mit Maismehl gemischt zu Brot gebacken. Die unreifen, grünen Früchte sind sehr bitter und den Mund zusammenziehend; sobald sie aber reif und weich geworden sind, schmecken sie sehr pikant. De Soto erwähnt die »Götterpflaume« 1539, Jan de Lat 1558 und John Smith 1635. Auch heute noch gibt es in den USA viele Rezepte für Pudding, Kuchen und Gebäck, in denen Persimmon die Hauptsache ist.

Peshewah   Häuptling der Miamis, *1761, †13. 8. 1841, er wurde als »cleverer und schlitzohriger Freund der Amerikaner« unter dem christlichen Namen John B. Richardville ein steinreicher Mann. Nach seinem Tod wurde in Indiana die Stadt Russiaville (eine Verdrehung der englisch-französischen Aussprache seines Namens) nach ihm benannt.

Peso   →Pacer.

Petalasharo   auch »Skidi-Pawnee« (1797—1874), Oberhäuptling der Pawnee Loups, Sohn des berühmten Oberhäuptlings »Old Knife« (= Altes Messer). Er beendete den Kult des Menschenopfers unter den Pawnees und begründete die Freundschaft der Pawnees mit den Amerikanern. Er war Gast des Präsidenten Monroe, besuchte Washington, Baltimore, New York und Philadelphia und genoß dort in Damenkreisen den Ruf eines Salonlöwen mit literarischer Sprachbegabung.

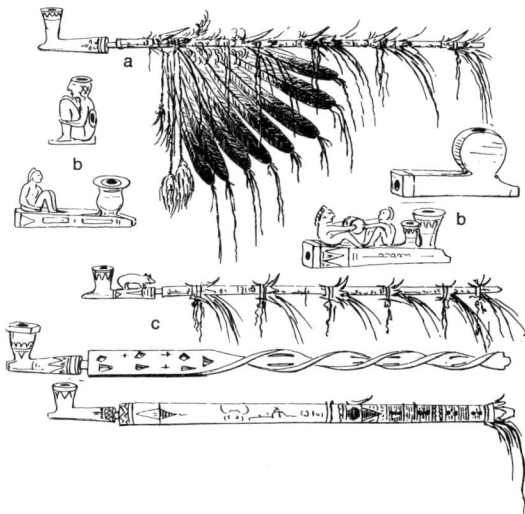

George Catlin, Pfeifen: a. Calumet (Friedenspfeife). b. Pfeifenköpfe aus Pfeifenstein. c. Gewöhnliche Tabakspfeifen für den täglichen Gebrauch

Peyote   (aus dem Spanischen, = Raupe), eine Kaktuspflanze, deren Blütenknospen, im unreifen Zustand gekaut, halluzinatorische Traumzustände hervorrufen und von Indianern des Südwestens zu speziellen Zeremonien konsumiert wurden.

Pfeife   die weitestverbreitete Sitte unter allen nordamerikanischen Indianern war zweifellos das Pfeiferauchen. Die Pfeife selbst sah man als eine Art intimes Kommunikationsgerät mit der Welt der Geister an, den ausgeatmeten Rauch als sichtbar werdendes Gebet. Die P. diente mannigfaltigen Zwecken, vor allem als »geheiligte Pfeife« (Calumet). Bei Vertragsabschlüssen, Friedensverträgen und Kriegserklärungen begannen und endeten Gespräche mit ihrem Gebrauch, was ihr — irrtümlich — bei den Weißen die Bezeichnung »Friedenspfeife« (engl.: »Peace pipe«) einbrachte. Ein solches »Calumet« mit roten Federn verziert, bedeutete Krieg, mit weißen Federn Frieden. Die P. leitete aber auch persönliche Kommunikation ein. »Pfeiferauchen leitet alle Angelegenheiten von Bedeutung ein«, schrieb der Pelzjäger Alexander Ross, »und bevor das Pfeiferauchen nicht beendet ist, kann man kein Geschäftsgespräch führen.« Pfeifen dienten als »Passierscheine«, als Legitimationen und Empfehlungen. Zeremonienpfeifen wurden nur zu diesen Zwecken mit speziellen Tabakmischungen (→Kinnikinnik) verwendet. Ihre Formen und Verzierungen hatten bestimmte Bedeutungen. Sie leiteten aber auch persönlich-intime Versöhnungen und Schlichtungen ein. Wenn z. B. ein Krieger mit der Frau eines anderen »durchbrannte«, so verlangte es die Sitte, daß ein alter Mann mit seiner Pfeife zum Ehemann der »Entlaufenen« schickte. Rauchte der Ehemann die Pfeife, so bedeutete dies, daß er an den Liebenden keine Rache nehmen würde. Gewöhnliche Pfeifen dienten dem täglichen Tabakgenuß, wobei allerdings eine einfachere Tabakmischung benutzt wurde. In vielen Stämmen war solches alltägliches Pfeiferauchen nur älteren Männern von Rang erlaubt, und jüngere Krieger wurden gewarnt, daß ihnen Rauchen »den Atem nehmen würde«, den sie in der Schlacht so nötig brauchten. Die Sitte des Tabakrauchens scheint von den ackerbauernden Stämmen des Mittelwestens ausgegangen zu sein und sich von hier aus über den ganzen Kontinent verbreitet zu haben. Die Pfeifenköpfe der Zeremonienpfeifen wurden vorzugsweise aus →Catlinit hergestellt, einem roten Mineral, das, wenn man es aus dem Boden grub, sehr weich war und an der Luft allmählich aushärtete, sodaß es ideal zu bearbeiten war. Catlinit, der nur in Minnesota, im Gebiet der Sioux gefunden wurde, war deshalb ein teuer bezahltes Handelsobjekt. Man verwendete aber auch Steatit, dessen Oberfläche man mit Bisontalg behandelte. Die P.-Schäfte waren von verschiedener Länge; die längsten fand man bei Zeremonienpfeifen, mittellange bei »Passport«-Pfeifen, die kürzesten bei Alltagsgebrauchspfeifen. Während der Kolonialperiode führten die Europäer zahlreiche Pfeifen aus Metall und Ton (Kölner Pfeifen) ein.

Pfeifen-Tomahawk   →Tomahawk.

Pfeile Indianerpfeile bestanden aus folgenden Teilen:
1. Schaft (engl.: »Shaft«), aus — je nach Region — verschiedenartigem Holzmaterial (Hartholz, auch Rohr), verschieden nach Länge, Form und Querschnitt, mit verschiedenartigen Verzierungen.
2. Vorderschaft (engl.: »Foreshaft«). Häufig wurden auf den Hauptschaftkörper in einer entsprechenden Aushöhlung des Vorderteils (bei Holz mußte sie gebohrt werden, bei Rohr war sie bereits vorhanden) Hartholz-Vorderschäfte aufgesetzt, um dem Schaft die nötige Vorderlastigkeit zu geben.
3. Federsockel (engl.: »Shaftment«), der Schaftteil, auf dem — oder in dem — die »Führungsfeder« befestigt wurde: Entweder wurden die Federn an ihren federlos auslaufenden Kielenden mit Sehnen und im Mittelteil mit Leim befestigt, oder in Schlitzen des Federsockels eingelassen.

4. Federung (engl.: »Feathering«). Zur Flugstabilisierung verwendete man Vogelfedern, im Kiel hälftig gespleißt, den Federkörper rhombisch beschnitten, von verschiedener Länge, Breite, Form und Anzahl.
5. Griffstück (engl.: »Nock«), der Teil des Pfeilendes, der von den Fingern des Schützen erfaßt wird. Er hat — je nach Entwicklung, Region und Stamm — verschiedenartige Form.
6. Sehnenkerbe (engl.: »Notch«), eine durch das Pfeilende verlaufende Kerbe, durch die die Sehne lief; je nach Stamm verschieden und charakteristisch.
7. Pfeilspitze (engl.: »Arrowhead«). Hier unterscheidet man »Fremdspitzen« und »Schaftspitzen«. Fremdspitzen bestanden aus Stein, Knochen oder Metall in verschiedenster Form, je nach Entwicklungsstufe und Aufgabe (Jagd, Krieg oder Training), meistens mit Widerhaken. Schaftspitzen bestanden aus einer Zuspitzung (im Feuer gehärtet) des Vorderschaftteils, mit mannigfaltigen Formen, Neigungswinkeln und Längen von Widerhaken, je nach Aufgabe.

Die Tatsache, daß man ein Übermaß an Steinspitzen gefunden hat, bedeutet durchaus nicht, daß hauptsächlich solche Spitzen verwendet wurden, sondern nur, daß eben Steinspitzen der Verrottung besser widerstanden, während andere Spitzen leichter vergingen. In der Regel stellten besonders qualifizierte »Handwerker« entweder Bogen oder Pfeile her, und ganz besonders qualifizierte »Künstler« Pfeilspitzen. Unter den nördlichen Stämmen war die Kaste der »Pfeilemacher« oder »Pfeilspitzenschläger« eine Klasse für sich, sodaß man an den Pfeilen nicht nur den spezifischen Stamm, nicht nur die entsprechende Untergruppe oder den Clan erkennen konnte, sondern auch den entsprechenden »Pfeilmacher« und »Pfeilspitzenschläger«. In Verbindung mit »Design«, Länge, Querschnitt, Federungszuschnitt, Spitze etc. konnte ein versierter Scout, sobald er einen solchen Pfeil fand, auf der Stelle Auskunft über Stamm und Absicht bzw. Aufgabe des unsichtbaren Schützen geben. Bemerkenswert ist der Bericht des Fallenstellers Heinrich Jakob

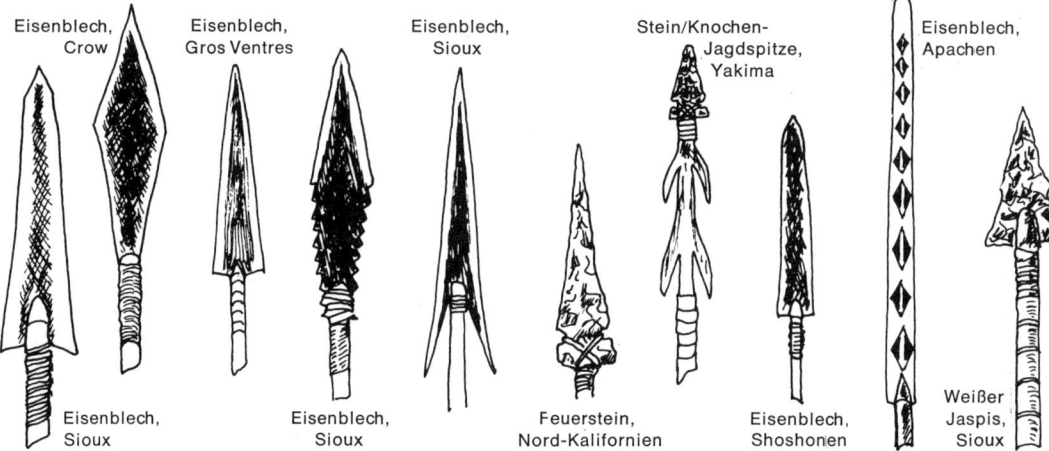

Eisenblech, Crow — Eisenblech, Gros Ventres — Eisenblech, Sioux — Stein/Knochen-Jagdspitze, Yakima — Eisenblech, Apachen — Eisenblech, Sioux — Eisenblech, Sioux — Feuerstein, Nord-Kalifornien — Eisenblech, Shoshonen — Weißer Jaspis, Sioux

Verschiedene Pfeilspitzen-Typen

Besuden von 1837: »...der Hirsch war offenbar noch sehr weit gelaufen, nachdem er getroffen wurde. Schwarzer Bulle betrachtete ihn (den Pfeil), nachdem er ihn vorsichtig aus dem verendeten Tier herausgeschnitten hatte, und verkündete wahrhaftig Erstaunliches: Es war ein Ojibwa-Kriegspfeil für weite Schüsse, ein sogenannter ‚lautloser‘ Pfeil mit einer Spezialfederung, die das Luftzischen abschwächt und sehr treffsicher ist. Er sagte, daß es eine kleine Kriegsgruppe (War-Party) von 5—8 Kriegern sei, etwa 30 Meilen entfernt, denen es um Pferde ging, und wir unbesorgt sein könnten. Am nächsten Tag trafen wir auf eine Gruppe von 7 Ojibwa-Krieger, und Schwarzer Bulle warf nur einen Blick auf sie und gab einem s e i n e n Pfeil zurück.«

Pfeilgift umfassend sind die Ausführungen in »Western Apache Arrow-Poisoning« (as told by Apache Warriors to Grenville Goodwin, 1932 in San Carlos Reservation/Arizona):
»Unsere Männer haben sehr lange Zeit Pfeilspitzen und auch Musketenkugeln mit Gift bestrichen. Es genügte, damit nur ein Tier oder einen Mensch zu kratzen, und er starb kurz danach. Du nimmst die Milz eines Rehs, vergräbst sie in die Erde und läßt sie da 12 Tage, bis sie vollkommen verrottet ist. Dann nimmst du die Blätter von Nesseln (Gattung Urtica), Wurzeln und Stengel von Nesseln und von einer Pflanze, die brennend schmeckt wie Chili, und preßt den Saft daraus. Diesen vermischst du mit der verrotteten Rehmilz, steckst das Ganze in den frischen Hodensack eines Rehs, bindest ihn fest zu und hängst ihn an einen Baum. Nach fünf Tagen öffnest du den Sack und spuckst hinein und verschließt ihn ganz schnell wieder, damit nichts von dem furchtbaren Gestank entweicht. Nach drei bis fünf Tagen geht der Gestank allmählich weg. Wenn es nicht mehr riecht, ist das Gift fertig. Du bestreichst Pfeilspitzen und Kugeln damit und läßt sie in der Sonne trocknen, bis das Gift einen violetten Schimmer bekommt. Jetzt ist das »E·stluslus« fertig. Getrocknet kannst du es zu Pulver malen. Wenn du es wieder benutzen willst, feuchte das Pulver mit Spucke an. Es hält sich viele Jahre lang und bringt jedes lebende Wesen innerhalb von wenigen Sekunden um. Bei der Jagd verdirbt es nicht das Fleisch, sondern nur etwas um die Wunde herum. — Du kannst aber auch ein gutes Pfeilgift aus einem Absud von getrockneten und zerstoßenen Käfern machen. Sie sind so groß wie ein Daumennagel, haben gelbe Beine und stinken gewaltig, wenn du sie zertrittst. Den Absud vergräbst du drei Tage im Boden, bis er dick wie Honig ist. Dann ist er fertig und tötet auf der Stelle. Ein Tier macht keine drei Schritte mehr, wenn du es triffst. Aber du kannst nur Fleisch gebrauchen, das wenigstens eine Unterarmlänge von der Wunde entfernt ist, und du mußt es sofort herausschneiden.«

Pferderennen kein Sport war bei den Reiterstämmen so beliebt wie Pferderennen; nichts konnte einen geborenen Reiter so begeistern. Alle diese Indianer waren jederzeit bereit, Rennen auszutragen — mit US-Soldaten, Siedlern, Trappern, Pelzhändlern, Cowboys, oder wer immer Lust dazu hatte. Der Cowboy Sim Holstein schrieb: »Man hält es einfach nicht für möglich, was ein Indianer noch aus einem Pferd herausholen kann,

das ein Weißer längst zuschanden geritten hat. Ich habe es zigmal gesehen und erlebt. Da gab einer, der einen Indianer verfolgte, Texas-Ranger Jim Stoddard, seinen Gaul auf, und der stand zitternd und schweißbedeckt da und konnte weder laufen noch stehen. Und dann sprang plötzlich der junge Comanche hinter einem Busch hervor, schwang sich auf den Rücken und fegte mit dem halbtoten Pferd davon!« Colonel Richard Dodge, der Kommandeur von Fort Chadbourne in Westtexas beschrieb ein Pferderennen, das ambitionierte Offiziere einer Horde Comanchen anboten: »Die Comanchen wetteten 40 Bisonhäute und allerhand Plunder im Wert von etwa 60 Dollar gegen Mehl, Zucker, Tabak, Pulver, Zündhütchen und Blei. Als sie mit ihrem ‚Renner‘ erschienen, war dies ein armseliges Schaf von einem Pony, mit Füßen wie kleine Butterfäßchen und einem 10 cm langen struppigen und zerfransten Fell voller kahler Stellen und Krusten. Es sah so erbärmlich aus, so hilflos müde und schlapp und duldsam, daß man im Osten einem Abdecker noch einen Dollar hätte geben müssen, damit er es überhaupt abgeholt hätte. Der Reiter war ein großer schwerer Bursche, dem man eher zugetraut hätte, das kleine Pony zu tragen, als umgekehrt. Er bearbeitete das arme Viech mit einer Kriegskeule, und es... gewann um eine Halslänge. Nun brachten wir unser nächstbestes Pferd hervor, ein Vollblut, und es war wieder dasselbe: Das schäbige kleine Indianerpony gewann um eine Halslänge. Jetzt holten wir ein echtes Kentucky-Quarterhorse hervor, ein Prachtstück, schnell wie ein abgeschossener Pfeil. Als dieser hochbeinige Sprinter erschien... verdoppelten die Comanchen ihre Wetten, und wir auch, und so weiter, bis beinahe das ganze Fort und die ganze Habe aller Comanchen dieser Welt auf dem Spiel standen. Dann hieß es ‚Go!‘, der massige Indianer schwang seine Keule, stieß einen markerschütternden Schrei aus und flog auf dem Witz von einem Pony davon. Das abstoßende Indianerpony gab unserem Kentucky-Viertelmeilenrenner Staub zu schlucken und sauste wie eine abgeschossene Kanonenkugel davon. 50 Yards vor dem Ziel drehte sich der Krieger um und winkte schreiend unserem Offizier auf dem Kentuckier zu, daß er doch kommen solle.« (Aus: »The Plains of the Great West«, von Richard I. Dodge, N.Y. 1877.) Als der Indianeragent Meeker den Utes die Pferderennbahn sperrte, um sie zu Schulbesuch und Ackerbau zu zwingen, brach Krieg aus, und er wurde getötet. Als die US-Regierung den nomadischen Reiterstämmen ihre Pferde nahm und ihnen in den Reservationen nur noch Packmulis gestattete, und selbst das oftmals nicht, zerbrach sie den »Pferde-Indianern« die Seele. Wie fest und zärtlich Krieger ihrer Familie verbunden waren, haben Amerikaner immer wieder erfahren; aber als das ausgesuchte Pferderudel eines jungen Kriegers einmal bei einem Shoshonen-Angriff in die Gefahr geriet, gestohlen zu werden, ließ dieser Krieger seine Familie im Stich, um die Pferde zu retten. Seit diesem Tage nannte man ihn »Man-Afraid-of-his-Horses« (»Mann-der-sich-um-seine-Pferde-mehr-sorgt-als-um-alles-andere«).

Pflanzstock →Waldkulturen.

Piegan (»Piknni« = »schlecht gekleidete Leute«), Teilstamm der algonkianischen →Blackfeet; nach dem

Blackfeet-Häuptling »Piegan« benannt, der sich mit seinen Anhängern in historischer Zeit absonderte und sich zwischen Milk River und Missouri am Marias und Teton River niederließ. 1855 schlossen die Piegans mit den USA Frieden und hielten sich daran, bis Goldfunde in Montana eine Welle weißer Einwanderung in Bewegung setzte, die nicht aufzuhalten war und schließlich zu Aufständen und Strafexpeditionen führte.

Pieskaret Simon, ein Algonkin-Sachem aus einem kleinen Stamm am St. Lorenz-Strom, der sich im Kampf gegen die Irokesen häufig hervortat und 1641, nach seiner Taufe zum katholischen Glauben, diesen Namen erhielt. Er wurde 1647 von einem Irokesen getötet.

Piktograph Bilddiagramm, bildliche Darstellung, Ideogramm, Begriffszeichen, piktographische Inschrift; die Bilderschrift-Zeichen, die Indianer aller Zeiten und Kulturen auf Höhlenwände, Schluchtwände, Muscheln, Holz, Häuten, Felsengestein und auch auf Menschen machten. Die Zeichnungen stellen reale oder übernatürliche Wesen oder Objekte dar. Gewöhnlich sind P. einfache Darstellungen, in denen nur Hauptkonturen berücksichtigt sind. Manche sind farbig.

Pillagers (dt.: Plünderer, Beutemacher, Räuber), eine Art vorgeschobener Posten-Stamm der Chippewas, der

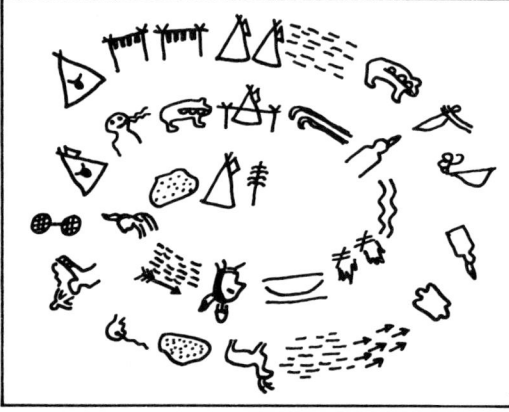

Piktograph: »Während der großen Hungersnot von 1787 waren die Sioux gezwungen, von Wurzeln und Nüssen zu leben. Verzweifelt versuchten sie unter Führung von Weißer Bär eine große Büffeljagd. Das Wetter war klar, gutes Jagdwetter. In der ersten Nacht lagerten sie an einem Fluß. Der Häuptling sorgte sich sehr um sein hungriges Volk. Deshalb berief er eine Ratsversammlung ein und sagte, daß man zwei Tage und zwei Nächte Jagdmedizin machen müsse. Danach kam ein befreundeter Cheyenne-Krieger ins Lager, der sagte, daß er viele Antilopen gesehen habe. Sie glaubten ihm und eine große Jagdgesellschaft ging auf die Jagd und machte viel Antilopenfleisch. Der Häuptling fiel vom Pferd, wurde von einem Seil mitgeschleift, konnte sich aber befreien, indem er das Seil mit einem Messer durchschnitt. Sie gingen zum Dorf zurück und nahmen viel Fleisch mit. Dann dankten sie alle den guten Jagdgeistern«

sich ins Sioux-Gebiet vorgeschoben und dort niedergelassen hatte, nachdem er vorher in Minnesota gelebt hatte.

Pima (Papago-Wort »A-kimel-o'otam« = Flußvolk), ein ackerbautreibendes Volk (Korbflechter und Keramiker) der uto-aztekischen Sprachfamilie, dessen Unterstämme »Obere Pimas« in Südarizona und »Untere Pimas« in der mexikan. Prov. Sonora lebten und — wie die →Pueblos — die künstliche Bewässerung anwendeten. Gesellschaftlich war das Volk in 2 herrschende Clans geteilt, in den »Bussard Clan« und den »Coyoten Clan«. Die Pimas unterhielten zu den Amerikanern — bis auf wenige unbedeutende Zwischenfälle — freundschaftliche Beziehungen. Sie bildeten ein Bollwerk gegen die Apachen; ihre Krieger dienten als Soldaten unter ihrem Häuptling »Antonio Azul« im Arizona Bataillon.

Pima-Städte waren: Cachanila, Chupatak, Cocospera, Harsaukuk, Hermho, Jaumaltargo, Judac, Kamatukwucha, Kamit, Kikimi, Komertkewotche, Peepchiltk, Saopuk.

Pinalenos eine kriegerische Apachengruppe in den Pinalenos Mountains des südöstlichen Arizona, die 1883 von General George Crook zur Kapitulation gezwungen und in eine Reservation verbracht wurde. Das Wort bedeutet »Volk-aus-der-Kiefernschonung«.

Pinedrop (lat. Pterospora andromedea), der »Fichtenspargel«. Die ganze Pflanze wurde von den Navahos zur Herstellung eines stumpfbraunen Farbstoffs verwendet.

Pinole →Mesquite.

Pinutgu nannten die Cheyennes solche Mitglieder ihres Stammes, die während des Aufstandes von 1874 keine Waffen trugen.

Pipsissewa (lat.: Chimaphila umbellata, alte Bezeichnung: Pyrola umbellata, engl.: Wintergreen, Prince's Pine, dt.: Wintergrün; auch lat.: Gaultheria procumbens, engl.: Checkerberry oder Teaberry, dt.: Rebhuhnbeere, Teebeere), eine berühmte Allround-Heilpflanze der Algonkin- und Nordweststämme; typische Waldpflanze im Nordosten und Nordwesten der USA, ein »wandernder Bodenbedecker« mit aufrechtstrebenden Ästen, die wenig höher als 15 cm werden und glänzend roten Beeren (2 oder 3 zusammen) tragen. Allgemein verwendete man den Saft der ausgepreßten Blätter (Wintergrün-Öl) zum Auflösen von Gallensteinen, indem man »6mal täglich und 3mal nächtlich« etwa einen Eßlöffel voll einnahm. Eine Art Bier gleichen Namens stellte man aus dem Saft der Beeren her, gemischt mit Ingwerwurzelsaft, Ahornzucker und Weinbeerhefe. Heiße Dampfinhalierungen wendete man zum Schweißtreiben bei Typhus an. Die Chippewas tranken eingedickten Tee aus Blättern und Stengeln ebenfalls gegen Typhus; die Irokesen aßen die getrockneten Beeren als gastrisches Magenmittel gegen Geschwüre. Die Algonkins Neuenglands verwendeten es als fiebersenkendes, blasentreibendes Mittel gegen Nierenentzündungen. Ein Brei aus Blättern und Früchten wirkt blutstillend als Zugpflaster. Ein Absud aus den Früchten u. Wurzeln wurde gegen Rheumatismus und skrofulöse Erscheinungen verwendet. Es diente als Antiskorbut-Trank. Die Mohegans wendeten es gegen Brandwunden an; die Penobscots spülten damit innere Mund- und Rachenverbrühungen;

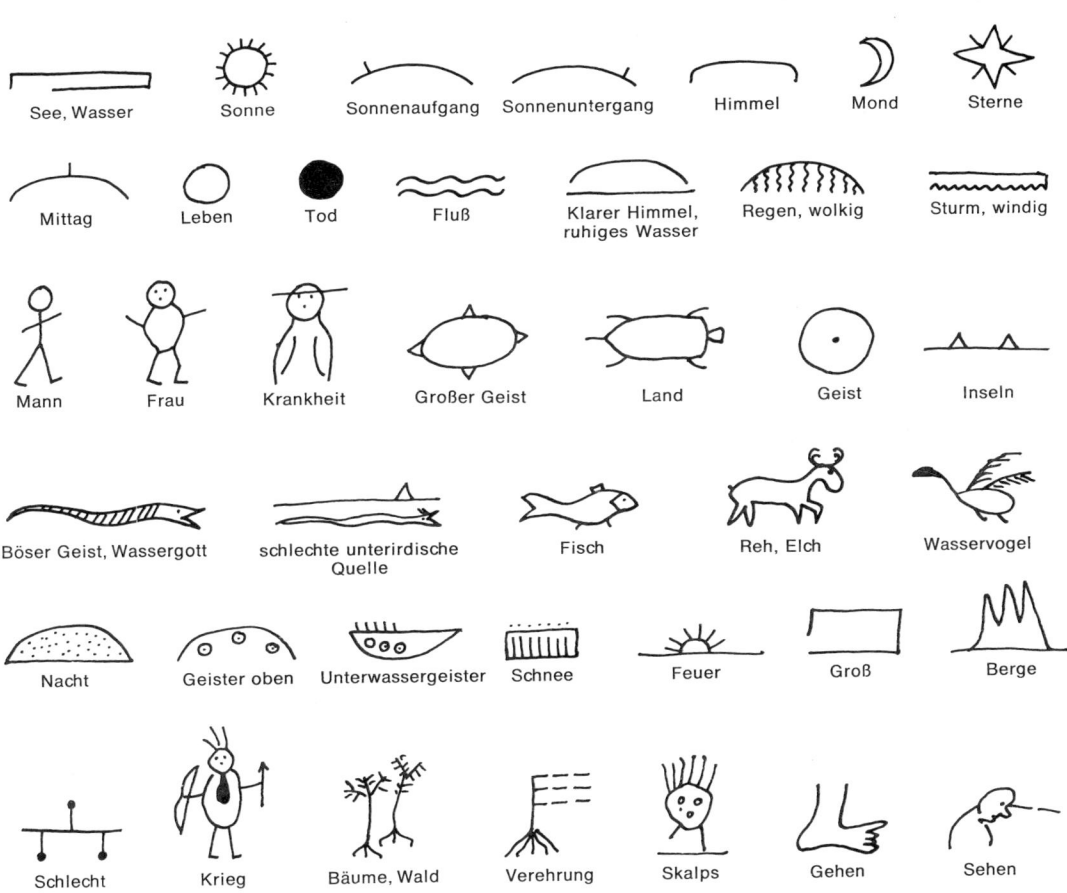

Piktograph: Indianische Symbolsprache (einige Beispiele)

die Montagnais kochten einen Schwitztee daraus; die Menominees wendeten es bei Menstruationsbeschwerden an; die Catawbas nannten es »Feuerblume« und verwendeten Blütenbrei gegen Rückenschmerzen.

Piros einer der Haupt-Pueblo-Stämme des frühen 17. Jahrhunderts am Rio Grande del Norte in New Mexico.

Pitchlynn Peter Perkins, *30. 1. 1806, †17. 1. 1881; ein Mischblut-Choctaw, der 1842 den englischen Dichter Charles Dickens auf einer Reise begleitete und über den Dickens schrieb. Während des Bürgerkrieges (1861—65) kämpfte P. auf der Seite des Nordens, während seine Söhne für den Süden fochten. 1865 wurde er zum Indianeragenten bestellt und vertrat sein Volk in Washington.

Pizhiki *1759, †1855; ein Häuptling der Chippewas von Wisconsin, der viele Verträge unterzeichnete und von den Amerikanern »Buffalo« genannt wurde.

Plains-Kultur Die Kulturen der nomadischen Plains-Stämme unterschieden sich nur unwesentlich voneinander, da sie auf den gleichen Lebensbedingungen beruhten. Durch ihre Mobilität entwickelten sie, je nach Klimazone, gleichartige Kultursitten, die in der Hauptsache als »Tipi-Kultur« bezeichnet werden kann. Sie beruhte zum größten Teil auf der Büffeljagd. An einem Bison gab es praktisch nichts, was Indianer nicht verwendeten: das Fleisch zur Nahrung, die Knochen zur Leimherstellung, die Rippen auch als Gerätegrundlagen, ferner Sehnen, Hufe, Därme, Magen, Häute, Leder und Haare. Aus der Haut gewann man (mit Haaren) Pelze, (ohne Haare) Rohhaut und Leder. Das dickste Leder kam von alten Bullen, das zarteste von ungeborenen Kälbern.

Aber auch andere Tiere, wie Antilopen, Hirsche, Rehe, Waschbären, Skunks und Biber, wurden nahezu vollkommen verarbeitet. Die Plains-Stämme waren ausgesprochene Jagd- und Kriegsgesellschaften, bei denen Mut zum Risiko höchsten Stellenwert besaß. Deshalb malte ein Krieger seine Jagd- und Kriegstaten auf sein Zelt, wobei das eingegangene Risiko höher bewertet wurde als das Töten eines Feindes. Häuptlingsrang beruhte auf persönlicher Leistung. Die meisten Stämme kannten eine kastenartig geordnete »Aufstiegsleiter« im sozialen Ansehen, innerhalb der die Stufen nur nacheinander absolviert werden konnten. Die soziale Stellung der Frau war sehr bedeutungsvoll. Frauen entschieden souverän über Lagerplätze und deren Abbruch, über Lager- und Zeltordnung; sie verrichteten die Hauptlagerarbeiten und Handwerksarbeiten. Der Reichtum eines Stammes wurde in den Pferden gemessen, die er besaß; deshalb wurde mit der Ausrottung des Büffels und dem Abschießen der Pferde durch die US-Armee der Lebenskraft der Plains-Stämme »das Rückgrat gebrochen«.

Die Stämme der Plains besaßen ein ausgeprägtes soziales Kasten-System, das mit seinen »Societies« (Gesellschaften) etwa den europäischen Ständen des Mittelalters vergleichbar ist. Man unterscheidet vier große Gruppen:
1. Die Krieger-Gesellschaften:
   a) Altersgruppen, in Altersstufen-Gesellschaften unterteilt
   b) Nicht altersgebundene Mitsprache-Gesellschaften
2. Die religiösen Gesellschaften
3. Die Frauen-Gesellschaften:
   a) Kultische Gruppen
   b) Handwerks-Gilden
   c) Frauen-Kriegsgesellschaften
4. Die Kult-Gesellschaften:
   Ihnen gehörten Männer (überwiegend) und Frauen an.

Die an Zahl und Bedeutung dominierende Gesellschaft war die der Krieger. Ihre Aufgabe war:
für Ordnung im Lager, während Lagerverlegungen und während der Jagd zu sorgen,
Angriffe gegen die öffentliche Wohlfahrt abzuwehren, das Lager gegen feindliche Angriffe zu schützen,
ihr Volk über die Bewegungen der Büffelherden auf dem laufenden zu halten,
innergesellschaftliche Rivalitäten zu fördern um Tapferkeit und Kriegsgeist unter sich und männlichen Jugendlichen zu kultivieren,
während eines Kampfes mit dem Feind das Kommando und die gefährlichsten Positionen zu übernehmen,
die Tradition und das Erbe des Stammes zu bewahren,
während der Feste und Tänze für Erfrischungen und »Ausruhekomfort« zu sorgen,
die Beschlüsse der Ratsversammlungen durchzusetzen, Ehrungen von Männern und Frauen zu überwachen.
Jede dieser Altersgruppen war wieder in Stände organisiert, die »All-brave-Dogs« der Piegans (auch: Brave-, Crazy-, Mad-Dogs) z. B. so: 1. Leader (Führer), 2. Assistant-Leaders-Horsemen (Stellvertretende-Führer-Reiter), 3. Bear-all-brave-Dogs (Geborene-Alltapfere-Hunde), 4. All-brave-Dogs (Alltapfere-Hunde), 5. Old-men-comrades (Alte-Männer-Kameraden), 6. Single-men-comrades (Einzelmann-Kameraden) und 7. Drummers (Trommler). Die »Raven-Bearer-Society« (Raben-Träger-Gesellschaft) z. B. gliederte sich rangmäßig in: 1. Leader (Führer), 2. Assistant-Leader (Stellvertreter), 3. Black-Raven-Bearer (Schwarzraben-Träger), 4. Raven-Bearers (Raben-Träger), 5. Pipe-Keeper (Pfeifen-Bewahrer) und 6. Drummer (Trommler). Jede Altersgruppe hatte besondere rituale Tänze, in vielen waren auch Frauen Mitglieder.
Bei den Blackfeet-Stämmen bildete die »Tobacco-Society« (Tabakgesellschaft) die religiöse Society; und die Kult-Societies bestanden in der »Bear Cult« (Bärenkult)-Gruppe und der »Medicine Pipe Cult« (Medizin-

pfeifen-Kult)-Gruppe. Die Kultgesellschaften, die aus 4 Zeremoniengruppen bestanden, pflegten elf verschiedene kultische Tänze: 1. »Black-Tailed-Deer-Dance« (Schwarzschwanz-Reh-Tanz), 2. »Ghost-Dance« (Geistertanz), 3. »All-Smoking-Ceremony« (Alle-Rauchen-Zeremonie), 4. »Stick-Game-Dance« (Stock-Wild-Tanz), 5. »Grass-Dance« (Grastanz), 6. »Horse-Dance« (Pferdetanz), 7. »Scalp-Dance« (Skalptanz), 8. »Kissing-Dance« (Kußtanz), 9. »Tea-Dance« (Teetanz), 10. »Begging-Dance« (Gebetstanz) und 11. »Night-Singers-Ceremony« (Nachtsänger-Zeremonie).
Frauengesellschaften: Old Women / Bear Women. Gänsebund/Büffelkuh-Bund.
Religiöse Gesellschaften: Crazy Dogs / Buffalo Doctors / Eagle Shields / Sun Dance Shields.
So verwirrend zahlreich die Gesellschaften, Gilden, Bünde und Gruppen der Plains-Indianer auch auf den ersten Blick erscheinen mögen — sie gewährleisteten eine geradezu perfekte Ordnung und Harmonie unter ihnen; denn jedes Stammesmitglied, vom Kind bis ins hohe Alter, suchte und erhielt in ihnen jede Gelegenheit, sich nach seinen dominierenden persönlichen Eigenschaften zu profilieren und Ansehen, Selbstachtung und Selbstbewußtsein zu genießen. Stets standen alle anderen Gesellschaften — stufenleiterartig — jedem offen; und der allgemeine Kodex war ein Ehrenkodex, an den sich jeder freiwillig band. Versager fielen nicht der Verachtung anheim; sondern Versagen war für alle ein Zeichen dafür,

Little Wound, Sioux-Häuptling

daß man sich nicht in der bestgeeigneten »Gilde« befunden hatte. Selbst Homosexuelle, Träumer oder »Wehrdienstverweigerer« fanden entweder eine schon existierende Gesellschaft Gleichgesinnter und Gleichgearteter, oder sie begründeten eine. Dieses System der zahlreichen Societies verhinderte Frustrationen und wies jedem den für ihn bestgeeigneten sozialen Platz zu. Als mit dem instinktlosen Reservations-System der Amerikaner, die rundherum alle diese Gesellschaften als »kriegerisch« ansahen, das jahrtausendealte System zerschlagen wurde, zerschlug man auch die geistige, seelische und physische Harmonie innerhalb der Plains-Stämme. Mit dem Verlust des Landes, des Büffels (Existenzgrundlage) und ihrer Gesellschaften wurden die Plains-Indianer als Volk vernichtet.

Pocahontas *Matoaks,* Tochter des Powhatan-Sachems, des späteren »Kaisers Powhatan«; Prinzessin der Algonkin-Konföderation der 34 Nationen, †1617 London; unter dem Namen *Prinzessin Rebekka* christlich getauft; mit dem Virginia-Colony-Pflanzer John Rolfe verheiratet, Botschafterin ihres »kaiserlichen« Vaters Powhatan am englischen Königshof. →Powhatan.

Pogagon einer der letzten Vollblut-Potawatomi-Häuptlinge, *1830, †1921; spielte 1893 eine große Rolle bei der Weltausstellung in Chicago und bekam von der US-Regierung für sein Volk 150 000 Dollar. Im Jackson Park von Chicago steht sein Denkmal.

Pomo zur Hoka-Sprachgruppe gehörender Stamm der *Kalifornischen Indianer* an der Küste u. im Küstengebirge im N von Kalifornien; Sammelwirtschaft (Eicheln) mit Speicherhäusern. Pomo-Städte waren: Dahnohabe, Danokha, Kaichim, Koi, Lema, Shanel, Shigom, Shutaunomanok.

Pomperaug geheiligter Platz beim heutigen Woodbury, Connecticut, wo jeder Vorüberkommende einen Stein auf einen Steinhaufen legte, um seine Reise glücklich und unbeschadet zu vollenden.

Ponca einer der fünf Sioux-Stämme, der am Missouri River und in den Black Hills lebte. Einst ein größerer Stamm von etwa 2 000 Personen, wurden sie in der Ära des Pelzhandels durch Alkohol und Seuchenepidemien auf weniger als die Hälfte dezimiert, ein Verlust, von dem sie sich nie wieder erholten. Von den Sioux im Norden, den Pawnees im Westen, den Osages und Kanzas im Süden angegriffen und beraubt, vom Osten her von der näherrückenden weißen Besiedlung bedrängt, besaßen sie bald nicht mehr genügend Pferde, um auf die Bisonjagd zu gehen und wendeten sich dem Ackerbau zu. Obwohl sie bei der US-Armee ständig Schutz vor ihren indianischen Nachbarn suchten, waren sie am Ende des Bürgerkriegs of knapp 400 Personen dezimiert und hilflos und bei Mißernten und Überschwemmungskatastrophen auf die Hilfe der US-Regierung angewiesen. Als 1876 die US-Regierung beschloß, alle Indianer in einem großen Reservat (Oklahoma) zu konzentrieren, waren auch die friedlichen Poncas dabei. 1877 wurden sie innerhalb von wenigen Tagen von der US-Armee zusammengetrieben und — ausgerechnet in einer Zeit anhaltender Wetterkatastrophen — von Dakota nach Oklahoma in Marsch gesetzt. Der Indianeragent E. A. Howard, der den »Todesmarsch« begleitete, berichtete

Plenty Bears, Old Eagle (sitzend), Arapahoe-Häuptlinge

in seinem Tagebuch, daß mehr als 160 Indianer, meistens Kinder, Frauen und Alte, auf dem Marsch starben; schließlich entflohen die Häuptlinge Standing Bear und White Eagle mit einer kleinen Gruppe. Die amerikanische Presse griff diesen einmaligen Fall behördlicher Brutalität auf, selbst die US-Armee versuchte die Evakuierung zu verhindern. In Oklahoma waren keinerlei Vorbereitungen für die Indianer getroffen. Waren schon auf dem Marsch mehr als 50% der Indianer gestorben, so verhungerten in Oklahoma weitere 20% und 15% gingen an Malaria zugrunde. Man ließ die beiden Häuptlinge verhaften und internieren, ehe es 1880 dem »Omaha Ponca Relief Committee« (bestehend aus kirchlichen Würdenträger, Journalisten und Lokalpolitikern) gelang, die inhaftierten Poncas gerichtlich zu befreien und schließlich die Bürokraten zu zwingen, den wenigen Überlebenden wieder die alte Reservation zur Verfügung zu stellen.

Ponk (Delawaren-Wort: »Lebende Funken«, lat.: Phlebotomus), winzig kleine, zweiflügelige, stechende Fliege.

Pontiac Ottawa-Sachem, *1720, †1769; versuchte die Nordost-Völker zu einem gemeinsamen Kampf gegen

Pontiac

die britische Kolonialmacht zu einigen und begründete die sogenannte *Pontiac-Conspiration*, eine lose, kriegerische Interessengemeinschaft verschiedener Stämme gegen die Engländer, stieß aber bei vielen Stämmen auf Widerstand, Ablehnung und Feindschaft. Er entfachte einen regelrechten Krieg gegen die vorgeschobenen Grenzsiedlungen, und es gelang ihm, acht von zehn britischen Forts zu nehmen. Aber am Ende scheiterte er und mußte am 17. 8. 1765 Frieden schließen. Auch er wurde, wie viele rebellierenden Sachems und Häuptlinge vor und nach ihm, von einem Indianer ermordet.

Pontiac-Conspiration →Pontiac.

Pope Tewa-Häuptling, †1692; wie zahlreiche Häuptlinge im Nordosten und in Fernen Westen, versuchte auch er schon sehr früh, das Joch der spanischen Kolonialherrschaft gewaltsam abzuschütteln. 1675 gab es in seinem Gebiet des Südwestens bereits 2 500 spanische Siedler und Missionare. Am 10. 8. 1680 griff er mit vereinten Kräften Santa Fe in New Mexico an und tötete über 400 Spanier. Die Spanier sammelten sich, führten einen Gegenangriff, wurden aber bis nach El Paso am Rio Grande zurückgeschlagen. Nach zahlreichen Erfolgen gegen die Spanier nutzten aber die Utes und Apachen den Umstand, daß Popes Kräfte gebunden waren und unternahmen verstärkte Angriffe gegen seine Siedlungen. Dies zwang Pope, von den Spaniern abzulassen und sich gegen seine indianischen Nachbarn zur Wehr zu setzen. So scheiterte Popes großer Befreiungsplan an den Indianern selbst.

Porter Pleasant, †3. 9. 1907; einer der letzten Creek-Häuptlinge im Indianerterritorium Oklahoma. Er kämpfte im Bürgerkrieg auf der Seite des Südens.

Potawatomi Chippewa-sprechender Stamm in Wisconsin und am Huron-See, auch als *Feuervolk* (Fire Nation) bekannt. Sie kämpften bis 1773 gegen die Franzosen, während des Unabhängigkeitskrieges (1775—1783) gegen die Amerikaner, im Krieg von 1812 gegen die Engländer und wurden schließlich 1846 nach Kansas und Oklahoma gebracht.

Potlatch (= weggeben), sozialzeremonielle Sitte bei den kapitalistisch gesellschaftlich organisierten Völkern der Nordwestküste. Zu mannigfaltigen Gelegenheiten versuchte ein Patrizier, oder seine Sippe, die eigene kapitalistische Reputation dadurch zu erhöhen, daß er Werte an Arme oder Gäste aus seinem Besitz verteilte, oder gar zerstörte. Je größer die Werte waren, umso höher stieg er im Ansehen, weil die Weggabe als Zeichen dafür galt, wieviel man entbehren konnte, ohne ruiniert zu sein. Auf diese Weise forderte ein Patrizier auch den anderen heraus, sie überboten sich gegenseitig in der Zerstörung ihres Eigentums. Die Sippe steuerte nicht nur ihre gesamte Habe bei, sondern stürzte sich oft in große Schulden, um den anderen zu zwingen, auch seinerseits die eigene kapitalistische Substanz zu schwächen und sich schließlich sogar zu ruinieren. Es geschah häufig, daß sich auf diese Weise ganze Sippen ruinierten.

Potomac (= Etwas-das-gebracht-wird), zu diesem Indianerdorf brachten bestimmte Stämme zu bestimmten Zeiten ihren Tribut, den sie dem lokalen Sachem schuldeten. Die Potomacs waren ein Hauptstamm der Powhatans und lebten am Potomac River in Virginia.

Powell →Osceola.

Powhatan 1. Großsachem des gleichnamigen Volks, von den Engländern zum *König Powhatan* gekrönt (indianischer Name: *Wahunsonacock*), * etwa 1531, †1618; Begründer der *Powhatan-Konföderation*, einer Allianz der Algonkinstämme Virginias.

2. Führendes Volk der P.-Konföderation in Virginia, das unter Großsachem *Wahunsonacock* durch Verrat, Intrigen, Zwang und Despotie seiner Sachem-Kaste zur führenden Algonkinmacht wurde, die von ihnen »Verbündeten« Tribut erhob. 1607 gründeten die Engländer die Jamestown-Kolonie, 1607 bemächtigten sie sich der Lebensmittelvorräte der Powhatans, 1613 lockten sie König Powhatans Tochter *Pocahontas* auf ein Schiff und hielten sie zunächst als Geisel gefangen, damit ihr Vater keine Repressalien ergriff, anschließend verheirateten sie das getaufte Mädchen mit einem Engländer, und zwangen auf diese Weise Powhatan, Frieden zu halten. Sein Bruder und Nachfolger *Opechancanough* begann 1622 einen Vernichtungskrieg gegen die Engländer, der mit seiner Niederlage endete. Powhatan-Städte waren: Assuweska, Cantaunkack, Capahowasic, Cattachiptico, Cawwontoll, Chawopo, Checopissowo, Chiconessex, Chuba, Gangasco, Kerahocak, Kiequotank, Mamanahunt, Mathomauk, Menaskunt, Mahominge, Muttamussinsack, Namassingakent, Nawacaten, Ottachugh, Ozenic, Pamacocack, Richahake, Secacawoni, Secobec, Sockebeck, Tauxenent, Teracosick, Utenstank, Uttamussac, Weccupom.

Powhigwava *Mich*, schmackhafter erfrischender Saft aus zerstoßenen und gepreßten Walnüssen.

Powow gewöhnlich bedeutet es eine Versammlung, um miteinander zu reden, eine Art populärer Vorstufe zum *Council*. Man verwendet es aber auch für Hexerei- und Zauberei-Versammlungen.

Praying Indians (dt. etwa: Bet-Indianer, Bibel-Rothäute), von den Siedlern der Neu-England-Staaten auf alle jene zu irgendeiner christlichen Religion konvertierten Indianer angewendet.

Puccoon (lat.: Sanguinaria canadensis, dt.: Blutkraut), rotes Färbemittel für Leder und Holz.

Navaho-Frauen beim Weben eines mit alten Mustern versehenen Navaho-Teppichs. Um 1967

Das Pueblo von Taos. Die burgenartigen, aneinander- und stufenförmig aufeinandergebauten Häuser (bis zu 5 Stockwerke, in der Regel 2), gebaut aus Steiner oder Adobe-Lehmziegeln, haben Dachluken als Fenster und Eingänge und waren nur über Leitern erreichbar. Schon aus vorgeschichtlicher Zeit bekannt, auch heute noch bewohnt

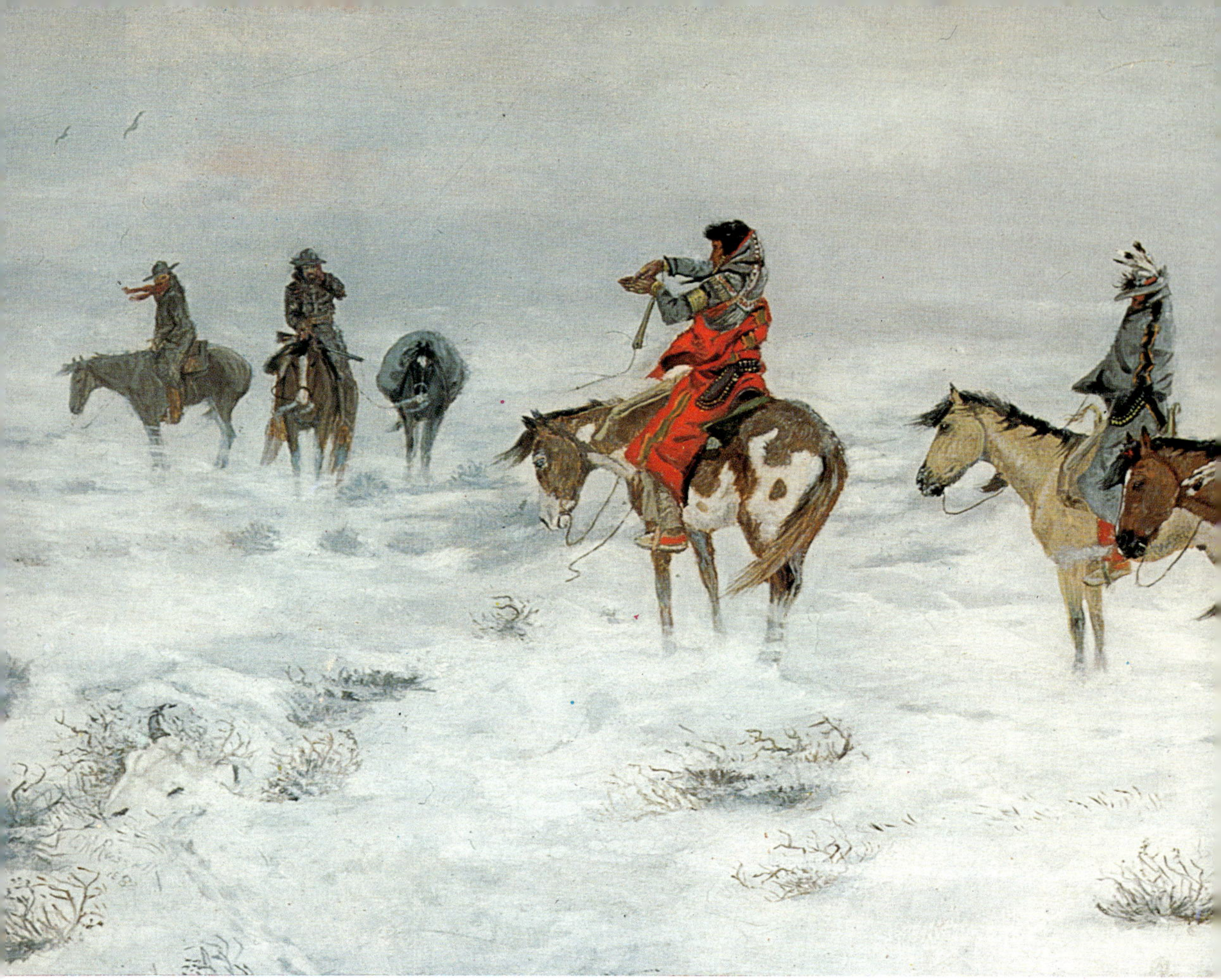

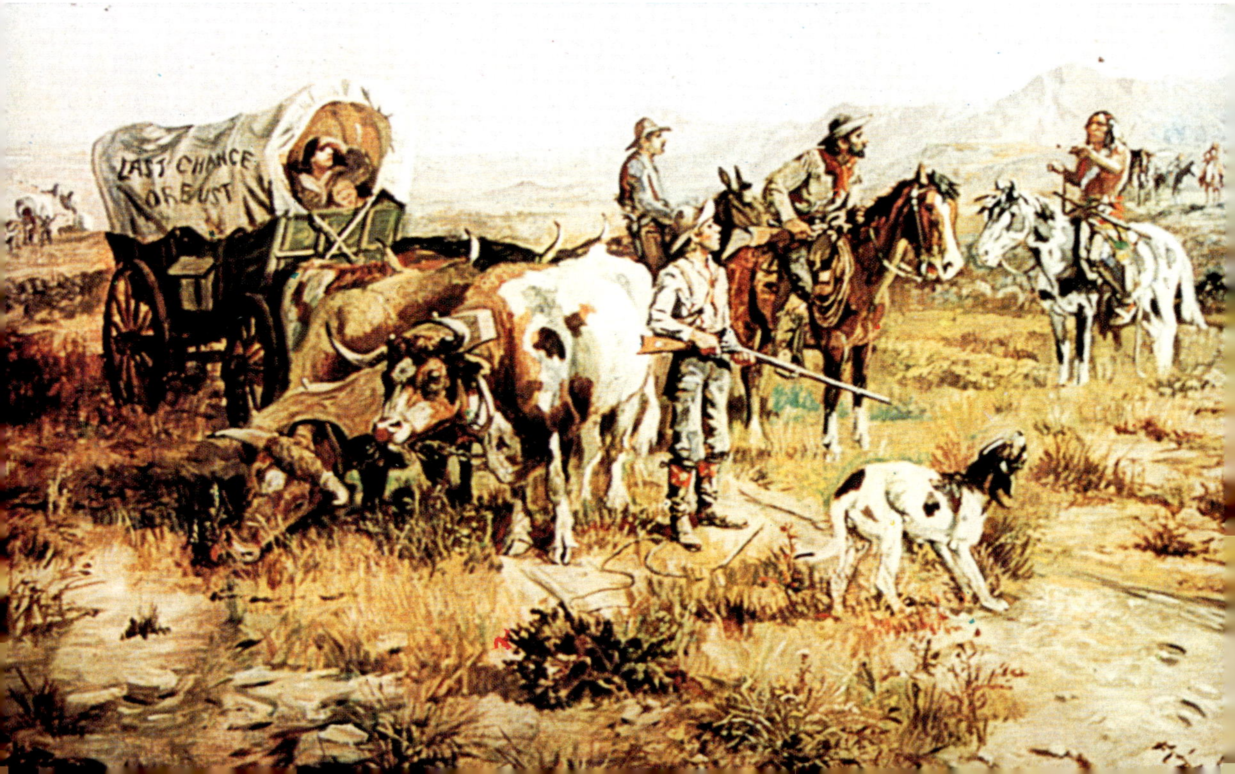
LAST CHANCE
OR BUST

Charles M. Russell: »*Lost in a Snowstorm — We Are Friends*« (»*Im Schneesturm verirrt, sind wir Freunde*«). *1894 als Illustration in Nat Collins Buch* »*The Cattle Queen of Montana*« *erstmals veröffentlicht. Auf dem Gemälde sind deutlich an allen Zeichen Sioux-Jäger vom Stamm der Brulé zu erkennen. Der erste Indianer bedient sich der Zeichensprache und erklärt gerade, daß sich* »*die Gefährten der Weißen in diesem Augenblick auf der anderen Seite der Berge befinden*« *(links)*

Charles M. Russell: »*Last Chance or Bust*«, *1911. Der Goldrausch in Colorado, der 1859 um Leadville in den Rocky Mountains begann, und der Wagenzug-Run, der dann einsetzte, ist Gegenstand dieses Gemäldes. Die meisten Wagen trugen die Aufschrift* »*Last Chance or Bust*« (»*Letzte Chance oder Untergang*«). *Die Cheyenne-Indianer erwarteten, daß man ihnen für das Durchzugsrecht Geschenke machte (linke Seite unten)*

Charles M. Russell: »*On the War Path*«, *1913, Ölgemälde. Oglalla-Sioux auf dem Wege zu einem* »*Pferde-Beutezug*«. *Pferde waren der kostbarste Besitz der Indianer. Sie stahlen sie einander, wo immer sich dazu eine Gelegenheit bot. Die Fähigkeit, Pferde zu stehlen, ohne die Aufmerksamkeit des Besitzers zu erregen, galt als große Leistung (unten)*

George Catlin: Sioux-Council um 1833

Pueblo-Revolte   am 30. 6. 1846 marschierte Colonel Stephen Watts Kearny mit 6 Komp. Dragonern, 2 Batt. leichter Artillerie (16 Kanonen), 2. Komp. Infanterie und einem Reg. Kavallerie, insgesamt 1 658 Soldaten, von Fort Leavenworth (Kansas) nach New Mexico, das er ohne Kampf für die USA in Besitz nahm. Der mexikan. General Armijo zog sich mit seinen 5 000 Soldaten zurück, und die mexikan. Provinz New Mexico gehörte den Amerikanern. Diese setzten in Santa Fe den ehemaligen Trapper Charles Bent als Gouverneur ein, der über den sog. »Taos« Trail und den Santa Fe Trail seit 20 Jahren Handel getrieben hatte und Land und Indianer gut kannte. Zunächst verhielten sich die Pueblos, die sich in der Vergangenheit oft in blutigen Revolten dem Regiment der span. Conquistadoren widersetzt hatten und sich in ständigem Belagerungszustand gegen die angriffslustigen Navahos und Apachen befanden, den Amerikanern gegenüber loyal. Aber als sich die Amerikaner weigerten, Mexikaner mit Rang und Namen wie Diego Archuleta und mexikan. Padres wie Antonio José Martinez, J. F. Leyba und Felipe Juan Ortiz mit verantwortl. Ämtern zu betrauen, sondern Amerikaner einsetzten, schürten die Edelmexikaner, die seit dem Abfall Mexikos von Spanien Freunde der Indianer waren, deren Haß gegen die neuen Herren, so daß sich die Indianer im Dezember 1846 unter ihren Häuptlingen Pablo Montoya und Tomasito zum Aufstand und der Vertreibung der »Gringos« entschlossen.

Colonel Kearny hatte nur Colonel Sterling Price mit einigen 100 Dragonern und einer Batt. Artillerie im scheinbar friedlichen New Mexico zurückgelassen und marschierte weiter nach Kalifornien, um auch den Bärenflaggenstaat den USA einzuverleiben. Als Gouverneur Charles Bent, der mit seiner mexikan. Frau Rosita ein Haus in Taos bewohnte, in Santa Fe vom Plan der Pueblo-Revolte erfuhr, begnügte er sich damit, der Bevölkerung am 5. 1. 1847 in einer Proklamation mitzuteilen, daß man auf ihre Loyalität vertraue. Als die Revolte am 19. 1. 1847 losbrach, traf sie die Amerikaner unvorbereitet: Am frühen Morgen dieses Tages erschienen Indianer vor dem »Calabozo« (Gefängnis) und forderten von Sheriff Stephen Lee die Freigabe von 3 des Pferdediebstahls angeklagten Indianern. Als das verweigert wurde, ergriffen die Indianer den Stadtpräfekten Cornelio Vigel und »hackten ihn in Stücke«. Sie töteten den Sheriff, hasteten zum Hause des Gouverneurs Bent, töteten und skalpierten ihn im Beisein seiner Frau, brachten den Ankläger, James W. Leal, um und warfen seine Lei-

che den Schweinen vor. Narcissus Beaubien, der Sohn des Obersten Richters, Pablo Harmiveah und alle Amerikaner, derer man habhaft wurde, fielen dieser ersten Aktion zum Opfer. Man kann nicht sagen, daß die Indianer unter der Anleitung der Padres sehr zimperlich waren. Die Berichte über das Massaker sind haarsträubend.

Kuriere der mexikan. Padres wurden über das ganze Land geschickt und die Bevölkerung aufgefordert, sich gegen die Amerikaner zu erheben. Bei Mora wurden 8 Amerikaner erschlagen, am Rio Colorado 2, 8 in der Turleymühle im Arroyo Hondo und 4 Cowboys bei ihren Herden. Colonel Price erhielt am 20. die Schreckensnachrichten. Er setzte die Truppen in Albuquerque unter Major Edmonson und Santa Fe unter Captain Burgwin in Marsch und zog mit zwei Komp. Dragonern nach Taos. Kämpfend durchbrachen die Amerikaner eine Barrikade im Embudo Canyon, eroberten Embudo und überquerten auf dem Wege nach Trampas die schneebedeckten Berge. Am 3. 2. 1847 marschierten sie durch Taos und erreichten das in der Nähe liegende Pueblo. Generalstabsmäßig ließ Price seine kleine Armee aufmarschieren und griff mit Sturmtruppen, Artillerie und Handbomben an. Nachdem von 650 Indianern 150 gefallen waren, ergaben sie sich. Den Hauptanführern machte man am 7. 1. 1847 in Taos den Prozeß. 14 wurden zum Tode verurteilt und auf der Stelle gehenkt. Die von mexikan. Kommunalpolitikern und machthungrigen Padres aufgewiegelten Pueblos hatten nun verstanden, daß ein Aufstand gegen die Amerikaner sinnlos war. Die Revolte von 1847 war ihr letzter Versuch, ihre Unabhängigkeit zurückzugewinnen, die sie zuerst an die Spanier, dann an Mexikaner und Amerikaner verloren.

Pueblos   Sammelname für die in Arizona und New Mexico als Maisbauern und Pueblo-Städtebewohner lebenden Indianer der uto-aztekischen Sprachfamilie. Das span. Wort »Pueblo« bedeutet »Dorf«, so daß der Volksname »Pueblos« etwa mit »Dörfler« übersetzt werden kann. Die stufenförmig aus heimischem Felsgestein erbauten Häuser werden durch Außenleitern von Stockwerk zu Stockwerk erreicht und bildeten für Feinde uneinnehmbare Festungen. Die Pueblos sind Meister in den handwerklichen Künsten des Webens, Flechtens und Töpferns. Ihre hochstehende Kultur wird von ungeheuer reichhaltigen mythologischen Zeremonien und Tänzen getragen. Die einzelnen Dörfer zerfallen in Clans mit Mutterfolge. Man unterscheidet im wesentl. die »östl. Pueblovölker« der nördl. Tiwas, Tewas, westl. Towas, östl. Towas, Keres, Tanos, südl. Tiwas und Piros, die zusammen im Rio Grande-Tal 59 Städte bewohnten, ferner die »westl. Pueblovölker« mit den Hopis zwischen San Juan River und Little Colorado River (in 17 Städten) und mit den Zunis im Zuni River-Tal (in 6 Städten). Die meisten dieser Pueblos sind erhalten und bis auf den heutigen Tag bewohnt. Pueblos-Städte: Abiquiu, Acoma, Acoti, Allé, Analco (Anasazi), Astialakwa, Ate Pua, Awatobi, Balcony House, Bat House (Hopi), Batni (Hopi), Bejuituuy, Buena Vista, Camitria, Canocan, Casa Blanca, Casa Grande, Chakpahu (Hopi), Chalowe (Zuni), Chettrokettle, Cochiti (Keresan), Cuyamungue (Tewa), Dhiu (Piros), Encaquiagualcaca, Esperiez (Ho-

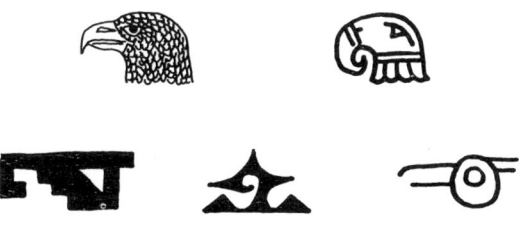

Die stufenweise Entwicklung eines Pueblo-Symbols von der realistischen zur symbolistischen Darstellung

pi), Fesere (Tewa), Galisto (Tana), Guayetri (Tigua), Guia, Gyusiwa, Haatze, Haloua (Zuni), Hampasawan (Zuni), Hanakwa, Hano (Hopi), Heshocta (Zuni), Heshota Ayahltoua, Hlauhla, Howiri (Tewa), Hungopavi (Hopi), Ihamba (Tewa), Isleta (Tigua), Jacona (Tewa), Jemez, Junetre (Tewa), Kaayu (Nambe), Kaekibi (Hopi), Kapulo (Tewa), Katzimo, Kawaika (Hopi), Kayepu, Keguayo (Nambe), Kinbiniyol, Kinishba, Kinkletsoi, Kipana (Tanos), Kisakobi (Hopi), Kohasaya (Sia), Kopiwari (Nambe), Kuakaa, Kuapooge (Tewa), Kuchaptuvela (Hopi), Kuchtya (Acoma), Kwaituki (Zuni), Kwakiua (Zuni), Kwengyaninge (Tewa), Kyatsutuma (Zuni), Laguna, Lengyanobi (Hopi), Matsaki (Zuni), Metate, Mishingnovi (Hopi), Mochilagua (Opata), Moenkapi (Hopi), Mojualuna (Taos), Navahu (Tewa), Nogales, Oraibi (Hopi), Oshonawan (Zuni), Otowi (Tewa), Paguate, Palatki (Hopi), Pecos (Jemez), Perage (Tewa), Pescadero (Zuni), Picuris (Tigua), Pojoaque (Tewa), Potaqua, Puaray (Tigua), Pueblo Bonito, Pueblo Grande, Puye, Sakeyu, San Antonio (Tigua), Sandia, San Felipe (Keresan), San Ildefonso (Tewa), San Juan (Tewa), Santa Ana (Keresan), Santa Clara (Tewa), Santo Domingo (Keresan), Setokwa (Jemez), Shitaimu (Hopi), Shopakia (Zuni), Sikyatki (Hopi), Socorra (Piro), Tanques (Tewa), Tashkatse (Keresan), Taos (Tewa), Tukinobi (Hopi), Una Vida, Vallecillo (Opata), Walpi (Hopi), Wipho (Hopi), Wupatki (Anasazi), Xutis, Zuni.

Pulque-Schnaps →Agave.

Push →Pushmataha.

Pushmataha Sachem der Choctaws, *1764, †24. 12. 1824; von amerikanischen Politikern doppeldeutig *Push* (dt.: »sich energisch anstrengen«) genannt, war den Weißen gegenüber — und insbesondere den Amerikanern — loyal und stellte ihnen stets disziplinierte und militärisch gedrillte Choctawsoldaten zur Befriedung renitenter Indianerstämme zur Verfügung, weswegen man ihn auch allgemein den »indianischen General« nannte. Amerikanische Generäle pflegte die Disziplin der Choetaw-Regimenter ihren eigenen Offizieren und Soldaten gegenüber als vorbildlich hinzustellen. P. machte regelmäßige Reisen nach Washington, sprach vor Repräsentantenhaus und Senat, veröffentlichte Artikel in Zeitungen und setzte sich für die Sache seines Volkes so vehement ein, daß man ihn, als er am Weihnachtsabend in Washington an einer Lungenentzündung starb, auf dem alten Kongreßfriedhof mit militärischen Ehren beisetzte.

Puttawus Powhatan-Wort für ein Cape oder einen Mantel aus Federn.

Q

Quahadi →Comanchen.

Quananiche (= Unrein), Lachsart.

Quannah Parker Häuptling der Quahadi-Comanchen, der 1874 den Angriff auf Adobe Walls befehligte. Am 19. 5. 1836 überfielen Comanchen das zum Fort ausgebaute Haus der Familie von Benjamin Parker im Obertal des Navasota River in Texas. Nachdem sie die männl. Verteidiger getötet und das kleine Fort angezündet hatten, führten sie 5 Frauen und Kinder als Gefangene mit sich davon, darunter die 9jährige Tochter von Parker, Cynthia Anne Parker, die im Alter von 15 Jahren von dem Comanchenhäuptling Peta Nocona geheiratet wurde und 2 Söhne gebar, davon Quannah im Jahre 1844. 1858 wurde Cynthia Anne Parker bei der Schlacht von Antelope Hills (zwischen Comanchen und Texas Rangers) gesehen, aber sie machte keine Miene, zu den Texanern überzulaufen, sondern flüchtete mit den geschlagenen Comanchen. 1860 überfiel Texas Ranger Capt. Lawrence Sullivan Ross mit 40 Texas Rangers und 20 US-Kavalleristen ein Comanchenlager am Pease River. Bei dem Kampf wurde Häuptling Peta Nocona getötet, seine beiden Söhne (einer davon Quannah) ent-

Quannah Parker und seine Frau

kamen, aber Cynthia Anne wurde gefangengenommen. Sie weigerte sich, Engl. zu sprechen, wurde zu ihrem betagten Onkel Isaac Parker (Grapevine-Prärie) gebracht und versuchte mehrere Male zu fliehen. 1861 schenkte ihr die Texas-Legislatur Land und setzte ihr eine Pension aus. Aber sie starb 1864, von Schwermut umnachtet, und 1909 stiftete der US-Kongreß 1 000 $ für ein Denkmal ihr zu Ehren. Quannah Parker übernahm die Führung der Quahadi-Comanchen wenige Monate vor der 2. Schlacht bei Adobe Walls 1874 und erwies sich bald als ein sehr weiser und gemäßigter Führer seines Stammes und wurde zu einer Art Oberberater der vereinigten Comanchenstämme. Die texan. Cowboys jener Zeit sind in ihren zeitgenöss. Berichten des Lobes voll über seine Ehrenhaftigkeit. Nach dem unentschiedenen Kampf bei Adobe Walls im Sommer 1874 verfolgte Colonel Ronald Mackenzie's Armee die Comanchen und stellte sie am 27. 9. im Palo Duro Canyon. Bei dem Angriff töteten die Salven der Soldaten 1 048 von 1 424 gefangenen Pferden. Die zu Fuß hilf- und wehrlosen Comanchen konnten zwar entkommen, hatten aber ohne Pferde keine Existenzmöglichkeit mehr. Halb verhungert stellten sie sich im Sommer 1875 in Fort Sill, Oklahoma, und gingen dort in der Reservation allmählich zugrunde.

Quapaw (Sioux-Wort: »Flußabwärts«), Stammesgruppe der Sioux am Mississippi und Arkansas River, die von den Spaniern erstmals 1541 besucht wurden.

Queen Anne weiblicher Sachem des Pamunkey-Volkes, die von den Engländern 1675 um militärische Hilfe gegen die sogenannte *Bacobs Rebellion* gebeten wurde und diese großzügig gewährte, sodaß die entscheidende Schlacht für die Engländer gewonnen werden konnte. In dieser Schlacht wurde ihr Gatte *Totopotomoi* und eine große Anzahl ihrer Krieger getötet. Hierfür versprach man ihr feierlich eine großzügige Entschädigung. Nachdem sie 20 Jahre vergeblich auf diese Entschädigung gewartet hatte, ging sie mit ihrem Sohn zu den Engländern um die Entschädigung zu fordern. Wieder erhielt sie eine Zusage und eine Silberkrone mit der Inschrift »Queen of Pamunkey,« (Königin von Pamunkey). Kurz danach starb sie 1715. Die Pamunkeys haben niemals eine Entschädigung erhalten. Im Gegenteil: 1722 nahm man den Pamunkeys mit Gewalt ihr Land, und knapp hundert Jahre später erhielten die Weißen auch die Krone wieder zurück; sie wurde der Society for the Preservation of Virginia Antiquities in Richmond »geschenkt«.

Querechos Pueblo-Name für jene Apachen, die auf den Plains von Texas und New Mexico in frühhistorischer Zeit von der Bisonjagd lebten. Coronado traf sie (Jicarilla, Faraones und Mescaleros) erstmals 1541 an, zu dieser Zeit erstreckte sich *Apacheria* noch weit in die Plains hinein, weil die Comanchen noch keine Pferde besaßen und ihren Druck auf die Apachen noch nicht ausübten.

Queso de Tuna →Nopal.

Quig-Yuma Yuma-Unterstamm um 1604 am Colorado River unterhalb des Gila Rivers.

Quills Borsten des Stachelschweins, Federkiele; wurden für bunte Stickereien von allen Indianern Nordamerikas — außer in Kalifornien — verwendet. Die Borsten und Federkiele wurden mit Naturfarbsäften gefärbt, zwischen den Zähnen flach gekaut, oder in heißem Wasser eingeweicht und dann flach geklopft. Man stickte sie in Mokassins, Hemden, Pfeifenbehältnisse, Parfleches, Sättel, Leggings, Kopfhauben etc. Die Q. kamen nach der Einführung von bunten Perlen durch die Siedler allmählich aus der Mode.

Quinney John W., Häuptling der Stockbridge-Indianer, in Wisconsin, *1797, †1855; ursprünglich lebten die Stockbridge Indianer in New York, wurden aber 1822 nach Green Bay, Wisconsin evakuiert, wofür man wiederum unter den dort lebenden Menominees Platz schaffen mußte, die man weiter landeinwärts verlegte. Wenige Jahre später kaufte die US-Regierung das Green Bay-Gebiet zurück und die Stockbridge-Indianer mußten zum Lake Winnebago, Wisconsin, wandern. John W. Quinney studierte in Westchester, New York, Theologie, und ein Porträt von ihm befindet sich heute in der State Historical Society von Wisconsin in Madison.

Quiver Köcher für Pfeile, dessen Maße sich nach der Größe des Bogens und der Pfeile richtete. In Kanada und östlich der Rocky Mountains wurde hauptsächlich Hirschleder verwendet, während man an der Pazifikküste Köcher aus Zedernholz nahm. Auch die Häute von Ottern, Coyoten und Pumas wurden dafür verarbeitet.

Rain-in-the-Face (dt.: Regen-im-Gesicht), Hunkpapa-Sioux-Häuptling, geboren am Cheyenne River in Nord-Dakota. Er erhielt seinen Namen als Knabe, nachdem er in einem Kampf einen Messerschnitt im Gesicht abbekam und das ausströmende Blut die Kriegsbemalung so verwischte, als hätte es ihm ins Gesicht geregnet. Als erwachsener Krieger erhielt er seinen Namen nach einem langen Gefecht »bestätigt«, als ihm strömender Regen tatsächlich die ganze Kriegsbemalung des Gesichts verwischte. Er war an der Custerschlacht beteiligt, danach behaupteten Stimmen, daß er es gewesen sei, der Custer erschlug.

Rappahannock (Delawaren-Wort: »Der-voll-und-leerwird«). **1.** Der R.-River stieg mit den Gezeiten des Atlantik, was ihm den Namen eintrug. **2.** Stamm der Powhatans, der am R.-River lebte. **3.** Waffenfabrik, die erstklassige Steinschloßgewehre und Pistolen herstellte.

Rasseln (engl.: Rattles), Geräuschinstrumente mannigfaltigster Art. Man unterscheidet R., bei denen Geräusche innerhalb eines verschlossenen Behälters erzeugt werden, und solche, bei denen Geräusche durch Berührung verschiedener Objekte zustande kommen. *Behälter-R.* bestanden aus: 1. Keulenartigen Korbgeflechten, in denen sich Muscheln befinden, 2. Rohhaut-Behälter mit Nußschalen, Muscheln, Maiskernen etc. 3. Ausgehöhlte Holzbehälter in Tierformen, 4. Zusammengebundene Schildkrötenpanzer etc. Dann gab es R. aus aneinandergebundenen verschnitzten Holzstücken, Knochen, Hornstücken, Stöcken, an denen die verschiedensten, rasselnden Objekte befestigt waren, Lederbändern

Red Cloud, 1872 (links). — Red Jacket (rechts)

mit eingeflochtenen Steinen, Zähnen, Muscheln etc., aus waschbrettartigen Hallbrettern, an denen Gegenstände gerieben wurden. Zahllos sind die verschiedensten Arten solcher Rasseln, die auch an Fuß- und Handgelenken, an Armen, Beinen, Körper, Hals und Kopf gerne getragen wurden.

Rechtauk kleiner Indianerstamm des *Wacquaesgeek*-Volks, der 1643 von den Holländern auf der Manhattan Halbinsel vollständig ausgerottet wurde.

Red Bird (= Roter Vogel), Winnebago-Häuptling und großer Freund der weißen Ansiedler in Prairie du Chien (Hundeprärie), Wisconsin. Als 1827 zwei Winnebagos fälschlicherweise beschuldigt wurden, eine Chippewa-Familie, die mit dem Einkochen von Ahornzucker beschäftigt war, ermordet zu haben, und als diese beiden Krieger gefangengenommen und den Chippewas zur Bestrafung übergeben, und von diesen durch Totschlagen hingerichtet wurden, veranlaßte R. B. seinen Stamm zum Aufstand. Nach einigen Tagen zwangen ihn Truppen zur Kapitulation, er wurde verhaftet und ins Gefängnis geworfen, wo er am 16. 2. 1828 starb.

Red Cloud, *1822 am Platte River, Nebraska, †10. 12. 1909 in der Pine Ridge Reservation in South Dakota; Oberhäuptling und legendärer Diplomat der Oglalla-Teton-Sioux, führte zwischen 1865 und 1868 den großen Kampf der Sioux-Nation gegen die Landnahme der Weißen. Durch diesen Kampf verhinderte er die Eröffnung eines Wagenzugweges durch Montana. Da er sich weigerte, an Friedensvertragsverhandlungen teilzunehmen, wenn nicht alle US-Truppen zurückgezogen würden, und gleichzeitig mit Delegationen von Stammeshäuptlingen im Osten der USA von einer öffentl. Versammlung zur anderen reiste, um die Welt auf das Problem seines Volkes aufmerksam zu machen, erkämpfte er schließlich diplomatisch einen großen Sieg. Am 6. 11. 1868 unterzeichnete er in Fort Laramie, Wyoming, einen ihn befriedigenden Vertrag mit den USA.

Red Fish (= Roter Fisch), Häuptling der Oglalla-Sioux um 1840. Er kämpfte 1841 gegen die Crows und wurde zuletzt 1843 in Fort Pierre in South Dakota gesehen.

Red Head (= Rotkopf), Onondaga-Irokese, †1764 Oswego, New York; fertigte im August 1759 für den englischen Landvermesser Sir William Johnson eine ausgezeichnete Karte des Sankt-Lorenz-Stroms an.

Red Horn (= Rotes Horn), Häuptling der Piegans; wurde am 23. 2. 1870 bei einem Überraschungsangriff von US-Truppen unter Colonel E. M. Baker auf sein Zeltdorf am Marias River in Montana mit einer großen Anzahl Männer, Frauen und Kindern getötet, als eine Blattern-Epidemie mehr als die Hälfte seines Stammes betroffen hatte.

Red Jacket (= Rotjacke, indianischer Name: »Sa-Go-Ye-Wat-Ha«, dt.: Er-hält-sie-wach), *1752, †20. 1. 1830; Seneca-Sachem und berühmter politischer Redner der Irokesen-Nation, der die amerikanischen Siedler und Kolonisten hart bekämpfte, weil sie seine gesamte Familie getötet hatten. Am 26. 3. 1792 hielt er eine berühmte Ansprache vor dem US-Senat, in der er die Notwendigkeit guter Behandlung der Indianer hervorhob und die rücksichtslose unchristliche Politik der Engländer und Amerikaner anklagte. Wenig später hielt er eine Rede vor einer Abordnung von Geistlichen (→Seite 102f).

Red Power (wörtlich: »Rote Macht«), *Indianermacht,* der radikale Flügel der heutigen »Amerikanischen Indianer-Bewegung« (»American Indian Movement«, AIM) und zugleich das Schlagwort für das Ziel dieses

Sioux-Medizinmann bei einer Sonnentanz-Kulthandlung, 1873

Flügels der Indianer-Bewegung. Die Aktion des AIM, die (auch weltweit) am meisten Aufsehen erregte, war die gewaltsame Besetzung des Dörfchens Wounded Knee in einer heutigen Indianer-Reservation, die am 27. Februar 1973 begann und 69 Tagen dauerte. Zwei Indianer wurden dabei von der Polizei getötet, und ein Polizist wurde schwer verwundet. Die Forderungen des AIM bei dieser Aktion waren ursprünglich folgende: 1. eine Auswechslung der damaligen Führer (Häuptlinge) der einzelnen Indianerstämme, da diese offenbar nicht mehr als die wirklichen Interessenvertreter der Indianer oder gar als Verräter empfunden wurden; 2. eine Revision (Außerkraftsetzung oder weitreichende Abänderung) aller den US-Indianern im 19. Jahrhundert mit List oder Gewalt abgenötigten Verträge; 3. eine absolut umfassende gründliche Untersuchung des US-Senats über die Behandlung der Indianer und ihrer Probleme in den USA im allgemeinen. Als die Indianer am 8. Mai 1973 die Waffen streckten, waren ihnen immerhin Verhandlungen über alle Beschwerden der US-Indianer zugesichert worden. — Der Ort Wounded Knee war vom AIM deshalb für eine derartige Aktion ausgewählt worden, weil dort am 29. Dezember 1890 von US-Truppen Indianer-Männer, Frauen und Kinder wahllos niedergemetzelt worden waren, wodurch der Widerstand der US-Indianer gegen ihre Unterjochung durch die Weißen endgültig gebrochen wurde.

Red Thunder (= Roter Donner), Häuptling der Yankton-Sioux, der seinen Stamm bei der großen Ratsversammlung in Prairie du Chien im April 1806 vertrat, auf der Seite der Engländer 1812 gegen die Amerikaner kämpfte und 1823 von Chippewas getötet wurde.

Red Tomahawk   →Sitting Bull.

Religion   Vorstellungen u. Riten sind stark vom indianischen Geist geprägt; so unterwarfen sich die Schamanen strengster Selbstkasteiung. Entsprechend den verschiedenen Kulturprovinzen gibt es verschiedene Religionsprovinzen. Bedeutsam sind Visionen, ein stark entwickelter Zeremonialismus (Tänze) u. Geheimbünde. Die Jägerstämme kannten Jagdriten und Jagdzauber, Tiergeister spielten eine große Rolle (Pubertäts-Weihen, Krankenheilungen). Verbreitet war u. ist auch ein Hochgott-Glaube (Großer Geist, Manitu), vor allem im Osten. Mit Hilfe der Schutzgeister kann der Schamane die Seele eines kranken Menschen aus dessen Körper holen u. damit Seele und Körper heilen, Regen machen, Wild hervorlocken u. Feinde durch Zauberhandlungen vertreiben oder vernichten. Vorstellungen von Seelenwanderungen u. Seelenreichen sind verbreitet. Im Totemismus steht der Mensch in Beziehung zu einem Tiergeist, die Schamanen mit gleichem Tiergeist sind in Geheimbünden zusammengeschlossen (Heilige Bünde, Stammesmedizin). Bei den Ackerbauern standen Erd- und Vegetationsgöttinnen im Mittelpunkt. Diese Stämme kannten vor allem Maskentänze, aber auch Menschenopfer (Pawnees). Nach dem Eindringen des Christentums verbanden sich christliches und »heidnisches« Gedankengut.

Remington   Frederick Sackrider, *1. 10. 1861, †25. 12. 1909; Maler, Zeichner, Illustrator, Bildhauer, Schriftsteller, der Charaktere und Landschaft des Wilden Westens aus eigener Anschauung in einer ungeheuer vielseitigen

Comanchen-Krieger in Reservationskleidung, Fort Sill, 1870

Art und Weise in Zeichnungen, Gemälden und Graphiken dargestellt hat. Pferde, Indianer und Soldaten waren seine Spezialität. Mit 19 Jahren wanderte er nach Westen, durch Dakota, Montana, Kansas und Oklahoma, lernte Indianer, Soldaten und Cowboys auf dem Höhepunkt ihrer Auseinandersetzungen kennen, kaufte und verkaufte eine Ranch in Kansas, wanderte durch den Südwesten und publizierte seine Illustrationen in »Harper's Weekly«, wodurch er weltweite Berühmtheit erlangte.

Renville   letzter Häuptling der Sisseton-Sioux, * April 1824, †26. 8. 1902; er war während des Sioux-Aufstands von 1862 ein Freund der Amerikaner und verhielt sich neutral.

Reservate   Die meisten Indianer, etwa 450 000 leben heute in den etwa 300 größeren u. kleineren Reservaten; wenn manche auch versuchen im »Land der Weißen« Fuß zu fassen, kehren viele wieder in die Reservate zurück. Dort hat sich die Infrastruktur zwar erheblich verbessert (Durchschnittsalter der Indianer heute ca. 60 Jahre), die Kindersterblichkeit ist aber noch sehr hoch. Die ausschließlich von Indianern besiedelten Reservate unterstehen dem Büro für Indianische Angelegenheiten (»Bureau of Indian Affairs«, BIA) u. werden von Stammesräten verwaltet. Ein nationaler Indianerrat unterstützt sie dabei. Trotz schlechterer Lebensbedingungen halten viele Indianer vehement an traditionellen Kulturformen fest, nur in den kleineren Reservaten ist ein Anpassungsprozeß festzustellen. Die Übersicht nennt die Staaten mit größeren Reservaten u. die Indianer: Arizona: Navahos, Apachen, Papagos, Pimas, Hualapai; Süd-Dakota: Sioux; Montana: Blackfeets, Salish, Chippewas, Cheyennes, Crows, Sioux, Assiniboins, Groß Ventres; Oklahoma: Cherokees, Creeks, Choctaws, Cheyennes, Arapahoes, Caddos, Delawaren, Kiowas, Comanchen, Apachen, Osages, Poncas, Modocs, Miamis, Seminolen, Shawnees, Potawatomis; Idaho: Nez Percé, Shoshonen, Bannacks; Oregon: Paiutes, Kla-

Indianer: Februar 1972

maths, Modocs; Washington: Yakimas, Suquamish; Wyoming: Arapahoes, Shoshonen; Nord-Dakota: Arikaras, Mandans, Groß Ventres; Nebraska: Winnebagos; Wisconsin: Menominees; New York: Oneidas, Onondagas, Senecas; Nord-Carolina: Cherokees; Florida: Seminolen; Nevada: Paiutes; Kalifornien: Paiutes, Shoshonen, Yumas.

Reverend John Johnson →Enmegahbowh.

Rittersporn (amerik.: Larkspur, lat.: Delphinium), geheiligte Navahopflanze, die in spiritistischen Zeremonien verwendet wurde.

River Indians so nannten die frühen Siedler Neuenglands die Indianer, die am Connecticut River ihre Wohnstätten hatten.

Robbiboe eine Art Fleischbrühensuppe der Chippewas und anderer Algonkinstämme, die allgemein aus Pemmican, einer getrockneten, mit Talg vermischten Fleischpastete, und Maismehl bestand.

Robinson Alexander, *1789, †1867; Potawatomi-Häuptling, in Mackinaw, Michigan geboren, der sich großer Mühen unterzog zwischen Indianern und Siedlern Frieden zu vermitteln. Er diente General Lewis Cass als Dolmetscher während der Friedensverhandlungen bei Prairie du Chien in Wisconsin (am 29. 7. 1829).

Rockaway-Indianer (= Sandiger Boden), ein kleiner Stamm von Long Island-Indianern.

Rode- und Brennbau →Waldkulturen.

Rohhaut vielfach verwendetes Material bei den Indianern; getrocknete und von Haaren und Fleischresten gesäuberte Tierhaut, die in Wasser getränkt, anschließend mit Pflöcken gespannt und getrocknet wurde. Da sich R. beim Trocknen zusammenzieht und außergewöhnlich hart und fest wird, wurde sie zum Befestigen von Pfeil- und Speerspitzen, Messer- und Beilschneiden, Sattelbäumen und Holzkonstruktionen verwendet. Auch Gewehrbeschläge aus Messing oder Eisen, die Lauf und Vorderschaft zusammenhielten und entzwei gegangen waren, wurden solcherart durch R.-Bänder wieder repariert. R. verwendete man als Trommelfelle, Rasselüberzüge, und in Schichten zusammengenäht als Schilde. Manchmal waren solche Schilde so hart, daß sie sogar Revolver- und Gewehrkugeln abfingen, oder ihnen wenigstens den größten Teil ihrer kinetischen Energie nahmen. Zahlreiche Behälter bestanden aus Rohhaut, auch geflochtene Lassos, Peitschenschnüre, Zeltnähte etc.

Roman Nose (indianischer Name: »Woquini« = Hakennase), Kriegshäuptling der Cheyennes, der in dem spektakulären Kampf auf Beecher's Island gegen die US-Armee-Scouts in Colorado im September 1868 getötet wurde.

Ross John, Cherokee-»Präsident« (es ist angesichts der hohen zivilisatorischen Kulturstufe des Cherokee-Staats angebracht, bei markanten Persönlichkeiten nicht von »Häuptlingen« oder »Sachems« zu sprechen), *3. 10. 1790, †1. 8. 1866; Vater Schotte, Mutter Cherokee-Indianerin; in Kingston, Tennessee höhere Schulbildung, 1817 Ratsmitglied des Cherokee-Parlaments (Council), ab 1831 Präsident der Cherokee-Nation, der — ein Mann von hohem Ansehen in den USA — persönliche Freundschaften zu einigen US-Präsidenten unterhielt. Ein Politiker par excellence, rhetorisch begabt, ehrenwert, überzeugend; bis zu seinem Tod ein unermüdlicher Interessenvertreter seines Volks. Sein Urteil über das Verhältnis zwischen Amerikaner und Cherokees ist wohl eines der abgewogensten überhaupt: »Ich kenne die Welt der Weißen genug, um sie beurteilen zu können. Diese Menschen sind nicht besser und schlechter als wir Indianer. Sie haben Talentierte, Schufte und Heuchler ebenso wie hervorragende ehrenwerte Persönlichkeiten gleichermaßen wie wir. Ich erkenne nur, daß ihr ganzes soziales gesellschaftliches System einfach schicksalhaft schlecht ist.«

Rothäute Bezeichnung für die nordamerikan. Indianer, nicht wegen der Hautfarbe, sondern wegen ihrer Körperbemalung.

S

Sabatea christianisierter Häuptling der Jumano-Indianer von Texas, der die spanischen Kolonialherren um Schutz vor den Angriffen der Apachen und um Errichtung einer Franziskanermission bat. Von 1683—84 führte er eine Expedition von Domingo de Mendoza ins Innere von Texas.

Sacayawea *Sacagawea,* eine junge Shoshonen-Frau, die sich der Expedition von Lewis und Clark (1803—1805), die eine Nordwestpassage auf dem Landweg suchten,

John Ross

anschloß, als 14jährige von den Hidatsas gefangen genommen worden war und als Dolmetscherin äußerst wertvolle Dienste leistete. Als die Expedition die Rocky Mountains und das Gebiet der Shoshonen erreichte, verschaffte sie den Amerikanern Pferde, sodaß sie die Gebirge überqueren konnten. S. gebar während der Reise einen Sohn, und seitdem beschäftigen sich die Spekulationen mit der Vaterschaft von Meriwether Lewis oder Lewis Clark. Sie starb am 4. 4. 1884 bei Fort Washakie in Wyoming und ging als legendäre Frauengestalt in die Geschichte ein.

Sachem Bezeichnung für einen vom Volk gewählten Anführer. »Häuptling« ist bei den politisch hochentwickelten Gesellschaften der Indianer des Nordostens und Südostens ein unzutreffender Ausdruck. Ein Sachem war eine Art königlicher Parlamentspräsident von hohem Ansehen, der allerdings keinerlei Verantwortung und Machtvollkommenheit besaß, sondern stets nur nach dem Willen der informierten Mehrheit handeln konnte. Eine durch und durch demokratische Gestalt, die hauptsächlich, was das Wort betrifft, bei den Indianern der Neuengland-Staaten, besonders von Massachusetts, angewendet wurde. Weniger kompetente Anführer nannte man *Sagamores* (Abnaki-Wort für »Unteranführer«).

Saconnet kleine Stammes-Untergruppe der Narragansetts die einen weiblichen Sachem besaßen. Während des *König Philip-Kriegs* (1675) kämpfte man auf der Seite der Engländer. Um 1700 verkauften sie ihr Land und nach einer verheerenden Pockenepidemie 1763 blieben nur noch ein Dutzend Personen am Leben, die in Compton, Rhode Island, wohnten. Sie sind heute ausgestorben.

Sagakomi (engl.: Bearberry, dt.: Bärentraube), Buschpflanze, deren Blätter und manchmal auch Rinde als Beimischung für indianischen Tabak (→Kinnikinnik) verwendet wurde.

Sagamite Lieblingssuppe aus gekochtem Mais der frühen englischen Siedler.

Sagamores →Sachem.

Sagaunash Potawatomi-Häuptling, *1780, †28. 9. 1841; als Katholik kämpfte er für die Engländer und zog 1820 mit seiner Sippe nach Chicago.

Sagonaquade (»Jener-der-sie-in-Zorn-versetzt«), christlicher Name: *Albert Cusick,* Sachem der Tuscaroras, 1846 in der Reservation geboren; als er Christ wurde, verlor er seine Häuptlingswürde.

Saia kleiner kalifornischer Indianerstamm, der sich 1862 gefangennehmen ließ und bis 1868 in eine »falsche« Wüsten-Reservation gebracht wurde und dort bis auf 8 Personen zugrunde ging. 1877 stellte sich heraus, daß es sich um einen bürokratischen Schreibfehler gehandelt hatte; als die US-Regierung die sofortige Rückführung der Saia-Indianer in ihre Heimat anordnete, gab es keine mehr, und das Problem war gelöst.

Saituka (Paiute-Wort für »Camas-Esser«), bezeichnet wurden damit die Shahaptin-Indianer Oregons.

Sakaweston dieser Indianer, der von einer der Neuenglandküste vorgelagerten Inseln stammte, wurde von Captain Harlow 1611 gefangengenommen und nach England gebracht, wo man ihn in Soldatenkluft kleidete, als britischer Soldat ausbildete und nach Böhmen in den Krieg schickte, wo er englischer Oberst wurde.

Salish Sprachfamilie und Stammesgruppe, die im westlichen Montana lebte, auch bekannt unter dem Namen *Flatheads* (Flachköpfe). Sie waren halbnomadische Jäger. Stammesgruppen der Sprachfamilie waren die Salish, Chimahua und Wakashas im nördlichen Idaho und westlichen Montana. Sie bauten Häuser aus Baumstämmen und Ästen, lebten vom Fischfang, hauptsächlich vom Lachs.

Saloso (»Tsa'l-au-te«, Cry-of-the-Wild-Goose = Wildgansschrei), Kiowa, Satantas Sohn, 1868 als Geisel für seines Vaters Wohlverhalten genommen; wurde 1877 in Fort Cobb Deputy der Indianerpolizei.

Salz die meisten Indianerstämme kannten den Gebrauch von Kochsalz nicht. Einige wie z. B. die Omahas unternahmen weite Reisen zu Salzstellen, z. B. in der Umgebung von Lincoln, Nebraska, um dort salzhaltiges Gestein abzuschlagen und zu Hause zu zermahlen. Virginia Indianer nannten Salz: »Saw-wone« = bitterer Süßstoff.

Samoset (»Jener-der-über-Vieles-hinweggeht«), *Sagamore,* Unter-Sachem der Pemaquids (sie lebten in der Region, in der heute Bristol, Maine, liegt), der 1620 als erster Indianervertreter die Pilgerväter traf und sie 1625 mit Massasoit bekanntmachte und einen Landverkauf von 12 000 Acres an die Engländer vermittelte. 1654 starb S. und wurde bei Round Pond, Bristol, Maine, bestattet.

Samp Maisflockenbrei, ein wichtiges Grundnahrungsmittel sowohl der Indianer wie der Kolonisten.

San Carlos Apachen so nannten Amerikaner alle Apachen, die in der San Carlos Reservation am Gila River, Arizona, lebten.

Sandbilder →Sandmalerei.

Sandmalerei *Trockenmalen* (engl.: Dry-painting), eine vorgeschichtliche Kunst, die hauptsächlich von den Navahos beherrscht wurde. *Sandbilder* sind Bestandteil einer speziellen Zeremonie, sie wurden gewöhnlich wieder zerstört. Den farbigen Sand gewinnt man entweder durch Sammeln, oder durch das Mahlen verschiedenfarbiger Gesteine. Das Muster des Sandbilds wird von der Mitte aus entwickelt. Seit einigen Jahrzehnten stellen Navahos solche Sandbilder auf Holzplättchen her, die mit Leim bestrichen sind, sodaß man diese Sandgemälde dauerhaft an die Wand hängen kann.

Sans Arc Unterstammesgruppe der Hunkpapa- und Teton-Sioux, die in beiden Dakotas lebten und am 20. 10. 1865 in Fort Sully, South Dakota, mit den USA Frieden schlossen.

Santa Barbara-Indianer →Chumash.

Santee ursprünglich lebte dieser Stamm der Sioux-Sprachgruppe am Santee River in Süd-Carolina. Um 1700 kämpften sie gegen die Engländer, nach 1716 wanderten sie nach Minnesota.

Saponi ehemaliger Stamm der Sioux, der in Nord-Carolina und Virginia lebte und nach 1780 durch Seuchen ausgerottet wurde.

Satank (»Set-angya«; Sitting Bear = Sitzender Bär), Kiowa-Häuptling, *1815 in den Black Hills; Hauptakteur in den Friedensverhandlungen von 1840 (für: Comanchen, Kiowas, Kiowa-Apachen, Cheyennes und Arapahoes). Dieser Friedensvertrag schloß die 5 Stämme als Barriere gegen die westwärts drängenden Indianer-

Satank

stämme und gegen die sich nach Westen und Nordwesten ausdehnende texanische Besiedlung der Plains zusammen. 1867 unterzeichnete er den *Medicine Lodge-Vertrag,* 1870 wurde sein Sohn getötet. Als er seinen Leichnam suchte, fand er nur noch Gebeine, die er in einem Sack ständig bei sich führte. Als er 1871 verhaftet wurde, begann er auf dem Transport seinen Todesgesang zu singen, erschoß einen Soldaten und wurde selbst erschossen.

Satanta (»Set'tainte, White Bear = Weißer Bär), *1807, †11. 10. 1878; redegewaltiger »Orator der Plains«, lange, sentenzenreiche Reden hielt, furchtloser, tollkühner zweiter Häuptling der Kiowas. Er wurde 1871 mit *Big Tree* und *Satank* verhaftet, 1873 freigelassen, 1874 wieder verhaftet und stürzte sich 1878, nachdem er seinen Todesgesang gesungen hatte, aus dem Hospitalfenster des texanischen Staatsgefängnisses Huntsville in den Gefängnishof, wo er zerschmettert liegen blieb.

Saux →Grand Saux.

Schamane Name der östlichen Stämme und Nationen für *Medizinmann,* wobei das Wort »Medizinmann« ein sehr unglückliches ist, weil es die wirkliche Bedeutung nicht trifft. Der S. war eine Art Seher, ein erfahrener, auch weiser Mann, der eine besonders intime Beziehung zu den Lebensgeistern besaß, sich mit Wahrnehmungen jenseits von Optik und Akustik befaßte und versuchte, Zusammenhänge zwischen Vergangenheit, Gegenwart und Zukunft zu verstehen, zu ergründen und vorauszusehen. Auch in der Naturheilkunde besonders versiert. Durch allerlei geheimnisvoll erscheinende Manipulationen aktivierte er das Unterbewußtsein der Menschen; eine Art Psychologe, Priester und Zeremonienmeister.

Schlafauge (Sleepy Eye), in Minnesota geborener Häuptling der Sisseton-Sioux, †1851; 1822 Häuptling geworden, machte er seinen Einfluß geltend, daß sein Stamm in Friedensverhandlungen mit den Amerikanern Arrangements traf.

Schlafender Wolf (Sleepy Wolf), Unterhäuptling der Kiowas, der als Abgesandter seines Stamms 1872 an Friedensverhandlungen in Washington teilnahm.

Schlagender Adler   →Kicking Bird.
Schlangen   (engl.: Snakes), viele Indianer-Unterstamm-gruppen nennen sich S., besonders solche der Shoshonen in Kalifornien, Oregon und Nevada.
Schlangen-Horde   →Castahana.
Schlangentanz   (engl.: Snake Dance), alle zwei Jahre von den Hopis verschiedener Pueblos abgehaltener Zere-monien-Tanz zur Beschwörung von Regen. Schlangen werden von den Tänzern im Munde getragen und nach speziellen Übungen und Riten in die Freiheit entlassen, »damit mit ihnen der Regen zurückkehre«.
Schlangenvolk   →Comanchen.
Schmetterlingssteine   →Bannersteine.
Schwarzfuß-Indianer   →Blackfeet.
Schwitzhütte   (engl.: Sweat Lodge), von den Stämmen nördlich von Mexiko allgemein geübte Sitte des Schwitz-bads. Die S. wurde, je nach Landschaft verschieden, aus Ästen, bedeckt mit Grassoden, Decken oder Häuten in halbrunder Form erbaut und war in der Regel gerade so hoch, daß ein Mann darin hocken konnte. Auf erhitz-ten Steinen wurde durch Wasserguß Heißdampf erzeugt. Der Schwitzende blieb eine bestimmte Zeit in der S. wäh-rend der er bestimmte Riten absolvierte, anschließend wälzte er sich im Schnee oder sprang in kaltes Wasser. Der religiös-praktische Sinn war die innere und äußere Reinigung des Körpers, der tatsächliche gesundheitliche Effekt: Abhärtung und Erhöhung der physischen Wi-derstandskraft, auch Heilung von fiebrigen Krankheiten.

Schamane (Medizinmann) der Nez Percé

Es gilt als gesichert, daß diese Sitte der »Indianersauna« den nordamerikanischen Indianern ein verhältnismäßig erheblich höheres Durchschnittsalter bescherte, als es die damaligen Weißen besaßen (etwa 80:48).
Seattle   Häuptling der Suquamish und Duwamish in der Pudget Sound Region von Washington, *1786, †7. 6. 1866; er war die Haupttriebfeder für freundschaftliche Bindungen mit den USA, gegen die er nie Krieg führte. Seit 1830 katholisch, verhielt er sich während der Auf-stände im Nordwesten (1855—1858) ruhig und unter-zeichnete als erster den »Port Elliott Frieden« von 1855. Seine Redegewalt und philosophische Aussagekraft erin-nert an große Griechen des Altertums. 1890 nannte man die Hauptstadt des Staates Washington nach ihm um und errichtete ein Denkmal über seinem Grab.
Sechs Nationen   →Irokesen-Bund.
Sego   (Sego-Lily, lat.: Colochortus nuttalii, dt.: Mor-monentulpe), die Knolle dieser Lilienart wurde von den Indianern Utahs als eßbare Fruchtknolle verwendet.
Sekhushtuntunne   (»Volk-der-großen-Felsen«),   ein Stamm, der in frühgeschichtlicher Zeit am Coquille River in Oregon lebte.
Seminolen   (abgeleitet aus dem span. »Cimarron« = Wild; Seminole bedeutet: »die außerhalb Wohnenden«), Muskhogee-Volk, das in Stadtdörfern in Florida und im südl. Georgia lebte, planmäßigen Ackerbau und Bo-denbearbeitung betrieb, eine sehr feingeistige Kultur und hohe Zivilisation besaß und in der 1. Hälfte des 19. Jh. in einem harten Kampf in die Mangrovesümpfe Floridas getrieben und dort zur Kapitulation und Aussiedlung nach Oklahoma gezwungen wurde. Im Kampf gegen die Seminolen errangen Samuel Colt's »Revolvergewehrmo-delle« ihre ersten spektakulären Kriegserfolge. Die Nach-kommen der einst stolzen und hochgebildeten Seminolen leben heute in den Big Cypress-, Brighton- und Dania-Reservationen auf Florida — sie haben bis heute noch keinen Friedensvertrag mit den USA geschlossen! — und in der Seminolen-Reservation von Oklahoma.
Seminolen-Städte: Ahapopka, Ahosulga, Alachua,

Satanta

Seminolen-Dorf bei Fort Lauderdale, Florida

Alafiers, Alouko, Aquile, Arawakan, Beech Creek, Big Hammock, Capola, Casitoa, Catfish Lake, Cuscowilla, Eluchoteka, El Penon, Etanie, Etotulga, Fowl Town, Hiamonee, Hitchapuksassi, McQueens Village, Mikasuki, Minatti, Mulatto Town, Negro Town, Ocheese, Owassissas, Picolatha, Red Town, Suwanee, Talakhacha, Toloawathla, Totstalahoeetska, Withlako, Wooteka.

Seneca (= Volk-von-den-Felsen), Mohegan-Stamm, der am Seneca Lake und Geneva River lebte (im nordwestlichen New York) und einer der »Fünf Nationen« des *Irokesen-Bunds* im Nordosten der USA war.

Sequoyah (»See-quah-Yah«), Cherokee, *1760, †1843; zuerst Silberschmied, Kunstschmied, dann Schulmeister, Professor und Journalist; arbeitete von 1809 bis 1821 an einem Cherokee-Alphabet, das die Cherokee-Legislative als offizielles Alphabet anerkannte. Innerhalb von nur zwei Jahren hatten 24 000 Cherokees ihre Schriftsprache erlernt. 1828 erschien die erste Ausgabe der Cherokeezeitung The Cherokee Phoenix (zweisprachig: Cherokee; Englisch), und von nun an wurden viele Bücher in Cherokee übersetzt. Die lesebesessenen Cherokees besaßen schon 1832 eine größere Nationalbibliothek als Philadelphia. Der bürgerlich-anglisierte Name Sequoyahs war *George Guess* (auch: Guist, Gist, Guest). Nach S. wurden die kalifornischen Regenbäume Sequoyah benannt, zahlreiche Städte- und Countynamen ebenfalls. Der geplante Indianerstaat in Oklahoma, dessen Beitritt zur Union der Kongreß ablehnte, sollte *Sequoyah* heißen.

Shakehand (dt.: Händeschüttler), Yankton-Sioux-Häuptling, der 1804 als erster Sioux die amerikanischen Entdecker Lewis und Clark traf, an einer Stelle, wo heute Yankton, Süd-Dakota, liegt.

Shaman →Schamane.

Shawnee (= Aus-dem-Süden), sprachlich zur zentralen Algonkin-Sprachgruppe gehörender Volksstamm in South Carolina, Pennsylvania, Ohio und Tennessee; Feinde der Catawbas. Ein unruhiges Volk, das oft den Wohnort wechselte und 1748 nach Ohio und Missouri

D a	R e	T i	ᴕ o	O u	i v
S ga Ꭴ ka	F ge	Y gi	A go	J gu	E gv
Ꭵ ha	P he	ᴁ hi	F ho	Γ hu	Ꮚ hv
W la	Ꮯ le	P li	G lo	M lu	Ꭿ lv
ᕋ ma	Ol me	H mi	ᴝ mo	Y mu	
Θ na Ꮣ G nah	Λ ne	Ꮒ ni	Z no	ᑌ nu	O nv
Ꮖ qua	Ꮕ que	Ᏸ qui	V quo	Ꮷ quu	Ꮛ quv
U sa Ꮼ s	4 se	b si	ᖼ so	Ꮥ su	R sv
L da W ta	S de Ꮦ te	Ᏹ di Ꮧ ti	Λ do	S du	Ꮩ dv
Ꮨ dla Ꮳ tla	L tle	C tli	Ꮤ tlo	Ꮲ tlu	P tlv
G tsa	V tse	Ir tsi	K tso	J tsu	C tsv
G wa	Ꮼ we	O wi	Ꮼ wo	Ꮿ wu	6 wv
Ꮽ ya	B ye	ᏸ yi	Ᏺ yo	G yu	B yv

Offizielles Alphabet der Cherokees

wanderte. Shawnee-Städte: Chartierstown, Girtys Town, Grenadier Squaw Town, Hog Creek, Lewistown, Lick Town, Logs Town, Lower Town, Mequachake, Peixtan, Pequea, Sawanogi, Sewickley.

Sheshequin Rassel aus Kürbis. Dieses Wort wurde hauptsächlich von den Crees, Chippewas, Lenape (Delawaren) und Menominees verwendet.

Shiyosubula (»spitzschwänziges Rauhfußhuhn«), Untergruppe der Brulé-Teton-Sioux.

Shonka Häuptling der →Cazazhita.

Short Bull Brulé-Siouxhäuptling, * etwa 1845 in Nevada; als christianisierter Indianer nahm er nicht nur am Geistertanzritus teil, sondern hielt sich für den »Messias« selbst. Später wurde er Kongregationalist.

Shoshoko Bezeichnung für eine Untergruppe der Shoshonen, besonders für die sogenannten »Fußgänger«, (engl.: The Walkers), Stammesmitglieder, die keine Pferde besaßen und auch das Reiten ablehnten.

Shoshonen eigene große Sprachfamilie der Indianer des amerikan. Nordwestens (hauptsächl. der Felsengebirgsregion), die zur shoshonischen Untergruppe der uto-aztekischen Sprachgroßfamilie gerechnet wird.
Die *nördl. Shoshonen* lebten im 19. Jh. im östl. und südl. Idaho im nordöstl. Utah u. westl. Wyoming, die *westl. Shoshonen* (auch *Diggers* = Gräber) im mittl. und westl. Idaho, im angrenzenden Nevada, nordwestl. Utah und in einem kleinen Gebiet beim Tal des Todes in Kalifornien. Der Name *Sho-Sho-ni* bedeutete bei den Nachbarstämmen soviel wie »Grashüttenbewohner«, während die Bezeichnung der Weißen, »Schlangen«, nichts mit dem Reptil zu tun hat, sondern sich auf die »Schlangenlinie« der Shoshonenzeichensprache bezog, mit der sie sich selber meinten. Die nördl. Shoshonen waren die ersten Indianer des nördl. Felsengebirges, die Pferde züchteten

Shoshonen-Häuptling Has No Horse

und sie im Tauschhandelt den Blackfeet, Coeur d'Alênes, Kräheninindianern, Flatheads und Nez Percés lieferten. Mit den Pferden schrumpften die vorher unüberbrückbaren Entfernungen zusammen, und die Unterstämme der Kiowas und Comanchen entwickelten sich zu jenem rastlosen, nach Süden stürmenden Reitervolk, das 2 Jahrhunderte lang die span. und amerikan. Kolonisierung stoppte. Berühmt wurden die Shoshonen durch eine ihrer Töchter, »Sacajawea«, die der Lewis- und Clark-Expedition (1804—1805) als Führerin diente und ihre Mitglieder durch die Kenntnisse des Landes vor dem Hungertode und Niedergemachtwerden bewahrte. Da die Shoshonen erst sehr spät in den Besitz von Feuerwaffen kamen, wurden sie oft die Opfer blutiger Überfälle durch die bewaffneten Präriereiterstämme. Um seinen Stamm vor der völligen Ausrottung zu bewahren, sah ihr Häuptling »Washaki« schließlich keinen anderen Ausweg, als die USA um Schutz und Zuteilung einer militärisch geschützten Reservation zu bitten. 1868 wurde der entsprechende Vertrag in Fort Bridge unterzeichnet, und die Shoshonen bezogen die Wind River-Reservation in Wyoming. So verhinderte Washaki, daß den nördl. Shoshonen das Schicksal der anderen shoshonischen Stämme bereitet wurde.

Sho-Sho-ni →Shoshonen.

Shungikcheka Untergruppe der Yankton-Sioux.

Sieben Ratsfeuer die 7 Unterstämme der Teton-Indianer (Blackfeet, Brulé, Hunkpapa, Miniconjou, Oglalla, Sans Arc u. Two Kettle).

Signalsprache neben der →*Zeichensprache* hatten die Indianer ebenfalls die sog. S. so perfektioniert, daß sie in der Lage waren, sich über weite Strecken hinweg zu verständigen. Diese Signale waren von Region zu Region verschieden: z. B. verwendete man in den atlantischen Waldgebieten Äste, kleine Stämme, Aufhäufungen von Astwerk und Blättern, sowie Steinbrocken und Felsritzungen u. a., um ausführliche Nachrichten und Anweisungen, aber auch Mitteilungen zu hinterlassen. In den baumlosen Plains waren es hauptsächlich Rauchsignalzeichen, mit denen man sich über große Entfernungen

Payta-Kootka, Shawnee-Krieger

hinweg verständigte. In den vegetationslosen Wüsten verwendete man Sandzeichnungen, wobei man aber bei der Herstellung bereits Windrichtung und Drift für einen bestimmten Zeitraum berücksichtigte. Die Verhaltensweise bestimmter Aasvögel zum Beispiel führte dazu, daß man ihre Flugbewegungen durch Ausbreitung von Aas regelrecht manipulierte, sodaß ein weit entfernter Partner am genau kalkulierten Flugverhalten von Aasvögeln erkennen konnte, welche Mitteilung für ihn bestimmt war. Auf nähere Entfernungen im flachen Land, also auf Sichtweite, ritt ein Reiter bestimmte große Figuren, die bestimmte Bedeutungen hatten, oder man bediente sich der sogenannten »Staubwolken-Zeichen«, entweder in bestimmter Weise hochgeworfener Staub, oder in bestimmten Intervallen. Aber auch *Feuerzeichen* umspannten einen weiten Rahmen der Verständigungsmöglichkeiten.

Sihasapa Untergruppe der Teton-Sioux, besser bekannt als sogenannte *Blackfeet-Sioux,* so benannt wegen ihrer schwarzen Mokassins, die aus der Frühzeit ihrer Wanderungen stammten, als sie nach einem Präriefeuer meilenweit durch Asche gehen mußten.

Siksika Name für Blackfeet, manchmal auch *Nördliche Schwarzfüße* genannt.

Silberschmiedekunst entstand erst, nachdem die spanischen Eroberer das Silber einführten. Besonders die Navahos entwickelten die S. zu hoher Blüte.

Sioux sie hatten sich selber »Da-coh-tah« = Freund,

Sioux-Häuptling Iron Shell. Als Zeichen seiner Würde trägt er ein Haare-besetztes Hemd und eine Medaille aus Washington, ein Geschenk an seinen Vater

Verbündeter genannt, aber die Chippewas in den Wäldern von Wisconsin, Erbfeinde der Dakotas, bezeichneten sie, als sie die ersten Feuerwaffen von den franz. Entdeckern um 1640 erhielten, als »Nadoweis-siw« = Schlangen, Feinde. Die Franzosen machten »Nadouessioux« und schließlich S. daraus. Nachdem die Chippewas durch die franz. Feuerwaffen im westl. Wisconsin den Sioux weit überlegen waren, trieben sie diese in einem jahrzehntelangen Ansturm vor sich her nach Westen. Auf der Suche nach neuem Land trafen die S. auf die in Erdhäusern an den Ufern des Missouri lebenden Arikaras, gerieten hier erstmalig in den Besitz von Pferden und entwickelten sich innerhalb von 5 Jahrzehnten zum größten und von allen Nachbarstämmen am meisten gefürchteten Reitervolk der nördl. Prärie. Während dieser Entwicklung von 1750 war es etwa 1800 war es, daß sich die mittleren und südl. Siouxstämme von der Nation trennten und in ihren neuen Gebieten die alte Ackerbaukultur neben der Benutzung des Pferdes (das erst das Leben in den Grasebenen möglich machte) beibehielten, während die Teton-Dakotas reine Büffeljäger wurden und die Agrartradition der vergangenen Jahrhunderte abschüttelten. Diese Tatsache mag einer der sehr wesentl. Gründe dafür gewesen sein, daß sich die mittleren und südl. Stämme rasch mit der Inbesitznahme des Landes durch die Weißen abfanden, die Teton-Sioux aber sich gegen sie aufs äußerste zur Wehr setzten, denn die Weißen bedrohten mit ihren Überlandtrecks die Büffelwanderung. Siedler, Goldsucher und Eisenbahnbau führten zur Ausrottung des Büffels und damit zur Vernichtung ihrer Existenzgrundlage.

Schon 1804 fanden Lewis und Clark die Dakotas voll als Herrscher der Region westl. des Missouri etabliert. Ihre Jagdgruppen durchstreiften die Black Hills und die Grassteppe des nördl. Dakota. In Montana waren sie mit den Tälern des Powder-, Tongue-, Big Horn- und Yellowstone-Flusses vertraut, und in Wyoming wanderten sie nach Süden bis an den North Fork des Platte River im heutigen Arkansas. »Aus den ehem. Kanufahrern, die in heilloser Flucht davongerannt waren«, schrieb Washington Irving, »waren furchtlose, stolze und kampfbesessene Reiter geworden, die großartigste leichte Kavallerie der Welt.« Es war »Pte«, der Büffel, der sie mit allem versorgte, was lebensnotwendig war: Fleisch zum Kochen und Braten, getrocknet und als Pemmican; schwere Kleidung und dicke Häute für den Winter, Felle für die Lager, gegerbtes Leder als Decken oder für Schuhwerk und Sommerkleidung; geölte Büffelkalbhäute für die leichten, luftigen, warmen und bequemen Tipis, schließlich das berühmte »Bullboot« aus einem runden Astgeflecht und einer darüber gespannten Bullenhaut oder auch aus der geschrumpften Halshaut des Büffels, die jeder Lanze standhielt. Kästen, Taschen, Lederriemen und tausend andere Dinge waren aus Büffelhaut, Hacken und Beile aus dem Schulterblatt, Werkzeuge aus den Büffelrippen, Leim aus dem Huf, weiche Decken aus dem Haar, Sehnen zum Nähen, Nadeln aus Knochen, Löffel aus den Hörnern, Farben aus Blut und Erde. Mit Pte und der großen Auswahl von wilden Pflanzen war das Leben perfekt. Pte war Mittelpunkt ihrer Mythologie, das große Wunder überhaupt, dem sakrale Tänze

Sioux-Häuptling Low Dog

und Riten geweiht waren. Man konnte den Adler »Bruder« nennen, aber nur der Büffel allein war »Onkel und Vater« zugleich. »Wirf nie die Gebeine deines Vaters weg«, das bezog sich auf den leiblichen Vater gleichwohl wie auf den erlegten Büffel. Ohne Sinn für persönl. Eigentum (außer Pferd, Waffen und Zelt) kreisten die Gedanken des Sioux stets um das Wirkliche und Übersinnliche gleichzeitig, und er glaubte, daß das Leben einen Sinn, nicht einen Zweck, zu erfüllen habe. Daher fehlte ihm jegliches innere Verständnis für die Unrast der Weißen, die Besitz als einzigen Lebensinhalt betrachteten. Für den Sioux war die Freiheit der Natur, der Erde und des Himmels unantastbar, deshalb bedeuteten ihm Verträge, die Landeigentum zum Gegenstand hatten, mehr Worte als Sinn. »Wie kann ich die Luft, in der ich stehe, den Boden, über den ich reite, die Blätter eines Baumes, die im Winde rascheln, wie kann ich einen Teil des Windes, einen Teil der Wolken, einen Teil der Erde als etwas erklären, das nur mir allein gehört?!« (→Red Cloud). Die Habgier der Weißen, die Paragraphenmechanik einer schwerfälligen Administration, die grenzenlose Brutalität einer militärischen Strategie, politische Heuchelei und christliche Niedertracht waren es, die das Bewußtsein des Sioux blendeten, die techn. Übermacht stählerner Denkens war das Gewicht, das ihn erdückte. Dem hatten die Geschichten von den »Iktomi«, den kleinen Spinnenmännern, die nachts heimlich auf den Hügeln Pfeilspitzen für ihre Freunde, die Indianer, hämmern, die Legende von »Wasiya«, dem Giganten des Nordens, dessen eisiger Atem die Prärie mit Reif bedeckt, der Flug des Donnervogels, der in den Höhlen zwischen Himmel und Erde wohnt, der feurige Atem des tief unter den Wassern des Missouri lebenden Ungeheuers, der das Eis zum Schmelzen bringt, nichts entgegenzusetzen. Die zahlreichen zwischen ihnen und den USA geschlossenen Friedensverträge waren für die Sioux Würfel in einem Spiel, das er nicht kannte, und zu dem ihm jegliches Verständnis fehlte. Diese auf administrativem Wege entstandenen Schriftstücke sanktionierte in Wirklichkeit als zukünftige Entwicklung jedesmal der Selbstzweck

und etwas, das mit Gewalt schon längst eingetreten war, nämlich das Vordringen der Weißen in Siouxgebiete und den Raub von Land. Nur der erste Vertrag von 1815 weicht von dieser Linie ab: Hier versichert man sich lediglich gegenseitiger Freundschaft und Zuneigung. Schon 1830 werden die Sioux mit juristischen Tricks konfrontiert, die ihnen fremd wie eine Mondlandschaft sind: Vier Unterstämme treten Gebiete an die USA ab, die die Jagdgründe anderer Stämme sind, und sie verpflichten sich, das Einverständnis dieser völlig ahnungslosen Stämme nachträglich einzuholen. In Wirklichkeit geht es darum, die in der Zukunft unvermeidliche Ausrottungspolitik mit allen ihren üblen und übelsten machtpolitischen Begleiterscheinungen vor der Welt wenigstens im völkerrechtl. Sinne in Einklang mit der sendungsbewußten amerikan. Erklärung der Menschenrechte zu bringen, die ja von Anfang der US-Staatswerdung an ihren Ausdruck darin findet, daß »Amerikaner bessere Menschen« sind. Von nun an wiederholt sich von Frieden zu Frieden, von Aufstand zu Aufstand das ebenso naive und brutale wie probate Rezept der amerikan. Indianerpolitik: Die Weißen garantieren den Indianern unantastbares Land und Entschädigung für abgetretene Gebiete, dringen weiter vor, zahlen wenig oder gar keine Entschädigung, die Indianer opponieren, finden kein Gehör, die Weißen dringen weiter vor, die Indianer erwehren sich ihrer, es fließt Blut, und nun greift die Armee ein, die nicht dulden kann, daß Weiße massakriert werden. Anschließend neuer Friedensvertrag und Wiederholung dieser Vorgänge. Der erste große allgemeine Siouxaufstand nach einer Kette solcher »Friedensverträge«, die nichts als Waffenstillstandspausen in einem permanenten Eroberungskrieg sind, findet 1862 bei Neu-Ulm statt, zu einer Zeit, da die Sioux die vage Hoffnung haben, daß sich die Weißen im Bürgerkrieg gegenseitig ausrotten möchten. Mehr als 1 000 Weiße finden bei diesem Aufstand den Tod; es ist das größte Massaker der Indianerkriege. Aber die Amerikaner schlagen den Aufstand nieder. Der 60jährige Häuptling Crow wird mit zahlreichen seiner Anhänger verhaftet, angeklagt — es ergehen 307 Todesurteile, von denen aber der Präsident nur 39 bestätigt. Kurz vor der Hinrichtung kann Little Crow entkommen, und 38 Sioux werden in Mankato am 28. 12. 1862 in einem amerikaweiten Massenspektakulum öffentlich gehenkt. Erst am 3. 7. 1863 wird Little Crow als vermeintlicher Wilderer von einem Farmer erschossen. Es gibt neue Friedensverhandlungen und -verträge, in denen wiederum den Sioux Landgebiete garantiert werden, aber gleichzeitig beginnen Büffeljäger auf den Prärien die Büffel abzuschlachten, die Union Pacific-Bahn wird quer durch diese Gebiete gebaut, Tausende von Siedlern strömen vom Schienenstrang ins »garantierte Land«, die Northern Pacific wird projektiert, die Missouri-Dampfschiffahrtsgesellschaft nimmt den Fluß und seine Ufer in Besitz, die zugesagten Entschädigungen bleiben aus, eine Fortkette nach der anderen wird mitten im Siouxland errichtet, die Truppen werden verstärkt, der Bozeman-Überlandtrail eröffnet. Die Dakotas wissen jetzt, daß Amerika ihnen nur zwei Alternativen läßt: entweder bettelarme Ackerbauern auf nutzlosem Land und Almosenempfänger der Regierung oder Untergang im Kampf.

Red Cloud (rechts) und American Horse in der Pine Ridge Agency, 1891

Sie entscheiden sich für den Untergang. Ihre Häuptlinge Red Cloud, Crazy Horse (Oglalla), Spotted Tail (Brulé), Gall (Hunkpapa), Sitting Bull und viele andere führen nun den totalen Krieg, der nur von kleinen Pausen unterbrochen wird. Schlachten und Scharmützel, Überfälle und Massaker sind so zahlreich, daß nur die spektakulären genannt zu werden brauchen: 1863: White Stone Hill, Fort Abercrombie, Stoney Lake, Dead Buffalo Lake, Big Mound; 1864: Killdeer Mountains, Little Missouri. Im Frieden von Laramie (1865) wird den Sioux wieder »ewiges Land« garantiert, aber noch im gleichen Jahr marschiert die Armee in dieses Gebiet ein und baut eine Fortkette. Ergebnis 1866: das Fetterman Massaker bei Fort Phil Kearney; 1867: Wagonbox Fight, Hayfield Fight; 1868: Beecher Island, Battle of the Tongue, Crazy Woman Fight.

1869—1872 versucht es Red Cloud auf andere Weise: Er reist nach Washington, spricht in öffentl. Versammlungen, reklamiert die Vertragsbrüche der USA. Die öffentl. Meinung ist auf seiner Seite, die Regierung und

Armee geraten in Verlegenheit. Da wird →Custer 1874 in die Black Hills geschickt, entdeckt Gold, und Prospektoren fluten ins Siouxgebiet. Aber die Sioux bestehen auf Vertragserfüllung und kämpfen nicht. Dennoch marschiert die Armee gegen sie auf, um das »Siouxproblem« zu lösen. 1876 in der 1. Schlacht am Rosebud ist General Crook's Niederlage noch glimpflich, was eigentliche Verluste betrifft, dennoch ist er so geschlagen, daß er erst Verstärkungen abwarten muß, ehe er seinen Marsch fortsetzen kann. Einige Tage später am Little Big Horn aber wird General Custer mit einem großen Teil des 7. Kavallerie-Regiments bis auf den letzten Mann niedergemacht. Das Jahr endet mit einer US-Revanche bei Slim Buttes, bei der »American Horse«, ein Minneconjou-Häuptling, getötet wird. 1877 flieht Sitting Bull nach Kanada, Crazy Horse kapituliert und wird in Fort Robinson erschossen. Erst 1881 kehrt Sitting Bull mit seinem kleinen Häuflein heimwehkranker Hunkpapas in die USA zurück, wo er am 15. 12. 1890, zwei Wochen vor dem Wounded Knee-Massaker, getötet wird. Damit ist das »Siouxproblem« für alle Zeiten gelöst.

Sioux-Sprachfamilie nach der Algonkin-Sprachgruppe die größte Sprachfamilie nördlich von Mexiko, deren Einfluß sich von Mississippi bis zu den Rocky Mountains erstreckte. Für den Völkerkundler gehören sehr viele Stämme zur Sioux-Sprachfamilie. Aber für die Geschichte — und vielleicht auch für diese Indianer selbst — sind es im weiteren Sinne nur die Dakotas und im engeren Sinne von diesen wiederum nur die Teton-Dakotas, die als eigentl. »Sioux« erscheinen, ganz zu schweigen von den ebenfalls der nördl. Sprachfamilie zugehörenden Crows und Assiniboines. Gesellschaftliche Einigkeit und kriegerischer Verbund sind unter den Hauptstämmen selten praktiziert worden, im Gegenteil, sie haben sich lange und oft hartnäckig bekämpft. Die mittleren und südl. Präriestämme der Sioux-Völkerfamilie haben sich früh mit den Amerikanern arrangiert und Reservationen akzeptiert, während sich die nördl. Stämme (auch wohl wegen der günstigen Fluchtmöglichkeit über die nahe Grenze nach Kanada) bis gegen Ende des 19. Jh. heftig zur

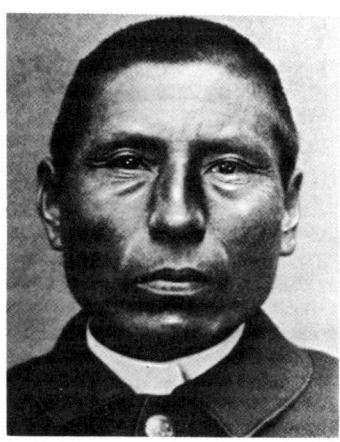

Der Sioux Red Tomahawk, der Sitting Bull erschoß

Wehr setzten und jene spektakulären Aufstände und Schlachten lieferten, von denen die Geschichte so zahlreich zu berichten weiß. Deshalb kann man sich, wenn von den »Sioux« die Rede sein soll, auf die Dakotas, und bei diesen auf die Teton-Dakotas, beschränken.

Sisseton (= Die Wasserleute), Dakotastamm, der am Mississippi und Minnesota River lebte.

Sitting Bear →Satank.

Sitting Bull (»Ta-tan-kah-yo-tan-kah« = Sitzender Bulle«, *1834, †15. 12. 1890; Häuptling, Schamane und Seher der Hunkpapa-Sioux, der nach der siegreichen Schlacht am Little Big Horn den Siegesrausch der Sioux dämpfte und dazu riet, sich in kleine Gruppen zu zersplittern und das Weite zu suchen. Er selbst entging den nun folgenden Rachefeldzügen der US-Armee am 22. 4. 1877 mit einer kleinen Gruppe Hunkpapa-Sioux durch Flucht nach Kanada, von wo er am 20. 7. 1881 mit 45 Kriegern, 67 Frauen und 73 Kindern zurückkehrte und in Fort Buford kapitulierte. Er wurde in der Standing Rock Reservation interniert. 1889 besuchte ihn Mrs. Catherine Weldon, eine verwitwete Philantropin, die der National Indian Defense Association (Gesellschaft zur Verteidigung des Indianers) angehörte. Sie malte Sitting Bull, wusch seine Kleidung, kochte, kehrte sein Haus und teilte schließlich auch sein Lager, neben seinen beiden Siouxfrauen. Sie schrieb Briefe für und über ihn und verließ ihn im Oktober 1890, zwei Monate, bevor der Sergeant der Sioux-Polizei *Red Tomahawk* ihn erschoß.

Siwash herabmindernde Bezeichnung der frühen Weißen des Nordwestens für Indianer allgemein. Sie stammt wahrscheinlich von den französischen Wort »sauvage« (= Wilder).

Skalp (engl.: Scalp = Kopfhaut; ursprüngl. »Schale«, dann »Haut des Kopfes mit den Haaren abziehen«, »Haut abziehen«), ein Stück behaarter Kopfhaut, das Indianer besiegten lebenden oder toten Feinden abnahmen, um den Sieg zu beweisen und im Jenseits den Besiegten als persönl. Sklaven um sich zu haben. Der Skalp wurde als Tapferkeitstrophäe, bei Festlichkeiten als Zierde an der Lanze oder außen am Tipi oder Wigwam befestigt. Das Skalpieren war ursprüngl. nur im Nordosten Amerikas verbreitet, wo die Engländer im Kampf gegen Frankreich den alliierten Indianerstämmen für jeden getöteten Feind Skalpprämien zahlten. Später haben diesen Brauch auch die Prärieindianer und ihre weißen Gegner übernommen, und sogar die Cowboys nahmen oft getöteten Indianern die Skalpe und flochten sie mit den Haaren in ihre Gürtel. Skalpiert zu werden, verlief wegen des hohen Blutverlustes meist tödlich, aber es sind vereinzelt Fälle bekannt, daß Weiße diese grausame Prozedur überlebten. Die Größe der Skalpe sind von Stamm zu Stamm verschieden. Manchmal wurde nur Kopfhaut von der Größe eines Fünfmarkstückes abgeschnitten, manchmal ein Großteil der Kopfhaut, bei Bärtigen sogar noch die Kinnhaut. Manche Indianer nähten Skalpe zu Kleidungsstücken aneinander, wie z. B. der Häuptling »Crooked Hand«, der einen Übermantel aus 71 Skalpen besaß.

Skaniadariio indianischer »Neuglaubensverkünder« einer religiösen Philosophie zwischen ursprünglichem Naturreligion und Christentum, *1735, †1815; Halbbruder

des Seneca-Sachems *Cornplanter,* der um 1796 schwer erkrankte und nach vierjährigem Siechtum plötzlich, nachdem er eine Vision hatte, wieder gesund wurde und seinen neuen »Glauben« den Irokesen verkündete.

Skenandoa Oneida-Sachem, †11. 3. 1816 New York; als frühchristianisierter Indianer ein Freund der Amerikaner während des Unabhängigkeitskrieges.

Skidi (»Skidirahru« = »Wölfe-die-in-Pfützen-stehen«), Mitgliederstamm der Pawnee-Konföderation, mit den Arikaras nahe verwandt.

Skitswish →Coeur d'Alênes.

Smith James, *1737; geriet als 18jähriger bei einem pennsylvanischen Wegebauunternehmen in die Gefangenschaft der Ca-na-sa-ta-uga, die auf französischer Seite gegen die Engländer kämpften. Von 1755 bis 1760 befand

a. Große Skalps auf »Stockrahmen« für den Skalptanz. b. Zwei Arten, den Skalp zu nehmen. Beim Skalpieren beugte man sich über den Gegner, ergriff dessen Haar mit der linken Hand und brachte mit dem Messer einen Rundschnitt auf dem Kopf an. Mit einem Ruck wurde der Skalp abgerissen

sich S. als »adoptierter Indianer« bei verschiedenen Jägergruppen und führte während dieser Jahre Tagebuch über alle Vorkommnisse, Bodenbeschaffenheit, Flora und Fauna, Sitten und Gebräuche. Am 1. 6. 1799 veröffentlichte er einen Bericht über diese Erfahrungen, der als einer der ersten, ausführlichsten und wahrheitsgetreuesten gilt. (Deutsche Ersterscheinung: Dr. Werner Müller: James Smith: Gefangen, Kalumet SH 3.)

Snakes →Schlangen.

Sofk Speise der Creeks und der Indianer der Golfküste; Maisschrotmehl wird in heißem Wasser aufgequollen bis eine pastenartige Lauge entsteht; in diese Paste wird Walnußmehl und Knochenmark gerührt.

Sonnentanz (engl.: Sun Dance), für die Plains-Stämme typischer Zeremonien-Tanz im Sommer, der 8 Tage dauerte, von denen die ersten 4 Tage geheimen Zeremonien vorbehalten blieb (Fasten, Schwitzen, Klausurriten etc.). Jede Handlung hatte ihren vorgeschriebenen (von Stamm zu Stamm verschiedenen) Zyklus. Selbstkasteiung und Selbstfolter, als eine Art geistiger und körperlicher Selbstreinigung, waren Hauptziel des S.s wobei manche Stämme dem Ritus folgten, daß die Tänzer sich Schlaufen in die Brustmuskeln schnitten, durch die an Pflöcken lange Schnüre befestigt wurden, deren Enden mit der Spitze eines hohen Pfahls verbunden waren. Der Tänzer tanzte nun schwingend und hängend um diesen Pfahl. Im allgemeinen wurde — häufig auf der Stelle — getanzt, bis man in Trance verfiel und eine Vision hatte. Während der ganzen Prozedur wurde gefastet. Während manche Stämme, wie die Sioux, die Selbstfolter praktizierten (Tanz bis die Muskelstreifen rissen), lehnten andere (wie die Kiowas) sie ab. Dessen ungeachtet verbot das BIA unter dem Einfluß von Missionaren ab 1910 den Sonnentanz.

sonorische Völker indian. Sprachgruppe der uto-aztekischen Sprachfamilie in Westmexiko.

»Spazier-Kaufvertrag« →Lappawinze.

Spemicalawba Shawnee, als Kind von General Logan gefangengenommen, erhielt von diesem den Namen James Logan, wurde Captain in der US-Armee während des Kriegs 1812 und starb als Häuptling seines Stamms am 24. 11. 1812 an Kriegsverletzungen. Die Stadt Logensport, Indiana, ist nach ihm benannt.

Spotted Tail

Spießrutenlaufen Brauch der Indianer an den Großen Seen, besonders der Ojibwas und Ottawas, die Gefangenen der heimkehrender Krieger im Dorf zu empfangen: »Man verabreicht ihnen zwischen 300 und 400 heftige Hiebe mit Ruten, die sie beinahe hundertmal zu Boden streckten, ehe sie in die ‚Triumphhütte' gewiesen wurden, die eigens für Gefangene erbaut wurde.« (Caddilac, Ocmaum Nr. 10, 255.) »Frauen und Kinder, in Reihen aufgestellt, schlugen fürchterlich auf die 9 Gefangenen, 5 alte und 4 junge Männer, ein. Die jungen waren rasch durch die Gasse, aber die Alten bluteten schrecklich. Die jungen wurden Sklaven, die alten dem Gerüst-Feuertod überantwortet.«

Spirit Walker («Der-im-Geist-Gehende«), Häuptling der Wahpeton-Sioux, der nach dem Sioux-Aufstand von 1862 zu den Dakota-Sioux floh und sich dort verbergen konnte.

Spotted Tail (»Sin-ta-gal-les-sca« = Gefleckter Schweif), *1823, †5. 8. 1881; Häuptling der unteren Brulé-Sioux, als tollkühner Führer im Kampf und als Diplomat bekannt. Er unternahm einige Delegationsreisen nach Washington, verhandelte später selbständig mit der US-Regierung, was ihn innerhalb der Sioux-Nation ins Zwielicht brachte. Am 5. 8. 1881 wurde er von Unterhäuptling Crow-Dog mit einem Gewehrschuß getötet.

Sprachfamilien 1891 teilte J. W. Powell die Sprachen der Indianer in mehr als 50 Sprachgruppen ein, die er hauptsächlich nach den Hauptstämmen benannte. 1929 kürzte der Linguist Edward Sapir diese Powell'schen Gruppen auf sechs hauptsächlichste Sprachfamilien. →Seite 41.

Squash-Blüte Symbol der Unberührtheit der Hopi-Frauen; sie trugen, solange sie unverheiratet waren, ihr Haar in Form einer Schnecke (Symbol für die Squash-Blüte) über einem Ohr.

Squaw Wort für »Frau« aus der Narragansettsprache: »Esk-waw«.

Squawmann ein Weißer, der eine Indianerin geheiratet und mit ihr Kinder hatte, wurde vom Nordamerikaner gleichermaßen verachtet wie vom rassestolzen Südstaat-

Assiniboin-Sonnentänzer

ler. Einzige Ausnahme machte hierbei der amerikan. Cowboy, der solche Ressentiments nicht kannte. Deshalb findet man in der Geschichte des Rinderreiches sehr viele Cowboys und Rancher, die Indianerinnen heirateten, z. B. Granville Stuart, einer der größten Rinderkönige von Montana, James Olive, dessen Söhne den größten Herden-Exodus aller Zeiten (30 000 Rinder von Texas nach Nebraska) vollbrachten, oder Teddy Blue Abbott, der von den Indianerinnen sagte: »Sie sind wundervolle Ehefrauen. Sie widersprechen einem Manne nie und tun doch, was sie wollen. Aber was sie wollen, das muß jedem Manne, der seine fünf Sinne beisammen hat, gefallen. Weiße Frauen sind ganz anders. Fassen Sie das auf, wie Sie wollen.«

Stampedejagd *Panikjagd,* so sorgsam, wie Indianer später, als die Büffel knapp wurden, immer behaupteten, sind sie niemals mit den Büffeln umgegangen: Man sonderte eine Büffelherde von der Hauptherde ab und versetzte sie, sobald die Leitbullen die richtige Richtung einschlugen, in Panik. Büffel rennen in Panik stets stur geradeaus. Die Indianer leiteten die Panikherde zu einem Abgrund, in den in der Regel die gesamte Büffelherde hineinstürzte. Längst waren bei solchen Todesarten nicht alle Bisons zu verwerten, sondern nur ein geringer Teil davon.

Standing Bear Häuptling der →*Ponca.*

Steatit von den Indianern verwendetes Gestein zum Herstellen von Schalen und Behältern.

Stilts Hopi- und Shoshonen-Kinderspiel.

Stockbau →Waldkulturen.

Stogie Abkürzung des Irokesennamens »Cones-toga« (Stadt der Irokesen), den die Amerikaner für die von den Irokesen hergestellten kurzen Zigarren verwendeten. In der gleichen Stadt wurden später die berühmten Conestoga-Planwagen (Prärie-Schoner) hergestellt.

Succotash volkstümliche Ableitung des Narragansett-Wortes »Msickquatash« = Ganze Körner, populäre Speise der Indianer und frühen Siedler, die aus grünen Maiskörnern, Bohnen, Bärenfleisch und Milch bestand.

Susquehannocks →Irokesen-Bund.

Tabak →Kinnikinnik.

Tadodáho →Irokesen-Bund.

Tall Bull (= Großer Bulle), Cheyenne-Häuptling, der am 11. 7. 1869 im Kampf bei Summit Springs von Soldaten des US-Generals E. A. Carr getötet wurde.

Tammany (= Der Zugängliche, Freundliche), Sachem der Delawaren, der wegen seiner Weißenfreundlichkeit bei den Engländern einen geradezu legendären Ruf als *St. Tammany,* auch als *Patron Saint of America* genoß.

Tanima →Comanchen.

Taos abgeleitet von den Tewasprachenwörtern »Towih«, »Tuatá« (Ort der Rotweiden), Pueblo, das 1540 erstmals vom spanischen Eroberer Hernando de Alvara-do, 1598 von Juan de Onate besucht wurde und später eine spanische Mission wurde. Heute Zentrum der Pueblo-Indianer von New Mexico.

Taos-Utes →Moache.

Tatanca-Ptecila →Geistertanz-Bewegung.

Tau-ankia (engl.: Sitting-in-the-Saddle, dt.: »Im-Sattel-Sitzender«), Lone Wolfs ältester Sohn, Kiowa, wurde am 2. 12. 1873 bei South Kickapoo Spring, Texas, von Soldaten getötet.

Tavibo Häuptling und Seher der Paiutes, dessen Vision eines Erdbebens, das alle Weißen verschlucken und alle Indianer am Leben lassen würde, eine große Anhängerschaft unter den Indianern von Oregon, Idaho und Nevada hatte und mit seinem Tod (1870) an Bedeutung verlor.

Tecumseh *Tikamthi, Tecumtha* (= Der sich niederdukkende Tiger), Häuptling und Sachem der Shawnees, *1768, †5. 10. 1813; trat als außergewöhnlicher Politiker und Heerführer auf. Er versuchte die Cherokees, Chippewas, Creeks, Delawaren u. Nanticokes polit. zu einen u. eine militärische Allianz zu gründen. Seine Zwillingsbrüder *Laulewasikau* (auch: Ellskwatawa = »Eine offene Tür«, der als der »Prophet« berühmt wurde) und *Rumskaka* (auch: Kumskaukau) durchkreuzten seine sorgfältigen Pläne und Vorbereitungen durch ihre Eifersucht. Sein Vorhaben scheiterte an der Uneinigkeit der Indianer, an ihrer Kurzsichtigkeit. Im Krieg von 1812 dien-

Der Cheyenne Little Big Mouth vor seinem Tipi im Cheyenne-Camp bei Fort Sill

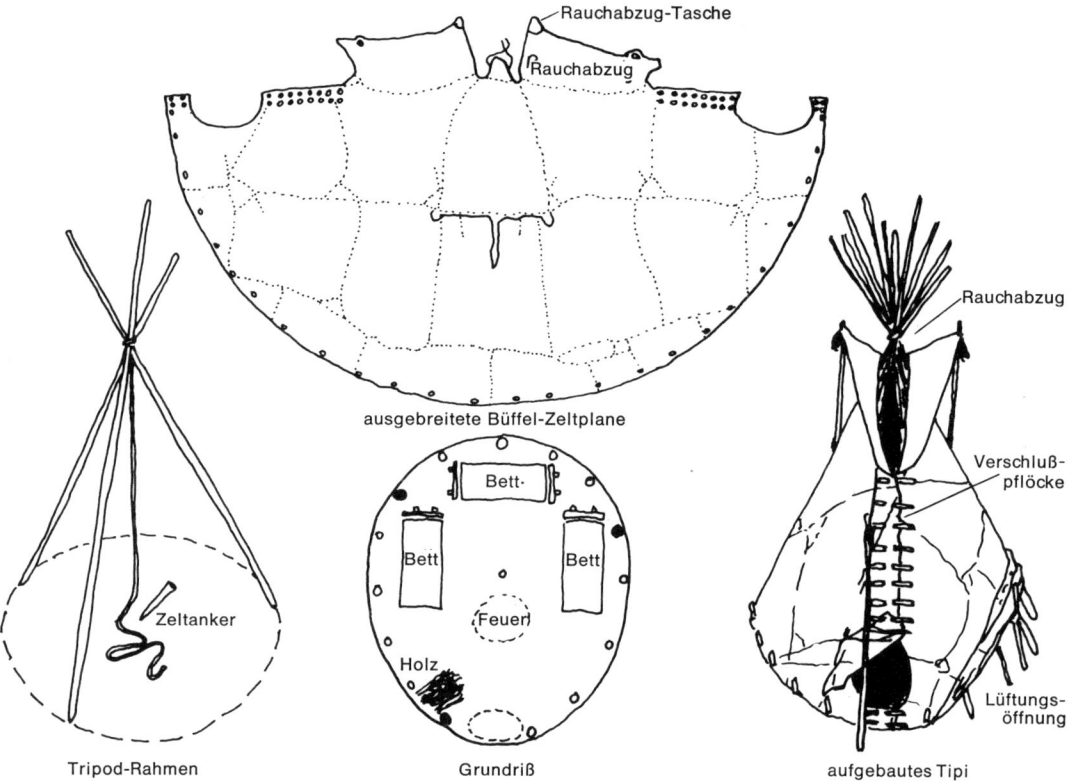

Rauchabzug-Tasche

Rauchabzug

Rauchabzug

ausgebreitete Büffel-Zeltplane

Verschluß-pflöcke

Bett·

Bett

Bett

Zeltanker

Feuer

Holz

Lüftungs-öffnung

Tripod-Rahmen

Grundriß

aufgebautes Tipi

Tipi der Plains-Indianerstämme

te er als Brigadegeneral auf britischer Seite und fiel in der Schlacht am Thames River.

Teedyuscung Delawaren-Sachem, *1700, †19. 4. 1763; trat 1755 dafür ein, den Weißen kein Land mehr zu verkaufen. Als sich ein Teil der Delawaren dagegen sträubte, spaltete er die Nation in zwei Teile. Als er begann, die Engländer energisch zu bekämpfen, zündeten Irokesen sein Haus an, als er sich darin befand. Am 12. 3. 1750 trat er der Moravianer-Religion in Gnadenhütten bei, wo er als Christ unter seinen ebenfalls christianisierten Stammesmitgliedern am Lehigh River lebte.

Tenawa →Comanchen.

Teton Stamm der Dakota-Indianer, →Sioux.

Tewa großer Volksstamm der Tanoanischen Sprachfamilie im Südwesten, bekannt als *Mokassin-Leute,* die hauptsächlich in Pueblos in New Mexico lebten (z. B. Taos, San Ildefonso, San Juan, Santa Clara, Nambe etc.).

Tipi Büffelhautzelt der nomadischen Reiterstämme der Plains mit einem eiförmigen Bodenquerschnitt (Durchmesser ca. 5 m). Das Gerüst bestand aus 10—16 Stangen, davon drei stärkere, die eine Tripod-Stütze bildeten. Die Stangen wurden mit Rohhautschnüren zusammengebunden. Der Bisonhautüberwurf bestand aus ca. 20 zu einer halbkreisförmigen Fläche zusammengenähten Häuten. Er wurde über das Stangengestell gezogen und mit 8—10 hölzernen Verschlußstiften straff und dicht geschlossen

und mit 25—30 Holzpflöcken durch Ösen am Boden festgeheftet. Eine verschließbare Rauchabzugstasche an der Spitze erlaubte es, im Innern Kochfeuer zu halten. Die ellipsenförmige Einstiegöffnung konnte sturmdicht verschlossen werden. Bei heftigem Sturm befestigte man eine starke Rohhaut-Ankerschnur, die von der Spitze des Gestells bis zum Boden reichte, mit einem einfachen starken Holzpflock in der Mitte des Zeltbodens. So hielt das Tipi selbst stärksten Stürmen stand. Im Winter warm, im Sommer kühl, konnte es von zwei Frauen leicht in einer Stunde aufgestellt, in 15 Minuten abgebrochen werden. Die Abzugstaschenklappen waren je nach Windverhältnissen mit Stangen verstellbar. Wenn im Winter der Bisonpelz nach innen gerichtet, der Boden dick mit Pelzen und Fellen belegt war, ein wärmendes, aber fast flammen- und rauchloses Feuer, glühte, so konnten draußen arktische Temperaturen herrschen, im Inneren blieb man leicht bekleidet. Drei Packpferde genügten, um ein ganzes Tipi zu transportieren, indem bequem 6 Personen leben konnten. Durch Fett und Rauch der Kochfeuer wurde das Oberteil der Bisonhautwand sehr rasch vollkommen wasserdicht.

Tipi-Hausordnung die nomadischen Plains-Stämme besaßen eine überwiegend gleichartige soziale »Hausordnung«: 1. Wenn die Tür offen war, so mochte ein Freund sofort eintreten, war sie aber verschlossen, so hatte er sich bemerkbar zu machen und zu warten, bis ihn der Besitzer zum Eintreten aufforderte, 2. Ein männlicher Besucher tritt ins Tipi ein und bleibt einige Schritte rechts stehen, bis ihn der Gastgeber zum Sitzen auf dem Gastplatz (links hinter ihm) auffordert. Eine weibliche Besucherin tritt hinter einem männlichen Besucher ins Zelt und geht einige Schritte nach links. Dort bleibt sie stehen. 3. Zu einer Feier Eingeladene bringen eigenes Geschirr und Besteck mit und essen alles, was ihnen angeboten wird. Niemals tritt ein Besucher zwischen Sitzende und Feuer, sondern bewegt sich stets hinter den Sitzenden, die sich vorbeugen, um ihm das Gehen zu erleichtern. 4. Frauen sitzen niemals mit gekreuzten Beinen, sondern auf den Fersen oder mit seitlich angezogenen Beinen, 5. In einer Gruppe von Männern beginnen nur die Älteren das Gespräch. Die jüngeren warten höflich, bis sie aufgefordert werden zu sprechen. 6. Wenn der Gastgeber seine Pfeife reinigt, sollten alle Besucher gehen.

Tiswin →Gärung.

Toboggan Landtransportmittel der subarktischen Jäger; einfaches, vorne hochgebogenes u. zusammengebundenes Bretterpaar, von Hunden oder vom Menschen gezogen; geeignet vor allem für tiefen u. lockeren Schnee.

Tomahawk das Wort entstammt der Algonkin-Sprache der Lenape-Indianer von Virginia und lautete ursprünglich »tamahak« oder »tamahakan«, was soviel wie »Werkzeug zum Schneiden« bedeutete. Der englische Seekapitän John Smith, der 1607—09 ein kleines Wörterbuch indianischer Worte verfaßte, erwähnte das Wort T. zum ersten Mal und bezeichnete damit Äxte und »Kriegskeulen der Eingeborenen«. Später wurde das Wort ausschließlich für Metall-Kriegsbeile der Indianer verwendet. Mark Catesby beschrieb sie 1731: »Es gab zwei Arten. Die eine bestand aus einem 3 Fuß langen Knüttel mit einem großen Hartholzknollen am Ende; die anderen waren aus Stein, der eine Schneide hatte und an einen starken Holzgriff befestigt war. Mit diesen kämpften und arbeiteten sie, aber seit die Engländer Eisen- und Messingbeile einführten, die die Indianer auch Tomahawks nennen, haben sie ihre Steinbeile abgelegt und verwenden nur noch diese.« (Mark Catesby: The natural history of Carolina, Florida and the Bahama Islands, 2 Bände, London, 1731—1743.) Es gibt Hinweise darauf, daß die Indianer schon 500 Jahre vorher Streitäxte aus Eisen durch die Wikinger kennengelernt haben. Wahrscheinlich war der französische Entdecker Jacques Cartier der erste Weiße, der 1535 den Micmacs und Saguenay Eisenbeile zum Geschenk machte. Die Verbreitung des T. beschränkt sich hauptsächlich auf einige Regionen: Die weiteste Verbreitung fand er unter den Stämmen des Nordostens der USA (New England, mittlere Atlantik-Staaten, Michigan, Illinois und Ohio mit West New York und dem Mohawk River-Tal als Zentrum). In den südlichen Oststaaten nahmen sie ab (im französischen Louisiana nur wenige, im spanischen Florida keine). Später, mit dem Aufblühen des Pelzhandels, übernahmen die Plains- und Rocky Mountains-Stämme den T., aber mit der Differenzierung zwischen dem Gebrauch als Werkzeug, Waffe oder Zeremonienobjekt. Als Waffe wurde von diesen Stämmen der

T. nur im 19. Jh. gelegentlich eingesetzt. Im Nordwesten nahm — wegen der waldreichen Regionen — der T. als Werkzeug wieder erheblich zu, während er unter den Stämmen des Südwestens nahezu unbekannt war. Im 17. und 18. Jh. wurde der T. zur meist verwendeten Waffe der Stämme des Nordostens, sie zogen ihn — besonders bei Überfällen — dem Gewehr, der Pistole und dem Messer vor. Diese umfassende Verwendung machte die Indianer aber andererseits wiederum sehr abhängig von den Kolonialmächten: sie übernahmen junge weiße Schmiede, die ihre Sprache lernten und ständig bei ihnen wohnten. Durch diese Schmiede gelang es den Kolonialmächten, nahezu alle Stämme mit einem weit verbreiteten Spionagenetz zu überziehen und über alle Aktivitäten informiert zu werden.

Allein im Jahre 1765 gab das Indian Department Englands 10 000 T. an Indianer aus. Im 17. Jh. wogen die Eisenschneiden noch 2—3 Pfund, aber ab 1700 wurden sie kleiner, schlanker, zierlicher, leichter und erschienen in vielfältigen Formen, mit spitzen Zacken, durchbrochenen Ornamenten etc. Normalerweise wurde der T. im Kampf — sowohl zu Fuß, als zu Pferde — als Hiebwaffe verwendet, häufig aber auch als gefährliche, tödliche Wurfwaffe. Henry Timberlake 1750: »Sie töten einen Gegner damit auf bemerkenswert weite Entfernung.« Ebenezer Elmer schrieb 1776: »Sie beherrschen die Kunst, der fliegenden Streitaxt im Fluge jede gewünschte Drehung zu geben.« Und 1777 schrieb Thomas Anburey: »Sie werfen einem fliehenden Feind den T. nach und treffen ihn mit tödlicher Sicherheit in den Schädel oder Rücken.« Während vieler Zeremonientänze warfen die Tanzenden ihre T. hoch in die Luft und fingen sie an den Stielen wieder sicher auf.

Viele östliche Stämme benutzten T. in Zeremonien als Überbringer von Friedens- oder Kriegserklärungen. So wurden z. B. 1670, nachdem die Algonkins von den Irokesen besiegt worden waren, feierlich 6 T. begraben: fünf für die 5 Irokesenstämme und ein T. für den besiegten Feind. Der T. der Algonkins zuerst und die 5 Irokesen-T. darüber. Sie sollten die Algonkins, falls diese je wieder das »Kriegsbeil« ausgraben würden, an ihre Niederlage erinnern. Als Friedensgeschenk erhielten die Algonkins von den Irokesen einen Wampumgürtel aus purpurnen Perlen mit einem weißen T.-Zeichen, was bedeutete: »Hütet euch vor Krieg.« 1831 schickte der Häuptling der Sauks einen Miniatur-T. in Zinnoberrot zu den Chippewas als Aufforderung, sich mit ihm im Krieg zu verbünden.

Eine andere Funktion des T. war die Vollstreckung von Hinrichtungen: So erhielt z. B. *Lederlippe*, ein Häuptling der Wyandottes, in deren Clan seines Stammes tödlich beleidigt worden war, ein Rindenstück, auf dem sich die rohe Zeichnung eines Tomahawks als Todesurteil seines Stamms befand. Er setzte sich nieder, barg sein Gesicht in den Händen und ein junger Krieger spaltete ihm mit einem T.-Hieb den Schädel.

Bei rituellen Torturen von Gefangenen spielte der T. eine dominierende Rolle. Sie wurden zumeist den Gefangenen mit rotglühenden Schneiden um den Hals gehängt. Spezielle *Geschenk-T.* wurden als Präsente an wichtige Häuptlinge als »Siegel« von Friedensverträgen oder

Die Frau des Tonkawa-Häuptlings Grant Richards, 1870

Beistandspakten, aber auch um Freundschaft zu erneuern, vergeben. Die T. waren mit kostbaren Gold-, Silber- und Elfenbeineinlagen verziert und wurden von den Empfängern so sehr geschätzt, daß sich solche Geschenke oft von Generation zu Generation vererbten. Die Einführung des sogenannten *Pfeifen-T.* (gegenüber der Schneide befand sich ein Pfeifenkopf, der Griff war durchbohrt und besaß ein Mundstück) erlaubte es den Indianern, den reinen T.-Riten auch ihre Tabak-Zeremonien hinzuzufügen, sodaß hiermit der T. praktisch unentbehrlich wurde.

Als Grundformen unterscheidet man: 1. Skullcracker (Schädelbrecher), mehr Keule als Beil, 2. Das einfache Beil, auch »Belt Axe« = Gürtel-Axt, 3. Das Missouri Kriegsbeil, 4. Der Sponton-Tomahawk, aus der Halbpi-

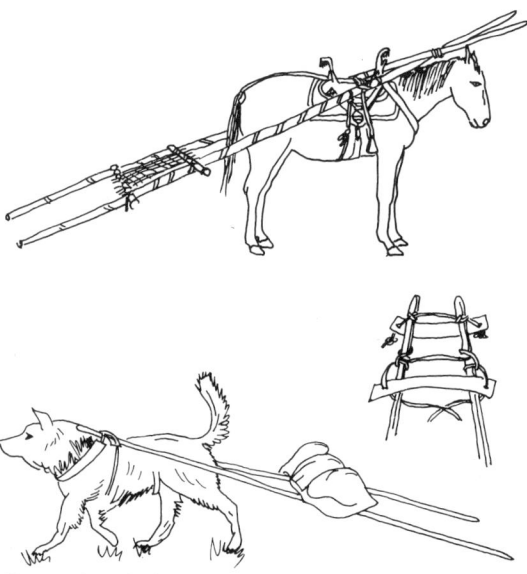

Travois für Pferd und Hund

ke entwickelt, 5. Der Hellebarden- oder Schlachtbeil-Tomahawk, 6. Dorn-Tomahawk, 7. Hammerkopf-Tomahawk, 8. Keltisch geformte Tomahawks, 9. Pfeifen-Tomahawks.

Bis etwa 1850 sind insgesamt 53 englische und 112 amerikanische Hersteller bekannt.

Tonkawas (Waco-Wort »tonk-a-weya« = »Jene, die zusammenbleiben«), Abkömmlinge der coahuiltekischen Sprachfamilie, die in histor. Zeit, während der span. Herrschaft bis etwa 1856 in Zentral-Texas lebten und wegen ihres zeremoniellen Kannibalismus von Indianern, Spaniern, Mexikanern und Texanern erbarmungslos verfolgt und ausgerottet wurden. Noah Smithwick beschrieb 1900 solches »Brauchtum«: »Nachdem sie den Comanchen getötet und skalpiert hatten, schälten sie der Leiche das Fleisch von den Knochen, liehen sich von Puss Weber einen Waschkessel, in welchen sie das Comanchenfleisch warfen zusammen mit viel Mais und Kartoffeln. Als alles ausreichend gekocht und abgekühlt war, versammelte sich die ganze Bande um den Kessel, griff mit den Händen rein und fraß wie die Schweine. Nach diesem schrecklichsten Mahl, das ich je gesehen habe, legten sie sich nieder, schliefen sich aus und setzten das Fest mit einem Skalptanz fort.«

Tonomo →Big Jim.

Tonto-Apachen →Apachen.

Tontos Ableitung aus dem Spanischen für »Narren«, eine Bezeichnung, die Spanier auf Yumas, Mohaves, Yavapai und Apachenbanden anwendeten, die in der Nähe der White Mountains, Arizona, lebten.

Totenfest →Fest der Toten.

Totopotomoi →Queen Anne.

Travois (Schleifbahre, Schleppbahre), die aus zwei kräftigen langen Holzstangen besteht, welche entweder seitlich am Leib eines Packpferdes (früher Hunde) angebracht wurden, oder, indem man bei einem gesattelten Reitpferd die Stangenspitzen über dem Pferdehals überkreuz mit Rohhaut so zusammenband, daß sie beiderseits des Sattelhorns nur locker angebunden zu werden brauchten. Mit Distanzpflöcken und Bisonrohhautstreifen ergab sich eine Trag- oder Packfläche von etwa 1,60 × 0,80 m. Solche Travois wurden von Frauen hergestellt und sie waren auch ihr Eigentum.

Tomahawks: a. Ball-Keulen-Tomahawk (»Schädelbrecher«), Irokesen, frühes 19. Jahrhundert. b. Saskatchewan-Stein-Tomahawk. c. Columbia-Tomahawk. d. Monolithischer Zeremonien-»Sklaven-Töter« aus Schwarzschiefer, Kwakiutl, um 1875. e. »Gunstock-Club« (Gewehrschaft-Keulentomahawk), Sioux, 17. Jahrhundert. f. Spike-Tomahawk, spätes 19. Jahrhundert. g. (Englisches) Gürteltomahawk, Teton-Sioux, um 1850/60. h. »Missouri«-Tomahawk mit »blutendem Herz«, Osage, um 1860. i. Spike-Tomahawk, Irokesen, um 1850/60. j. »Hellebarden«-Pfeifentomahawk, um 1830. k. Spontoon-Tomahawk, Sauk und Fox, um 1860—1880. l. Pfeifen-Tomahawk, Cheyenne, um 1910. m. Pfeifen-Tomahawk, Irokesen, um 1835—1850. n. Pfeifen-Tomahawk mit Büffelkopfblatt, Assiniboin, um 1880—1900. o. Ohio-Pfeifen-Tomahawk, um 1840/50.

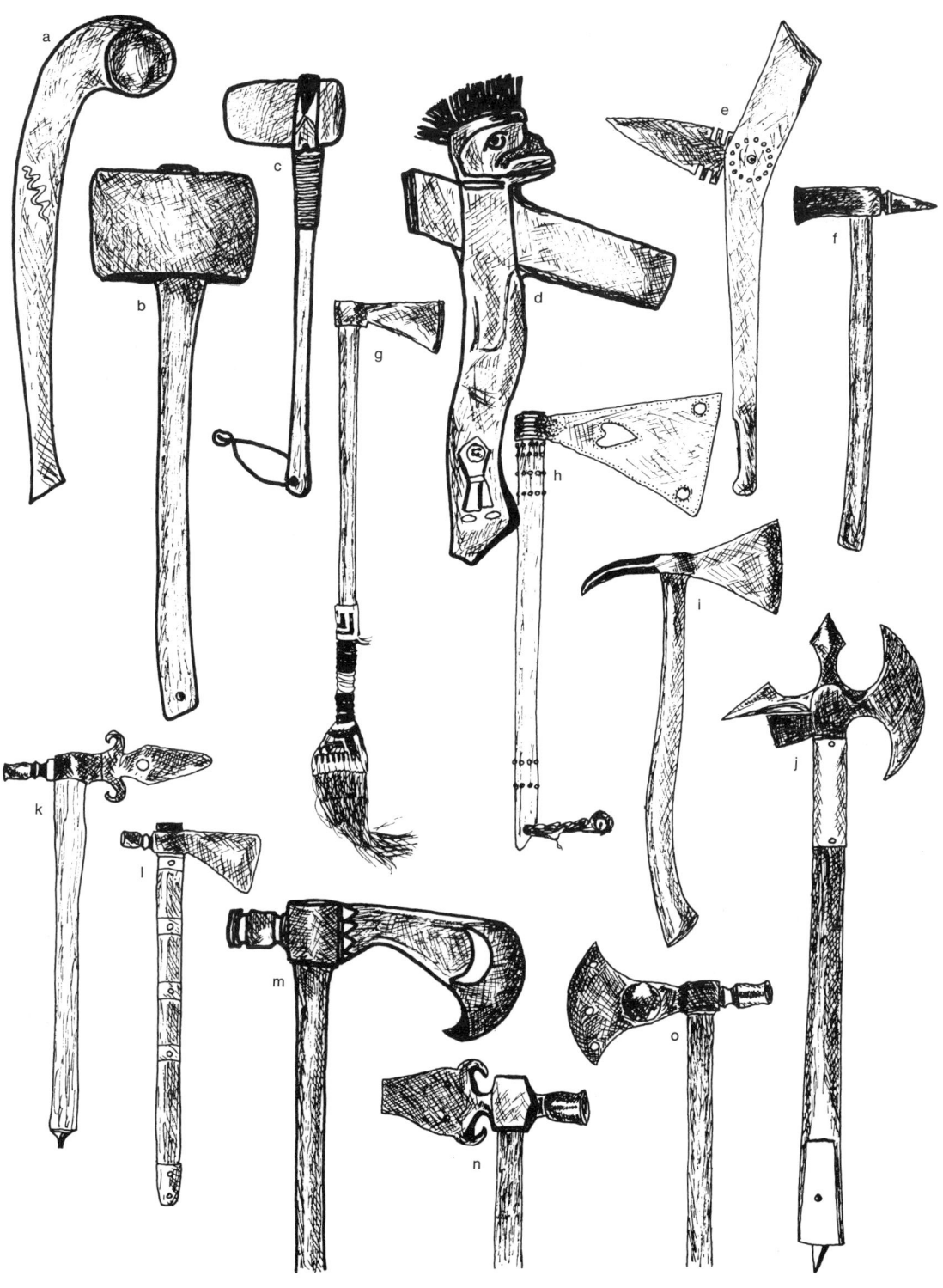

Trockenmalen →Sandmalerei.
Tump Line Stirnbandstreifen, mit dem Indianer Neuenglands kleinere Lasten auf dem Rücken trugen.
Tunakäse →Nopal.
Tunica Sprachfamilie, die als Freunde der Franzosen in Dörfern am Mississippi lebten und 1706 von den Chikkasaws vertrieben wurden.
Tuscarora Volk der Irokesen-Sprachfamilie in Nord-Carolina, das als 6. Volk dem *Irokesen-Bund* beitrat und später in Reservationen in New York gebracht wurde.

U

Umatilla Shahaptian-Stamm am Columbia River in Oregon, der 1855 eine Reservation bei Pendleton, Oregon, akzeptierte.
US-Armee im Westen Indianerkriege:
1858: Washington-Territorium, Yakima-Aufstand unter Kamiakin, Owhi und Qualchan.
Militäraktionen unter Major William Jenner Steptoe gegen die Spokane, Palouse und Coeur d'Alêne-Indianer. Schlachten: Spokane Plains, Four Lakes, To-Hoto-Nim-Me; Armeeverluste: 2 Offiziere, 10 Soldaten.
1860: Nevada, Pajute-Krieg. Freiwillige unter Major William M. Ormsby schlagen die Pajutes unter Numaga am Pyramide Lake vernichtend.
1862: Sioux-Aufstand in Minnesota unter Little Crow. Massaker von Neu-Ulm, Schlacht am Wood Lake unter Col. H. H. Sibley (Fort Ridgely), Armeeverluste: 113 Mann.
1863—1864: New Mexico, Navaho-Krieg. Col. Kit Carson besiegt die Navahos in der Schlacht im Canyon de Chelly. Danach werden die Besiegten in die Bosque Redondo Reservation verwiesen.
1864: New Mexico, Kriegszug gegen Cheyennes, Comanchen und Kiowas unter Col. Kit Carson. 1. Schlacht bei Adobe Walls; Armeeverluste: 2 Soldaten.
1864: Colorado, Kriegszug gegen die Cheyennes unter Black Kettle und White Antelope. Col. J. M. Chivington zerstört im Sand Creek Massaker zwei Indianerdörfer und ihre Bewohner.
1864—1869: Sioux-Krieg unter Oberleitung von Red Cloud. Am 20. 7. 1865 Schlacht am Crazy Woman Creek (Wyoming), 8. 1865 Überfall auf Sawyer-Truppe (Wyoming), 29. 8. 1865 Schlacht am Tongue River (Wyoming), 21. 12. 1866 Fetterman Massaker (Wyoming), 2. 8. 1867 Wagenkasten-Schlacht (Wyoming), 1. 8. 1867 Hayfield-Schlacht (Montana); Armeeverluste: 154 Mann.
1865: Wyoming, Platte Bridge-Schlacht, Cheyennes unter Roman Nose vernichten eine Armee-Eskorte unter Lieutenant Caspar Collins bis auf den letzten Mann. Zwischen 12. 8. und 15. 10. 1865 wurden von den Cheyennes als Rache für das Sand Creek Massaker 108 Zivilisten ermordet.
1868: Beecher Island-Schlacht am Arickaree River. Major George A. Forsyth wird mit 50 Scouts auf einer Flußinsel von nördl. und südl. Cheyennes unter Pawnee Killer, Tall Bull, White Horse und Roman Nose belagert; Armeeverluste: 23 Tote.
1868: Oklahoma, die 7. Kav. überfällt am Washita ein großes Cheyenne-Zeltdorf und tötet 101 Cheyennes, einschl. Frauen und Kinder; Armeeverluste: 1 Offizier, 19 Soldaten.
1868: Kansas, Schlacht bei Summit Springs. General Eugène A. Carr's-Strafexpedition (5. Komp. der 5. Kav. und 150 Pawnee Scouts unter Major Frank North und Capt. Luther North) überfallen Dog Soldier-Dorf der Cheyennes und zerstören es.
1872: Texas, Col. Ronald S. McKenzie schlägt am McClellan Creek die Quahadi-Comanchen und zerstört ihr Zeltdorf.
1872—1873: Oregon, Modoc-Krieg. Truppen unter General E. R. S. Canby vernichten die →Modocs unter Capt. Jack in der letzten Entscheidungsschlacht an den ,ava Beds; Armeeverluste: 23 Tote.
874: Zweite Schlacht bei Adobe Walls (New Mexico). Büffeljäger aus Dodge City wehren Attacke von Comanchen unter Quannah Parker, Kiowas unter Lone Wolf, Woman Heart und Kicking Bird, sowie Cheyennes unter Stone Calf und White Shield erfolgreich ab.
1874: Texas, Truppen unter Colonel Ronald S. McKenzie besiegen in der Schlacht im Palo Duro Canyon die vereinigten Comanchen, Kiowas, Arapahoes und Cheyennes, die danach in Reservationen eingewiesen werden.
1875—1877: Montana, Sioux-Krieg. Am 16. 3. 1876 General Joseph J. Reynolds wird bei einem Überfall auf Siouxdörfer am Powder River abgewiesen; Armeeverluste: 4 Tote.
17. 6. 1876: General George Crook wird mit 1 300 Soldaten von 2 000 Sioux unter Crazy Horse am weiteren Vormarsch ins Siouxgebiet gehindert. Am Rosebud River entbrennt eine Schlacht, und General Crook muß sich zurückziehen; Armeeverluste: 8 Tote.
26. 6. 1876: Schlacht am Little Big Horn River: Oberstleutnant G. A. Custer wird mit einer Kampftruppe der

Victorio, Häuptling der Apachen

7. Kav. innerh. von 55 Min. bis auf den letzten Mann aufgerieben; Armeeverluste: 11 Offiziere, 214 Soldaten. Gesamtverluste der Aktion: 246 Tote.

17. 7. 1876: General Wesley Merrit jagt Cheyennes in die Reservation zurück.

19. 7. 1876: Lieutenant Frederich S. Sibley jagt Cheyennes und tötet ihren Anführer White Antelope.

8. 9. 1876: Capt. Anson Mills findet das Versteck des Siouxhäuptlings American Horse bei Slim Buttes. General Crook umzingelt das Zeltdorf und zwingt die Sioux zur Kapitulation; Armeeverluste: 2 Tote.

18. 10. 1876: General Nelson A. Miles jagt die Sioux unter Sitting Bull in die Bad Lands, von wo aus sie nach Kanada fliehen können.

24. 11. 1876: Schlacht am Crazy Woman Creek. Col. Ronald S. McKenzie stellt und vernichtet geflohene Reservations-Cheyennes unter Little Wolf, Dull Knife und Yellow Nose.

3. 1. 1877: McKenzie jagt die Sioux unter Crazy Horse und schlägt sie am Tongue River.

5. 1. 1877: erneute Schlacht mit Crazy Horse.

8. 1. 1877: Crazy Horse überfällt McKenzie's Camp am Wolf Mountain.

1. 2. 1877: Big Leggins Brughiere kapituliert.

22. 4. 1877: Two Moons und Little Chief kapitulieren mit 300 überlebenden Cheyennes.

26. 4. 1877: Crazy Horse kapituliert mit 2 000 Sioux.

2. 5. 1877: Nach kurzem Scharmützel kapituliert Lame Deer mit seinen Minneconjou-Sioux.

1877—1879: Oregon, Nez Percé-Krieg. Nach vielen Scharmützeln und Schlachten am Big Hole und Camas Meadows zwingt General O. O. Howard den Häuptling der Nez Percé, Joseph, zur Kapitulation; Armeeverluste: 24 Tote.

1878—1879: Washington, Bannack-Krieg. General O. O. Howard besiegt die Bannacks unter Buffalo Horn; Armeeverluste: 9 Tote.

30. 9. 1878: Der aus der Cheyenne-Reservation in Oklahoma mit seiner Bande geflohene Cheyenne-Häuptling Little Wolf wird am Sappa Creek zusammengeschossen; Armeeverluste: 2 Tote.

21. 1. 1879: Dull Knife wird mit den letzten Cheyennes im Artilleriefeuer bei Hat Creek Bluffs zusammengeschossen.

1879: Colorado, Ute-Krieg: Nach Schlachten im Red Canyon und am Milk Creek werden die aufständischen Utes unter Ouray in neue Reservationen verwiesen, ihre Häuptlinge Persune, Douglas, Johnson, Ahu-u-tu-pu-wit, Colorow und Matagoras ins Staatsgefängnis Leavenworth eingesperrt.

1871—1886: Arizona, Apachen-Krieg. Nacheinander werden in zahllosen Scharmützeln die einzelnen Apachenbanden unter Cochise, Victorio, Nana Loco und Geronimo dezimiert, bis schließl. Geronimo als letzter am 3. 9. 1886 kapitulierte und sich nach Florida evakuieren ließ.

1890: Massaker am Wounded Knee River: In den letzten Tagen des Jahres umzingelte Col. E. V. Sumner und Major S. M. Whitside mit Truppen der 7. und 8. Kav. die letzten freien Sioux unter Big Foot und machten die unbewaffneten nieder: 84 Männer und Knaben, 44

Ute-Frauen mit ihren Babys in Wiegentragen

Frauen und 16 Kleinkinder; Armeeverluste durch eigene Gewehre: 31 Tote; auch Krähenindianer.

Gesamtverluste in allen Indianerkriegen 1790—1891:

1790—1795 im Nordosten	896 Tote
1817—1818 Seminolen-Krieg	46 Tote
1831—1832 Sauk u. Fox-Krieg	26 Tote
1835—1842 Seminolen-Krieg	383 Tote
1858—1891 im Westen	932 Tote
US-Armeeverluste insg.	2 282 Tote
Verluste der Indianer ca.	400 000 Tote

Utes den Uto-Azteken zugehörig, lebte dieses große und in viele Unterstämme und Stammesgruppen geteilte Volk in den Gebirgstälern von Colorado, Utah, Nevada und New Mexico. Die ihrer bes. dunklen Hautfarbe wegen oft »Black Indians« (Schwarze Indianer) oder »Niggerfaces« (Negergesichter) genannten Utes gliederten sich in die östl. Stämme: Capotes, Grand Rivers, Mohuaches, Tabequaches und Uintahs, die östl. der Wasatch Mountains lebten, und in die westl. Pah-Utes (auch Monos, Wasser-Utes) und Washoes der Sierra Nevada und des westl. Nevada, die Gosi-Utes des östl. Nevada, die Sanpitches und Timpanagos des östl. Utah und die Pajutes des südl. Utah. Sie waren erbitterte Feinde der Navahos und Pueblo-Indianer und bis 1879 friedfertig und von der amerikan. Ausrottungspolitik verschont geblieben. Als der Indianeragent der Ute-Reservation (White River Agency) Nathan Cook Meeker mit Gewalt versuchte, aus den Utes Ackerbauern nach amerikan. Vorbild zu machen und dazu eine Armee zu Hilfe rief, brach der Aufstand los, der ihn und 10 Soldaten schon am ersten Tage das Leben kostete. Als die →US-Armee zum Sammeln blies und eine Strafexpedition in Marsch setzte, erkannte der weise Ute-Häuptling Ouray die tödliche Gefahr und kapitulierte, ehe es zum Kampf gekommen war. Die Utes hatten für dieses Massaker 20 Jahre lang jährl. 3 500 $ zu bezahlen. Das ergab eine Summe von 70 000 $. 65 000 $ aber betrugen die Kosten für Lebensmittel u. Sämereien. Jagen und sich selbst versorgen durften sie nicht, denn deshalb war ja der Aufstand losgebrochen. Die von der Regierung bewilligten Kosten wurden an die obengenannten Amerikaner gezahlt. Und immer noch blieben den Utes in 20 Jahres nichts als 5 000 $ Schulden. Kein Wunder, daß die Regierung ihre Lebenserwartung unter diesen Umständen mit 10 Jahren berechnete. Denn für 1889 waren im Heimstättenplan die Ute-Reservationen bereits aufgeteilt.

Vogelsteine sorgfältig bearbeitete Steine, deren Formen an Vögel erinnern. Man fand zahlreiche solcher V. in der Ohio-Region und vermutet, daß sie von Frauen während der Heiratszeremonien und der Schwangerschaft getragen oder verwendet wurden.

Waffenschild wurde hauptsächlich nur von den Stämmen der Plains, bis weit nach Mexiko hinein, verwendet und war bei den Indianern der Waldregionen und Ostgebiete so gut wie unbekannt. Er bestand in der Regel aus einem rundgebogenen Hartholzrahmen, bespannt mit mehreren Schichten dicker Büffelrückenrohhaut. Verziert mit symbolischen Zeichen (des Stamms oder Trägers), Federn und fetischartigen Gegenständen spiritueller Bedeutung diente er im Kampf vom Sattel aus als Abwehrgerät für Pfeile, Lanzenstiche und Keulenschläge. Manche Schilde waren so hart und flexibel zugleich, daß sie auch Revolverkugeln, aus mäßiger Entfernung gefeuert, entweder abhielten, oder aber ihnen soviel ihrer kinetischen Energie nahmen, daß sie nur noch oberflächliche Verletzungen hervorriefen. Von vielen Stämmen aber auch nur für Zeremonien verwendet.

Wahunsonacock →Powhatan (1.)

Walapai mit den Havasupai verwandter Stamm der Yumas am Colorado River, Arizona.

Waldkulturen die Waldbewohner des Nordostens und Südostens waren seßhafte Bauernvölker, denen die Wälder einen reichhaltigen Speisezettel von Wild, Wildgeflügel, Fischen, wildem Gemüse (Kartoffeln, Bohnen, Zwiebel etc.) und wilden Früchten (Weintrauben, Äpfel, Pfirsiche, Aprikosen, Pflaumen, Kirschen, Orangen) und eine Unzahl köstlicher Beeren bereiteten. Ihr Landbau beruhte auf dem sogenannten *Rode- und Brennbau.* Das Roden der Bäume erfolgte durch Gürteln (engl.: Girdling) mit kleinflammigem, intensivem Feuer und Pflanzen mit dem *Pflanzstock.* Es handelte sich also um *Stockbau,* nicht um Hackbau, in dem hauptsächlich Mais, Bohnen, Kürbisse und Tomaten angebaut wurden. Die Feldarbeit verrichteten in der Hauptsache Frauen. Nach rund 15 Jahren waren die Felder allgemein »ausgepowert«. Man brannte sie ab und legte einfach neue an. Wenn sich auf solche Art die Felder allmählich zu weit von den Siedlungen entfernten, verlegte man die Siedlungen, die in der Regel um hohen Palisadenmauern umgeben waren. Die Religion der östlichen Waldkulturen kannten den Begriff »Gott« nicht, sondern nur den eines übergeordneten *Großen Lebensgeistes.* Der Körper des Menschen bestand aus dem Körper selbst, der Seele und dem Lebensgeist. Nach dem Tode verließen Seele und Lebensgeist den Körper und lebten ohne ihn weiter. Die großen geistigen Naturkräfte wurden mit Dankesopfern für die »guten« und Beschwörungszeremonien für die »bösen« bedacht. Man besaß zahlreiche *Geheimgesellschaften* und geheime Gruppen, denen näherer Kontakt mit diesen »Geistern« nachgesagt wurden und die ihre »Direktleitungen« durch Masken und Kostüme gegen die Einwirkungen der Außenwelt abschirmten. So z. B. die charakteristische *Gesellschaft der Gesichter* (engl.: Society of Faces) bei den Irokesen. Jeder Mann, der irgendwann einen intensiven Traum von einem »Gesicht« hatte, fertigte nach dem Traum eine der Traumvision ähnliche Maske und war fortan, wenn er die Maske, das Kostüm trug und entsprechende Gesänge und Tänze vollführte, ein »Heilender«, den man mit kleinen Geschenken ebenso bei Laune zu halten hatte, wie die Gesichter. Vernachlässigte man ihn, so konnte er die Krankheiten hervorrufen, die er sonst heilte. Die Kindererziehung beruhte hauptsächlich auf der Vermittlung von Erfahrungen. Prügelstrafe gab es nicht. Ebenso unbekannt waren Strafen wie Essensentzug, Arrest, Einsperren, Spielzeugentzug. Die Erziehung mütterlicherseits lag bei Mutter und Großmüttern, männlicherseits beim Bruder der Mutter. Sexueller Verkehr zwischen den Geschlechtern vor der »Ehereife« war unüblich, Frauen blieben während der Menstruation freiwillig isoliert. Geburtenkontrolle wurde mit zahlreichen Kräutern und durch Enthaltsamkeit nach dem Monatszyklus ausgeübt.

Wallawalla *Walla-Walla,* Shahaptian-Stamm am Columbia- und Snake River (Washington und Oregon).

Wampanoag Indianervolk-Konföderation an der Küste der Narragansett-Bucht.

Wampum Kürzung des Algonkin-Worts »Wam-pompeag« (dt.: weiß); zylinderförmiges, durchbohrtes Muschelröhrchen (etwa 0,6 cm lang), in einem schwierigen Verfahren aus den Verdickungen der Venusmuschel und der Wellhornschnecke gefertigt. Farben: weiß, violett und dunkelpurpur. Auf Fäden gereiht stellten sie eine Art Geld dar, in breiten Gürteln mit bestimmten Mustern und Farbreihenfolgen bildeten sie Begriffsbilder — z. B. bei einer Ansprache eine Art Stenogramm, oder Ermächtigungsurkunde, bei Vertragsschlüssen stellten W. Urkunden dar. An schmale Bänder genäht oder aufgereiht bildeten sie wertvollen Schmuck. Da W.s in jedem Falle wertvoll und selten waren, stellten die Siedler bereits um 1640 Fälschungen her.

Wampum-Perlen →Metoac.

Washakie Häuptling der Shoshonen in Wyoming, *1798, †20. 2. 1900; er diente den US-Truppen mit solcher Loyalität, daß man ein Fort nach ihm benannte (Camp Augur = Fort Washakie, 1878). Als er 70 Jahre alt war, versuchten ihn junge Krieger mit der Begründung als Häuptling abzuwählen, er sei zu alt. Hierauf verschwand Washaki mit seinem Pferd und kehrte nach zwei Monaten mit sechs Skalps zurück, mehr, als die jungen Krieger in einem halben Jahr erbeutet hatten. Er war ein Freund der frühen Siedler und Wagentreckfahrer, denen er viele tatkräftige Hilfe, auch gegen andere Indianer gewährte. Am 20. 2. 1900 starb er im Kampf mit einem Crow-Häuptling, als Hundertzweijähriger! Auch der Crow-Häuptling (48) starb an den Verletzungen, die ihm der kräftige Greis beigebracht hatte. Er wurde im Fort seines Namens mit militärischen Ehren beigesetzt. Der Grabstein gibt zwar seine Lebenszeit mit 1804—1900 an, aber er wurde tatsächlich 6 Jahre früher geboren.

»Weiße« je nach Sprache und persönlicher Erfahrung, aber auch nach dem Erscheinungsbild, daß sich die Indianer von den Weißen machten, gaben sie ihnen Namen: Chippewas: »Wayabishkiwad« = »Die Weißhäutigen«; Delawaren: »Woapsit« = »Er-ist-weiß«; Irokesen: »Assaricol« = »Großes-Messer«, »Asseroni« = »Die-Äxtemachen«; Kiowas: »Bedalpago« = »Haarige-Münder«, »Ta-'ka-i« = »Abstehende-Ohren«. Im allgemeinen nannte man die Amerikaner »Große-Messer« (Big Knives) und »Lange-Messer« (Long Knives) und bis zur Unabhängigkeit der USA die Engländer »Wautacone« = »Mantelmänner« oder: »Die-Kleidertragenden«; die Schotten wurden von den Mohawks »Kentahere« genannt = »Kuh- oder Bisonfladen« (nach der Art der Hüte, die sie trugen). Franzosen waren als »Wameqtikosiu« = »Bauer-von-Holzschiffen« bekannt, Deutsche als »Yah-yah-algeh« = »Jene-die-Ja-Ja-sagen«. Neger nannte man »Ma'kadäwiyas« = »Schwarzes Gesicht«, die Chinesen »Gooktlam« = »Schweineschwanz«.

Weskarini →Algonkin.

Whiteshield, Harvey →Hishkowits.

Wichita (span.: »Nortenos« = »Volk des Nordens«; franz.: »Panis Pique« oder »Panipiquets« = »Tätowierte Pawnees«, »Pani Noirs« = »Schwarze Pawnees«), eine der Hauptsprachen der Caddosprachfamilie (die anderen Sprachen sind: Caddo, Kichai und Pawnee), deren Stämme Taovayas, Tawakonis, Wacos und Wichitas in der Red River-Region des nördl. Texas lebten. Sie begaben sich auf der ständigen Flucht vor Texanern und Nachbar-

stämmen schon um 1859 in eine Reservation in Oklahoma unter den Schutz der fünf →»Zivilisierten Nationen«. Heute leben in der Wichita-Reservation von Oklahoma noch 500 Nachfahren der Wichitas.

Wickiup Behausung der in Arizona und Nevada lebenden Wüstenstämme, die aus ineinandergeflochtenen Astwänden und darüber ausgebreiteten, befestigten Matten bestand.

Wiegentrage (engl.: Crade board), brettartiges, tragbares Wiegenbrett für Säuglinge, die auf dem Rücken getragen, ans Pferd gehängt, im Zelt an eine Stange gehängt, oder einfach aufrecht stehend irgendwo angelehnt werden konnte. Sie hatte die Form einer festen Tasche, die nur Kopf und Arme des Babies freiließ u. im Rückenteil den Kopf gepolstert überragte. Je nach Stamm bestanden W. aus verschiedenartigem Material und hatten verschiedenartige Formen. W. wurden in einer Familie bewahrt, immer wieder verwendet und bei manchen Stämmen galten sie als heilig. Sie waren mit Federdaunen, Moos, weichen Tierhäuten, Zedernrindengris oder Baumwolle gefüttert. Häufig schnitzte man — je nach Zahl der Babies, die in ihr getragen wurden — Kerben hinein. Gewöhnlich blieb ein Baby, etwa ein Jahr lang in der Wiege. Starb ein Baby, so wurde die W. gewöhnlich mit ihm bestattet.

Wigwam Ableitung aus der Abnakisprache: »Wetu«, »Witu«, »Wetoum«, »Wekuwomut«; wurde um 1666 von den Kolonisten Massachusetts in W. geändert und in

Wichita-Frauen mit Baby, 1883

Wickiup

den allgemeinen englischen Sprachgebrauch aufgenommen. Haus der Algonkin des Nordostens, erbaut aus geraden Holzstock-Rindenwänden mit halbrunden domartigen Dächern, das einen Abzug für den Rauch besaß.

Wildkartoffel (Apios tuberosa), auch *Erdnuß,* fiel bereits den ersten englischen Siedlern in den Atlantikküstenregionen auf; die Kulturkartoffel (Solanum tuberosum), die von den spanischen Eroberern aus den südamerikanischen Andenstaaten nach Europa gebracht wurde, war im nordamerikanischen Kontinent vor seiner Entdeckung durch Weiße unbekannt. Erst die Engländer brachten sie 1622 nach Virginia.

Wildpferd im Gegensatz zum z. T. durch Inzucht minderwertigen →Mustang edle, wildlebende Pferderasse.

Wildreis (lat.: Zizania aquatica, franz. kanad.: folle avoine = toller Hafer), wuchernde Langhalm-Wasserpflanze an den Ufern der Großen Seen. Wenn die Ähren reif waren, fuhren Frauen mit Kanus durch die »Reisbetten« und ernteten den Wildreis, indem sie einfach die Halme mit den Ähren ins Kanu herunterbeugten und die Körner mit Stöcken aus den Ähren schlugen.

William Henry →Gelelemend.

Winnebagos (Sakwort: »Volk des schlechten Wassers«, von den Engländern »Stinkards« = Stinktiere genannt), Sioux-Volk, das einst südl. der Green Bay und am Winnebago-See wohnte und heute in einer Reservation in Nebraska lebt. 1863 wurde es von der US-Regierung von Minnesota nach Missouri zwangsdeportiert. Der zeitgenössische Bericht »Maneypenny, our Indian Wards« berichtet 1863: »Sie wurden auf einem Dampfschiff transportiert, insgesamt 1 900 im Unter- und Zwischendeck. Sie bekamen nur hartes Brot und faules Schweinefleisch zu essen. Sie hatten keinen Kaffee, keinen Zucker noch Gemüse. So zusammengepfercht, bekamen sie auf der Fahrt nach St. Joseph Durchfall und Fieber. Nach einigen Wochen waren 150 gestorben.

Winnetou von K. May erfundene Heldenfigur vieler Erzählungen. Shoshonisch »win-tu« = der Mensch.

Wippanap →Aberginier.

Wohaw Indianerwort für Rind. Es wurde den Kommandorufen der Ochsentreiber entnommen, bei denen »Wouuuh!« = Halt! bedeutete und »Haaawwwh!« = Vorwärts! Indianer, die von durchziehenden Herden Rinder beanspruchten, ritten auf den Trailboß zu, hoben die linke Hand und deuteten mit ihr auf die Herde, wobei

Nawkaw, Sachem der Winnebagos

sie dann für jeweils 10 gewünschte Rinder einmal »Wohaw!« sagten.
Wolfsvolk →Mahican.
Wyandot Volk der Irokesen-Sprachfamilie, allgemein
als *Huronen* bekannt.

Yaha-Hajo zweiter Häuptling der Seminolen, der zuerst
der Evakuierung seines Volkes in den Westen zustimmte,
sich dann aber auf die Seite der Opponenten dieser Politik
schlug. Er führte viele Überfälle auf die US-Truppen
an; lauerte US-General Joseph Shelton als Scharfschütze
am Ocklewahah River in Florida auf, schoß ihn in die
Hüfte, und wurde, während er sein Gewehr lud. von
einem Soldaten erschossen (29. 3. 1836).
Yahushkin Stamm der Shoshonen-Sprachgruppe in
Oregon, die 1864 ihr Land an die USA abgaben, in eine
Reservation gebracht und ab 1898 *Paiute* genannt wurde.
Yakima (= Weglaufen), Stamm der Shahaptin-Sprach-
gruppe, der sich selbst »Volk-aus-der-Schlucht« nannte.
1806 von Lewis und Clark besucht, gaben sie 1855 ihr
Land an die USA ab und akzeptierten eine Reservation.
Yampa 1. Untergruppe der Utes in Ost-Utah, die von
den White River Utes integriert wurden.

2. Westamerikanische Kümmelpflanze (lat.: Carum
gairdneri), deren Wurzeln von den Oregon-Indianern als
Nahrung verwendet wurde.
Yamparika →Comanchen.
Yana kleine Sprachfamilie in Kalifornien, die 1864 von
Goldsuchern angegriffen und ausgerottet wurde (von
3 000 blieben nur 50 am Leben und diese wurden in
den folgenden Jahren umgebracht).
Yankton (»Enddorf«), Dakotastamm in Iowa und Da-
kota am Missouri River.
Yanktonai Dakota-Sioux-Stamm in Minnesota und
Dakota, der im Krieg von 1812 gegen die USA kämpfte
und danach in Reservationen bei Fort Peck gebracht
wurde.
Yatasi Stamm der Caddo-Konföderation, Frankreich-
freundlich, der um 1805 nach zahlreichen Kriegen und
Seuchenepidemien nahezu ausgerottet war.
Yavapai (= Volk-der-Sonne), Yumastamm, der in der
Wüstenregion Arizonas am Salt- und Rio Verde-River
lebte. Auch als *Mohave-Apachen* bekannt, akzeptierten
sie 1875 eine Reservation in San Carlos, Arizona, erhielten aber später ein kleines Landgebiet am Rio Verde.
Yuma (Pimawort, das soviel wie »Würmeresser« bedeutet), einfaches, primitives Pflanzer- und Sammlervolk,
das bereits in span. Zeit am Rio Colorado im westl.
Arizona seßhaft war, einer eigenen Sprachfamilie angehörte und sich in zahlreiche Stammesgruppen gliederte:
Die »River-Yumas« bestanden aus den Cocopa, Halchi-
doma, Kavelchadom, Kohuana, Maricopas, Mohaves
und Yumas, die »Oberen Yumas« aus den Havasupai,

Ein Yakima-Häuptling besucht seinen Sohn, der »Krieger« in der US-Armee ist; 1969

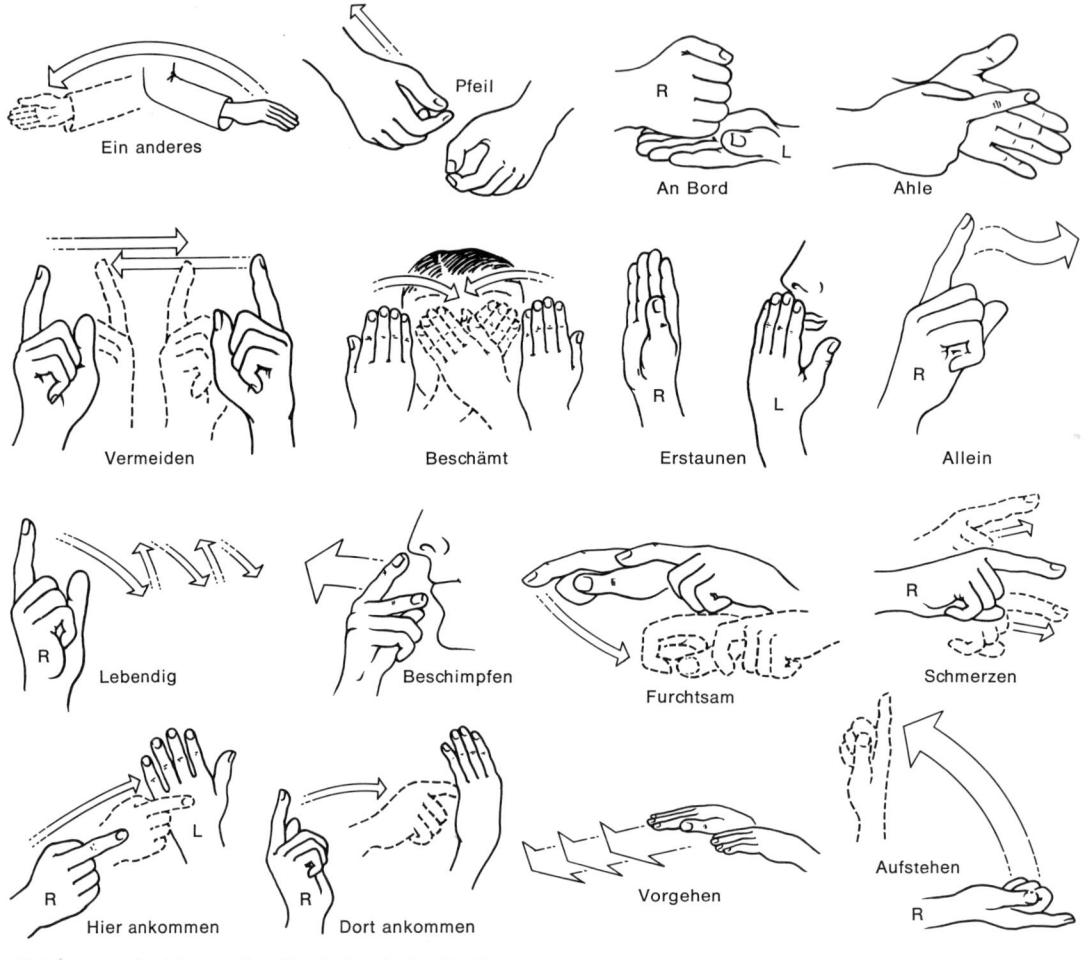

Ein anderes

Pfeil

An Bord

Ahle

Vermeiden

Beschämt

Erstaunen

Allein

Lebendig

Beschimpfen

Furchtsam

Schmerzen

Hier ankommen

Dort ankommen

Vorgehen

Aufstehen

Zeichensprache (R = rechte Hand, L = linke Hand)

Walapai und Yavapai und die »Wüsten-Yumas« aus den Kamia und Paipai. Alle diese Stammesgruppen haben sich sowohl unter span., mexikan. wie auch amerikan. Herrschaft stets gegenseitig auf des heftigste bekämpft und dezimiert. Erst 1858, nachdem einige Mohavehäuptlinge — von Utah-Mormonen getauft und gegen die Amerikaner aufgewiegelt — auf dem sog. Beal Trail über den Rio Colorado einen Wagentreck überfielen und 18 Amerikaner töteten, griff die →US-Armee ein: Die US-Kavallerie stellte die →Mohaves und machte mehr als die Hälfte von ihnen nieder, worauf ihr Häuptling Cairook kapitulierte und sich mit 6 Häuptlingen als Geiseln nach Fort Yuma bringen ließ. Hier wurde er mit 4 Häuptlingen »auf der Flucht« erschossen, und der den Amerikanern angenehmere Häuptling Yarateva übernahm die Verhandlungen. Er schloß Frieden mit den Amerikanern, und seither dienten seine Mohaves dem Kommandanten von Fort Yuma, das gleichzeitig Staatsgefängnis war, dazu, ausgebrochene Sträflinge zu verfol-

gen und ihnen die Köpfe abzuschneiden (wofür es Kopfprämien gab). 1862 wurde im Gebiet der Havasupais und Yavapais Gold gefunden. 11 Jahre lang wehrten sich die Yuma-Stämme gegen die Invasion, wobei mehr als 100 Amerikaner und 1 000 Indianer den Tod fanden.

Z

Zauber-Hütte (engl.: Juggler's Lodge), spiritistische Kulterscheinung bei den Menominis, Ojibwas und Potawatomis, die aus einem Astrahmen bestand, groß genug, einen aufrecht stehenden Mann aufzunehmen, bedeckt mit Rindenstücken oder Häuten, in die man allerlei »Zeug« hineinlegte und dann den Schamanen hinein-

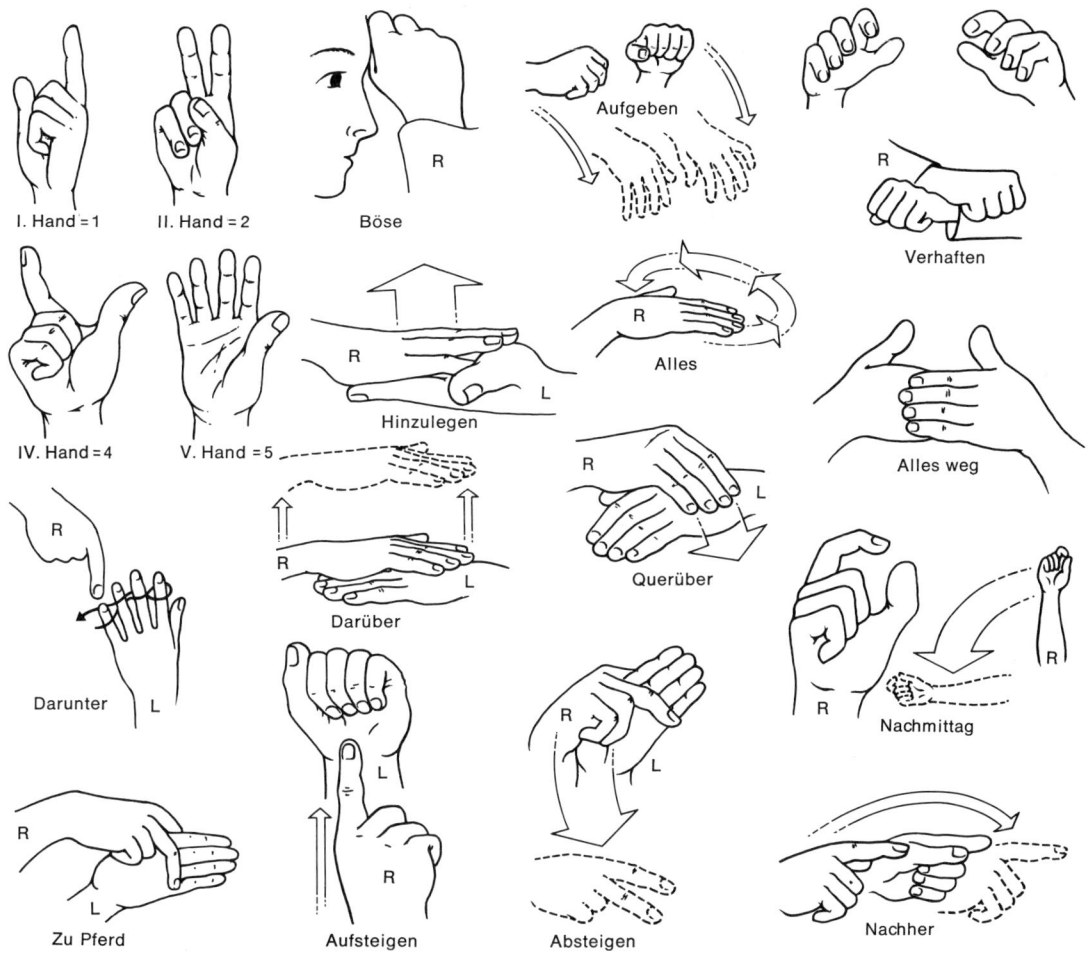

I. Hand = 1 II. Hand = 2 Böse

Aufgeben

Verhaften

IV. Hand = 4 V. Hand = 5

Hinzulegen

Alles

Alles weg

Darüber

Querüber

Darunter

Nachmittag

Zu Pferd

Aufsteigen

Absteigen

Nachher

brachte, den man vorher gefesselt hatte. Nach einiger Zeit waren aus der Z. seltsame Laute zu hören, der Magier sprach mit den Lebens- und Todesgeistern, und die Gegenstände, die man vorher in die Z. gelegt hatte, flogen nacheinander im hohen Bogen aus der Dachöffnung hinaus. Nun begannen die Zuschauer dem Magier Fragen zu stellen, die dieser an die Geister weitergab, und deren Antworten er den Zuschauern mitteilte. Nach Beendigung der »Sitzung« hob man die Z. wie einen Hut weg und der Schamane stand da, nach wie vor gefesselt.

Zeichensprache die Sprachvielfalt der nordamerikanischen Indianer ist die wohl verwirrendste in der Welt. Oft konnten dicht beieinanderlebende verschiedene Stämme sich sprachlich überhaupt nicht verständigen, sondern sie waren auf die Z. angewiesen. Diese Z. allerdings kann durchaus als die höchstentwickelte in der Welt angesehen werden. Durch sie war es möglich, daß sich — besonders die Stämme im Westen — nahezu perfekt unterhalten konnten. Sie bestand aus Gesten, die man fast

ausschließlich mit Finger-, Hand- und Armstellungen darstellte. Etwa 400 verschiedene Gesten drückten perfekt und unmißverständlich aus, wozu man in der Sprechsprache etwa 1 000—1 200 Worte benötigt hätte. Schon sehr früh machten sich die Weißen mit dieser Z. bekannt, sodaß z. B. Trapper und Mountain Men sie nahezu gleich perfekt beherrschten wie die Indianer selbst. Sehr früh auch haben diese Weißen, darunter Pelzhändler, Indianeragenten, Dolmetscher, Armee-Offiziere, Siedler etc. sogar »Wörterbücher« angelegt, die immer wieder vervollständigt wurden, sodaß etwa schon um 1881 das Smithsonian Institute ein großvolumiges Werk »Gesture Signs and Signals of the North American Indians« mit ausführlichen und ausgezeichneten Illustrationen herausgab. Der amerikanische Wissenschaftler William Tomkins wies 1931 nach, daß in der indianischen Zeichensprache eine ganztägige Sitzung des Repräsentantenhauses korrekt und absolut verständlich wiederzugeben war. Er diktierte ein Jahr zuvor einem Indianer, auch Wissenschaftler, z. B. den Text eines vollständigen Friedensvertrages des Jahres 1868, und dieser sprach den ihm durch Zeichensprache übermittelten Text auf ein Tonband. Ursprünglicher Text und aus der Zeichensprache zurückübersetzter Text wichen in keinem Detail voneinander ab.

Zivilisierte Nationen (engl.: Civilized Nations). Hierunter werden in der Geschichtsschreibung des amerikan. Westens die fünf Zivil. Nationen der seit 1839 im Indianerterritorium Oklahoma lebenden Nationen, der in den Appalachen beheimateten Cherokees, Chickasaws, Choctaws, Creeks und Seminolen verstanden. Von der Geschichte dieser Indianervölker ist die der Cherokees die bemerkenswerteste, deshalb sei hier nur auf diese eingegangen. Die übrigen vier waren hinsichtl. ihrer Kultur, Zivilisation und Tradition sehr stark mit den Cherokees verbunden, ihr Schicksal ist nahezu das gleiche. Amerikan. Historiker und das in bezug auf die Pioniergeschichte Amerikas üppigste Verlagswesen der Welt haben sich, was die Existenz dieser Nationen betrifft, in Stillschweigen gehüllt, aber die puritan. Maxime, daß »die am wenigsten gebildete Rasse Amerikas (die Indianer) der überlegenen geistigen und zivilisatorischen Kraft der weißen Rasse als der stärkeren unterliegen mußte«, ist auf diese fünf Nationen nicht anzuwenden. Schon 1730 berichteten Londoner Zeitungen über den »imponierenden diplomatischen Auftritt« und die »feingeistige rhetorische Begabung« der sieben diplomat. Gesandten der

Cherokee-Nation am Hofe König Georgs II. Nach abendfüllenden Besuchen von Oper, Theater, Whitehall, Parlament und Westminster Abtei wurde zwischen Großbritannien und den Cherokees ein Staatsvertrag geschlossen, der einen ausgedehnten Waren- und ständigen Diplomatenaustausch vorsah. Die damals 17 000 Cherokees lebten in 64 befestigten Städten ihres Appalachengebiets, waren ab 1802 voll christianisiert, ihre Frauen mit Europäern und viele ihrer Männer mit europ. Frauen verheiratet. 1821 veröffentlichte der an der Princetown-Universität ausgebildete Rechtsanwalt Sequoyah sein 85 Buchstaben umfassendes Alphabet, das in 43 Schulen eingeführt wurde. Schon 1817 hatte sich die bis dahin parlamentarisch nach engl. Vorbild regierte Cherokee-Nation eine präsidialdemokratische Verfassung nach dem exemplarischen Vorbild der USA gegeben.

In der 1825 gegründeten Nationalakademie lehrten Cherokeeprofessoren Medizin, Rechtswissenschaft, Zahnheilkunde, Mathematik, Mechanik, Agrarökonomie, Bergbau, Geologie und Sprachen. 1828 erschien die erste Ausgabe einer nationalen unabh. Zeitung, des »Cherokee-Phoenix«, einer in Engl. und Cherokee gedruckten Wochenschrift, deren Hauptaufgabe der breiten Bildung gewidmet war.

Der Umstand, daß die Cherokees ihre polit. Existenz lediglich auf dem Staatsvertrag mit England begründeten und mit den USA nichts dergleichen geschlossen hatten, weil sie an der Seite Englands gegen die amerikan. Squat-

»Weg der Tränen«

ter gekämpft hatten, bot innenpolitisch Ansatzpunkte genug, in Washington jene Ansprüche geltend zu machen, die allg. die Austreibung primitiver Wilder zugunsten der Ausdehnung amerikanischer Kultur zum Ziele hatte und Ausdruck in der amerikanischen Reservationspolitik fanden.

Acht Jahre lang wehrten sich Cherokeepolitiker und Anwälte vor US-Gerichten und im Weißen Haus gegen Entscheidungen lokaler Rechtsprechung des Staates Georgia, die sich großer Mühe unterzogen, in den Cherokees primitive Wildnisbewohner zu sehen. Acht Jahre lang besichtigten Amerikaner der Neu-Englandstaaten das indian. Musterland, und namhafte Persönlichkeiten sparten nicht mit Lob und tatkräftiger polemischer Hilfeleistung. Doch angesichts der immer eminenter werdenden Gefahr, daß das Beispiel der Cherokees allmählich auch auf die Nachbarnationen der innerh. der USA weite Gebiete besetzt haltenden Choctaws, Chickasaws, Creeks und Seminolen abzufärben begann, brachte Präsident Andrew Jackson, nachdem er 1828 Präsident geworden war, ein generelles »Indianer-Aussiedlungsgesetz«, die sog. »Indian Removal Bill«, gegen alle Argumente durch den Kongreß. Ein letzter Appell an die Adresse Washingtons wurde verworfen.

Am 23. 5. 1830 ratifiziert, bot dieses Gesetz legale Handhabe zur Austreibung und Umsiedlung aller Indianer innerh. der Grenzen der USA in jenen fernen Westen des Kontinents, von dem Sachverständige noch

Cherokee-General Lewis Downing, 1862

ein Jahr zuvor behauptet hatten, daß er »eine menschenfeindliche Wüstenei« wäre.

Amerikan. Truppen unter General Scott begannen am 6. 6. 1838 mit der Zwangsevakuierung, gegen die sich die Indianer nur mit dokumentarischen Argumenten zur Wehr setzten. Der »Weg der Tränen« führte durch Tennessee, Kentucky, Missouri und Arkansas in die wasserarme Steinwüste des späteren Oklahoma. Von 18 000 Cherokees starben mehr als ein Viertel an Hunger, Durst, Hitze, Kälte, Sepsis, Masern, Cholera und Entkräftung. Im Oktober 1857 hatte Cherokee-Präsident John Ross dem National Council in Tahlequah, 9 Jahre nach der Vertreibung und 8 Jahre nach der Inbesitznahme des neuen Gebiets, in einer Botschaft »Zur Lage der Nation« optimistische Voraussagen gemacht.

Daß die Cherokees sich am Bürgerkrieg (1861—1865) auf beiden Seiten mit eigenen Einheiten und Feldherren beteiligten, war für die obsiegenden Nordstaaten nach Kriegsende Anlaß, die Absprachen und Pakte mit dem besiegten Süden, der u. a. auch die Souveränität der Cherokee-Nation garantiert hatte, für ungültig zu erklären. Am 16. 11. 1907 unterzeichnete Präsident Theodore Roosevelt die Proklamation, die Oklahoma zum (weißen) 46. Bundesstaat erklärte. Die Cherokees waren damit im eigenen Hause zum Untermieter geworden, und der nahezu hundertjährige Traum der Cherokee-Demokratie von einem indianischen Bundesstaat »Sequoyah« war endgültig zerronnen. »Red Power«, Rote Macht, fordern radikale Indianer, nachdem die Schwarzen »Black Power« verlangt hatten. Viele Indianer träumen von einem roten Staat im weißen Amerika...

Zuni Pueblo im Valencia County, Arizona; wurde lange Zeit für eine der »Sieben Golden Städte von Cibola« gehalten, nach denen die spanischen Eroberer verzweifelt suchten, sie aber nie fanden. 1629 wurde hier eine spanische Mission errichtet, die vor allem die Silberschmiedekunst und Malerei förderte, für die die Zunis heute noch berühmt sind.

LITERATUR

Adam, L., Nordwestamerikanische Indianerkunst. In: Orbis Pictus 17, Berlin 1923

Bandi, H. G., Urgeschichte der Eskimo, Stuttgart 1965

Baumann, P., Die Erben von Tecumseh und Sitting Bull, 1975

Boas, F., Indianische Sagen von der nordpazifischen Küste Amerikas, Berlin 1895

Brady, C. T., Indian Fights and Fighters, New York 1927

Brown, D., Begrabt mein Herz an der Biegung des Flusses 1972

Brown, D., Im Westen ging die Sonne auf, Hamburg 1975

Catlin, G., Die Indianer Nord-Amerikas, 2. Aufl. Berlin 1924

Ceram, C. W., Der erste Amerikaner, Reinbek bei Hamburg 1972

Clark, W. P., The Indian Sign Language, 1885

Curtin, E. S., The North American Indian, 20 Bde., New York 1907—1930, Reprint 1970

Debo, A., A History of the Indians of the United States, Norman 1970

Dräger, L., Formen der lokalen Organisation bei den Stämmen der Zentral-Algonkin von der Zeit ihrer Entstehung bis zur Gegenwart. Veröff. d. Museums f. Völkerkunde Leipzig, Berlin 1968

Eastman, Ch. A., Indian Heroes and Great Chieftains, 1920

Fehrenbach, T. R., Comanchen, Hannover 1975

Fielder, M., Sioux Indian Leaders, 1975

Forbes, J., Apache, Navaho and Spaniard, Norman 1960

Foreman, G., Indians and Pioneers, 1930

Foreman, G., Indian Justice, 1934

Grinnell, G. B., The Cheyenne Indians, New York 1923

Haekel, J., Totemismus und Zweiklassensystem bei den Sioux-Indianern. In: Anthropos, 32, S. 210 ff., Wien—Mödling 1937

Hartmann, H., Die Groß Ventre und ihr Hochgott. In: Ztschr. f. Ethnologie 93, S. 73—83, Braunschweig 1968

Hartmann, H., Die Plains- und Prärieindianer Nordamerikas, Berlin 1973

Hassrick, R. B., The Sioux: Life and Customs of a Warrior Society, 1964

Hassrick, R. B., North American Indians, 1974

Jeier, Th., Die letzten Söhne Manitous, Düsseldorf/Wien 1976

Jenness, D., The Indians of Canada, 4. Aufl., Ottawa 1958

Kappler, Ch. J., Indian Laws and Treaties, 2 Bde., 1904

Krause, F., Die Kultur der kalifornischen Indianer, Leipzig 1921

Krickeberg, W., Das Kunstgewerbe der Eskimo u. Nordamerikanischen Indianer. In: Bossert, H. Th., Geschichte des Kunstgewerbes aller Zeiten u. Völker II, S. 154—244, Berlin 1929

Lindig, W., Geheimbünde und Männerbünde der Prärie- und der Waldlandindianer Nordamerikas. In: Studien zur Kulturkunde, 23, Wiesbaden 1970

Lindig, W., Die Kulturen der Eskimo und Indianer Nordamerikas. In: Handbuch der Kulturgeschichte, hrsg. v. E. Thurner, 2. Abt. Frankfurt a. Main 1972

Mittler, M., Eroberung eines Kontinents, Zürich/Freiburg im Breisgau 1968

Müller, W., Die Religion der Waldlandindianer Nordamerikas, Berlin 1956

Müller, W., Glauben und Denken der Sioux, Berlin 1970

Owen, R. C. u. a., The North American Indians. A Sourcebook. New York/London 1967

Paine, R. H., Pioneers, Indians and Buffaloes, 1935

Pinnow, H. J., Die nordamerikanischen Indianersprachen, Wiesbaden 1964

Pleticha, H., Auf der Spur des Roten Mannes, 1975

Rie, F. G., The Indian and the Horse, 1955

Schwarzer Hirsch, Die heilige Pfeife, Olten/Freiburg im Breisgau. Dt. Übersetzung

Scherer, J. C. u. Walker, J. B., Indianer, Zürich/Stuttgart/Wien 1975

Stammel, H. J., Der Cowboy. Legende und Wirklichkeit von A—Z, Gütersloh/Berlin/München/Wien 1972

Swanton, J. R., The Indians of the Southeastern United States. Veröffentlichung des Bureau of American Ethnology-Bulletins, Washington 1946

The American Heritage Book of Indians, hrsg. v. A. M. Josephy Jun., 1961

Washburn, W. E., The Indian and the White Man, 1964

Wiltsey, N. B., Die Herren der Prärie, Stuttgart 1965

Wissler, C., Indian of the United States, New York 1932

REGISTER

Nicht vorkommende Begriffe siehe Lexikon. Schräg gesetzte Ziffern verweisen auf Abbildungen. Begriffe in Klammern verweisen auf Lexikon-Hauptstichwörter

Danksagung

Dank gebührt den zahlreichen THE WESTERNERS Organisationen in den USA und besonders der THE GERMAN WESTERNERS SOCIETY, die die zahlreichen Illustrationsunterlagen zur Verfügung stellten; auch Frl. Hella Dallmann, Herford, überließ uns dankenswerter Weise zwei Abbildungen. Dank gebührt vor allem den Universitäten von California, Washington, Georgia, Idaho, Montana, Wyoming, Nebraska, Kansas, Colorado, Nevada, Arizona, New Mexico, Utah, Texas und Oklahoma.

Dank gebührt den zahlreichen Staatlichen Historischen Gesellschaften und den noch zahlreicheren lokalen Historischen Gesellschaften in den US-Weststaaten, die jederzeit uneigennützigste Hilfestellung leisteten. Dank gebührt den Administratoren der National Archives, der Congress Library, dem Bureau of Indian Affairs, dem Archiv der US-Armee.

Dank gebührt zahlreichen amerikanischen Spezial-Museen, vor allem dem Amon Carter Museum in Fort Worth, Texas, dem Gilcrease Museum in Tulsa, Oklahoma, dem Museum of the American Indian in New York.

Dank gebührt der Redaktion des Bertelsmann Lexikon-Verlags, vor allem aber Herrn Dr. Trappl, der selbst zum Indianerspezialisten wurde und dessen akribische Akkuratesse nur noch von seiner enormen Geduld übertroffen wurde.

Dank gebührt schließlich zahllosen deutschen Hobbyisten und Zeitungsmenschen sowie Fernsehredakteuren, die im Lauf der Zeit Wissenswertes und Nützliches sammelten, aufschrieben und mir zur Verfügung stellten, ohne sich Mühewaltungen etwas kosten zu lassen.